Europa im Blick
der Historiker

D1735021

HISTORISCHE ZEITSCHRIFT

Beihefte
(Neue Folge)

Herausgegeben von Lothar Gall

Band 21

R. Oldenbourg Verlag München 1995

Rainer Hudemann
Hartmut Kaelble
Klaus Schwabe
(Hrsg.)

Europa im Blick der Historiker

R. Oldenbourg Verlag München 1995

Die Deutsche Bibliothek – CIP-Einheitsaufnahme

[Historische Zeitschrift / Beihefte]
Historische Zeitschrift. Beihefte. – München : Oldenbourg.
Früher Schriftenreihe. – Früher angezeigt u. d. T.: Historische
Zeitschrift / Beiheft
Reihe Beihefte zu: Historische Zeitschrift
ISSN 0342-5363

N.F., Bd. 21. Europa im Blick der Historiker. – 1995

Europa im Blick der Historiker : europäische Integration im
20. Jahrhundert: Bewusstsein und Institutionen / Rainer
Hudemann ... (Hrs.). – München : Oldenbourg, 1995
(Historische Zeitschrift : Beihefte : N.F., Bd. 21)
ISBN 3-486-64421-1
NE: Hudemann, Rainer [Hrsg.]

© 1995 R. Oldenbourg Verlag GmbH, München

Umschlaggestaltung: Dieter Vollendorf

Gesamtherstellung: R. Oldenbourg Graphische Betriebe GmbH, München

ISBN 3-486-64421-1

Inhalt

Vorwort der Herausgeber VII

Europabewußtsein, Gesellschaft und Geschichte.
Forschungsstand und Forschungschancen. Von *Hartmut Kaelble* ...   1

Europabewußtsein in Deutschland in der ersten Hälfte des
20. Jahrhunderts. Von *Peter Krüger* 31

Das Europa der Historiker. Von *René Girault* 55

Europäische Familienentwicklung, Individualisierung und
Ich-Identität. Von *Michael Mitterauer* 91

Zur Methodendiskussion in der Erforschung der europäischen
Integration. Von *Rainer Hudemann* 99

Der Schuman-Plan zwischen Mythos und Realität.
Der Stellenwert des Schuman-Planes. Von *Gilbert Trausch* 105

Politische, kulturelle und ökonomische Voraussetzungen
wirtschaftlicher Integration. Das Saarland im französischen
Wirtschaftsraum 1945–1956. Von *Armin Heinen* 129

Die Außenbeziehungen der Europäischen Gemeinschaft.
Bestandsaufnahme eines doppelten Wachstumsprozesses.
Von *Marlis Steinert* 143

Zur Einführung. Von *Klaus Schwabe* 163

Der Marshall-Plan und Europa. Von *Klaus Schwabe* 167

Die EVG und das Projekt der Europäischen Politischen
Gemeinschaft. Von *Wilfried Loth* 191

Die Europapolitik der Bundesrepublik Deutschland im
Spannungsfeld von EWG- und EFTA-Gründung 1956–1958.
Von *Hanns Jürgen Küsters* 203

Von der Wirtschaftsgemeinschaft zur Politischen Union.
Probleme der politischen Einigung Europas. Von *Hans Boldt* 241

Abkürzungen 267

Personenregister 271

Vorwort

Der Band „Europa im Blick der Historiker" gibt einen Überblick über die geschichtswissenschaftliche Forschung zur europäischen Integration und zeigt eine Reihe von neuen Wegen und Perspektiven auf, die in der neueren Forschung von Historikern aufgegriffen werden. Der Band ging aus Beiträgen zu Europa-Sektionen von zwei Historikertagen hervor. Die Artikel von René Girault, Peter Krüger, Michael Mitterauer und Hartmut Kaelble beruhen auf Beiträgen zu der von Hartmut Kaelble organisierten Sektion „Europäische Identität und gesellschaftliche Besonderheiten Europas im 20. Jahrhundert" auf dem Bochumer Historikertag 1990. Die Artikel von Gilbert Trausch, Armin Heinen und Marlis Steinert wurden in Kurzfassung bei der von Rainer Hudemann organisierten Teilsektion „Europäische Integration nach 1945 (Teil I)" auf dem Historikertag in Hannover 1992 vorgetragen; das dort von Hartmut Kaelble gehaltene Referat „Soziale Voraussetzungen der europäischen Integration" ist in seinen Beitrag zu diesem Band sowie in den Diskussionsbericht von Rainer Hudemann eingegangen. Die Artikel von Wilfried Loth, Hanns Jürgen Küsters und Hans Boldt gründen auf Referaten zu der gleichfalls in Hannover von Klaus Schwabe koordinierten Teilsektion „Europäische Integration nach 1945 (Teil II)". Kurzberichte über die Sektionen wurden in den Berichten über die 38. und 39. Versammlung deutscher Historiker in Bochum bzw. in Hannover veröffentlicht. Die Referate wurden für den Druck überarbeitet und größtenteils erheblich ausgeweitet und aktualisiert. Die Mehrheit der Autoren ist an einer der zehn transnationalen Arbeitsgruppen beteiligt, welche sich auf eine Anregung von René Girault hin seit 1990 gebildet haben, um der „Geschichte des Europabewußtseins und der europäischen Identität im 20. Jahrhundert" nachzugehen. Der Band dient in Teilen auch der Vorstellung dieser Forschungsaktivitäten, an denen Historiker der meisten west- und mitteleuropäischen Länder beteiligt sind und die seit 1994 verstärkt auf Osteuropa ausgedehnt werden.

Auf eine gemeinsame ausführliche Einleitung haben die Herausgeber verzichtet und die Konzeption des jeweils von ihnen koordinierten Teiles dieses Bandes statt dessen in ihrer eigenen Einleitung erläutert. In die allgemeine Problematik und in den Forschungsstand führt der Beitrag von Hartmut Kaelble ein.

Für ihre Unterstützung bei der redaktionellen Vorbereitung der Drucklegung danken wir Dr. Eckhardt Treichel in der HZ-Redaktion, Heike Siesslack (Berlin) sowie besonders Deniz Erdem und Antje Schlamm (Saarbrücken).

Rainer Hudemann   Hartmut Kaelble   Klaus Schwabe

Europabewußtsein, Gesellschaft und Geschichte

Forschungsstand und Forschungschancen

Von

Hartmut Kaelble

Warum eine Geschichte des Europabewußtseins? Man denkt dabei vor allem an eine Geschichte der europäischen Idee, der politischen Europapläne, der europäischen Einigungsaufrufe und Europabekenntnisse. Sie stößt heute sicher oft auf Desinteresse, Skepsis und Abwehrhaltungen, und das aus mehreren bedenkenswerten Gründen. Zuerst soll an diese Bedenken erinnert werden. Erst danach werden die Chancen und die neuen Wege der Geschichte des Europabewußtseins besprochen, zu denen dieser Teil des Bandes einen Beitrag leisten soll.

I. Die Bedenken gegen eine Geschichte des Europabewußtseins

Bedenken gegen eine Geschichte des Europabewußtseins gibt es viele. Erstens und wohl am häufigsten wird die engere Geschichte der europäischen Idee als zu esoterisch angesehen. Die Europapläne und europäischen Einigungsaufrufe blieben – so wird argumentiert – in der politischen Ideengeschichte des modernen Europa eher Randerscheinungen. Sie waren vor allem zu marginal, als daß sie den fundamentalen Umbruch um die Mitte des 20. Jahrhunderts, die Überwindung der rein nationalstaatlichen europäischen Politik und die Entstehung einer europäischen Supranationalität in der politischen Praxis überzeugend erklären könnten. Dies um so mehr, als nicht einmal klar ist, wie weit unter den europäischen Gründervätern ausgefeilte Europapläne und Europamotivationen oder nationale Motivationen den stärkeren Anstoß zur Gründung der europäischen Institutionen gaben. Die Geschichte der politischen Europaidee wird daher meist als eine Geschichte von Plänen und Proklamationen angesehen, die zu isoliert und einflußlos waren, als daß sie zum großen Gang der europäischen Geschichte gehörten.

Zweitens begegnet man der Geschichte der europäischen politischen Idee mit Vorbehalten, weil unter Europaideen im wesentlichen nur Konzepte des *politischen* supranationalen Zusammenschlusses verstanden werden und damit die europäische Integration zu sehr auf Regierungsbeziehungen eingegrenzt wird. Zur Geschichte der europäischen Integration

gehört jedoch im 20. Jahrhundert mehr: Neben der politischen Integration, der Durchsetzung gemeinsamer europäischer Institutionen und
transnationaler politischer Parteien und Organisationen kam es in unter-
schiedlichem Ausmaß zu vier weiteren wichtigen europäischen Integratio-
nen, sicher nicht Vereinheitlichungen, aber doch Annäherungen, Verflechtungen, verstärkten Gemeinsamkeiten: zur wirtschaftlichen Integration,
zu einem europäischen Markt der Waren, der Arbeitskräfte, der Kapita-
lien, des Know-how, der Unternehmen; zur kulturellen Integration der
Wissenschaften und Hochschulen, der Künste, der Stile und Moden; zu
einer gesellschaftlichen Integration der Sozialstrukturen ebenso wie der
Lebensweisen und Alltagskulturen; schließlich auch mehr und mehr zur
rechtlichen Integration zumindest im Bereich des Wirtschaftsrechts, zur
Angleichung der Rechtsnormen und zu einer gemeinsamen Rechtsprechung. Eine Ideengeschichte, die nur politische Einigungspläne und -pro-
klamationen abdeckt, übersieht daher wichtige Weichenstellungen der Geschichte der europäischen Einheit.

Drittens stößt die Geschichte der Europaideen und des Europabewußtseins in diesem engen Sinn auf Skepsis, weil sich die Einstellung zu Europa keineswegs immer an detailliert ausformulierten Europaaussagen erkennen läßt. Auch Erfahrungen und Erlebnisse, die von den Betroffenen
nicht direkt mit europäischer Integration in Verbindung gebracht werden,
können in Europa zu Vorbehalten gegen den Nationalismus und in unserer Hälfte des 20. Jahrhunderts zu einer massiven Unterstützung der europäischen Integration geführt haben: Weltoffene Schulerziehung, Arbeit in
internationalen Organisationen und Unternehmen, Berufe mit starken
Auslandsbeziehungen, berufliche Migration und Reisen in andere Länder,
internationaler Verwandten- und Freundeskreis, Leben in Grenzregionen,
aber auch negative Erfahrungen des Krieges, der Nationalitätenkonflikte
mußten nicht, aber konnten die Selbstverständlichkeit innereuropäischer
Grenzen und nationaler Bindungen fraglich werden lassen oder sogar zu
starken Bindungen an die Kultur, den Politikstil, die Mentalität und die
Lebensweise anderer europäischer Länder geführt haben. René Girault
trägt dieses Argument in seinem folgenden Beitrag ausführlich und überzeugend vor. Diese unbewußte, unreflektierte, unprogrammatische, aber
gelebte europäische Orientierung hat sicher viel zur Durchsetzung der
europäischen Integration beigetragen, bleibt aber in einer Geschichte der
europäischen Idee in der Regel ausgeschlossen.

Viertens stößt die Geschichte der europäischen Idee auf Bedenken, weil
sie in eine unwirkliche Epocheneinteilung der Geschichte der europäischen Integration hineinführen kann. Aus der Geschichte der europäischen Ideen sind bisher zwei unterschiedliche Geschichtsbilder des europäischen Zusammenschlusses entwickelt worden: Auf der einen Seite wird

die lange Kontinuität der europäischen Einheit seit den Anfängen Europas im Mittelalter herausgestrichen – eine Kontinuität, die von der Vorstellung einer christlichen europäischen Gemeinschaft im Mittelalter über das Europa der Völkerrechtsideen und der gemeinsamen europäischen Aufklärung des 17. und 18. Jahrhunderts bis zur heutigen europäischen Integration reicht. Sie läßt die Europäische Gemeinschaft nur als den letzten von bisher drei Integrationsanläufen erscheinen. Auf der anderen Seite wurde der tiefe und weitreichende Umbruch der europäischen Ideen vor allem im Zweiten Weltkrieg mit den Europaplänen des Widerstands herausgehoben.[1] So einleuchtend dies für eine reine Ideengeschichte ist: Man fragt sich, ob dies auch die bestimmenden Epocheneinteilungen der Geschichte der europäischen Einheit sind oder ob sie nicht von ganz anderen Umbrüchen und Kontinuitäten geprägt war.

Fünftens schließlich halten sich die Historiker gegenüber der Geschichte des Europabewußtseins aus methodischen Gründen zurück. Die Geschichte des Europabewußtseins wird oft als ein methodisches Minenfeld angesehen, in dem keiner so recht den Minensuchhund spielen möchte. Ein eingespielter, allgemein akzeptierter methodischer Ersatz für die Geschichte der europäischen Idee fehlt noch. Vor einer Verwendung der zahlreichen Umfragen über die Einstellung der Europäer zu Europa scheuen die meisten Historiker bisher zurück. Vor allem aber lassen sich die gewohnten und die neuen, anthropologischen und mentalitätshistorischen Arbeitsweisen, mit denen Historiker den Nationalismus des 19. und frühen 20. Jahrhunderts untersuchen, nicht einfach auf das moderne Europabewußtsein übertragen. Europabewußtsein unterscheidet sich von Nationalbewußtsein in seinem Grundcharakter, in seiner gesellschaftlichen Basis, in seiner Symbolik und in seinen öffentlichen Foren zu sehr und erfordert deshalb auch andere Untersuchungsmethoden.

Trotzdem steigt das Interesse an einer Geschichte des europäischen Bewußtseins und der europäischen Identität. Ein wesentlicher Grund ist das generell wachsende Interesse an Kultur- und Mentalitätsgeschichte. Hinzu kommen sicher auch aktuelle Anlässe: Die Fortschritte der europäischen

---

[1] Vgl. für die Kontinuität: *Krzysztof Pomian,* Europa und seine Nationen. Berlin 1990; *ders.,* Diskussionsbeitrag, in: Krzysztof Michalski (Hrsg.), Europa und die Folgen. Stuttgart 1988, 119 f.; *Michael Mann,* European Development: Approaching a Historical Explanation, in: Jean Baechler/John H. Hall/Michael Mann (Eds.), Europe and the Rise of Capitalism. Oxford 1988, 6–19; *Michael Mann,* Geschichte der Macht. 4 Bde. Frankfurt am Main 1990 ff. (bisher 2 Bde. erschienen); für den Umbruch im Zweiten Weltkrieg: *Walter Lipgens,* Europa-Föderationspläne der Widerstandsbewegungen 1940–1945. München 1968; *ders.,* Das Konzept regionaler Friedensorganisation. Résistance und europäische Einigungsbewegung, in: VfZG 16, 1968, 150–164; *ders.,* European Federation in the Political Thought of Resistance Movements during World War II, in: CEH 1, 1968, 5–19.

Integration, die Durchsetzung des Binnenmarktes, die Aussicht auf eine
gemeinsame Währung und auf einen weiteren Kompetenzzuwachs der
Europäischen Gemeinschaft fordern auch von den Historikern immer
drängender eine Antwort auf die Frage, wie die Natur der europäischen
Bindung der Europäer aussieht und wie sie sich historisch entwickelt hat.
Zusätzlich lassen auch die Ereignisse seit 1989 die europäische Identität zu
einem wichtigeren Thema werden. In Osteuropa haben sich nicht nur nationale Bindungen wieder verstärkt und die Supranationalität in der Form
der Sowjetunion oder des Ostblocks weitgehend abgelöst. Der neue osteuropäische Nationalismus präsentiert sich häufig auch als Hinwendung
und Rückkehr zu Europa und damit als Verflechtung mit einer zwar oft
diffusen, aber immer wieder bekräftigten europäischen Supranationalität.
Das unterscheidet den neuen osteuropäischen Nationalismus von den Nationalismen des 19. Jahrhunderts, in denen diese supranationale europäische Dimension weitgehend fehlte. Aus diesem Grunde stellt sich auch an
den Historiker die Frage, zu welchem Europa und zu welcher europäischen Geschichte die Osteuropäer zurückkehren.[2])

Aus diesen und anderen Anlässen gibt es trotz aller Vorbehalte eine
ganze Reihe von Ansätzen zur historischen Erforschung des Europabewußtseins. In unterschiedlicher Weise verlassen diese Ansätze ausgefah-
rene Bahnen und erforschte Themen der Geschichte des Europabewußtseins, der Geschichte der europäischen Idee, der politischen Europapläne,
der europäischen Einigungsaufrufe und Bekenntnisse. Vor allem in zwei
Hinsichten sind solche Neuansätze unverkennbar: in der Ausweitung
der Geschichte der europäischen Idee, des „gedachten" und „gewollten"
Europa, auf neue, bisher vernachlässigte Themenfelder; darüber hinaus in
der Ausweitung der Geschichte des Europabewußtseins auf das „gelebte",
das politisch nicht geplante, aber doch praktizierte Europa, d. h. auf transnationale europäische Entwicklungen der Wirtschaft, der Gesellschaft,
der Kultur und Politik, die von den Zeitgenossen zwar erlebt und mitge-
formt, aber gleichzeitig nicht direkt als europäische Entwicklung reflektiert wurden. Um sie richtig zu würdigen, werden diese Neuentwicklungen
eingehender vorgestellt.

[2]) Vgl. *Dietrich Geyer*, Der Zerfall des Sowjetimperiums und die Renaissance der
Nationalismen, in: Hartmut Kaelble/Heinrich A. Winkler (Hrsg.), Nationalismus,
Nationalitäten, Supranationalität. Stuttgart 1993, 156–186; *Klaus Zernack*, Polen
und Russen. Herausforderung und Antwort. Berlin 1993.

II. Das gedachte und gewollte Europa:
Neuansätze in der ideengeschichtlichen Forschung

Eine ganze Reihe von Neuentwicklungen zeichnen sich in der jüngeren Forschung zur Geschichte des engeren Europabewußtseins im Vergleich zu den Arbeiten der späten 1940er und den 1950er Jahren, der Pionierzeit der Geschichte der Europaidee, ab.

1. Eine erste und vielleicht die wichtigste neue Entwicklung: Der zeitgenössische Hintergrund, vor dem die Geschichte der europäischen Idee untersucht wird, hat sich grundlegend gewandelt. In der Nachkriegszeit und noch in den 1960er Jahren schrieben die Historiker der europäischen Idee letztlich immer noch vor dem Hintergrund eines Europa der Nationalstaaten, gegenüber denen die europäische Integration entweder gescheitert war, wie im Fall des Europarats, der OEEC, der EVG, oder sich äußerst bescheiden ausnahm, wie im Fall der Montanunion von 1950, oder politisch nicht so recht voranzukommen und auf eine Minderheit der Europäer beschränkt zu bleiben schien, wie die EWG der 1960er Jahre. In dieser Zeit zielten daher die Arbeiten zur Ideengeschichte Europas letztlich auf ein Wunschbild: entweder auf die zukünftige Errichtung eines Europas, von dem in der praktischen Politik noch wenig zu sehen war, oder in völliger Resignation gegenüber einer politischen Einigung Europas auf die bloße Hoffnung auf Veränderungen in den Werten und Mentalitäten der Europäer.[3] Angesichts der damaligen Machtverhältnisse und Politikerprioritäten in Europa schienen solche Publikationen von Historikern durchaus zu Recht auf Distanz zu den tatsächlichen, immer noch vom Nationalstaat oder von außereuropäischen Einflüssen geprägten Machtverhältnissen zu gehen.

Die jüngeren ideengeschichtlichen Arbeiten dagegen werden auf dem Hintergrund der Existenz eines europäischen Entscheidungszentrums geschrieben. Sie sind Teil der öffentlichen Debatten, Rechtfertigungen und Kritiken der Entscheidungen des europäischen Entscheidungszentrums in

---

[3] Vgl. *Carlo Morandi*, L'idea dell'unità politica d'Europa nel XIX e XX secolo. Mailand 1948; *Pierre Renouvin*, L'idée de fédération européenne dans la pensée politique du XXe siècle. Oxford 1949; *Heinz Gollwitzer*, Europabild und Europagedanke. Beiträge zur deutschen Geistesgeschichte des 19. und 20. Jahrhunderts. München 1951 (2. Aufl. München 1964); *Martin Göhring* (Hrsg.), Europa – Erbe und Auftrag. Wiesbaden 1956; *Denys Hay*, Europe. The Emergence of an Idea. Edinburgh 1957; *Federico Chabod*, Storia dell'idea d'Europa. Bari 1961; *Geoffrey Barraclough*, European Unity in Thought and Action. London 1963 (dt.: Die Einheit Europas als Gedanke und Tat. Göttingen 1964); *Bernard Voyenne*, Histoire de l'idée européenne. Paris 1964; *Jean-Baptiste Duroselle*, L'idée de l'Europe dans l'histoire. Paris 1965; *Lipgens*, Europa-Föderationspläne (wie Anm. 1); *ders.*, Das Konzept (wie Anm. 1); *ders.*, European Federation (wie Anm. 1).

Brüssel, dessen Macht meist notorisch unterschätzt wird. Sie gehen daher weit stärker von tatsächlichen Machtverhältnissen aus, sind oft politiknäher und nicht selten auch pragmatischer. Man spürt diesen neuen zeithistorischen Hintergrund auch dann, wenn Historiker über weiter zurückliegende Epochen der Geschichte der Europaidee schreiben. Wenn sie sich mit der Geschichte der Europapläne *seit* der Mitte des 20. Jahrhunderts befassen, behandeln sie darüber hinaus auch einen anderen Gegenstand, eine andere Ideengeschichte: Sie untersuchen dann Europakonzepte, die oft direkt politische Entscheidungen vorbereiteten, beeinflußten oder kritisierten. Sie schreiben dann nicht nur in größerer Nähe zu zeitgenössischen politischen Entscheidungen als die Historiker der späten 1940er und 1950er Jahre. Auch ihr Gegenstand ist entscheidungsnäher.[4]

2. Aus diesem Grund wird die Geschichte der politischen Europaideen anders angegangen. Die reine Ideengeschichte, der es im Kern meist um den tröstlichen Nachweis von europäischen Integrationsplänen in der Epoche des Nationalstaats und der Kriege zwischen den europäischen Nationen ging, ist weitgehend aufgegeben worden. Andere Ansätze haben sich durchgesetzt oder zeichnen sich ab.

Europaideen werden schon seit längerem vor allem intensiver im historischen Kontext, in ihren engen Beziehungen zu sozioökonomischen Situationen und materiellen Interessenlagen, zu nationalen politischen Zwängen und außenpolitischen Konstellationen, auch zu Öffentlichkeitsabsichten untersucht. Peter Krüger vertritt in seinem folgenden Beitrag diesen Ansatz. Diese neue Sicht hat in einigen Fällen zu tiefgreifenden Uminterpretationen geführt. Ein wichtiges Beispiel ist die Einschätzung

---

[4]) Vgl. *Gesine Schwan,* Europa als Dritte Kraft), in: Peter Haungs (Hrsg.), Europäisierung Europas? Baden-Baden 1989, 13–40; *Edgar Morin,* Penser l'Europe. Paris 1987 (dt.: Europa denken. Frankfurt am Main 1991); *Brian Nelson/David Roberts/ Walter Veit* (Eds.), The Idea of Europe. Problems of National and Transnational Identity. Deddington/New York 1991; Dossier. Nationale Identitäten und europäisches Bewußtsein. (14 Beiträge von *Joseph Rovan.*) (Dokumente, Sonderh. 38.) Bonn 1989; *Paul M. Lützeler,* Die Schriftsteller und Europa. Von der Romantik bis zur Gegenwart. München 1992; *Joseph Rovan/Gilbert Krebs* (Eds.), Identités européennes et conscience européenne. Paris 1992; *Walter Lipgens,* Die Anfänge der europäischen Einigungspolitik, 1945–1950. T. 1: 1945–1947. Stuttgart 1977; *Hagen Schulze,* Die Wiederkehr Europas. Berlin 1990, 24 ff.; *Wilfried Loth,* Sozialismus und Internationalismus. Die französischen Sozialisten und die Nachkriegsordnung Europas 1940–1950. Stuttgart 1977; *ders.,* Deutsche Europa-Konzeptionen in der Eskalation des Ost-West-Konflikts 1945–1949, in: GWU 35, 1984, 453–470; *Kurt Thomas Schmitz,* Deutsche Einheit und europäische Integration. Der sozialdemokratische Beitrag zur Außenpolitik der Bundesrepublik unter besonderer Berücksichtigung des programmatischen Wandels einer Oppositionspartei. Bonn-Bad Godesberg 1978; *James Joll,* Europe: an Historian's View, in: History of European Ideas 1, 1980, 7–19; auch hinter den im folgenden noch aufgeführten Arbeiten steht dieser andere zeithistorische Hintergrund.

der liberalen und konservativen Europaideen in der Weimarer Republik. Sie werden heute weit mehr als in der Forschung während der Nachkriegszeit in enger Verbindung mit großdeutschem Revisionismus und mit Plänen zur wirtschaftlichen und politischen Vormachtstellung Deutschlands in Mittel- und Osteuropa gesehen. Die Unterschiede zu den Europaplänen seit dem Zweiten Weltkrieg erscheinen dadurch einschneidender. Die Revision in der Einschätzung der Europapolitik Stresemanns war dabei besonders spektakulär. Die Geschichte der Gründerväter der europäischen Integration, vor allem der Begründer der Montanunion, ist ein zweites Themenfeld, in dem dieser neue Ansatz zu eingehenden Grundsatzdebatten führte. Historiker diskutieren intensiv darüber, wie wichtig die europäischen Motivationen der Gründerväer der Montanunion im Vergleich zu den nationalen Handlungsmotiven und auf dem Hintergrund der materiellen Interessenlagen und der außenpolitischen Konstellationen, des Kalten Kriegs und der amerikanischen Einflußnahmen waren.[5])

Ein anderer, bisher allerdings weniger häufig verfolgter, neuer Ansatz in der politischen Geschichte der Europaidee: Die wachsende Skepsis gegenüber der Esoterik von Europaplänen und Europaideen hat Historiker auch stärker nach der tatsächlichen Wirkungskraft von Europaideen auf die Politik und die Öffentlichkeit fragen lassen. Untersuchungen mit diesem Thema kommen besonders für die Zeit seit der Mitte des 20. Jahrhunderts nicht immer zu dem Ergebnis, daß Europaideen isoliert und marginal waren. Ein wichtiges Gegenbeispiel ist die funktionalistische Integrationstheorie, die in der Gründungsphase der europäischen Institutionen

---

[5]) Vgl. *Peter Krüger,* Die Ansätze zu einer europäischen Wirtschaftsgemeinschaft in Deutschland seit dem Ersten Weltkrieg, in: Helmut Berding (Hrsg.), Wirtschaftliche und politische Integration in Europa im 19. und 20. Jahrhundert. Göttingen 1984; *ders.,* European Ideology and European Reality: European Unity and German Foreign Policy in the 1920s, in: Peter M. R. Stirk (Ed.), European Unity in Context. The Interwar Period. London/New York 1989; *Jürgen C. Hess,* Europagedanke und nationaler Revisionismus. Überlegungen zu ihrer Verknüpfung in der Weimarer Republik am Beispiel Wilhelm Heiles, in: HZ 225, 1977, 572–622; *Reinhard Frommelt,* Paneuropa oder Mitteleuropa? Einigungsbestrebungen im Kalkül deutscher Wirtschaft und Politik. Stuttgart 1977; *Karl Holl,* Europapolitik im Vorfeld der Regierungspolitik. Zur Tätigkeit proeuropäischer Organisationen in der Weimarer Republik, in: HZ 219, 1974, 33–94; *Werner Weidenfeld,* Gustav Stresemann – der Mythos eines engagierten Europäers, in: GWU 24, 1973, 740–750; *Hans-Peter Schwarz,* Adenauer und Europa, in: VfZG 27, 1979, 471–523; *ders.,* Die europäische Integration als Aufgabe der Zeitgeschichtsforschung, in: VfZG 31, 1983, 555–572; *Alan Milward,* Entwicklungsphasen der Westintegration, in: Ludolf Herbst (Hrsg.), Westdeutschland 1945–1955. München 1986, 231–245; genereller: *Rudolf Hrbek,* 30 Jahre Römische Verträge. Eine Bilanz der EG-Integration, in: PolZG B 18, 1987, 18–33; *ders.,* Nationalstaat und europäische Integration. Die Bedeutung der nationalen Komponente für den EG-Integrationsprozeß, in: Haungs (Hrsg.), Europäisierung Europas (wie Anm. 4), 81–108.

nicht nur die wissenschaftliche Öffentlichkeit, sondern auch die europäische Politik stark beeinflußte und in ihrem Kern in der Idee bestand, daß ein ökonomischer Zusammenschluß Europas starke politische Zwänge entstehen ließe und gleichsam automatisch zum politischen Zusammenschluß führen würde. Auch wenn sich diese Theorie inzwischen als unzureichend erwiesen hat und für die Geschichte der europäischen Einheit wenig Erklärungswert hat, besaß sie doch in ihrer Zeit großen Einfluß.[6]
Schließlich werden Europaideen heute auch nachdrücklicher und kritischer danach durchgesehen, ob sie sich für eine überzeugende, über kurzfristige intellektuelle Moden hinausgehende europäische Identität eignen. Unter diesem Vorzeichen beginnt die Diskussion über eine ganze Reihe von möglichen Identitäten, die nicht selten ideengeschichtlich begründet werden und bei denen auch die Historiker ein entscheidendes Wort mitzureden haben: die Beschwörung und Identifizierung mit einzigartigen historischen Leistungen Europas, der Aufklärung und Rationalisierung, den Wissenschaften und Universitäten, dem Individualismus und der modernen Familie, der Autonomie der Städte, der Schaffung des modernen Staates und der modernen Bürokratie, der Verbreitung der europäischen Errungenschaften auf die übrige Welt; die Rückbesinnung auf vergangene europäische Einheitsepochen wie etwa die Einheit des mittelalterlichen christlichen Europa; die Vorstellung von einer einzigartigen europäischen Spannung zwischen europäischen Einheitstendenzen und der inneren kulturellen Vielfalt, die besonders in jüngster Zeit mehrfach als die wichtigste europäische Besonderheit und als der Kern einer europäischen Identität gesehen wurde[7]); die Vorstellung von einer europäischen Einheit, die immer nur im Kontrast, im Konflikt oder Kampf gegen andere, außereuropäische Kulturen, etwa gegen die arabische Welt, gegen das osmanische Reich, nach 1945 als dritte Kraft in Absetzung von den Supermächten entstand und wieder verfiel, wenn der Gegner verfiel; schließlich die Idee einer europäischen Identität, die sich an bestimmten politischen Grundsätzen und Zielen, an Demokratie, an internationaler Friedenssicherung und Toleranz gegenüber innerer kultureller Vielfalt, an Wohlstand und so-

---

[6]) *Ludolf Herbst,* Die zeitgenössische Integrationstheorie und die Anfänge der europäischen Einigung 1947–1950, in: VfZG 34, 1986, 161–205; *Daniel Frei,* Integrationsprozesse. Theoretische Erkenntnisse und praktische Folgerungen, in: Werner Weidenfeld (Hrsg.), Die Identität Europas. Bonn 1985, 127 ff.
[7]) Vgl. als Beispiele für eine breitere Denkströmung: *Fernand Braudel,* Zivilisation und Kultur. Die Herrlichkeit Europas, in: ders., Europa. Bausteine seiner Geschichte. Frankfurt am Main 1991, 149–173; *Edgar Morin,* Europa denken. Frankfurt am Main 1991; *Wolf Lepenies,* Fall und Aufstieg der Intellektuellen in Europa. Frankfurt am Main 1992; *Erich Weede,* Der Sonderweg des Westens, in: ZfSoz 17, 1988, 172–186; ders., Ideen, Ideologie und politische Kultur des Westens, in: ZfP 36, 1989, 27–43; *Hagen Schulze,* Die Wiederkehr Europas. Berlin 1990, 41 ff.

zialer Sicherheit festmacht – Ziele, die auf langen europäischen Traditionen, aber auch auf der Erfahrung schwerer historischer Gefährdungen aufbauen und auf besonderen europäischen Wegen erreicht wurden oder werden können. 3. Ein dritter, eher noch im Entstehen begriffener Neuansatz behandelt die Entwicklung der Europaidee *außerhalb* der engeren politischen Europapläne und Europaproklamationen. Schon seit dem frühen 19. Jahrhundert gab es eine andere lebhafte Debatte unter Schriftstellern, Wissenschaftlern und Politikern über die Besonderheiten und Eigenarten der europäischen Gesellschaft, Wirtschaft und Kultur. Diese Debatte ist bisher wahrscheinlich deshalb kaum untersucht worden, weil sie meist von ganz anderen Personen und in anderen Kreisen geführt wurde als die Debatte über politische Europapläne. Sie ist trotzdem wichtig. Sie war lebhaft, vielleicht lebhafter und breiter als die Diskussion über politische Europapläne und blieb nicht nur eine Randerscheinung. An ihr waren bekannte Namen wie etwa Alexis de Tocqueville, Gustav Schmoller, Werner Sombart, Simone de Beauvoir beteiligt. Sie war nicht nur eine ideologische Debatte über die Überlegenheit der europäischen Zivilisation über weniger entwickelte Länder, sondern entzündete sich vor allem am wirtschaftlichen und politischen Aufstieg der Vereinigten Staaten. Sie ist deshalb oft weit von den politischen Utopien der Europapläne entfernt und ist viel eher realitätsnahe gesellschaftliche und kulturelle Selbsterfahrung und Selbstbeobachtung der Europäer. Diese Debatte läßt auch wichtige Veränderungen der europäischen Identität und der Europavorstellungen der Europäer erkennen – Änderungen der Inhalte, Verschiebungen zwischen kulturpessimistischen und fortschrittsoptimistischen Europaideen, Wandlungen in den Vorstellungen von der Rolle Europas in der weltweiten Entwicklung, Änderungen schließlich auch in der Idee von der Rolle der Geschichte und der Politik in der europäischen Identität.[8])

Diese Ausweitung des Blicks auf die ganze, nicht nur politische, sondern auch wirtschaftliche, soziale und kulturelle Geschichte des Europabewußtseins bedeutet sicher eine Ergänzung der Geschichte des politisch gewollten Europa durch die Geschichte des beobachteten wirtschaftlichen und gesellschaftlichen Europa. Sie wird jedoch dem Charakter der europäischen Integration besser gerecht: Die Geschichte der europäischen Integration begann mit der Schaffung eines gemeinsamen Wirtschaftsmarkts

---

[8]) Mit diesen Überlegungen beziehe ich mich auf ein eigenes laufendes Projekt. Einige kurze Überlegungen dazu in: *Hartmut Kaelble*, Einleitung zur Sektion „Europäische Identität und gesellschaftliche Besonderheiten Europas im 20. Jahrhundert", in: 38. Versammlung deutscher Historiker in Bochum 1990. Stuttgart 1991, 210–212; *ders.*, La représentation de la société européenne à la fin du XIXᵉ siècle, in: René Girault et al. (Eds.), Les Europe des Européens. Paris 1993, 127–132.

und seinen vielfältigen gesellschaftlichen Auswirkungen, nicht mit einer
Integration der hohen Politik, besonders nicht mit der Außen- und Sicherheitspolitik. Den Europapolitikern ist zudem besonders in den letzten Jahren zunehmend bewußt geworden, wie wichtig die kulturelle und gesellschaftliche Seite der europäischen Integration für einen weiteren politischen Ausbau der Europäischen Gemeinschaft ist. Darüber hinaus eröffnet diese Geschichte der sozialen und kulturellen Europavorstellungen
auch in besonderem Maß die Chance, die reine Ideengeschichte zu verlassen und die gesellschaftlichen und wirtschaftlichen Hintergründe des
Europabewußtseins, auch die Entwicklung der Debatte um die gesellschaftliche Modernisierung Europas zu verfolgen.

4. Eine vierte, weniger deutliche Neuentwicklung: Innerhalb der Geschichte der Europaidee ändert sich die Periodisierung. Leise, nicht mit
spektakulären politischen Ereignissen und Wenden verbundene Um-
schwünge werden stärker herausgestrichen. Eine ganze Reihe von Historikern verweisen auf das Treibhausklima der dreißiger Jahre als einer Entwicklungszeit neuer Europaideen, als einer Epoche des Lernens aus der
schweren politischen und wirtschaftlichen Krise vor der noch tieferen
Krise des Zweiten Weltkriegs und als einer Zeit, in der die späteren Euro-
papolitiker ihre Ideen entwickelten und Anregungen aufnahmen. In
einem anderen Sinn könnten sich auch die 1970er Jahre als ein Um-
schwung auf leisen Sohlen herausstellen. Sozialwissenschaftliche Analysen von Umfrageergebnissen zeigen deutliche Veränderungen in den Einstellungen und Urteilen der Europäer untereinander, auf ein sich stark
verbreitendes, neues, kooperativeres, offeneres, eher nachbarschaftliches
Verständnis vom Zusammenleben der europäischen Nationen.[9]) Eine
neue Periodisierung der Geschichte der Europaidee hat sich bisher noch
nicht durchgesetzt, aber die bisherige Periodisierung, in der der Zweite
Weltkrieg als ein einzigartiger Einschnitt erschien, ist ins Schwimmen geraten. Peter Krüger trägt im folgenden eine andere, interessante und sehr
bedenkenswerte Periodisierung vor.

5. Eine letzte Neuentwicklung in der Geschichte der Europaidee läßt
sich schließlich in den Arbeitsweisen und Methoden beobachten oder ist
inzwischen zumindest denkbar geworden. Ein neuer methodischer Weg ist
die Untersuchung des Sprachgebrauchs und der Geschichte von vieldeuti-

---

[9]) Vgl. für die 1930er Jahre die Aufsätze von *Stirk, Loughlin* und *Krüger* in: Stirk
(Ed.), European Unity (wie Anm. 5); vgl. auch den folgenden Aufsatz von René Girault; für die 1970er Jahre vgl. die Umfrageanalysen von *Ronald Inglehart,* An End
to European Integration, in: APSR 61, 1967, 91–109; *ders.,* Changing Value Priori-
ties and European Integration, in: Journal of Common Market Studies 10, 1971/
72, 1–34; *ders./Karlheinz Reif/Jacques-René Rabier,* The Evolution of Public Attitudes Toward European Integration, 1970–1986, in: Revue d'Intégration Européenne 2/3, 1987, 135–155.

gen, schillernden und verwaschenen Ausdrücken wie etwa „Europa", „Westen", „Okzident", „Abendland", „Moderne" in der Alltagssprache. Es ist zu erwarten, daß diese alltägliche Wortgeschichte keineswegs in eine geradlinige Vorgeschichte der europäischen Integration hineinführt, sondern im Gegenteil neben den tiefgreifenden historischen Wandlungen und Umbrüchen gleichzeitig auch die Offenheit der historischen Situation und die vielen historischen Entwicklungsmöglichkeiten des Europabewußtseins aufweist. René Girault skizziert in seinem folgenden Beitrag die grundlegenden Wandlungen, die die geographische Definition Europas seit der Antike durchmachte. Peter Krüger verfolgt in seinem Beitrag die Benutzung des Audrucks „Europa" im Sprachgebrauch der deutschen Diplomaten und der Politiker der internationalen Beziehungen und die Interessen und Strategien, mit denen dieser Ausdruck in der Öffentlichkeit zwischen den Anfängen der Weimarer Republik und der frühen Bundesrepublik eingesetzt wurde.[10]

Ein anderer, von Historikern kaum beschrittener, neuer methodischer Weg ist die Analyse der zahlreichen Umfragen zum Europabewußtsein und zur Europaeinstellung. Aus Furcht vor der Vieldeutigkeit und der Manipulierbarkeit, aber auch der Undifferenziertheit von Umfrageergebnissen, vielleicht auch aus dem Gefühl unzureichender Vertrautheit mit Umfragen halten sich Historiker gegenüber dieser Quelle bisher zurück. Verbunden mit anderen Quellen bieten Umfragen aber wichtige Aufschlüsse über die Langzeitentwicklung der Europaeinstellung in verschiedenen Ländern der Europäischen Gemeinschaft. In der Form des „Eurobarometers" gibt es solche Umfragen schon seit fast zwanzig Jahren und mit gröberen Fragen schon seit fast vierzig Jahren jährlich bis halbjährlich. Sie lassen die langfristigen Auf- und Abschwünge in der Befürwortung zur europäischen Integration, die Unterschiede zwischen integrationsfreudigen und europaskeptischen Ländern, zwischen Alters- und Ausbildungsgruppen erkennen. Aufschlußreiche Diskussionen um die Entwicklung der Europabindung und der Unterstützung der europäischen Integration haben bereits eingesetzt.[11]

---

[10]) Vgl. als wichtige und anregende Beispiele auch *Reinhart Koselleck,* Moderne, in: Michalski (Hrsg.), Europa und die Folgen (wie Anm. 1), 51–70; zudem Artikel wie etwa „Aufklärung", „Bund", „Friede", „Internationale", „Staat und Souveränität", in: *Otto Brunner/Werner Conze/Reinhart Koselleck* (Hrsg.), Geschichtliche Grundbegriffe. Lexikon zur politisch-sozialen Sprache in Deutschland. Bd. 1 ff. Stuttgart 1972 ff.
[11]) Vgl. *Inglehart,* An End (wie Anm. 9); *ders.,* Changing Value (wie Anm. 9); *ders./ Reif/Rabier,* Evolution (wie Anm. 9); *Miles Hewstone,* Attitudes to the European Community. Cambridge 1986; *Thomas Herz,* Europa in der öffentlichen Meinung. Zur politischen Mobilisierung in Deutschland und Frankreich zwischen 1962 und 1973. Bonn 1978; Politische Grundstimmungen im europäischen Integrationspro-

Ein weiterer methodisch neuer Weg könnte die Mentalitäts- und Erfah-
rungsgeschichte der europäischen Symbole und Erinnerungsorte im negativen und positiven Sinne werden: im negativen Sinne die europäischen
Schlachtfelder, die Denkmäler für die Opfer der Weltkriege und der euro-
paweit wirkenden Diktaturen, auch die Geschichte der inneren europäischen Grenzen und Grenzbehinderungen, der Schmuggler wie der Zöll-
ner, im positiven Sinn die Geschichte der transnationalen europäischen
Landschaften, Gebirge, Flüsse, Meere, Tiefebenen, der transeuropäischen
Handels- und Pilgerrouten, Eisenbahnen, Tunnel, der Symbole der europäischen Aufklärung, der europäischen Universitäten, die Geschichte der
europäischen Naturwissenschaften wie der europäischen Volkskunde-
museen, die Symbole der europäischen Demokratie wie die Menschen-
rechtserklärung, die Parlamentsgebäude oder die Topographie der demokratischen Revolutionen, die Erinnerungsorte der europäischen Verständigung wie Genf, Straßburg, Brüssel, die Geschichte der europäischen
Städtepartnerschaften, die Suche nach einer europäischen Fahne, auch die
Geschichte der jüngeren europäischen Sprödheit und Nüchternheit gegenüber Symbolen, die Geschichte der öffentlichen Präsentation europäischer
Entscheidungen, die anders als in anderen Vielvölkerstaaten nicht als Entscheidungen einer einzelnen Person, die stark integrieren, aber auch zu-
tiefst spalten kann, sondern als Gruppenentscheidungen vorgeführt werden, die in langen Nachtsitzungen Kompromißmühsal zelebrieren, gleichzeitig aber immer auch die Autonomie selbst kleiner Länder vorführen
und damit für die Öffentlichkeit auch sicherstellen. Zu dieser Mentalitätsgeschichte im positiven Sinn gehört schließlich auch die Geschichte des
Entstehens eines offenen, kooperativen, auf Zusammenleben und Zusammenarbeit orientierten europäischen National- und Regionalbewußtseins.
Besonders dieser letzte Ansatz verbindet historische Beobachtung mit ge-
schichtlicher europäischer Identitätssuche, die freilich aus der Geschichte
des europäischen Nationalismus lernen sollte und nicht den Mißbrauch
historischer Identitäten wiederholen kann.[12]

---

zeß. Hrsg. v. Vorstand des Arbeitskreises europäische Integration. Baden-Baden
1982; *Jean-Claude Deheneffe,* Die Europäer über sich selbst. Die Meinung der
europäischen Öffentlichkeit von 1973 bis 1986. 2. Aufl. Luxemburg 1986; *Werner
Weidenfeld/Melanie Piepenschneider,* Junge Generation und europäische Einigung.
Bonn 1989; vgl. auch Eurobarometer. Trends 1974–1990. Brüssel (Kommission der
Europäischen Gemeinschaften) 1991; *Orietta Angelucci,* Die europäische Identität
der Europäer: Eine sozialpsychologische Bestandsaufnahme, in: Armin von Bogdandy (Hrsg.), Die europäische Option. Baden-Baden 1993, 303–321.
[12]) Dafür sehr anregend: *Pierre Nora,* Les „lieux de mémoires" dans la culture européenne, in: François Perroux (Ed.), Europe sans rivage. De l'identité culturelle
européenne. Paris 1988, 38–42; *Michel Pastoureau/Jean-Claude Schmitt,* Europe.

All dies heißt nicht, daß auf die Geschichte der europäischen Ideen verzichtet werden kann oder sollte.[13]) Aber eine neue Situation, vor allem ein einflußreiches europäisches Entscheidungszentrum, und eine gewandelte Geschichtswissenschaft haben zu grundlegenden Veränderungen in der Forschung zur Geschichte des Europabewußtseins geführt oder bahnen sie an. Die Geschichte des europäischen Bewußtseins ist deshalb nicht mehr so esoterisch und machtentrückt wie einst. Die Geschichte der Europapläne wird anderes interpretiert. Es wird auch über sie hinausgegriffen und die Geschichte des breiteren politischen, gesellschaftlichen und kulturellen Europabewußtseins mit einbezogen. Auch wenn dies bisher manchmal eher noch Absichten als vorzeigbare Forschungsleistungen sind, verlieren die Vorbehalte und Bedenken gegenüber einer Geschichte des europäischen Bewußtseins damit doch viel an Substanz und Durchschlagskraft.

III. Das gelebte Europa: Neuansätze in der Sozial- und Kulturgeschichte

Eine Geschichte des europäischen Bewußtseins wäre freilich nur bruchstückhaft, würde sie nur Europavorstellungen und Europapläne, also nur die direkten Willenserklärungen und Reflektionen zu Europa einschließen. Zur Entwicklung des Europabewußtseins gehört als Grundlage und Bestandteil auch die Geschichte des gelebten Europa, der unreflektierten, ungeplanten, aber sich schon abzeichnenden inneren Annäherungen und Gemeinsamkeiten Europas. René Girault geht darauf in seinem folgenden Beitrag intensiv ein und schlägt eine ganze Reihe von Themen vor. Vier Aspekte der Geschichte dieses gelebten Europa erscheinen besonders zentral: die gesellschaftlichen, wirtschaftlichen und kulturellen *Besonderheiten* Europas, in denen sich Europa in der Mentalitätsgeschichte ebenso wie in der Strukturgeschichte von anderen modernen wie traditionellen

Mémoires et emblèmes. Paris 1994; *Antoine Compagnon/Jean Seebacher* (Eds.), L'esprit de l'Europe. 3 Vols. Paris 1993.
[13]) Vgl. als Beispiele aus der jüngsten Zeit die Aufsätze von *Ralph White,* The Europeanism of Coudenhove-Kalergie, *Robert N. Berki,* Marxism and European Unity, *Peter M. R. Stirk,* Authoritarian and National Socialist Conceptions of Nation, State, and Europe, *John Loughlin,* French Personalist and Federalist Movements in the Interwar Period, und *John Pinder,* Federalism in Britain and Italy: Radicals and the English Liberal Tradition, in: Stirk (Ed.), European Unity (wie Anm. 5); *Edoardo Tortarolo,* Europa. Zur Geschichte eines umstrittenen Begriffs, in: Bogdandy (Hrsg.), Die europäische Option (wie Anm. 12), 21–34.

Gesellschaften unterschied und an die eine europäische Identität anknüpfen konnte; die langsamen *Abschwächungen* innereuropäischer Unterschiede und die wachsenden *Verflechtungen* zwischen den europäischen Gesellschaften im Verlauf des 20. Jahrhunderts, durch die die Vorstellungen von einer europäischen Einheit weniger utopisch erschienen; schließlich die Verstärkung des grenzüberschreitenden, nicht selten *europäischen Erfahrungsraums* im Berufs- und Freizeitalltag vieler Europäer. Zu allen vier Aspekten des gelebten Europas zeichnen sich die groben Umrisse der historischen Entwicklung ab. Ich versuche, sie in knapper Form nachzuzeichnen.

1. Die Besonderheiten Europas als Ganzes auch im Zeitalter des Nationalstaats während des 19. und 20. Jahrhunderts haben in den letzten Jahren vor allem Sozial- und Wirtschaftshistoriker beschäftigt. Die Besonderheiten der europäischen Familie, der europäischen Erwerbsstruktur und Arbeit, der europäischen Großunternehmen, der europäischen Bildung und sozialen Mobilität, der europäischen Stadt und Stadtplanung, der europäischen Sozialkonflikte und Gewerkschaftsbewegungen, der europäischen Sozialmilieus und des europäischen Sozialstaats sind uns deshalb wesentlich klarer als noch vor zehn oder zwanzig Jahren. Dabei schälen sich vor allem vier grundlegende Besonderheiten heraus, in denen sich Europa von anderen Industriegesellschaften recht spürbar unterschied – mit vielfältigen allgemeinen Auswirkungen auf Gesellschaft, Wirtschaft, Kultur und Politik, auf die hier einzugehen zu weit führen würde: die europäische Familie, die in ungewöhnlich spätem Heiratsalter nicht durch Einheirat in den elterlichen Haushalt, sondern als eigener Hausstand entstand, deshalb meist nur Kernfamilie war, sich nach außen stark abschloß, die Privatsphäre des Individuums besonders stark schützte und als eine wichtige Voraussetzung des Sozialstaats, aber auch der europäischen Demokratie angesehen werden kann – auf sie geht Michael Mitterauer, der diese Richtung der historischen Familienforschung entscheidend bestimmte, in seinem folgenden kurzen Artikel ein; die besondere Industrieintensität der europäischen Arbeit, die nicht nur den besonderen europäischen Weg der Industrialisierung, sondern auch die Entstehung des europäischen Arbeitermilieus und des europäischen Sozialkonflikts mitprägte; die einzigartige europäische Klassengesellschaft, die Konfrontation, oft aber auch wechselseitige Abhängigkeit der Milieus des Bürgertums, der Arbeiter, des Kleinbürgertums, der Bauern und der Aristokratie, die wir in dieser Form und in diesen wechselseitigen Beziehungen in anderen Industriegesellschaften des 19. und 20. Jahrhunderts nicht finden und die ebenfalls Wirtschaft, Kultur und Politik in Europa entscheidend geformt haben; schließlich die besondere Rolle des Staates, der staatlichen Bürokratien ebenso wie des Sozialstaates, der in Europa umfassender, mächti-

ger, gleichzeitig aber von der Privatsphäre sozial, rechtlich und politisch schärfer abgegrenzt war als in anderen Industriegesellschaften.[14]) Sicher lassen sich alle diese Besonderheiten nicht in jeder europäischen Nationalgesellschaft in derselben Intensität nachweisen. Europa unterschied sich zudem nicht von jeder außereuropäischen Industriegesellschaft in gleicher Weise, von den USA in schwächerer und anderer Weise als von Japan oder vom halbasiatischen Zarenreich bzw. der UdSSR. Soweit man jedoch in der Geschichte überhaupt von klar ausmachbaren Besonderheiten sprechen kann, waren sie in Europa auch im Zeitalter der Nationalstaaten vorhanden. Es ist um so bedauerlicher, daß wir über die europäischen Besonderheiten der Kultur- und Politikgeschichte, etwa über den europäischen Intellektuellen ebenso wie über die europäischen Formen der politischen Parteien, über die europäischen Verfassungstendenzen ebenso wie die europäische kulturelle und politische Öffentlichkeit, über die grundsätzlichen Einstellungen der Europäer zur Natur wie zum Frieden, zum Markt ebenso wie zu sozialer Gerechtigkeit, über die Rolle der Religion und die Säkularisierung in Europa, über den europäischen Künstler ebenso wie über den europäischen Kunstmarkt und die Rolle der Kunst in der Privatsphäre noch sehr wenig wissen.

[14]) Vgl. zu einzelnen Aspekten: *John Hajnal,* European Marriage Patterns in Perspective, in: David Victor Glass/David Edward Charles Eversley (Eds.), Population in History. London 1965; *Peter Laslett,* Family Life and Illicit Love in Earlier Generations. Cambridge 1977, Kap. 1; *ders.,* Household and Family as Work Group and Kin Group, in: Richard Wall u.a. (Eds.), Family Forms in Historic Europe. Cambridge 1983, 513–563; *Peter Laslett,* The European Family and Early Industrialization, in: Jean Baechler u. a. (Eds.), Europe and the Rise of Capitalism. Oxford 1988, 234–241; *Michael Mitterauer,* Sozialgeschichte der Jugend. Frankfurt am Main 1986, 28–43 (beste jüngere Zusammenfassung der These); *Josef Ehmer,* Zur Stellung alter Menschen in Haushalt und Familie, in: Helmut Konrad (Hrsg.), Der alte Mensch in der Geschichte. Wien 1982, 82 f.; *Alfred D. Chandler,* The Visible Hand. The Managerial Revolution in American Business. Cambridge, Mass. 1977; *ders./Herman Daems* (Eds.), Managerial Hierarchies. Cambridge 1980; *Hermann van der Wee,* Der gebremste Wohlstand. München 1984, 241–55; *Hartmut Kaelble,* Was Prometheus Most Unbound in Europe? Labour Force in Europe in the 19th and 20th Centuries, in: JEEH 18, 1989, 65–104; *Jürgen Kocka,* Bürgertum und bürgerliche Gesellschaft im 19. Jahrhundert. Europäische Entwicklungen und deutsche Eigenarten, in: ders. (Hrsg.), Bürgertum im 19. Jahrhundert. Bd. 1. München 1988, 11–76; *Geoffrey Crossick/Heinz-Gerhard Haupt,* Shopkeepers, Master Artisans and the Historian: The Petite Bourgeoisie in Comparative Focus, in: dies. (Eds.), Shopkeepers and Master Artisans in 19th-Century Europe. London 1984, 3–31; zusammenfassend: *Hartmut Kaelble,* Auf dem Weg zu einer europäischen Gesellschaft. Eine Sozialgeschichte Westeuropas, 1880–1980. München 1987; *ders.,* Europäische Vielfalt und der Weg zu einer europäischen Gesellschaft, in: Stefan Hradil/Stefan Immerfall (Hrsg.), Die westeuropäischen Gesellschaften im Vergleich. Erscheint voraussichtlich 1995; *ders.* (Ed.), The European Focus. Social Pecularities of Europe. Erscheint voraussichtlich 1996.

2. Der Eindruck, den diese Besonderheiten Europas auf die Europäer machten, hing immer sehr davon ab, wie ähnlich sich die europäischen Gesellschaften und Kulturen waren. Europäische Besonderheiten lassen sich zwar in der Rückschau des Historikers in der Gesamtzeit des 19. und 20. Jahrhunderts nachweisen. Sie spielten aber für das Bewußtsein der europäischen Zeitgenossen nur eine Randrolle, solange sich gleichzeitig die europäischen Gesellschaften, Wirtschaften und politischen Systeme weit auseinanderentwickelten und daher den Europäern besonders die innereuropäischen Unterschiede vor Augen standen. Im 19. und frühen 20. Jahrhundert war das sicher so.

Während der vergangenen vierzig Jahre milderten sich die innereuropäischen Unterschiede dagegen deutlich ab und eröffneten dadurch die Chance, daß die europäischen Besonderheiten Kernstücke der Europavorstellungen der Zeitgenossen werden konnten und nicht nur wissenschaftliche Rekonstruktionen von Historikern blieben. Vor allem seit den 1950er Jahren wurden solche Annäherungen zwischen europäischen oder zumindest zwischen westeuropäischen Gesellschaften spürbar stärker. Die westeuropäischen Länder unterscheiden sich heute erheblich weniger stark als noch in der Nachkriegszeit oder gar am Anfang unseres Jahrhunderts.

Die Annäherungsprozesse waren besonders eklatant und auch besonders abrupt in der Politik. Die Durchsetzung stabiler Demokratien in Westeuropa und demnächst – so ist zu hoffen – auch im restlichen östlichen Teil Europas hat nicht nur die fundamentalen politischen Gegensätze eingeebnet, die sich seit den großen europäischen Revolutionen des 17. und 18. Jahrhunderts im Innern Europas immer mehr verschärft hatten. Auch in Einzelheiten der politischen Strukturen und Institutionen, in der parlamentarischen Regierungsverantwortung ebenso wie im Parteiensystem, in der Außenpolitik ebenso wie in der Rolle der Gewerkschaften, in der Wirtschaftsplanung und Wirtschaftspolitik ebenso wie in der Sozialstaatsintervention milderten sich fundamentale Gegensätze in der westeuropäischen Politik spürbar ab.

Weniger spektakuläre, aber folgenreiche Annäherungsprozesse setzten vor allem seit den 1950er Jahren auch in den westeuropäischen Gesellschaften ein. Besonders in der Erwerbsstruktur und im Erwerbslebenslauf, in der Verstädterung und in den Stadtgrößen, im Bildungsniveau und in manchen Bildungsinstitutionen, in der Wohnungsqualität und der Wohnweise, in der staatlichen sozialen Sicherung, in den Konsumformen und Lebensstilen, wohl auch in den Erziehungsprioritäten und familiären Leitbildern, in den Vorstellungen von Frauenarbeit, von Heirat, vom Dritten Alter sind sich die europäischen Gesellschaften zwar sicher nicht gleich, aber doch erheblich ähnlicher geworden als direkt nach dem Zweiten Weltkrieg oder gar am Jahrhundertanfang. In wichtigen Hinsichten gingen die Annäherungen sogar so weit, daß die sozialstrukturellen Unterschiede zwischen den europäischen Staaten geringer wurden als zwischen den Sowjetrepubliken und nicht mehr größer sind als zwischen den Bundesstaaten der USA.[15]) Auch die europäischen Wirtschaften näherten sich seit dem Boom der 1950er und 1960er zumindest im Westen deutlich an. Sicher glich sich das Wohlstandsgefälle zwischen europäischen Nationen und Regionen selbst innerhalb der Europäischen Gemeinschaft in den vergangenen Jahrzehnten nur begrenzt an. Immerhin schliffen sich die Unterschiede der industriellen Produktionsstrukturen weitgehend ab. Der Industrialisierungsstand, die Industrieproduktion per capita und die Industriebeschäftigung per capita, ist heute weit weniger verschieden als unmittelbar nach dem Zweiten Weltkrieg. Der Gegensatz zwischen Agrarländern und Industrieländern, der noch nach dem Zweiten Weltkrieg die europäische Wirtschaft bestimmte, verschwand weitgehend. Die landwirtschaftliche Erwerbsarbeit wurde überall an den Rand gedrängt. Die Agrarproduktion per capita wurde gleichzeitig erheblich ähnlicher. Auch die großen innereuropäischen Unterschiede in den Dienstleistungen sind heute zwischen europäischen Staaten und zwischen europäischen Regionen weit weniger massiv als noch in der Nachkriegszeit. Vor allem aber näherten sich die Wirtschaftspolitiken der meisten westeuropäischen Länder so massiv an, daß die rigiden Standards der europäischen wirtschaftlichen Ähnlichkeit, die für die Gründung der Europäischen Zentralbank gefordert werden, zwar immer noch nicht unproblematisch sind, aber doch realistischer erscheinen als selbst vor zwanzig Jahren. Mit weit größerer Berechtigung als nach dem Zweiten Weltkrieg kann man daher heute von einer europäischen Wirtschaft sprechen.[16])

---

[15]) Vgl. *Kaelble,* Auf dem Weg (wie Anm. 14), 99 ff.; *ders.,* Nachbarn am Rhein: Entfremdung und Annäherung der französischen und deutschen Gesellschaft seit 1880. München 1991, 151 ff.
[16]) Vgl. Kommission der europäischen Gemeinschaften. Dritter periodischer Bericht der Kommission über sozio-ökonomische Lage und die Entwicklung der Regionen der Gemeinschaft. Brüssel 1987; *Christine Krieger/Carsten S. Thoroe/Wolfgang Westcamp,* Regionales Wirtschaftswachstum und sektoraler Strukturwandel in der Europäischen Gemeinschaft. Tübingen 1985; *Willem Molle,* Regional Disparity and Economic Development in the European Community. London 1980; *Sidney Pollard,* The Integration of the European Economy since 1815. London 1981; *Gerold Ambrosius,* Sektorale Strukturen europäischer Volkswirtschaften im 20. Jahrhundert: überindustrialisiert und rückständig?, in: Hansjoachim Henning/Dieter Lindenlaub/Eckhard Wandel (Hrsg.), Wirtschafts- und sozialgeschichtliche Forschungen und Probleme. Karl Erich Born zur Vollendung des 65. Lebensjahrs zugeeignet. St. Katharinen 1987, 244–269; *ders.,* Wirtschaftswachstum und Konvergenz der Industriestrukturen in Westeuropa, in: Hartmut Kaelble (Hrsg.), Der Boom,

Auch wenn wichtige Divergenzen weiterbestanden und diese Annäherungen auch nicht alle westeuropäischen oder gar europäischen Gesellschaften erfaßten, so hat die Mehrzahl der westeuropäischen Gesellschaften doch in wichtigen Bereichen der Politik, der Gesellschaft und der
Wirtschaft heute einen Grad der Annäherung erreicht, der den Europäern
die europäischen Besonderheiten neben den nationalen oder regionalen
Eigenarten stärker als früher bewußt werden lassen kann.

Waren diese Annäherungen der europäischen Gesellschaften seit dem
Zweiten Weltkrieg nicht Folgen der Amerikanisierung Europas, der gemeinsamen Imitation der USA als Weg aus dem Zusammenbruch Europas?

Für eine solche Annäherung der europäischen Gesellschaften durch
Amerikanisierung spricht manches. Die massive, vielfältige, gesellschaftliche, wirtschaftliche und kulturelle Wirkung des amerikanischen way of
life auf Westeuropa ergab sich unvermeidbar aus der historischen Situation des europäischen Wohlstandsrückstands nach dem Zweiten Weltkrieg. Die vielfältigen amerikanischen Einflüsse machten tatsächlich an
den innereuropäischen Grenzen nicht Halt, sondern waren überall in
Westeuropa zu spüren. Sie waren ohne Zweifel eine gemeinsame westeuropäische Erfahrung.[17]) Trotzdem lassen sich die Annäherungen zwischen europäischen Gesellschaften seit dem Zweiten Weltkrieg nicht auf

---

1948–1973. Gesellschaftliche und wirtschaftliche Folgen in der Bundesrepublik
Deutschland und in Europa. Opladen 1992, 129–168.

[17]) Für Ausmaß, aber auch Grenzen der Amerikanisierung: *Peter Duignan/Lewis H.
Gann,* The Rebirth of the West. The Americanization of the Democratic World,
1945–1958. London 1991; *Ralph Willett,* The Americanization of Germany, 1945–
1949. London 1989; *James E. Miller,* The United States and the Reconstruction of
Italy, 1945–1948. Cambridge 1986; *Rob Kroes* (Ed.), Image and Impact: American
Influences in the Netherlands since 1945. Amsterdam 1981; zu einzelnen Aspekten
der Amerikanisierung speziell in der Bundesrepublik: *Volker R. Berghahn,* Unter-
nehmer und Politik in der Bundesrepublik. Frankfurt am Main 1985; *Hermann
Bausinger u. a.* (Hrsg.), Jeans. Beiträge zu Mode und Jugendkultur. Tübingen 1985;
Herman-Josef Rupieper, Bringing Democracy to the Frauleins. Frauen als Ziel-
gruppe der amerikanischen Demokratisierungspolitik in Deutschland 1945–1952,
in: GG 17, 1991, 61–91; *Michael Hoenisch u. a.* (Hrsg.), USA und Deutschland:
Amerikanische Kulturpolitik 1942–1949. Bibliographie, Materialien, Dokumente.
Berlin 1980; *Michael Joseph Kurtz,* American Cultural Restitution Policy in Ger-
many during the Occupation, 1945–1949. Ann Arbor, Mich. 1982; *Harold Hurwitz,*
Die Stunde Null der deutschen Presse. Die amerikanische Pressepolitik in Deutschland 1945–49. Köln 1972; *Arnold Sywottek,* The Americanization of Daily Life.
Early Trends in Leisure and Consumption, in: Michael Ermarth (Ed.), America
and the Shaping of German Society 1945–1955. Providence 1993; *Bernhard Plé,*
Wissenschaft und säkulare Mission. „Amerikanische Sozialwissenschaft" im politischen Sendungsbewußtsein der USA und im geistigen Aufbau der Bundesrepublik
Deutschland. Stuttgart 1990.

die Amerikanisierung Europas reduzieren. Der amerikanische Einfluß
war dafür in den einzelnen europäischen Ländern zu verschieden und hat
daher auch zu neuen innereuropäischen Unterschieden zwischen den stark
amerikanisierten Ländern wie Belgien, Großbritannien, der Bundesrepublik und den aus sehr unterschiedlichen Gründen amerikaresistenteren
Ländern wie Frankreich, Spanien, Portugal, Polen, Ungarn, Tschechoslowakei geführt. Der amerikanische Einfluß war darüber hinaus letztlich
auch zu begrenzt, als daß er ausschlaggebend für eine Vereinheitlichung
Europas hätte werden können. Darüber hinaus war manches, was vor allem in den 1950ern und 1960ern als Amerikanisierung oder auch als
„Massengesellschaft" gebrandmarkt wurde und sich auch tatsächlich im
Großteil Westeuropas durchsetzte, oft eine gemeinsame europäisch-ameri-
kanische Entwicklung. Schließlich die wichtigste Grenze der Amerikanisierung Europas seit dem Zweiten Weltkrieg: Die meisten politischen,
wirtschaftlichen, gesellschaftlichen und kulturellen Besonderheiten Europas hatten wenig oder gar nichts mit dem amerikanischen Nachkriegsmo-
dell zu tun. Die europäische Familie ebenso wie die europäische Beschäftigung und Arbeitsmentalität, die europäischen sozialen Klassen ebenso
wie die europäische Staatsintervention und Staatsbürokratie, die europäischen Verfassungen ebenso wie die europäischen Parteien und Verbände
waren mit ihren vielfältigen Folgen eigenständige europäische Entwicklungen, die Europa längst vor dem Zweiten Weltkrieg deutlich von den
USA unterschieden.

    3. Eine weitere wichtige Dimension des gelebten Europa wurde die
wachsende Verflechtung zwischen den einzelnen europäischen Ländern,
besonders zwischen den Gesellschaften und Wirtschaften – Verflechtungen durch Kapital- und Warenströme ebenso wie durch Migration, in
Konsumstilen und Moden ebenso wie in Kunst und Wissenschaft, durch
europäische Unternehmenszusammenschlüsse ebenso wie durch Städtepartnerschaften oder gemeinsame soziale Bewegungen.[18])

    Sicher verdichtete sich nicht jede Form der grenzüberschreitenden in-
nereuropäischen Verflechtung. Das mondäne verwandtschaftliche Netzwerk zwischen den europäischen Herrscherhäusern und Adelsfamilien,
verfiel ganz im Gegenteil mit dem Machtverlust der europäischen Monar-
chien und Aristokratien seit Ende des Ersten Weltkriegs. Das europäische
Netzwerk der kleinen Leute, die innereuropäische Arbeitsmigration zwischen den meisten europäischen Ländern nördlich des Mittelmeers verstärkte sich zumindest seit den 1970er Jahren nicht mehr. Andere, wichtigere Verflechtungen verdichteten sich jedoch zwischen europäischen Län-

---

[18]) Die folgenden Ausführungen zu den innereuropäischen grenzüberschreitenden
Verflechtungen und Transfers möchte ich in einer späteren kurzen Arbeit genauer
belegen.

dern während der vergangenen vierzig Jahre spürbar. Die innereuropäischen Handelsströme und Kapitalströme haben sich in einem Tempo verstärkt, das bis zur Mitte unseres Jahrhunderts noch unvorstellbar gewesen wäre. Ausbildung in anderen europäischen Ländern – Schüleraustausch, Auslandsstudium, Auslandspraktika – nahm in den vergangenen vierzig Jahren stark zu und verhalf einer rasch wachsenden Zahl von Europäern zu Auslandserfahrungen, die früher außerhalb einer schmalen Oberschicht selten waren. Bestimmte Formen von beruflicher Migration wurden in den vergangenen vierzig Jahren außergewöhnlich rasch häufiger, vor allem die Kurzzeitmigration von Managern, leitenden Angestellten, Wissenschaftlern, Technikern, zu deren Karrieren neben zunehmenden Auslandsreisen immer häufiger eine Zeit – manchmal nur Monate, manchmal Jahre – im Ausland, oft im europäischen Ausland gehörte. Im Dritten Alter entstand eine neue Form der innereuropäischen Migration, die Verlegung des Wohnsitzes von Nordeuropäern in die wärmeren Süden, von Niederländern, Deutschen, Briten in italienische, französische oder spanische Mittelmeerregionen. Reisen – Ferienreisen, Geschäftsreisen, Tagungsreisen, Reisen in Partnerstädte – vervielfachten sich in den vergangenen vierzig Jahren innerhalb Europas. Während noch in den 1950er Jahren die Auslandsreisen das Privileg einer kleinen, meist wohlhabenden Minderheit waren, gehören sie heute zum Lebensstil der Masse der Durchschnittseuropäer, zunehmend auch der Südeuropäer, die nach Norden reisen. Mit am wichtigsten schließlich ist die wachsende Verflechtung durch Konsum, durch gemeinsame Nahrungsmittel, Getränke, Kleider, Spielsachen, auch gemeinsame langlebige Konsumgüter wie Autos, Möbel, Elektrogeräte. Neben unverkennbar weltweiten Trends des Konsums und der Konsumgüterproduktion hat sich durch das Ende der nationalen Abkapselung, durch die Entstehung eines gemeinsamen europäischen Wirtschaftsmarktes, auch durch zielgerichtete europaweite Marktplanung von Unternehmen wie in einem Schmelztiegel ein europäischer Konsumstil aus Beiträgen verschiedener europäischer Länder entwickelt. Dieser europäische Konsumstil verdrängte zwar regionale und nationale Konsumstile nicht, läßt aber Europa, vor allem Westeuropa, doch viel verflochtener und damit auch einheitlicher erscheinen als noch vor vierzig Jahren.

Ohne Zweifel gab es solche gesellschaftlichen und wirtschaftlichen Verflechtungen und die damit verbundenen Hoffnungen auf ein europäisches Bewußtsein schon länger. „Sehen wir nicht", schrieb Sartorius von Waltershausen 1907, „wie die Angehörigen der einzelnen Nationen immer häufiger und in wachsender Zahl auf Reisen und Versammlungen, zu Geschäfts- und Kulturzwecken zusammenkommen, einander zu begreifen versuchen, voneinander lernen wollen, daß durch Niederlassung und Heirat in benachbarten Ländern die Rassen mehr und mehr durcheinandergewürfelt werden, daß kein großes Werk der Wissenschaft, der Technik und der Kunst geboren wird, welches nicht alsbald europäisches Gemeingut wird, daß das tiefe Bedürfnis nach neuem Lebensgehalt, nach neuen ethischen und religiösen Zielen die Denker der Länder gleichmäßig beschäftigt."[19]) Was freilich die damalige Situation direkt vor dem Ersten Weltkrieg und die vergangenen vierzig Jahre grundlegend unterschied, war „der Aufschrei eines furchtbaren Widerspruchs", den Waltershausen zwischen diesen Verflechtungsfortschritten einerseits und einem „trennenden Entwicklungsprozeß", den massiven innereuropäischen Nationalitätenkonflikten und militärischen Aufrüstungen andererseits registrieren mußte.[20]) Dieser Widerspruch ist in den vergangenen vierzig Jahren in Westeuropa weitgehend beseitigt worden. Was blieb waren vor allem die fortschreitenden Verflechtungen. Sie machten darüber hinaus eine tiefgreifende Entwicklung durch, die die damaligen Zeitgenossen noch nicht ahnen konnten: Sie beschränkten sich nicht mehr wie noch vor 1914 auf eine schmale bürgerliche und aristokratische Schicht, sondern wurden mehr und mehr zu Alltagserfahrungen der Masse der Europäer.

4. Das führt zu einer weiteren grundlegenden, gelebten und oft nicht reflektierten, sicher nicht politisch geplanten Voraussetzung des Europabewußtseins: die Entwicklung des grenzüberschreitenden beruflichen und alltäglichen Erfahrungsraums und Erwartungshorizonts der Europäer.[21]) Er ist bisher noch wenig systematisch untersucht worden. Trotzdem spricht viel dafür, daß der geographische Erfahrungsraum vieler Europäer seit dem Zweiten Weltkrieg in wichtigen Bereichen der Politik, der Gesellschaft, der Wirtschaft und der Kultur massiv die Grenzen der eigenen Region und des eigenen Landes überschritt.

In der Politik wurde es für eine sicher schmale, aber doch meinungsbildende Schicht von Politikern, Spitzenbeamten und Spitzenmilitärs zur Normalität, im Rahmen der europäischen Integration, der NATO oder anderer internationaler Organisationen über andere Länder, mit anderen Ländern oder in anderen Ländern, dabei oft anderen eurpäischen Ländern, zu arbeiten. Man schätzt, daß heute neben den fast 5000 ständigen leitenden Beamten in Brüssel weitere rund 36000 Politiker und leitende Beamte aus den Mitgliedsländern der Europäischen Gemeinschaft ständig

---

[19]) *Sartorius von Waltershausen,* Das volkswirtschaftliche System der Kapitalanlage im Auslande. Berlin 1907, 421 f.
[20]) Ebd.
[21]) Vgl. zu diesen Begriffen: *Reinhart Koselleck,* „Erfahrungsraum" und „Erwartungshorizont" – zwei historische Kategorien, in: ders., Vergangene Zukunft. Frankfurt am Main 1979, 349 ff.

oder häufig nach Brüssel kommen.[22]) Es wäre interessant zu wissen, ob
gleichzeitig auch die politischen Informationen über andere europäische
Länder in der Presse, im Rundfunk und Fernsehen zunahmen und sich
auch auf diese Weise der räumliche politische Erfahrungshorizont der
Durchschnittseuropäer erweiterte. Es ist schwer vorstellbar, daß fast fünf-
zig Jahre gemeinsamer Zugehörigkeit zum Westen und gemeinsamer Demokratie keine Spuren hinterlassen haben.

In der Wirtschaft dürfte die Erweiterung des alltäglichen beruflichen
Erfahrungsraums seit der Jahrhundertmitte noch erheblich massiver gewesen sein. Vor allem der enorm gestiegene Export von Waren, aber auch
von Kapital und Know-how internationalisierte seit dem Zweiten Weltkrieg den Berufsalltag für eine wachsende Zahl von Managern, Angestellten, Kaufleuten, Technikern, Sekretärinnen, Reparateuren und Transport-
fahrern. Ihr Berufsalltag verflocht sie in zunehmender Intensität mit Europäern anderer Länder durch Korrespondenz und Telefonate, durch Liefe-
rungsaufträge und Fuhren, auf Messebesuchen und Geschäftsreisen, In-
stallationen von Maschinen und Reparaturen. Für eine wachsende Zahl
von Europäern in der Wirtschaft wurde es zur Alltagsroutine, mit anderen, meist europäischen Ländern in irgendeiner Form zu tun zu bekommen. Während diese Internationalität für manche europäischen Großunternehmen des späten 19. und frühen 20. Jahrhunderts schon Gewohnheit
geworden war, drang sie seit dem Zweiten Weltkrieg auch intensiv in die
mittleren Unternehmen vor. Der Niedergang der Kolonialreiche und der
wachsende innereuropäische wirtschaftliche Austausch lenkte zudem die
internationale Orientierung vieler westeuropäischer Unternehmen auf Europa um. Ähnlich massiv erweitert hat sich auch der alltägliche berufliche
Erfahrungsraum der Wissenschaftler, an Hochschulen ebenso wie an an-
gewandten Forschungsinstitutionen. Für die große Masse der Wissenschaftler, nicht mehr nur für einige wenige große Namen und Institutslei-
ter, rückten immer stärker andere, oft europäische Länder durch Tagungen und Besprechungen, durch Vortragseinladungen und Briefe, durch
Lektüre von Forschungsergebnissen, durch Vereinheitlichung europäischer Regelungen, auch durch die weitverbreitete Durchsetzung der englischen Sprache als gemeinsamer Wissenschaftssprache in den Berufsalltag
ein. Auch Architekten und Stadtplaner, Theater-, Film-, Fernseh- und Me-
dienberufe erlebten seit dem Zweiten Weltkrieg solche Erweiterungen ihres alltäglichen beruflichen Erfahrungsraums, die nationale europäische
Grenzen in anderem Licht erscheinen und neue Erwartungshorizonte entstehen ließen.

[22]) _Maurizio Bach_, Eine leise Revolution durch Verwaltungsverfahren: Bürokratische Integrationsprozesse in der Europäischen Gemeinschaft, in: ZfSoz 1, 1992,
16–32.

Neben dem Beruf haben ohne Zweifel auch die Ferienreisen die Einschränkung der Erfahrungen auf regionale und nationale Räume aufgebrochen. Bis zur Jahrhundertmitte waren die Reisen in internationale Seebäder und Kurorte anderer europäischer Länder, nach Karlsbad, Viareggio, Deauville oder Baden-Baden, auf Luxuslinern und in luxuriösen internationalen Expreßzügen das Privileg einer schmalen Schicht. Für den Durchschnittseuropäer gab es entweder überhaupt keine Ferienreisen und daher nicht selten einen auf wenige Dörfer beschränkten Erfahrungsraum oder – für den bürgerlichen Europäer – oft nur Familienreisen im eigenen Land zum gemeinsamen ländlichen Familienbesitz oder zu Verwandten auf dem Land. Erst seit wenigen Jahrzehnten begannen Ferien im Ausland, meist im europäischen Ausland, zur Alltagserfahrung der Europäer zu werden. Vor allem im nördlichen Teil Europas blieben nur noch Minderheiten lebenslang hinter den eigenen nationalen Grenzpfählen. Auch wenn solche Reisen das Verständnis für den Alltag anderer europäischer Länder nur begrenzt erschließen, bildeten sie doch einen wichtigen Umbruch: Europa und nicht mehr nur die eigene Region oder das eigene Land wurde zum Erfahrungsraum der Masse der Durchschnittseuropäer.

Schließlich erweiterte auch die rapide Verbreitung von Fremdsprachenkenntnissen den räumlichen Horizont der Europäer massiv. Innerhalb von nur wenigen Jahrzehnten veränderte sich die Situation grundlegend. Im Fall der Bundesrepublik sprach in der Generation, die noch vor 1945 in die Schule kam, nach einer Umfrage von 1988 nur ein kleiner Teil, nur 11–17%, Englisch. In den Jahrgängen, die erst nach dem Zweiten Weltkrieg Schüler wurden, nahmen die Englischkenntnisse sprunghaft auf die Hälfte zu und stieg unter den jüngeren Jahrgängen kontinuierlich weiter an. Unter den Schülern gab 1988 sogar die erdrückende Mehrheit von 90% Englischkenntnisse an. Eine Ausnahme ist die Bundesrepublik sicher nicht. In den skandinavischen Ländern, in den Niederlanden und natürlich in Irland waren die englischen (teilweise auch die deutschen) Sprachkenntnisse am Ende der achtziger Jahre noch höher. In Frankreich und Italien konnte sich wenigstens ein Viertel der Bevölkerung in einer zweiten Sprache verständigen. Nur die Spanier waren durch ihre Sprachkenntnisse stärker isoliert. In der Europäischen Gemeinschaft als Ganzes hatten 1990 nach eigenen Angaben nur 10% der jungen Europäer keinerlei Fremdsprache gelernt. Der dadurch eröffnete Zugang zu Büchern, Zeitungen, Filmen und Fernsehen in anderen Sprachen, auch die leichten Kontakte mit Europäern aus anderen Ländern haben sicher den räumlichen Horizont des Durchschnittseuropäers dramatisch erweitert.[23]

[23] Vgl. für die Bundesrepublik: Emnid-Umfragen. H. 1. 1989, 16f. (auch abgedruckt in: *Kaelble*, Nachbarn am Rhein [wie Anm. 15], 243); für einzelne Länder:

Sicher haben alle diese Erweiterungen des alltäglichen Erfahrungsraums der Europäer nicht immer direkt zu europäischen Bindungen und
Identitäten geführt. Sie hatten aber doch drei deutliche Auswirkungen: Sie
haben erstens zwar nationale und regionale Identifizierungen nicht beseitigt, aber doch wenigstens zu einer realistischeren, abgewogeneren Einschätzung anderer Europäer und anderer europäischer Gesellschaften geführt, neben Unterschieden auch Ähnlichkeiten sichtbar werden lassen
und neben der Irritation über Andesartigkeiten sicher auch Vertrautheits-
gefühle und sogar Bindungen an andere Länder entstehen lassen. Der in-
ternationalere Erfahrungsraum verschob darüber hinaus soziale Trennlinien in grundlegender Weise. Bis ungefähr zur Mitte des 20. Jahrhunderts
waren fast nur in den Oberschichten (auch dort nicht überall) die Erfahrungsräume europäisch oder international. Der europäische Durchschnittsbürger blieb in seinen Erfahrungen auf den nationalen, regionalen, wenn nicht gar lokalen Raum von wenigen Dörfern oder Stadtvier-
teln beschränkt. Von Ausnahmen wie Seeleuten, Schiffern, Fuhrleuten,
ländlichen Saisonarbeitern, Arbeitermigranten abgesehen, erweiterte sich
der räumliche Erfahrungshorizont in der Regel nur in Extremsituationen
wie in der Auswanderung nach Übersee oder im Krieg als Soldat, Depor-
tierter oder Kriegsgefangener, also unter Umständen, in denen Negativer-
fahrungen anderer europäischer Länder vorprogrammiert waren. Dieser
soziale Klassengegensatz der geographischen Erfahrungsräume schwächte
sich seit den 1950er Jahren spürbar ab. Die Trennlinie zwischen internationalen Berufen und lokalen Berufen zog sich mehr und mehr quer durch
die Gesellschaft hindurch und trennte internationale Manager, Wissenschaftler, Beamte von eher national oder lokal orientierten Rechtsanwäl-
ten, Steuerberatern, Ärzten, Lehrern, internationale Techniker, Kaufleute,
Lastwagenfahrer von oft eher national oder lokal orientierten Kommunal-
beamten, Fabrikarbeitern, Landwirten. Schließlich ließ die Internationali-
sierung der Erfahrungsräume in Beruf und Freizeit auch neue Erwartungshorizonte und handfeste Interessen an einem Abbau der nationalen Grenzen und Abschottungen entstehen. Die Erleichterung und Beseitigung von
Grenzkontrollen und Zollformalitäten, die Liberalisierung des grenzüberschreitenden Geldverkehrs, die Öffnung des Gesundheitsdienstes, der Sozialversicherungen, der Schulen und Universitäten, der Immobilienmärkte
und Arbeitsmärkte in anderen europäischen Ländern wurde seit der Jahr-

---

Definition of Standards for Educational and Informational Programme Presenta-
tion in a Commercial Multilingual Television Satellite Environment. European Institute for the Media. University of Manchester. O.O., o. J. (Gallup-Umfrage 1989);
für ganz Europa: *Gérard Mermet,* Euroscopie. Paris 1991, 166; Young Europeans
in 1990. Brüssel 1991, 77 ff. (40% trauen sich allerdings keine Unterhaltung in einer
Fremdsprache zu).

hundertmitte für immer mehr Europäer wichtig, manchmal sogar existentiell. Die alltägliche Ausweitung des Horizonts verstärkte daher nicht nur die idealistische Verständigungsbereitschaft, sondern führte auch zu handfesten Bedürfnissen vieler Europäer an einem einheitlicheren Europa ohne innere nationale Grenzen.

Aus diesem gelebten Europa entstand sicher nicht automatisch ein Europabewußtsein und die Planung für den Aufbau der europäischen Institutionen. Gegen solche simplen mechanischen Kausalvorstellungen spricht vieles. Schweden, Norwegen, Finnland, Österreich, die Schweiz haben sich zumindest bis zum Umbruch 1989/90 aus der politischen Integration Europas herausgehalten, obwohl sie zweifelsohne zum Kern des gelebten Europa dazugehören, vielleicht eindeutiger als Teile der Europäischen Gemeinschaft wie Süditalien, Portugal, große Teile Irlands und des westlichen und nördlichen Spanien. Umgekehrt wünschen die ostmitteleuropäischen Länder, Polen, die Tschechoslowakei und Ungarn, den Beitritt zur Europäischen Gemeinschaft, obwohl man sie in gewichtigen Hinsichten noch nicht zum gelebten Europa rechnen kann: eine wesentliche europäische Besonderheit, der europäische Wohlfahrtsstaat, fehlt in diesen Ländern noch; die Annäherungen an die westeuropäischen Länder, die Verflechtungen mit ihnen sind noch deutlich schwächer, die Erfahrungsräume und geographischen Erwartungshorizonte bisher noch erheblich enger als in den westeuropäischen Ländern. Noch aus einem grundsätzlicheren Grund kann man das gelebte Europa nicht einfach als Ursache des Europabewußtseins und der politischen Integration Europas ansehen: In einigen Hinsichten ist genau umgekehrt das geplante und gewollte Europa Ursache für das gelebte Europa: Ohne die Schaffung eines großen Wirtschaftsmarktes und ohne Beseitigung der innereuropäischen Barrieren für Waren und für Menschen hätten sich wahrscheinlich wesentliche Elemente des gelebten Europa, besonders das europäische Konsummuster, der Aufschwung der Fremdsprachenkenntnisse, die neue europäische Migration von Studenten, Praktikanten, Managern, Wissenschaftlern, Technikern und Fahrern nicht so rasch und nicht so intensiv entwickelt. Trotzdem bleibt die Geschichte des Europabewußtseins ohne die Geschichte des gelebten Europa ein Torso. Europabewußtsein und zielgerichtete europäische Integrationspolitik standen in engem Wechselverhältnis mit dem gelebten Europa, haben es mit beeinflußt, sind aber gleichzeitig auch durch das gelebte Europa gestützt und verstärkt worden. Ohne das gelebte Europa wäre die europäische Integration höchstwahrscheinlich ein technokratisches Kunstprodukt und das Europabewußtsein eine reine Weltanschauung und Ideologie geblieben und auch so verstanden worden.

IV. Zusammenfassung

Die historische Forschung zur Entwicklung des Europabewußtseins steht sicher noch in ihren Anfängen. Die vielfältigen Neuansätze und Chancen wurden bisher noch nicht in größere, allgemein bekannte und gelesene Bücher umgesetzt. Die Geschichte des Europabewußtseins ist deshalb immer noch eine historische Grauzone. Trotzdem wiegen die Bedenken, die am Anfang dieser Einleitung zur Sprache gekommen sind, heute bei weitem nicht mehr so schwer wie noch vor zehn oder zwanzig Jahren. Gehen wir diese Bedenken nochmals durch. Die Geschichte des Europabewußtseins steht heute ganz anders als in der Nachkriegszeit nicht mehr in Gefahr, die esoterische Geschichte eines Randphänomens zu sein, das nicht zu den wirklich bedeutenden Ereignissen und Prozessen der europäischen Geschichte gehört. Von der Geschichte des Europabewußtseins wird heute nicht mehr erwartet, gleichsam Trost für eine Minorität von Europabewegten zu spenden, dem Wunschbild eines geeinten Europas die historische Legitimation zu verschaffen, in einer Zeit des übermächtigen und gleichzeitig krisenhaften Nationalismus nach dem Prinzip Hoffnung in der Geschichte „die Kontinuität eines lebhaften und vielgestaltigen Europadenkens zu erweisen".[24] Die Geschichte des Europabewußtseins knüpft heute ganz im Gegenteil an solide, zunehmend mächtige europäische Institutionen an, die spätestens seit 1989 in Europa, vielleicht sogar weltweit ein konkurrenzloses Modell für supranationale Vielvölkergemeinschaften ohne innere Hegemonien geworden sind. Die Geschichte des Europabewußtseins wird heute vor dem Hintergrund europäischer Institutionen geschrieben, deren Macht notorisch unterschätzt wird und inzwischen so angewachsen ist, daß aufmerksame Sozialwissenschaftler sogar eher über ihre Begrenzung als über ihren Ausbau diskutieren.[25] Vor diesem Hintergrund lassen sich die Vorbehalte gegenüber der Esoterik

---

[24] *Heinz Gollwitzer,* Europabild und Europagedanke. München 1951, 1; vgl. auch die rückschauende Selbsteinschätzung eines Ideenhistorikers in: *Denys Hay,* Europe Revisited: 1979, in: History of European Ideas, 1980/81, 1–6.
[25] *Fritz W. Scharpf,* Die Politikverflechtungsfalle. Europäische Integration und deutscher Föderalismus im Vergleich, in: PVS 26, 1985, 323–356; *M. Rainer Lepsius,* Europa auf Stelzen. Die EG muß den Irrweg des Zentralstaates vermeiden, in: Die Zeit, Nr. 25 v. 16. 6. 1969; *ders.,* Die Europäische Gemeinschaft: Rationalitätskriterien der Regimebildung. Papier auf dem 25. deutschen Soziologentag. Frankfurt am Main 1990; *ders.,* Nationalstaat oder Nationalitätenstaat als Modell für die Weiterentwicklung der Europäischen Gemeinschaft, in: Rudolf Wildenmann (Hrsg.), Staatswerdung Europas? Optionen für eine Europäische Union. Baden-Baden 1991; *Alain Minc,* La grande illusion. Paris 1989; *Wolf Lepenies,* Fall und Aufstieg (wie Anm. 7); *Ulrich Everling,* Die Entwicklung des europäischen Wirtschaftsrechts, in: Kaelble/Winkler (Hrsg.), Nationalstaat (wie Anm. 2), 236–260.

und Weltabgewandtheit der Geschichte der Europakonzepte, Europa-
visionen und Europaeinstellungen nur noch schwer halten.
Auch der Vorwurf der geistesgeschichtlichen Scheuklappen der historischen Forschung zur Europaidee hat viel an Substanz verloren. Durch
vierzig Jahre fortschreitender europäischer Integration hat sich die Aufgabe der Geschichte des Europabewußtseins geradezu umgedreht. Während ihrer Blütezeit in der unmittelbaren Nachkriegszeit wollte die Geistesgeschichte der europäischen Idee vor allem die Vordenker der europäischen Integration untersuchen und dabei die Vorreiterrolle geistiger Inno-
vationen in der Geschichte des europäischen Zusammenschlusses herausstellen. Das hatte durchaus eine gewisse zeithistorische Berechtigung.
Heute dagegen drängt sich vor allem die Frage auf, wie sich in den vergangenen fast vier Jahrzehnten das Europabewußtsein neben den mächti-
gen europäischen Institutionen, neben dem europäischen Wirtschafts-
markt und neben dem Aufkommen einer europäischen Gesellschaft entwickelte und ob der zugespitzte Eindruck stimmt, daß das politische und
wirtschaftliche europäische Gehäuse gleichsam seinen Geist unter den
Durchschnittseuropäern noch sucht. Das ist der tiefere Grund dafür, daß
sich die Forschungsansätze in der Geschichte des Europabewußtseins
grundlegend gewandelt haben, die enge ältere politische Geistesgeschichte
verlassen haben, breiter geworden sind und die Geschichte der ausformulierten, politischen Europakonzepte weit stärker als früher in ihren zeithistorischen Bezügen und Voraussetzungen sehen, nicht selten auch relati-
vieren.
Der einst berechtigte Vorwurf, die Geschichte der Europaidee beschränke sich auf Konzepte zum *politischen* Zusammenschluß Europas,
trifft heute ebenfalls weniger. Fünf Jahrzehnte Erfahrung mit einer europäischen Integration, die als wirtschaftliche Integration begann und erst
als Schlußstein die Integration der hohen europäischen Politik, der Au-
ßen- und Sicherheitspolitik, und die Errichtung eines voll funktionsfähi-
gen europäischen Parlaments plant, läßt eine Geschichte der Europaidee,
die sich auf politische Einigungskonzepte beschränkt, wirklichkeitsfremd
erscheinen. Die kulturelle und gesellschaftliche Identität Europas ist sogar
ein neues Thema öffentlicher Diskussion geworden.[26] Die Untersuchung

---

[26] Ein paar Hinweise auf diese Diskussion: *Perroux* (Ed.), Europe (wie Anm. 12);
Morin, Penser (wie Anm. 4); pointiert: *ders., L'invention de l'Europe. Existe-t-il
une culture européenne?* in: Yves Léonard (Ed.), La France et l'Europe, in: Cahiers
français 244, 1990, 12–18; *Jacques Derrida*, Kurs auf das andere Kap – Europas
Identität, in: Liber, Nr. 3, 1990, 11–13; *Braudel*, Zivilisation (wie Anm. 7), 149–173;
Wolf Lepenies, Fall und Aufstieg (wie Anm. 7); *Hans C. Buch* (Hrsg.), Ein Traum
von Europa. (Literaturmagazin, Sonderbd. 22.) Reinbek 1988; *Robert Picht*, Die
„Kulturmauer durchbrechen", in: EA 42, 1987, 279–286; *ders.*, Europa im Wandel:

der Geschichte der Ideen zur europäischen Gesellschaft, Kultur und Wirtschaft, auch die Sprachgeschichte, stoßen deshalb auf mehr Verständnis und aktives Forscherinteresse. Man kann erwarten, daß dazu auch bald eine Literatur entsteht.

Auch die Einwände gegen ein zu enges Verständnis von Europabewußtsein, das nur Aktionen und Reflektionen zur europäischen Einheit einschließt, dagegen ungeplante und unbewußte, aber geschichtsträchtige europäische Gemeinsamkeiten der Institutionen, Mentalitäten und Strukturen übersieht, tragen heute nicht mehr so weit wie früher. Die Geschichte der gemeinsamen europäischen Sozialstrukturen und Mentalitäten ist in den letzten Jahren in einer ganzen Reihe von historischen Arbeiten verfolgt worden. Michael Mitterauer, von dem dieser Band einen Aufsatz enthält, ist ein einflußreiches Beispiel dafür. René Girault entwickelt in seinem Beitrag zu diesem Band ein ganzes Projekt zum gelebten, nicht geplanten Europa. Man kann erwarten, daß in den nächsten Jahren auch hierzu viel geforscht und geschrieben werden wird.

Zudem haben auch die Zweifel an allgemein anerkannten Methoden für die Geschichte des Europabewußtseins manches an Berechtigung verloren. Sozialwissenschaftliche Untersuchungen, die auf Umfragen aufbauen, haben auch für den historischen Bewußtseinswandel wichtige Aufschlüsse erbracht. Die Mentalitätsgeschichte kann uns neue Perspektiven eröffnen, wenn sie umsichtig auf die Geschichte des Europabewußtseins angewandt wird. Die Sprach- und Begriffsgeschichte hat an einzelnen Beispielen ihre Wichtigkeit für die Geschichte des Europabewußtseins schon erwiesen. Untersuchungen zu Europakonzepten und -horizonten einzelner Berufsgruppen, die nicht rein ideengeschichtlich arbeiten, sondern intensiv die berufliche Situation mit einbeziehen, sehen vielversprechend aus. Für die Geschichte der Diskurse über Europa gibt es bereits ermutigende Beispiele. Diese Vielfalt von methodischen Möglichkeiten eröffnen dem Historiker des Europabewußtseins eher Chancen als Sackgassen.

Schließlich ist auch die Gefahr einer zu engen, rein geistesgeschichtlichen Periodeneinteilung der Geschichte der europäischen Einheit erheblich geringer geworden. Mehr als früher haben sich Historiker darüber Gedanken gemacht. Eine ganze Reihe von interessanten neuen Vorschlägen sind in letzter Zeit vorgelegt worden, zur Periodeneinteilung der europäi-

Zur soziologischen Analyse der kulturellen Realitäten in europäischen Ländern, in: Integration 15, 1992, 216–224; *Dominique Schnapper/Henri Mendras,* Six manières d'être européen. Paris 1990; *Chantal Millon-Delsol,* L'irrévérence. Essai sur l'esprit européen. Paris 1993; *Weidenfeld* (Hrsg.), Identität (wie Anm. 6); *Rovan/Krebs* (Eds.), Identités nationales (wie Anm. 4); *René Girault* (Ed.), Identité et conscience européennes au XXe siècle. Paris 1994; *Heinz-Gerhard Haupt* (Hrsg.), Orte des Alltags. Miniaturen aus der europäischen Kulturgeschichte. München 1994.

schen Einheit über ein Jahrtausend hinweg ebenso wie zur Datierung des Beginns der modernen europäischen Einigungsbewegung. Die folgenden Aufsätze René Giraults und Peter Krügers sind interessante Beiträge zu dieser Diskussion unter Historikern darüber, wie man europäische Geschichte und die Geschichte der europäischen Einheit schreiben und einteilen kann. Insgesamt steht die Geschichte des europäischen Bewußtseins vor einer neuen Herausforderung. Sie stellt uns sicher vor schwierige Probleme der Begriffe und der Konzepte, der Quellen, der interdisziplinären und internationalen Zusammenarbeit. Trotzdem wird man dieser Herausforderung nur schwer ausweichen können. Die folgenden Artikel sind Beiträge dazu. Diese neuen Möglichkeiten einer Geschichte des Europabewußtseins eröffnen freilich nicht nur eine Geschichte des Siegeszugs der Europaidee, sondern auch die Geschichte ihrer Grenzen und Krisen. Neben den Zeiten breiter Unterstützung der europäischen Integration wie etwa in der Gegenwart werden auch die Phasen der wachsenden Europaskepsis wie etwa der frühen fünfziger Jahre oder der achtziger Jahre zu untersuchen sein, neben den proeuropäischen sozialen Gruppen, Regionen und Alterskohorten auch die europaskeptische Seite, neben der allgemeinen, manchmal unverbindlichen Europabefürwortung auch die vehemente Gegnerschaft der Politik der Europäischen Gemeinschaften oft bei denselben Befragten, neben den europaenthusiastischen Ländern wie etwa Italien auch die europaskeptischen Länder wie etwa Dänemark, lange Zeit auch Irland, Großbritannien, Portugal, neben den positiven Inhalten eines Europabewußtseins wie Demokratie und soziale Sicherheit, Wachstum und Umweltschutz, Friede und Nord-Süd-Ausgleich auch die konfliktträchtigen amerikafeindlichen, antimoslemischen und gegen Dritte-Welt-Bewohner gerichteten Komponenten des Europabewußtseins. Eine Geschichte des Europabewußtseins ist darüber hinaus ohne Zweifel nicht nur eine wissenschaftliche Aufgabe. Sie erfordert vom Historiker in besonderem Maß zwischen seinen beiden wichtigsten Aufgaben als Bürger seiner eigenen Gesellschaft immer genau abzuwägen: zwischen Suche nach historischer Identität und kritischer Beobachtung der Vergangenheit.

Europabewußtsein in Deutschland in der ersten Hälfte des 20. Jahrhunderts

Von

Peter Krüger

Schon vor rund 90 Jahren erklärte der französische Historiker Anatole Leroy-Beaulieu in einer Erörterung der europäischen Verhältnisse, daß ein europäischer Bund erst dann möglich sei, wenn es ein europäisches Bewußtsein gebe.[1]) Das überzeugt. Er scheint bei den vielen vergeblichen Anstrengungen seither, zur europäischen Einigung zu gelangen, schon im vorhinein den Punkt ihres Scheiterns erfaßt und den Nagel auf den Kopf getroffen zu haben. Aber was ist das für ein Nagel? Leroy-Beaulieu maß dem Bewußtsein die größte Bedeutung bei – mit Recht. Denn trotz der schwierigen Bestimmbarkeit und noch weit schwierigeren Schaffung eines gemeinsamen Bewußtseins für eine große Zahl von Menschen: Es ist ein zentraler Begriff der europäischen Philosophie, der, wenigstens in der Tradition Descartes', zum eigentlichen Wesen des Menschen, zum menschlichen Geist führt, zu seiner Fähigkeit der ordnenden Wahrnehmung, des Denkens, der Einsicht, der Urteilsbildung und des Entscheidens, also zum auf Wahrnehmung und Wollen beruhenden bewußten Handeln. Das Bewußtsein kann weit gespannt sein und bleibt doch immer begrenzt. Fein und treffend sagt Mephisto in Goethes „Faust": „Allwissend bin ich nicht, doch viel ist mir bewußt." Im übrigen ist Cassirers Feststellung auch über die Philosophie hinaus gültig, daß der Bewußtseinsbegriff zwar in allen philosophischen Problemgebieten auftauche, aber „in einem unablässigen Bedeutungswandel begriffen" sei.

Solche Zusammenhänge scheinen eine geistes- und ideengeschichtliche Untersuchung des Europabewußtseins nahezulegen. Auf diesem wichtigen Gebiet ist indessen, obgleich weder erschöpfend noch hinlänglich, schon gearbeitet worden. Mir geht es um ein neues geschichtswissenschaftliches Verständnis von Bewußtsein, nicht gerade um eine neue Theorie, aber doch um eine Bestimmung dessen, was der Historiker mit diesem Begriff erfassen kann, und zwar durchaus im Rahmen der angedeuteten klassischen Definition des Bewußtseins. Bewußtsein soll die Nahtstelle zwischen strukturellen Voraussetzungen und konkreten Entscheidungen markieren. Es hängt ab von sozio-kulturellen Prägungen, von Lebenserfahrun-

[1]) *Anatole Leroy-Beaulieu,* Les Etats-Unis d'Europe. Paris 1901.

gen, Interessen und Zielsetzungen, also von bestimmten Formen der Wahrnehmung, richtet sich nach gewissen Erwartungen, den eigenen und den von anderen vor allem, aber es reagiert auf diese strukturellen Vorgaben nicht nur, sondern verarbeitet sie, unterscheidet und wählt aus, entwirft mögliche zukünftige Entwicklungen im Zusammenhang mit den eigenen, subjektiven Interessen und Wünschen, und das alles, indem es fortlaufend Entscheidungen steuert. Das Bewußtsein ist also nicht passiv und nur von der Umwelt geformt, sondern aktiv, schon bei der Auswahl der Erfahrungen, die es aufnimmt, und in den Verhaltens- und Handlungsanleitungen, die es gibt. Insoweit wird es für den Historiker auch erfaßbar; denn Äußerungen und Handlungen, die auf Entscheidungen beruhen, können sich in historischen Quellen niederschlagen, die sich dann mit den entsprechenden strukturellen Daten verknüpfen lassen. Das Bewußtsein steht sozusagen zwischen Struktur und Ereignis, ein methodisch recht interessanter Standort.

Europäisches Bewußtsein soll infolgedessen nicht mehr an einer, wie auch immer gestalteten, normativen Vorstellung, an einem Ideal europäischer Einigung gemessen, vielmehr in seiner Zeitgebundenheit, in bestimmten Interessenkonstellationen, in der konkreten Stellungnahme und Entscheidung erfaßt werden. Die tatsächliche Formulierung gewisser Vorstellungen und Prinzipien für Europa stellt nur noch einen Sonderfall dar. In der Praxis ist es weniger die in sich geschlossene große Idee von Europa, sondern eine Reihe recht verschiedenartiger Einflüsse, die schließlich europäisches Bewußtsein erzeugen. Wie man bei diesem Vorgang Europa erfährt, ist ganz unterschiedlich, drückt sich in vielen Abstufungen aus, und selbst diejenigen haben ein europäisches Bewußtsein, die daraus zu der Entscheidung gelangen, daß eine europäische Gemeinschaft abzulehnen sei, und dementsprechend handeln. Es geht also um die Wandlungen und auch die Dynamik europäischen Bewußtseins und um den Nachweis, daß es – ebenso wie der Europabegriff – in sich verändernden historischen Situationen je nach Erfordernissen und Interessenlage neu geprägt wird, wenn auch stets auf der Basis bestimmter struktureller Voraussetzungen und Denktraditionen. Von besonderer Bedeutung ist daher jeweils der Punkt, an dem sich die Erfahrungen von Europa verändern, europäische Zusammenhänge neu oder anders erfahren werden und zu neuen Entscheidungen führen. Dies war etwa nach dem Ersten Weltkrieg und nach Locarno der Fall, nach Locarno allerdings mit vorübergehend stärkeren Wirkungen auf die Führungsschichten, soweit sie für Anpassungen an moderne Veränderungen und zunehmende internationale Verflechtung aufgeschlossen waren.

Europäische Identität, europäisches Bewußtsein und europäische Besonderheiten im 20. Jahrhundert zu untersuchen und ihre Voraussetzungen und Wirkungen genauer als bisher zu begreifen, fordert die Historiker dazu heraus, ihr Forschungsinteresse einer, im Blick auf die kommenden Jahre immer mehr Aufmerksamkeit auf sich ziehenden, gleichwohl lange vernachlässigten Thematik zuzuwenden. Der aktuelle Anlaß liegt auf der Hand, der Bedarf an historischer Klärung ebenfalls. Trotz gründlicher Detailforschung auf dem Gebiet der politischen und wirtschaftlichen Entwicklung Europas herrscht bis in Formulierungen und Begriffsbildungen hinein eine gewisse Unsicherheit des Urteils über Traditionen, Voraussetzungen und Beweggründe in der mühseligen Geschichte europäischer Kooperation und Integration. Dieser Zustand hat fast überall in Europa das Interesse auf die Probleme europäischer Bewußtseinsbildung und Gemeinsamkeiten gelenkt. Käme man auf diesem Gebiet zu verläßlichen Aussagen über die geschichtliche Entwicklung, so ließe sich der gesamte Prozeß, der zur Einsicht in die Erfordernisse, die Vernünftigkeit und den Nutzen europäischer Integrationsmaßnahmen führte, präziser darstellen – bis in die Reaktionen auf den Anpassungsdruck struktureller Wandlungen der modernen, sich immer mehr verflechtenden Industriegesellschaft in Europa hinein. Insofern ist allerdings mein eigener Beitrag noch mehr Forschungsprogramm als Forschungszusammenfassung, doch soll wenigstens die grobe Skizzierung eines Prozesses europäischer Bewußtseinsbildung im 20. Jahrhundert, von der Zeit vor dem Ersten Weltkrieg bis zur Epoche europäischer Integration nach dem Zweiten Weltkrieg versucht werden.

Zum europäischen Bewußtsein gehört wesentlich das Bewußtsein und das Anerkennen von anderen in ihrer Eigentümlichkeit und Selbständigkeit, von anderen indessen, anderen europäischen Völkern, die sich nicht völlig fremd, sondern durch einflußreiche, sie wesentlich formende kulturelle Gemeinsamkeiten miteinander verbunden sind, auch wenn es viele „andere" auf engem Raum in Europa gibt. Deswegen erscheint es sinnvoll, mit der Analyse beim Verhalten der Deutschen nach außen und bei ihrer politischen Einstellung zu Europa anzusetzen, und zwar über einen längeren Zeitraum hinweg, damit sich die Wandlungen des europäischen Bewußtseins zeigen lassen. Im übrigen erscheint eine Einteilung des Gesamtzeitraums der ersten Hälfte unseres Jahrhunderts in fünf Phasen angebracht: Die Zeit des späten Kaiserreichs, den Ersten Weltkrieg, die Weimarer Republik, das nationalsozialistische Deutschland und das Ringen um die ersten Integrationsschritte in Westeuropa nach dem Zweiten Weltkrieg.

1. Phase: Die Jahre vor 1914 – vom Ersten Weltkrieg zunächst ganz zu schweigen – stellten, was das europäische Selbstverständnis und das Verhalten der europäischen Staaten untereinander anlangt, den Tiefpunkt

einer Entwicklung im 19. Jahrhundert dar, in der sich – vor allem seit 1871
und besonderes im Deutschen Reich – die großen, aber auch die kleinen
Mächte immer uneingeschränkter am Leitbild nationaler Autonomie, Abgrenzung und möglichst weitgehender Handlungsfreiheit orientierten.
Dieser Prozeß vollzog sich angesichts eines staatlichen Machtpotentials,
das mit Hilfe moderner Technik, Industrialisierung und Organisation fortlaufend gewaltig gesteigert wurde. Soweit derartige Reaktionen in Form
nationaler Machtentfaltung Beifall fanden – und das taten sie überwiegend –, bestand die eindeutige Konsequenz in einem bewußten Gegensatz
zur sich beschleunigenden internationalen Verflechtung und zum Zusam-
menwachsen Europas im Zuge der Modernisierung. Komplizierter hingegen war die gerade in den Führungsschichten des Kaiserreiches verbreitete – wenn auch keineswegs einhellige – Reaktion, diese modernen Entwicklungen anzuerkennen, ja zu fördern und zu nutzen, sie aber auf bestimmte Gebiete wie Technik, Wirtschaft und Verkehr zu beschränken
und demgegenüber den Vorrang nationaler Unabhängigkeit und machtpolitischer Entfaltung in der Politik und in den politischen Wertvorstellun-
gen als Kompensation und Gegengewicht besonders zu betonen. Diese
ambivalente Bewußtseinsbildung, eine im 20. Jahrhundert nicht untypi-
sche Reaktion auf Modernisierung und Verflechtung, verengte häufig den
Blick und führte zum einen in eine verbreitete, politisch gefährliche Verbindung von Nationalismus und weltweiten Perspektiven, die vielberu-
fene Überwindung der Enge Europas im Zeichen des Imperialismus.
Europäische Gemeinsamkeit erwies sich dann vornehmlich in weltweitem
Expansions- und Machtstreben. Zum anderen förderte das durchaus vorhandene Bewußtsein von der großräumigen Verflechtung in Europa die
nachhaltige Propagierung der Mitteleuropa-Idee, der Herrschaft Deutschlands wenigstens in dem Teil Europas, der ihm bestimmt schien. Beide
Ziele blieben nicht unbestritten, aber sie lösten mächtige politische Bewegungen aus, denen gegenüber angemessene Reaktionen auf die Entfaltung
der Industriegesellschaft, auf internationale Verflechtung und vor allem
auf die damit verbundenen Probleme der politischen und wirtschaftlichen
Ordnung Europas einen sehr schweren Stand hatten.

Das Bewußtsein europäischer Gemeinsamkeit und Verantwortung
schwächte sich ab, obgleich auch in Deutschland die, häufig widerwillige,
Anerkennung einer letzten, schwer definierbaren „europäischen Instanz"
schließlich doch überwog. Darüber hinaus aber wurde das Europäische in
den Bereich geistig-kultureller Pflege und Besinnung verwiesen und blieb
selbst da von nationalistischen Attacken nicht verschont, während die Berufung auf Europa in der Politik meist als infamer Trick der anderen galt,
berechtigte deutsche Forderungen zu beschneiden, und keineswegs als
neue Wirkungs- und Gestaltungsmöglichkeit begriffen wurde. Hierfür ein

Beispiel, das zugleich die prägende Kraft bestimmter Traditionen für die Bewußtseinsbildung offenbart: die bosnische Krise von 1908/09. Als in ihrem Verlauf der Plan einer europäischen Konferenz aufkam, lehnte die Reichsleitung dies aus Gründen ab, die alle auf den Vorrang der zu wahrenden Handlungsfreiheit und angeblicher deutscher Vorteile hinausliefen. Vor allem der öffentliche Appell der russischen Regierung, Österreich-Ungarn müsse sich in dieser Frage dem Urteil Europas vor einer Konferenz unterwerfen, ging der Reichsleitung gegen den Strich.[2]) Die Ablehnung einer Situation, in der man sich möglicherweise einer europäischen Vereinbarung fügen mußte, ist auch deswegen bemerkenswert, weil nicht nur die nachteiligen Folgen einer konkreten internationalen Lage abgewendet werden sollten, sondern die „Instanz" einer europäischen Konferenz auf grundsätzlichen Widerstand stieß. Hier prägte auch Bismarcks Außenpolitik und die bedenklich übersteigerte Verehrung, die man ihm entgegenbrachte, das allgemeine Bewußtsein. Er hatte gelegentlich sarkastisch vom „Eingreifen des europäischen Senioren-Konvents" gesprochen und auf europäische Appelle der russischen Regierung im November 1876 – das gehörte übrigens zur Vorgeschichte jener Lösung von 1878, die in der bosnischen Krise zerbrach – folgendermaßen reagiert: „Ich habe das Wort ‚Europa' immer im Munde derjenigen Politiker gefunden, die von anderen Mächten etwas verlangten, was sie im eigenen Namen nicht zu fordern wagten; so die Westmächte im Krimkriege, und in der polnischen Frage von 1863, so Thiers im Herbst 1870 und Graf Beust, als der das Mißlingen seiner Koalitionsversuche gegen uns mit dem Worte ausdrückte, ‚je ne vois plus l'Europe'."[3])

Ein weiteres Beispiel, das von der Sache her, dem drohenden großen europäischen Konflikt, mit dem soeben dargestellten zusammenhängt, kann die entgegengesetzte Einstellung angesichts des gleichen Sachverhalts belegen. Es kann außerdem zeigen, daß eine bestimmte, offenbar bewußtseinsbildende Sentenz ganz unterschiedliche Reaktionen des politischen Bewußtseins zu wecken vermag. Die von Bismarck abfällig zitierte, im Grunde bestürzende, einen neuen, gefährlich labilen Zustand suggestiv erfassende Formulierung „je ne vois plus l'Europe" hob der Marburger Theologe und liberale Politiker Martin Rade[4]) in ganz anderem Sinne in

---

[2]) Die Große Politik der Europäischen Kabinette 1871–1914. 40 Bde. in 54 Bden. Berlin 1922–1927, hier Bd. 26/1, 141, 155, 161, 173.
[3]) Ebd. Bd. 2, 88.
[4]) Über Rade als Politiker und Publizist *Anne Nagel*, „Ich glaube an den Krieg" – „Ich freue mich auf den Frieden". Der Marburger Theologe, Publizist und Politiker Martin Rade in der Auseinandersetzung mit dem Pazifismus, in: HessJbLG 40, 1990, 193–217, und *dies.*, Martin Rade als Politiker. Politische Publizistik, parteipo-

der von ihm herausgegebenen Zeitschrift „Die Christliche Welt" mit
Nachdruck hervor. Anlaß war die italienische Annexion von Tunis und
der italienisch-türkische Krieg. Rade entnahm das Zitat der „Frankfurter
Zeitung" und wollte es seinen „Lesern besonders auf die Seele legen",
ebenso die weiteren Sätze dieses Zitats: „Darüber hat man gelacht, hat
dieses ‚Europa' als ein Gespenst der alten Kabinettsdiplomatie verspottet.
Jetzt sehen wir, daß es wirklich kein Europa gibt, aber auch, daß es eins
geben sollte. Es ist ein unheilverkündender Zustand, wenn sich die europäische politische Moral fortwährend so verschlechtern kann; von Bos-
nien bis Tripolis ist ein starker Schritt."[5])

Europa als verpflichtende Gemeinschaft hatte sich im 19. Jahrhundert
weithin noch von selbst verstanden, obgleich allmählich eher in einem allgemeinen kulturellen Sinn. Was Rade und andere inzwischen beklagten,
war die Tatsache, daß diese Vorstellung immer mehr verblaßte, vor allem
in der Politik zwischen den großen Mächten. Europa mußte wieder zu einer „Gesamtäußerung" in den internationalen Angelegenheiten fähig werden, sonst sah man den Frieden und die europäische Kultur in großer Gefahr. Rade war kein Pazifist und mit deutscher Machtentfaltung und Welt-
geltung durchaus einverstanden. Aber er war sich der Notwendigkeit europäischer Verständigung und einer Verpflichtung der Nationen gegenüber
der „christlich europäischen Kulturgemeinschaft, zu der natürlich auch
die Vereinigten Staaten von Nordamerika gehören", bewußt. Der europäische Frieden sei nicht allein durch hohe Rüstungen zu gewährleisten, sondern bedürfe einer gewissen gemeinsamen Organisierung Europas.

Dieses Ziel, Organisation Europa als Friedenssicherung und Forum des
Interessenausgleichs, entsprang hier also nicht einem pazifistischen Bewußtsein und wurde jedenfalls nur von einer Minderheit verfolgt. Noch
geringer war die Zahl derer, die ein Gefühl dafür entwickelten, daß
Deutschland selbst in seiner überlegenen Machtentfaltung ein immer größeres Problem für Europa wurde, ein wichtiger Aspekt der deutschen
Frage. Für Rades Parteifreund und Schwager Friedrich Naumann war
dieser damals seltene Gedanke Teil seines europäischen Bewußtseins,
wenn auch in einer recht nationalen Färbung. Er schrieb 1900 in einem
weite Verbreitung findenden Buch, „das früher gespaltene, gedrückte, ver-
lachte Deutschtum ist zur maßgebenden Potenz zwischen Rußland und
England geworden, aus Machtlosigkeit wurde Macht, und neue Macht ist
für andere stets drückend. Wir Deutschen sind die neuesten Revolutionäre
in der europäischen Familie, die Leute, die den Schlaf des Erdteils zum

---

litisches Engagement und Marburger Hochschulpolitik 1904–1940. Magisterarbeit
Marburg 1988.
[5]) Die Christliche Welt 25, 1911, 981 f.

letztenmal in entscheidender Weise gestört haben."[6]) Zwei weitere
Aspekte europäischen Bewußtseins tauchen bei Naumann auf, das euro-
päische Gleichgewicht, das Deutschland völlig verschoben habe, und der
Wandel der schwächer werdenden Stellung Europas in der Welt.

Mit dem rücksichtsloser werdenden Nationalismus und der verbreiteten
Ablehnung einer „europäischen Instanz" wurde indessen eine Atmo-
sphäre, ein „öffentliches Bewußtsein" vorherrschend, das die Schwäche
der wenigen deutschen Verfechter einer engeren europäischen Gemeinschaft erklärt, noch dazu, da sie häufig liiert waren mit der verabscheuten
oder verächtlich gemachten Friedensbewegung.[7]) Wichtigere und wirksa-
mere Formkräfte des europäischen Bewußtseins wurden von Technik,
Wirtschaft und Gesellschaft im Zuge der sich beschleunigenden industriellen Verflechtung entwickelt. Es entstand ein Netz sich verdichtender Verbindungen und Abhängigkeiten unter den Europäern, und es setzte ein
Prozeß der gesellschaftlichen Angleichung ein.[8]) Erfaßt wurde davon,
direkt oder indirekt, jeder, aber sie reagierten sehr unterschiedlich: Mit
dem Versuch nationaler Abschottung und der Forderung, die Abhängigkeit vom Ausland zu reduzieren und den deutschen Machtbereich nach
Mitteleuropa auszudehnen[9]); oder mit der Befürwortung europäischer
Verflechtung, was bei bewußter Abwägung der Konsequenzen zu dem
Schluß führte, daß dies, auf die Wirtschaft beschränkt, unmöglich sei und
eine entsprechende Politik der Verständigung und des Friedens in Europa
erforderlich mache.[10])

Engagement für Europa und Weckung europäischen Bewußtseins wurden gelegentlich auch dadurch erschwert, daß etwa in der Wirtschaft
Theoretiker wie Praktiker, die aus einem ganz anderen Verständnis moderner Aufgaben und Interessen heraus gegen nationalistische Abschlie-
ßungs- und Autarkiebestrebungen, Mitteleuropapläne oder die These auf-
traten, daß nur großräumige, sich weitgehend selbst genügende Weltreiche

[6]) *Friedrich Naumann,* Demokratie und Kaisertum. 4. Aufl. Berlin-Schöneberg 1905,
177.
[7]) Zusammenfassend *Wolf D. Gruner,* Völkerbund oder Europäische Föderation?
Die Diskussion über neue Formen der internationalen Beziehungen, in: Fritz
Klein/Karl Otmar von Aretin (Hrsg.), Europa um 1900. Berlin 1989, 203–220.
[8]) Dazu *Hartmut Kaelble,* Auf dem Weg zu einer europäischen Gesellschaft. Eine
Sozialgeschichte Westeuropas 1880–1980. München 1987.
[9]) Die Debatte um Agrar- und Industriestaat um 1900 mit ihren Begleiterscheinungen war insofern auch eine verdeckte Europadebatte innerhalb der Debatte um Öffnung und Verflechtung Deutschlands. Dazu Handwörterbuch der Staatswissen-
schaften. Bd. 1. 4. Aufl. Jena 1923, 62–72; *Kenneth Barkin,* The Controversy over
German Industrialization, 1890–1902. Chicago 1970.
[10]) S. z. B. *Albert Schäffle,* Die agrarische Gefahr. 2. Aufl. Berlin 1902; außerdem
Walther Rathenau, mit Zitaten und weiteren Hinweisen *Harry Graf Kessler,* Walther Rathenau. Sein Leben und Werk. Berlin-Grunewald 1928, 135 u. 172.

zu überleben vermöchten, demgegenüber auch gesamteuropäische Vorstellungen mit Mißtrauen betrachteten und für nachdrückliche Förderung weltwirtschaftlicher Verflechtung und Liberalisierung eintraten.[11]) Auch in Zukunft beeinträchtigten derartige Überlegungen besonders dann das europäische Engagement, wenn es sich nicht hinreichend von Abschließungstendenzen und protektionistischen oder nach Marktbeherrschung in Europa strebenden Kräften distanzieren konnte. Trotzdem ist, was in diesem Kontext meist übersehen wird, nicht zu verkennen, daß indirekt die strukturell bedingte Verflechtung von sich rasch entwickelnden und in so enger Nachbarschaft wie sonst nirgends in der Welt lebenden Industrienationen einer der stärksten Impulse für die allmähliche Entfaltung europäischen Bewußtseins wurde. Die Auswirkungen zeigten sich, auch ohne das übliche Europa-Vokabularium, bis in die Veränderung des Denkens und der wirtschaftlichen und gesellschaftlichen Theoriebildung hinein; man denke nur an Alfred Webers Standorttheorie und die Lehre von den großen Wirtschaftsregionen Europas, die bis nach 1945 das europäische wirtschaftliche Bewußtsein beeinflußt hat. Aus diesen Bedingungen entfalteten sich später die an konkreten Erfordernissen und Prozessen orientierten, pragmatischen Europavorstellungen.

2. Phase: Die einschneidendste Veränderung für die Bedingungen, in deren Rahmen sich künftig europäisches Bewußtsein entfalten sollte, brachte die Epoche des Ersten Weltkriegs. Bis dahin war Europa noch etwas Selbstverständliches gewesen, worüber man nicht diskutieren mußte, diejenigen ausgenommen, die es in Gefahr sahen oder mehr daraus machen wollten, als die bestehenden Gemeinsamkeiten, die Rechtssicherheit und die Annehmlichkeiten eines relativ reibungslosen europäischen Verkehrs zu nutzen. Der Schriftsteller und Kritiker Hermann Bahr empfand dies sehr stark:

„Vor dem Kriege wähnte das Abendland, seine Völker hätten Gemeinsamkeiten. Es gab Kosmopolis, das Reich der guten Europäer, die glitzernde Welt der Millionäre, Dilettanten und Ästheten, der vaterlandslosen Existenzen im Schlafwagen, an den blauen Küsten und in den großen Hotels, der entwurzelten Weltenbummler. Es gab die stolze Republik der Geister in Wissenschaft und Kunst. Es gab das Völkerrecht. Es gab die Humanität. Es gab Internationalen, der Arbeit, des Handels, des Geldes, des Gedankens, des Geschmacks, der Sitte, der Laune. Es gab Zwecke, gab Ziele, den sämtlichen Völkern des Abendlandes gemein. Sie glaubten zu diesen gemeinsamen Zwecken doch auch ein gemeinsames Mittel zu haben: die menschliche Vernunft. Durch sie, hofften sie, würde die Menschheit dereinst der ganzen Wahrheit, die dem Einzelnen vielleicht unerreichbar bleibt, mit vereinten

---

[11]) S. z. B. *Lujo Brentano,* Das Freihandelsargument. Berlin 1901; *ders.,* Ist das Sytem Brentano zusammengebrochen? Berlin 1918.

Kräften allmählich fähig werden. – Alle diese Gemeinsamkeiten hat uns der Krieg geraubt.“[12])

Auch wenn manches wiederkehrte, so prägten die Gegensätze Europas nun das Bewußtsein stärker, löschten vertraute Züge aus und intensivierten neue.

Die Gründe dafür lagen in der Art des Krieges und in der Art der Spannungen zwischen den europäischen Mächten. Zu dem Bild, das man sich vor 1914 von Europa machte, gehörte es für viele, daß ein großer europäischer Krieg schon wegen des empfindlichen Systems seiner eng verflochtenen Wirtschaft kaum zu führen, auf jeden Fall aber kurz sein werde.[13]) Als sich das Unzutreffende dieser Annahme erwiesen hatte, wurde erst richtig klar, über welch ein ungeheueres Machtpotential die europäischen Staaten verfügten dank der Entfaltung moderner Wissenschaft, Technik, Produktionskraft und – besonders wichtig – Organisationsfähigkeit, die die gesamte Gesellschaft in den Dienst umfassender Mobilisierung aller Machtmittel für den Krieg zu stellen vermochte. Der letzte Einsatz wurde von den Menschen gefordert; von diesem Krieg waren fast alle betroffen.

Um das bei immer größeren Entbehrungen in Deutschland über Jahre hin durchzuhalten, bedurfte es einer ungewöhnlichen, pflichtgewohnten Disziplin, zugleich aber des vaterländischen Appells, der oft bedenkenlosen Überhöhung der eigenen nationalen Sache und dementsprechend der Verdammung der Sache des Gegners. Das konnte nur bei fortlaufender, wenn auch noch so rudimentärer und verzerrter Information vor allem über die Vorgänge im übrigen Europa gelingen. Der Krieg und die manipulierten Informationen darüber brachten breite Schichten der Bevölkerung zum ersten Mal in einem Ausmaß in Kontakt mit Europa, das für sie völlig neu war. Europäisches Bewußtsein war ja überwiegend eine Angelegenheit derer, die über eine gewisse Bildung verfügten, Kenntnisse – welcher Art auch immer – über das europäische Ausland hatten und sowohl Gemeinsamkeiten als auch Unterschiede in Europa festzustellen in der Lage waren. Vor 1914 traf das doch für die Masse der Bevölkerung, wenn überhaupt, nur in sehr begrenztem Umfang zu. Nun aber gab es ein Europabewußtsein der Betroffenen, bestürzend und neu, unter dem Druck und in der Ausnahmesituation des Krieges. Auch wenn die Wirkungen nicht so brutal und undifferenziert waren, wie auf den ersten Blick

---

[12]) *Hermann Bahr,* Vernunft und Wissenschaft, in: Die Kultur 18, 1917, 34.
[13]) *Lancelot L. Farrar,* The Short-War Illusion. German Policy, Strategy, and Domestic Affairs, August–December, 1914. Santa Barbara 1973; *Klaus Vondung* (Hrsg.), Kriegserlebnis. Der Erste Weltkrieg in der literarischen Gestaltung und symbolischen Deutung der Nationen. Göttingen 1980. Außerdem aber ist die wachsende Bereitschaft zum Krieg zu beachten; s. *Jost Dülffer/Karl Holl* (Hrsg.), Bereit zum Krieg. Kriegsmentalität im wilhelminischen Deutschland. Göttingen 1986.

zu vermuten wäre – Kampf und Leiden schufen auch neue Gemeinsamkeiten –, so war doch der Eindruck zunächst einmal beherrschend, daß
ein bedeutender Teil Europas ein zu allem entschlossener Feind der Deutschen sei.

Verstärkt wurde die Tatsache, daß man Europa ganz neu erfuhr, durch
die weiterreichende Erfahrung, daß der Krieg in ungeahnter Weise die
Lebensumstände veränderte und die Menschen in die vielgliedrige Organisation des Kriegssystems einspannte. Alle kriegführenden Nationen gingen dabei verhältnismäßig ähnlich vor. Die Erfordernisse des modernen
Kriegs waren mehr oder weniger gleich und die effizientesten Wege zur
höchsten Entfaltung des Kriegspotentials ebenfalls. Irritierend wirkte
daran, daß die schärfste Spaltung Europas mit einer Phase seiner größten
Vereinheitlichung einherging. Diese Mobilisierung aller Energien be-
wirkte jedenfalls bei allen am Kriege beteiligten Nationen tiefe Erschütte-
rungen und weitreichende Veränderungen im politischen System und gesellschaftlichen Gefüge, vor allem eine neue Rolle des intervenierenden,
weite Bereiche des gesellschaftlichen Lebens lenkenden und die menschliche Leistungskraft für seine Zwecke organisierenden Staates. Zum einen
hatte das – gerade in Deutschland – auch einen gewissen Modernisie-
rungsschub zur Folge. In einer scharfsichtigen Betrachtung kam Thorstein
Veblen schon 1917[14]) zu dem Ergebnis, daß der Druck der im Krieg le-
bensnotwendigen modernen Industriewirtschaft und Organisationsformen
so groß sein werde, daß das Deutsche Reich sogar im Falle seines Sieges
kein dynastischer, halbabsolutistischer Staat mehr bleiben könne.

Zum anderen bedeutete diese Organisation der Massen eine akute Ge-
fährdung der Freiheit und der persönlichen Unabhängigkeit. Dies wurde
in den USA, wo der Wechsel vom „laissez faire" zur regelnden Staatsge-
walt im Kriege besonders kraß war, deutlicher noch empfunden als in Europa, vor allem in Deutschland.[15]) Besonders in Gesellschaften, in denen
die Tradition individueller Freiheit weniger gefestigt, ja wie in Deutschland während des Krieges als wesentlicher Bestandteil des feindlichen Systems bekämpft und, verglichen mit den Werten der eigenen Volksgemein-
schaft, als demokratisch-liberale Dekadenz denunziert wurde, konnte das
Zwangskollektiv und die ganz neue Gemeinschaftserfahrung des Krieges
auch die Vorstellung fördern, aus den Erfahrungen des Weltkriegs heraus

---

[14]) *Thorstein Veblen,* An Inquiry into the Nature of Peace and the Terms of Its Per-
petuation. New York 1917.
[15]) *Peter Krüger,* Zwei Epochen. Erfolg und Mißerfolg amerikanischer Einwirkung
auf den Verfassungswandel in Deutschland nach dem Ersten und dem Zweiten
Weltkrieg, in: Helmut Bernsmeier/Hans-Peter Ziegler (Hrsg.), Wandel und Konti-
nuum. Festschrift für Walter Falk zum 65. Geburtstag. Frankfurt am Main/Bern/
New York/Paris 1992, 297–300.

zur systematischen Erfassung und Ordnung der Gesellschaft fortzuschreiten. Die Frage war, sollte dieses vom Staat gelenkte gesamtgesellschaftliche, nach außen sich weitgehend abschließende Zwangssystem der Nationen die Zukunft Europas sein? Dies war auch die Geburtsstunde der totalitären Bewegungen, die, gedanklich längst konzipiert, nun unter dem Eindruck ihrer Realisierbarkeit standen, die der Krieg ihnen vorführte – mit Massenorganisation und Propaganda. Das dem zugrundeliegende Europabild war das der Verfügbarkeit Europas, gewonnen aus den Erfahrungen des Ersten Weltkriegs, sofern nur genügend Macht konzentriert war. Die deutsche Führung hatte das in Ost- und Südosteuropa, aber auch in Belgien demonstriert.

Das Erlebnis der Spaltung und Existenzgefährdung, auch der „Selbstentmachtung" Europas[16]) ging noch weiter: Schon länger bestehende Gegensätze wurden ins Extrem getrieben, in Deutschland etwa das anti-westliche – und in der Regel zugleich anti-moderne – Ressentiment, hochstilisiert zur besonderen deutschen Sendung in der Welt.[17]) Beunruhigend war nur, daß ohne Modernisierung, Effizienz, Reform der Krieg nicht zu gewinnen war. Die konsequenteste Lösung der „europäischen Frage" war die deutsche Vorherrschaft. Sie war nicht realistisch; so sollte es wenigstens Mitteleuropa als vom Reich organisiertes und geleitetes „Gegeneuropa" geben. Allerdings war es bald deutlich, daß die deutsche Wirtschaft eine solche Verkürzung Europas und der internationalen Verflechtung ablehnte. Diese mitteleuropäische Variante europäischen Bewußtseins wurde allerdings dadurch unterstützt, daß die Alliierten bei der europäischen Blockbildung noch konsequenter schienen und sich auch für die Nachkriegszeit auf der Pariser Konferenz vom Juni 1916 wirtschaftlich gegen Deutschland zusammenschlossen.[18]) Und zu all dem kam mit der bolschewistischen Oktoberrevolution der Beginn des Ost-West-Gegensatzes, die Konfrontation und der Kampf der gesellschaftlichen Systeme, der nach 1945 Europa tatsächlich und auf Jahrzehnte spaltete.

Diese sich überstürzenden Vorgänge riefen jedoch auch starke Gegenbewegungen hervor. Das erschreckende Erlebnis europäischer Selbstzerstörung gab dem Gedanken europäischer Einigung zum Zweck der Friedenssicherung, des gemeinsamen Wiederaufbaus und der Selbstbehauptung Europas großen Auftrieb in einer Welt, deren führende Macht die Vereinigten Staaten wurden. Von ihnen hing das Schicksal Europas ab,

---

[16]) *Erwin Hölzle*, Die Selbstentmachtung Europas. Das Experiment des Friedens vor und im Ersten Weltkrieg. Göttingen 1975.

[17]) *Hermann Lübbe*, Politische Philosophie in Deutschland. Studien zu ihrer Geschichte. München 1974.

[18]) *Georges-Henri Soutou*, L'or et le sang. Les buts de guerre économiques de la Première Guerre mondiale. Paris 1989, bes. 51 ff. u. 233 ff.

eine Aussicht, die sogar deutsche Konservative dazu brachte, demgegenüber an eine Gemeinsamkeit der Europäer zu erinnern.[19]) Die Gegenkräfte umfaßten aber weit mehr als die spezielle Reaktion der europäischen Einheitsbewegung. Es gehörten alle diejenigen dazu, die sich – aus welchen Interessen auch immer (meistens wirtschaftlichen) – für eine Verständigung der Kriegsgegner, für europäische Zusammenarbeit und friedlichen Interessenausgleich einsetzten: die Pragmatiker Europas und ihr aufs Praktische gerichtetes europäisches Bewußtsein.

Europa war vom Ersten Weltkrieg an bis zur Gegenwart in ganz anderem Maße im öffentlichen Bewußtsein als zuvor, und zwar vornehmlich als Inbegriff seiner Probleme und Spaltungen und der Gefahren, die davon ausgingen. Das dem zugrundeliegende Problem war offensichtlich: Europa bedurfte der Homogenität in einigen wesentlichen liberalen Verfassungsprinzipien. Nur dann war dauerhafte Annäherung und gemeinsames Handeln möglich. Für Deutschland hatte das noch eine besondere Note; denn es bildete auch nach der Niederlage eines der größten Probleme Europas. Seine Stellung in Europa bestimmte das außenpolitische Denken und prägte das europäische Bewußtsein der Deutschen, gleichgültig, ob man ein Interesse an engerer europäischer Verflechtung hatte oder gerade sie bekämpfte und statt dessen eine möglichst beherrschende deutsche Machtposition in Europa erstrebte.

3. Phase: Die Spannung zwischen wachsender öffentlicher Bedeutung von Europa-Ideen nach 1918, strukturellen Sachzwängen tatsächlicher, zunehmender Interdependenz der europäischen Staaten und einer dem widerstrebenden, in der deutschen Öffentlichkeit zeitweise immer noch tonangebenden nationalistischen Orientierung erreichte eine neue Ausprägung und Gewichtsverteilung nach dem Zusammenbruch Deutschlands im Ersten Weltkrieg. Die hier schon früher starken anti-westlichen Tendenzen verbanden sich – charakteristisch für die Bewußtseinslage vor allem der frühen und der späten Weimarer Republik[20]) – mit einem durch den Versailler Vertrag hervorgerufenen, gegen jede europäische Gemeinsamkeit mit den Siegern gerichteten feindseligen Groll. Die deutsche

---

[19]) S. z. B.: Verhandlungen des Reichstags. Stenographische Berichte, Bd. 309, 2425 (Mertin, 28. 2. 1917), 2870 f. (Werner, 29. 3. 1917), u. Bd. 310, 3841 (Westarp, 10. 10. 1917). – Allgemein s. *Carl H. Pegg*, Evolution of the European Idea, 1914–1932. Chapel Hill 1983; *Richard Vaughan*, Twentieth-Century Europe. Paths to Unity. London 1979.

[20]) Über die Weimarer Republik *Hans Mommsen*, Die verspielte Freiheit. Der Weg der Republik von Weimar in den Untergang 1918 bis 1933. Berlin 1989. Zur Außenpolitik *Peter Krüger*, Versailles. Deutsche Außenpolitik zwischen Revisionismus und Friedenssicherung. München 1986.

Nation, auch unter den Einflüssen völkischen Denkens, rückte für weite Teile der Bevölkerung nun erst recht in den Mittelpunkt des politischen Bewußtseins. Sie wurde für viele zum einzigen Genesungsmittel für das verrottete Europa. In ihrem Namen wurde zunächst einmal die Wiedergutmachung des Unrechts verlangt, das Europa seit Kriegsende dem Deutschen Reich angetan oder zumindest geduldet habe, ehe überhaupt an europäische Verständigung zu denken sei. Ein deutsches Mitteleuropa blieb hier im übrigen die Leitvorstellung mit einiger Anziehungskraft. Das war ausgesprochen anti-europäisches Bewußtsein, düster untermalt von den Verkündungen jener großen und kleinen Denker, die man als „Untergangs-Europäer" apostrophieren könnte – Leute, die Europa keine Zukunft mehr gaben. Dem widersetzten sich nun aber stärkere Gegenkräfte als vor 1914. Nicht nur die allgemein in der Öffentlichkeit einflußreicher werdenden Europabewegungen[21]), auch das Entsetzen über die Selbstzerfleischung und Selbstentmachtung Europas und schließlich die Notwendigkeit und der Wille, die zerstörerischen Folgen seiner Zerrissenheit zu überwinden, zeugten von einer allmählichen Änderung des Bewußtseins, die noch einen zusätzlichen Impuls erhielt durch den Machtzerfall Europas in der Welt. Keine Gruppierung in der deutschen Gesellschaft, sofern sie nicht extremen politischen oder gesellschaftlichen Vorstellungen anhing, vermochte sich dieser neuen, komplizierten Bedeutung Europas zu entziehen. Wenigstens allgemeine europäische Lippenbekenntnisse nahmen deutlich zu; es wurde in Deutschland viel mehr als vor 1914 über Europa geredet.[22])

Für die deutsche Außenpolitik und Wirtschaft erwies es sich angesichts des überall spürbaren Drucks der gewaltigen, miteinander untrennbar zusammenhängenden Nachkriegsprobleme Europas, die eine neue europäische Gemeinsamkeit der Belastungen schufen, sogar bald als wirkungsvoll und vorteilhaft, ein wiederhergestelltes und prosperierendes Deutschland zum europäischen Bedürfnis zu erheben und damit in wachsendem Maße auf Zustimmung zu stoßen, mochte sie auch noch so widerwillig sein. In der Politik der Reichsregierung bis 1930 setzte sich zugleich aber die Überzeugung durch, daß der nationale Wiederaufstieg nicht gegen, sondern

---

[21]) S. *Pegg*, Evolution (wie Anm. 19), und *Vaughan*, Twentieth-Century Europe (wie Anm. 19).

[22]) Mit weiterer Literatur *Peter Krüger*, Die Ansätze zu einer europäischen Wirtschaftsgemeinschaft in Deutschland nach dem Ersten Weltkrieg, in: Helmut Berding (Hrsg.), Wirtschaftliche und politische Integration in Europa im 19. und 20. Jahrhundert. (GG, Sonderh. 10.) Göttingen 1984, 149–68; *ders.*, European Ideology and European Reality. European Unity and German Foreign Policy in the 1920s, in: Peter M. R. Stirk (Ed.), European Unity in Context. The Interwar Period. London/New York 1989, 84–98.

nur in Zusammenarbeit mit Europa und auf der Grundlage europäischer
Verständigung zu erreichen sei. Die Pariser Friedenskonferenz war 1919
weder imstande noch angesichts der Präferenz für eine globale Ordnung
sonderlich willens gewesen, ein neues, auf engerer Kooperation beruhen-
des europäisches Staatensystem aufzubauen. Hierin machte sich auch der
Einfluß der USA nachhaltig geltend, ohne deren Mitwirkung die Europäer weder den Krieg beenden noch den Wiederaufbau hätten leisten können, eine Tatsache, die das europäische Bewußtsein in empfindlicher
Weise zusätzlich herausforderte. Das Versäumnis der Friedenskonferenz
wettzumachen, bemühte sich dann jeweils nach schweren Spannungen
eine Reihe von Konferenzen von Genua bis Locarno, die nicht nur ein al-
tes Instrument europäischer Kooperation wiederbelebten und trotz aller
Interessenkonflikte, Rivalitäten und unterschiedlicher Vorstellungen wieder eine europäische Ordnung schaffen wollten, sondern es ging auch eine
ungeahnte öffentliche Wirkung von diesen Bemühungen aus. Genua ani-
mierte eine ganze Reihe von publizistischen Europa-Planern, und Locarno war eines der größten öffentlichen Ereignisse der Epoche. Es
weckte plötzlich die Hoffnung auf eine neue europäische Ära, auch wenn
man bedenken muß, wie rasch die Wirkung selbst solcher weitreichenden
Ereignisse verfliegt, wenn sie in der Fülle des Geschehens vereinzelt bleiben. Locarno ist ein herausragendes Beispiel europäischer Bewußtseinsbildung aus ganz unterschiedlichen Motiven, Traditionen und Interessen, in
der Verknüpfung und wechselseitigen Stimulierung ganz unterschiedlicher
Aktionsfelder von der Politik über die Wirtschaft bis zum Erziehungswe-
sen, und in der Freisetzung neuer Impulse europäischer Kooperation, aus-
gerichtet an konkreten Interessen und vorübergehend günstigen Aussichten auf praktische Erfolge. Solche Voraussetzungen machten europäische
Lösungen annehmbar, sei es in der Politik, sei es in der Wirtschaft. Eine
intensivierte und dauerhafte politische Zusammenarbeit schien ebenso der
Verwirklichung nahe wie eine europäische Zollunion. Auch außerhalb der
Regierung gab es in Deutschland kaum eine Partei, einen Interessenver-
band, eine Zeitung, die nicht Nutzen und Nachteil europäischer Regelungen und Einigungen auf den verschiedensten Gebieten erörterten. Das
Europabewußtsein stellte sich auf Grund günstiger Umstände und aktueller Bedürfnisse ein – der politischen Entspannung, der Markterweiterung,
der wirkungsvollen Interessenvertretung –, nicht als Folge von Prinzipien
und Programmen.

Die internationalen Interessengegensätze, die sich nicht zuletzt am deutschen Verlangen nach Revision der Versailler Friedensordnung entzünde-
ten, waren zu groß, um in kurzer Zeit gelöst zu werden. Der Zeitraum gün-
stigerer wirtschaftlicher Verhältnisse und einer entspannteren politischen
Lage, der nur bis zur Verschärfung der inneren Spannungen in Deutsch-

land 1929/30 und bis zur Weltwirtschaftskrise dauerte, reichte nicht aus. Diese Vorgänge bewegten die Menschen in ganz anderem Maße und beherrschten ihr Bewußtsein viel stärker als die noch recht zerbrechliche und nicht tief verankerte, von der Gunst der Stunde abhängige europäische Stimmung. Integrationsbedürfnisse bezogen sich noch auf einen kleineren, überschaubareren Rahmen als Europa. Denn die nachhaltigste Prägung des Bewußtseins war immer noch überwiegend im Zeichen des Nationalismus und seiner Verschmelzung mit sozio-ökonomischen Interessen erfolgt, die sich meistens auf den Schutz vor dem Veränderungsdruck beschleunigter Modernisierung konzentrierten und in der Krise ein Bewußtsein hervorriefen, das europäische Kooperation und Verflechtung als Unsicherheit und Gefahr deutete, also wieder deutlich anti-europäisch war und sich daher um so leichter auch gegen den Versailler Vertrag und seine Urheber mobilisieren ließ. Unter dem Eindruck sich verschärfender Auseinandersetzungen und neuer Gruppierung der Staaten seit 1930 prägten sich erneut die Konflikte und die Spaltungen Europas dem Bewußtsein viel stärker ein als die Gemeinsamkeiten.

4. Phase: Die unüberwundenen inneren und äußeren Konflikte, die in der Weltwirtschaftskrise mit großer Wucht wieder aufbrachen, ließen alle Ansätze, sich als Europäer mit einem gemeinsamen Schicksal und gemeinsamen Aufgaben zu fühlen, zunichte werden. Die internationale Verständigung in jeder Form galt als voreilig, ja als Betrug. Diese Form der Wahrnehmung und Beurteilung der Situation führte rasch zu der Entscheidung, daß aus dieser Sackgasse nur der rückhaltlose Einsatz für die Nation und ihre Lebensnotwendigkeiten heraushelfen könne. Die Reaktion, die auch wirkliche Enttäuschung und Ratlosigkeit enthüllte, diese Rückwendung zum krassen Nationalismus als der schließlich doch vertrautesten, scheinbar verläßlichsten und schützenden Integrationskraft ging so tief, daß europäische Verflechtung und Gemeinsamkeit im bisher üblichen Sinne und damit ein bedeutender Bestandteil moderner Entwicklung im 19. und 20. Jahrhundert grundsätzlich in Frage gestellt und, geschickt unterstützt von der nationalsozialistischen Propaganda, in der Phase nationalsozialistischer Herrschaft durch immer schroffere Abgrenzung nach außen und Machtkonzentration im Inneren ersetzt wurde.[23]

Diese Maßnahmen und der entsprechende, mit allen Mitteln herbeigeführte Bewußtseinswandel standen im Dienste einer sozialdarwinistisch

---

[23] S. allgemein u. a. *Klaus Malettke* (Hrsg.), Der Nationalsozialismus an der Macht. Aspekte nationalsozialistischer Politik und Herrschaft. Göttingen 1984; *Martin Broszat/Klaus Schwabe* (Hrsg.), Die deutschen Eliten und der Weg in den Zweiten Weltkrieg. München 1989.

begründeten Expansion. Schlimmer noch, unter dem wachsenden Einfluß völkisch-rassischer Untermauerung des ohnehin vorherrschenden Nationalismus dominierte gewaltsamer als je zuvor das Bild von dem dekadenten, dahinsiechenden Europa und dem natürlichen Vorrang, der Überlegenheit der Deutschen, die zum Retter, Herrscher und Neugestalter Europas prädestiniert seien. Die unaufhebbare Interdependenz der europäischen Staaten, die großräumige Verflechtung und die Unfähigkeit Deutschlands zur Autarkie brachten im „Dritten Reich" ein brutales Europabild hervor, das allerdings in der weiter zurückreichenden, nationalistischen Selbstverherrlichung nicht völlig unvorbereitet war. Es beruhte auf der Beherrschung Europas mit Hilfe der Fiktion von der führenden arisch-germanischen Rasse und der wesentlich konkreteren Vorstellung von der im deutschen Interesse wie auch im wohlverstandenen Interesse der anderen Länder erforderlichen Organisation Europas und vor allem seiner Wirtschaft. Bemerkenswert sind daran nicht nur Beherrschung und Unterwerfung als Lösung der Probleme Europas, sondern das Bewußtsein, daß Deutschland allein dazu in der Lage sei, Europa wirtschaftlich zu gestalten. Und das glaubte man sogar außerhalb Deutschlands[24]), wenn nur nicht die nationalsozialistische Unterdrückung damit verbunden gewesen wäre und das Ende von Freiheit, Gleichberechtigung und Partnerschaft als Prinzipien europäischen Zusammenlebens, Prinzipien, die den Deutschen überhaupt noch kaum ins politische Bewußtsein gedrungen waren und eines längeren Lernprozesses bedurften. Den hatte die kurzlebige Weimarer Republik nur unzulänglich bieten können.

Das nationalsozialistische Europabild wurde im Zweiten Weltkrieg für einige Jahre schreckliche Wirklichkeit und weckte erneut europäisches Bewußtsein, obgleich besonderer Art. Viele Experten in den zahlreichen Behörden glaubten, daß unter deutscher Herrschaft der Traum von der zentralen Planbarkeit Europas verwirklicht werden könnte. Bei der Opposition gegen Hitler war es demgegenüber die gerade für ausgeprägte Nationalisten oft schockartige Erkenntnis, daß sich angesichts der Gefahr völliger Vernichtung die Existenz und Identität Europas und seiner Nationen nur in künftiger Gemeinsamkeit wiederaufrichten lasse. Diese leidvolle Erfahrung eines untrennbaren europäischen Schicksals verbreitete sich derart, daß Nationalsozialisten und Vertreter der alten Führungsschichten, besonders aus den obersten Reichsbehörden, in der Phase der Nieder-

---

[24]) *Hans Werner Neulen,* Europa und das 3. Reich. Einigungsbestrebungen im deutschen Machtbereich 1933–1945. München 1987 (mit zahlreichen Dokumenten); *Peter Krüger,* Hitlers Europapolitik, in: Wolfgang Benz/Hans Buchheim/Hans Mommsen (Hrsg.), Der Nationalsozialismus. Studien zur Ideologie und Herrschaft. Frankfurt am Main 1993, 104–132 u. 248–253; *Walter Lipgens,* Die Anfänge der europäischen Einigungspolitik 1945–1950. T. 1: 1945–1947. Stuttgart 1977, bes. 51.

lagen dies nicht nur mit Hilfe der Propaganda vom „Dritten Reich" als europäischem Bollwerk gegen den Bolschewismus und von der gemeinsam zu verteidigenden „Festung Europas" auszubauen suchten, sondern zum Zwecke des Machterhalts – wenn auch bei Hitler ohne jeden Erfolg – diesem neuen Europabewußtsein Tribut zollten und in Vorschlägen für eine europäische Föderation den Vorstellungen der Widerstandsbewegungen in Europa äußerlich nahekamen.

5. Phase und Resümee: Das nach 1945 dann unter diesen außergewöhnlichen Voraussetzungen einsetzende Ringen um konkrete Formen europäischer Integration bietet zugleich Gelegenheit für einige Schlußfolgerungen. Europas Einigung war kein Wert an sich und als gedankliche Konstruktion vielleicht anziehend, aber in der Praxis wenig wirkungsvoll; europäisches Bewußtsein war trotz des unübersehbaren Zusammenwachsens Europas keine Selbstverständlichkeit. Es hing davon ab, daß die gesamten politischen und gesellschaftlichen Lebensbedingungen in einer Weise gestaltet wurden, in der die Notwendigkeit und die handfesten Vorteile europäischer Betrachtungsweise und Regelungen unmittelbar einleuchteten. Wenn Europa nichts brachte, war es schnell wieder vergessen. Außerdem mußte sich, um europäisches Bewußtsein tiefer zu verankern, eine längere Tradition des Denkens und Handelns in europäischen Kategorien bilden.

Was den Punkt der Umkehr anlangt, bedurfte es offenbar erst eines zweiten und diesmal vollständigen Zusammenbruchs der deutschen Großmacht, um einen weitreichenden Bewußtseinswandel bei den Deutschen zu bewirken und ihnen, zunächst allerdings nur im Westen, die europäische Integration als politisches Ziel erstrebenswert zu machen.[25] Das fiel ihnen um so leichter, je deutlicher sich herausstellte, daß sich auf diesem Wege eine neue staatliche Zukunft, ein Ersatz für den diskreditierten Nationalismus und vor allem die Chance des Wiederaufstiegs eröffnete. Wirtschaftliche Notwendigkeit und Interessen – darin stimmte schließlich die Meinungsbildung in allen maßgebenden politischen und gesellschaftlichen Gruppierungen, wenn auch mit unterschiedlicher Gewichtung, überein – wiesen in die gleiche Richtung wie der Kalte Krieg, das Sicherheitsbedürfnis Westdeutschlands, das Streben nach Überwindung der Ohnmacht Europas zwischen den Weltmächten, die Gewährleistung westlich-demokratischer Ordnungsprinzipien der Gesellschaft und neue außenpoli-

---

[25] Als Überblick mit der neuesten Literatur: *Wilfried Loth* (Hrsg.), Die Anfänge der europäischen Integration 1945–1950. Bonn 1990; *Ludolf Herbst/Werner Bührer/Hanno Sowade* (Hrsg.), Vom Marshallplan zur EWG. Die Eingliederung der Bundesrepublik Deutschland in die westliche Welt. München 1990.

tische, auf Partnerschaft und einvernehmlichem Handeln beruhende Verhaltensweisen.

Anfangs allerdings waren einige dieser Überlegungen und Motive nicht unumstritten; denn sie enthielten folgenreiche Vorentscheidungen, und die westeuropäische Variante der Integration wurde erst allmählich akzeptiert, nicht zuletzt aufgrund ihres Erfolgs. Dieser politische und wirtschaftliche Anschluß an den Westen und seine liberal-demokratischen, marktwirtschaftlichen Ordnungsprinzipien gewann zusätzlich an Überzeugungskraft durch den Einfluß insbesondere der amerikanischen Besatzungsmacht, die nicht nur über die entscheidende Machtposition verfügte, sondern als hilfreich und unentbehrlich für den Wiederaufbau angesehen wurde. Daraus folgte eine bemerkenswerte Verlagerung des europäischen Bewußtseins: Es entwickelte sich ein ausgesprochenes Westeuropa-Bewußtsein, das mit einer durch das Schutzbedürfnis gegenüber der Sowjetunion nachhaltig geförderten Abwendung von den düsteren, unerfreulichen und bedrohlichen Verhältnissen im Osten einherging. Für einige mußte sogar erneut die westliche Welt gegen das Vordringen Asiens verteidigt werden. Das war die Aufteilung Europas auch im Bewußtsein, trotz mancher Klagen und den Nachteilen für traditionelle Ostinteressen der deutschen Wirtschaft. Daraus entwickelte sich mit der Zeit die einseitige Vorstellung, Westeuropa sei das eigentliche Europa, genau so wie allmählich die nationale Identifizierung der Bundesrepublik mit Deutschland zu beobachten war. Darüber hinaus enthielt das Westeuropa-Bewußtsein eine wichtige Erweiterung: Mehr gefühlsmäßig als gedanklich reflektiert gehörten die Vereinigten Staaten irgendwie dazu, die atlantisch-westliche Ausrichtung als Reaktion darauf, daß es kein umfassendes Europa mehr gab. Das änderte sich später mit wachsendem Selbstbewußtsein der Deutschen, und der Zerfall der sowjetischen Herrschaft in Osteuropa hat neue Voraussetzungen geschaffen.

In den Jahren nach 1945, bevor die Westintegration sich durchsetzte, richteten sich die Hoffnungen und Pläne auf eine gesamteuropäische Einigung, ehe sie am Ost-West-Gegensatz zerbrachen. Sie beruhten auf einer komplizierten Bewußtseinslage mit deutlichen individuellen Unterschieden. Hier mischten sich europäische Föderationsideen mit der Forderung nach einem grundlegenden gesellschaftlichen Wandel im Sinne des demokratischen Sozialismus, einer Neukonstituierung Europas – und seiner Bedeutung – als Ausgleichsfaktor zwischen den Vereinigten Staaten und der Sowjetunion und dem Streben nach Wiedervereinigung Deutschlands. Seltener war die Vorstellung, man befinde sich in einer Übergangsphase des Modernisierungsprozesses, der zu schweren Konflikten geführt habe und diese nur überwinden könne, wenn die Modernisierung fortgeführt werde und in eine Frieden, Freiheit, gesellschaftlichen Fortschritt und

Wohlstand sichernde europäische Föderation münde.[26]) Es ging um das alte Problem, die internationalen Beziehungen in einer der modernen Verflechtung und wechselseitigen Abhängigkeit angemessenen Weise zu gestalten.

Sowohl wegen ihrer Bedeutung für den westeuropäischen Integrationsprozeß als auch wegen ihrer langen, einflußreichen Tradition ist die Bildung europäischen Bewußtseins unter wirtschaftlichen und wirtschaftswissenschaftlichen Gesichtspunkten von Interesse. Hier wie in der Politik waren Erfahrungen aus den 20er und 30er Jahren wirksam. Die Desintegration der internationalen Wirtschaft zu überwinden, war das große Ziel. Alte Differenzen kamen dabei wieder zum Vorschein, vor allem in der Spannung zwischen europäischer Integration und eng verflochtener, möglichst unbehinderter Weltwirtschaft. Ludwig Erhard sah die Gefahren, die der Weltwirtschaft infolge der Organisierung europäischer Interessen, der Marktregulierung und Abschließung Europas drohten. Derartige Vorkehrungen waren Teil einer deutschen Tradition, die das Bewußtsein vieler Vertreter der Wirtschaft immer noch beeinflußte und sich frühzeitig etwa in Forderungen nach rationeller Organisation der europäischen Wirtschaft niederschlug. Erhards Vorstellung von Europa war eine andere, und sie bestimmte seine Politik, die freie Marktwirtschaft: „Wir kommen [ohne sie] nicht zu Europa, wir kommen auch nicht zu einer freien Welt, wir kommen nicht zur Integration."[27])

In den Spitzenverbänden der deutschen Wirtschaft setzte sich außerdem die propagandistisch wirksame Vorstellung durch, Wegbereiter auch der politischen Einigung Europas zu sein. Wie auch sonst in europäischen Fragen sollte hierbei das, obgleich zweifelhafte, historische Bewußtsein helfen, die Erinnerung nämlich an den deutschen Zollverein. Man war sich im übrigen des Umfangs der Aufgabe, die europäische Wirtschaftseinheit herbeizuführen, durchaus bewußt. Neben anderen war der Deutsche Industrie- und Handelstag (DIHT) strikt dagegen, von einem Wirtschaftssektor zum nächsten vorzugehen. Einig war man sich in dem Bewußtsein, daß Europas Wirtschaft nur gemeinsam wieder erstarken und sich in der Welt behaupten könne, daß dies – wie nach dem Ersten Welt-

[26]) So etwa Walter Dirks im April 1946; s. *Loth* (Hrsg.), Anfänge (wie Anm. 25), 105. – Es handelt sich um Vorstellungen vom „dritten Weg" oder der „dritten Kraft" zwischen Ost und West, die allerdings recht unterschiedlich ausfielen, was die Rolle Europas und Deutschlands in Europa anging. Dazu *Rainer Dohse,* Der Dritte Weg. Neutralitätsbestrebungen in Westdeutschland zwischen 1945 und 1955. Hamburg 1974; *Rainer Zitelmann,* Adenauers Gegner. Streiter für die Einheit. Erlangen/Bonn/Wien 1991.
[27]) Ludwig Erhard auf der 2. Tagung der Aktionsgemeinschaft Soziale Marktwirtschaft (18./19. 11. 1953), in: Wir fordern von Regierung und Bundestag die Vollendung der sozialen Marktwirtschaft. Bad Nauheim 1954, 122.

krieg – nicht ohne eine florierende deutsche Wirtschaft möglich sei und
nach wie vor die endgültige deutsch-französische Aussöhnung ebenso wie
die anhaltende amerikanische Unterstützung die Voraussetzung für jede
europäische Einigung bilde. Die Gewerkschaften waren ähnlicher Auffassung, aber bei ihnen war das europäische Bewußtsein von der Sorge ge-
trübt, daß die Arbeitnehmer dabei mit ihren Interessen zu kurz kommen
könnten. Hierin schlug sich auch die allgemeine Erkenntnis nieder, daß
Integration Angleichung bedeutete, von den Währungen bis zum Arbeits-
recht.[28])
     In der Wirtschaftswissenschaft, vor allem sofern sie den Praktikern be-
ratend nahestand, kamen noch einige zusätzliche Aspekte zur Geltung, die
vielleicht von größerem Einfluß auf die Bewußtseinsbildung in europäischen Angelegenheiten waren, als bisher angenommen. In Aktualisierung
von Auffassungen, die schon seit langem geläufig waren, hob man die Bedeutung derjenigen Regionen hervor, in denen sich grenzüberschreitend
die Industriewirtschaft Europas intensiviert hatte. Außerdem verwies man
auf den im Krieg beschleunigten Strukturwandel, auf die gestiegenen Gefahren, die angesichts des ganz unterschiedlichen Verhaltens der Regierungen von den Grenzen innerhalb Europas ausgingen, und auf die zunehmende Verdichtung der Bevölkerung in bestimmten Zonen. Dies erfor-
dere die Integration vor allem der Kerngebiete Europas in Abstimmung
über rationelle Weiterentwicklungen, aber ohne jede Abschließungsten-
denz nach außen. Europa wurde vor allem als Strukturproblem gesehen.
Man betonte die Bedeutung einheitlicher währungspolitischer Prinzipien
und der Konvertibilität sowie die Notwendigkeit, daß die europäischen
Länder zum Zwecke der Integration in den wesentlichen wirtschaftlichen
Fragen sich abstimmen und zu synchronen, schließlich gemeinsamen
Maßnahmen übergehen müßten. Besondere Anstrengungen seien zur
Überwindung der Entwicklungsgefälle in Europa erforderlich. Für die Zukunft erwartete man eine wachsende Bedeutung der integrierten Wirtschaft Europas sowohl allgemein für die Welt und die Regelung weltwirtschaftlicher Probleme als auch speziell für die USA und die Sowjetunion,
deren langfristiger Nutzen in einer Förderung europäischer Wirtschaftseinheit liege. Hier zeigte sich auch ein wiedererwachendes europäisches
Selbstbewußtsein.[29])

[28]) Dazu u. a.: Geschäftsbericht des Bundesverbandes der Deutschen Industrie,
1. April 1950 – 31. Mai 1951, 12–14; Deutscher Industrie- und Handelstag, Tätigkeitsbericht für das Geschäftsjahr 1952/53, 34–36; Probleme der westdeutschen
Wirtschaft. Köln 1949, 134–136 (erster Tätigkeitsbericht des wirtschaftswissenschaftlichen Instituts der Gewerkschaften).
[29]) Von Einfluß war besonders die Weiterentwicklung der Standorttheorie, s. *Andreas Predöhl, Die Wirtschaft in ihrer Entwicklung zu übernationalen Wirtschafts-

Von denen bisher vornehmlich die Rede war, das waren die Pragmatiker, diejenigen, die nach europäischen Lösungen und partieller funktionaler Integration in Antwort auf konkrete Probleme und Interessen suchten.

Dem standen – und damit bestätigte sich wieder die grundlegende Spannung zwischen den beiden wesentlichen Ausprägungen europäischen Bewußtseins – diejenigen gegenüber, die der europäischen Idee zum Sieg verhelfen und das vereinigte Europa gestalten wollten. Sie gingen von der umfassenden Aufgabe, von dem – auch historischen – Bewußtsein einer europäischen Kultur- und Rechtsgemeinschaft, nicht von einzelnen Problemen aus.

Obgleich die beiden Reaktionen, auf verschiedene Aufgabenfelder und Zeiträume bezogen, nicht völlig unvereinbar waren, bedeutete das in der Regel doch eine andere Vorgehensweise. Die europäische Kulturgemeinschaft – für viele die letzte Stütze des ohnmächtigen Europa – sowie das Bestreben, ihr mit einer neuen supranationalen Verfassung die notwendigen Institutionen zu geben, standen im Zentrum eines solchen Bewußtseins von den Bedürfnissen Europas. Dies führte folgerichtig nicht nur dazu, allgemein die europäische Bewußtseinsbildung zur wesentlichen Aufgabe zu machen, Anhänger für eine breite Bewegung zu sammeln und Politiker zu beeinflussen, sondern auch zur besonderen Pflege des Erziehungswesens. In den jungen Menschen schon sollte das Bewußtsein für die Einheit Europas geweckt werden. Nur so war an die Erfüllung der im Grunde utopischen Voraussetzung zu denken, daß erst ein einheitliches Bewußtsein zu schaffen sei, ehe die politische Union gegründet werden könne. Von einem politischen europäischen Bewußtsein lasse sich erst sprechen, so hieß es noch 1957, wenn die Völker Europas „über ihre nationalen Interessen [...] hinweg um der europäischen Einheit willen zu gemeinsamem politischem Handeln bereit" seien.[30]) Die Einheit wurde also, jeder historischen Erfahrung entgegen, zum Selbstzweck.

Die tatsächliche Entwicklung verlief anders. Europäische Bewußtseinsbildung vollzog sich vorwiegend auf Grund der konkreten Erfahrung, daß immer mehr moderne Probleme in einem europäischen Zusammenhang standen, und der Abwägung des Nutzens, den ihre Lösung im europäischen Rahmen zu bieten vermochte. Die Gewöhnung an neue, aber unausweichliche Bewußtseinsprozesse zum Zwecke eines kontinuierlichen, den

räumen, in: Die Wirtschaftsunionen in ihrer Stellung zu den Nationalwirtschaften und zur Weltwirtschaft. Münster/Berlin/Bad Godesberg 1950, 11–24; *ders.*, Das Ende der Weltwirtschaftskrise. Reinbek 1962. Außerdem *Leonhard Miksch,* Zur Theorie des räumlichen Gleichgewichts, in: Weltwirtschaftliches Archiv 66, 1951, 5–50.
[30]) So der Generalsekretär der Europa-Union Deutschland, Carl-Heinz Lüders, auf einer Historikertagung seines Verbandes vom 27. und 28. 9. 1957, in: Das europäische Geschichtsbild und die Schule. Bonn o. J., 9.

europäischen Integrationsmechanismen angemessenen Handelns war erst eine Folge und ging nicht ohne Mühe vonstatten, so, wenn sich der Bundesverband der Deutschen Industrie (BDI) zwar vernehmlich für die europäische Integration der Märkte aussprach, aber Bedenken gegen die Vollmachten europäischer Behörden und die Gefahren eines zentralen europäischen Dirigismus äußerte.[31]) Da wollte man lieber freie Hand für die traditionelle Verbandspolitik auch in internationalen Absprachen haben.

Alle genannten Faktoren waren wesentliche Bestandteile des Europabewußtseins, das nun allerdings noch ein weiteres neues Moment reflektierte: das Erfordernis der Homogenität des politischen und gesellschaftlichen Systems der europäischen Staaten als Voraussetzung dauerhafter Integration und neuer, einigermaßen einheitlicher außenpolitischer Denk- und Verhaltensmuster. Zur vielberufenen europäischen Identität war es noch ein weiter Weg, obwohl sich die Europäische Gemeinschaft entschloß, am 14. 12. 1973 in Kopenhagen schon ein „Dokument über die europäische Identität" zu veröffentlichen, in dem es hieß:

„In dem Wunsch, die Geltung der rechtlichen, politischen und geistigen Werte zu sichern, zu denen sie sich bekennen, in dem Bemühen, die reiche Vielfalt ihrer nationalen Kulturen zu erhalten, im Bewußtsein einer gemeinsamen Lebensauffassung, die eine Gesellschaftsordnung anstrebt, die dem Menschen dient, wollen sie die Grundsätze der repräsentativen Demokratie, der Rechtsstaatlichkeit, der sozialen Gerechtigkeit, die das Ziel des wirtschaftlichen Fortschritts ist, sowie der Achtung der Menschenrechte als die Grundelemente der europäischen Identität wahren."[32])

Ausschließlich europäisch sind derartige Merkmale allerdings nicht.

Für Westdeutschland und die Bundesrepublik war die (west-)europäische Integration die wohl einzige realistische Chance, wieder zu einem gleichberechtigten, wirtschaftlich florierenden Staatswesen zu gelangen. Europa wurde infolgedessen so häufig, bei jeder passenden und unpassenden Gelegenheit, beschworen oder erörtert, daß im Lauf der Zeit ein Gewöhnungseffekt eintrat, eine gewisse Oberflächlichkeit, die dazu führen konnte, daß die tatsächliche Form, Intensität und Vielfalt europäischen Bewußtseins eher verschleiert wurde. Außerdem droht mit wachsenden Kompetenzen der Europäischen Gemeinschaft die Distanz des einzelnen zum politischen Entscheidungszentrum bedenklich zu wachsen. Teilweise aus diesem Grund hat man die Frage der Weiterentwicklung der EG mit der Regionalismus-Debatte verbunden, eine neue Form europäischen Be-

---

[31]) Man betonte dabei allerdings die politische Bedeutung des Schuman-Plans, weil er der „unabdingbaren" Voraussetzung europäischer Integration diene, der Versöhnung zwischen Frankreich und Deutschland; s. Geschäftsbericht (wie Anm. 28), 12.
[32]) Europäische Politische Zusammenarbeit (EPZ): Eine Dokumentation der Bundesregierung. (Reihe Berichte und Dokumentationen/Presse- und Informationsamt der Bundesregierung, 5.) 4. Aufl. Bonn 1980, 76.

wußtseins derart, daß die europäischen Regionen als Verbindungsglieder zur EG dienen sollen, indem sie regionale Vielfalt bei größerer Beteiligung und näherer Identifizierung der Menschen mit Europa in ihren engeren, als konstituierende Teile Europas geltenden Lebensbereichen bieten.

Schließlich aber ist vor allem in den letzten Jahren – von der historischen Entwicklung her durchaus konsequent – der Nationalstaat als wesentliches Element Europas wieder nachdrücklich in Erinnerung gerufen worden. Er hat die Formen europäischer Integration bisher geprägt, eine wichtige Ursache für seine Verdrängung im europäischen Bewußtsein für diejenigen, die mit Europa den Nationalstaat gerade überwinden wollen, doch „Europa ist kein Ersatz für den Nationalstaat"[33]), und die Regionen sind es ebensowenig. Diese Auffassung führt zu einem neuen Bewußtsein von Europa.

Überzeugung und Idealismus allein haben nicht ausgereicht, große europäische Gebäude zu errichten, sondern die Konzeption des pragmatischen Aushandelns und des Vorgehens Schritt für Schritt, das Bewußtsein, konkrete Interessen zu vertreten, und die Verwertung politischer Erfahrungen waren wesentlich. Nützlichkeitserwägungen prägten das Bild Europas in starkem Maße. Nur auf diesem Wege hat sich schließlich europäische Bewußtseinsbildung aus Interesse und Bedürfnis zur europäischen Bewußtseinsbildung aus Einsicht und Erfahrung zu erweitern vermocht.

[33]) *Ralf Dahrendorf,* Eine deutsche Identität, in: Merkur 493, 1990, 234; *Peter Krüger,* Ethnicity, Nation-State, and European Integration in Historical Perspective, in: ders. (Ed.), Ethnicity and Nationalism. Case Studies in Their Intrinsic Tension and Political Dynamics. Marburg 1993, 97–108.

Das Europa der Historiker*

Von

René Girault

Geographen haben Glück, wenn es darum geht, eine vernünftige Definition von Europa zu geben: Das Europa der Geographen ist ein klar definierter Kontinent, ein Raum, der einfach zu erkennende, „natürliche" Grenzen hat. Sie reichen vom Atlantik bis zum Ural und Kaukasus. Unter den Historikern dagegen gibt es zur Definition von Europa viele Zweifel und Diskussionen: Wie kann man über die ganze Geschichte hinweg durchgängig ein gleiches Europa definieren? Lassen sich in der Geschichte des europäischen Kontinents Grenzen gegenüber den nichteuropäischen Nachbarn erkennen, die sich auf kulturelle Besonderheiten stützen? Kann man wirklich sagen, daß die innereuropäischen Beziehungen in der Vergangenheit eine eigenständige europäische Einheit begründet haben, mit der sich die Einwohner der zahlreichen europäischen Regionen trotz aller nationaler Unterschiede verbunden fühlten? Kann man überhaupt die Geschichte benutzen, um die Legitimität von Europa zu begründen, von dem derzeit so viele sprechen und das einige aufbauen wollen?

Die Grundlagen der europäischen Einheit

Griechenland, die Wiege Europas

Kann man die Vergangenheit für die Gegenwart nutzen? Ein solches Vorhaben birgt große Risiken in sich, denn die Identität Europas hat sich in der Vergangenheit immer wieder verändert. Gleichzeitig decken die Hinweise auf Europa als einem einzigartigen, klar erkennbaren Objekt eher Mythen als Realitäten auf. Die antiken Griechen hatten das klar erkannt, als sie die Geschichte der Göttin Europa in unterhaltsamer Weise erzählten. Wie man sich erinnert, hatte sich der damals noch flatterhafte Zeus in eine liebenswerte Person, in die schöne Europa, verliebt. Er war ans Ziel

* Der erste Teil des Textes erschien unter dem Titel „L'Europe des historiens", in: Encyclopédia Universalis. Symposium. Paris 1991, 209–219; dem zweiten Teil liegt mein Vortrag auf dem Historikertag in Bochum 1990 zugrunde. Die Übersetzung stammt von Hartmut Kaelble und wurde von Antonia Humm, Roswitha Strauch und Rainer Hudemann durchgesehen.

seiner Wünsche gekommen, indem er sich in einen weißen geflügelten Stier verwandelte und sie dann entführte. Die Brüder der schönen Europa, die sie wiederzufinden versuchten, forschten in der ganzen damals bekannten und auch unbekannten Welt nach ihr, um sie wieder nach Hause zurückzubringen. Während dieser langen Suche gründeten sie überall, wo sie hinkamen, neue Städte: im Osten am Schwarzen Meer, im Westen in Großgriechenland. Der europäische Raum weitete sich auf diese Weise nach der griechischen Sage durch neue Stadtgründungen nach und nach immer mehr aus. In Wirklichkeit dehnte sich auf diesem Weg ein Raum griechischer Zivilisation aus, der das Europa der Legende darstellte. Damit berührt man schon den Kern des Problems. *Das Europa der Geschichte ist ein Raum gemeinsamer Zivilisation,* das all diejenigen zur Finsternis, zum Nicht-Europa rechnet, die die Griechen als „Barbaren" ansahen, d. h. einfach alle anderen. Auf diesen Mythos des bedrohlichen Barbaren, der für das Abstecken der Grenzen der europäischen Zivilisation, also Europas, nötig war, hat man sich in einer langen Geschichte seit der Antike immer wieder berufen.

In der Geschichte baute sich Europa tatsächlich im Rhythmus des Eintritts der Barbaren in den europäischen Schmelztiegel auf: Es erkannte sich dabei immer wieder als einzigartig. Es ist deshalb kein Zufall, daß die Geschichte von Europa, so wie sie noch heute in allen europäischen Staaten gelehrt wird, mit der Geschichte der Länder im Umkreis des östlichen Mittelmeers beginnt; die kulturellen Ursprünge der Europäer lassen sich im Prinzip in dieser Region finden, die sich zum großen Teil außerhalb des heutigen europäischen Kontinents befindet, wie etwa der Nahe Osten oder Ägypten. Ist aber das antike Griechenland wirklich die Wiege Europas? Dieses Faktum wird von all denjenigen nicht bestritten, die in der europäischen Zivilisation eine kulturelle Einheit sehen, die auf bestimmten Werten wie Demokratie, Achtung vor dem Individuum, auf bestimmten Ideologien, die etwa mit der Rolle der griechischen Philosophen verknüpft sind, und auf bestimmten, durch den humanistischen Unterricht aufgewerteten Traditionen beruht. Wie viele Europäer können freilich heute wirklich behaupten, sie stammten von den Griechen ab? Als es zwischen 1820 und 1830 darum ging, den Griechen bei der Rückkehr zur Unabhängigkeit zu helfen, stellten sich zahlreiche Intellektuelle in ganz Europa auf die Seite der griechischen Aufständischen des Peloponnes. Sie handelten im Namen der Freiheit für Griechenland, der „Mutter aller Künste", die einen mit Rachetendenzen, wie etwa der junge Victor Hugo, die anderen mit einem totalen Engagement, wie etwa Lord Byron, der bei der Belagerung von Messolonghi starb.

In Wirklichkeit verdankte die griechische Urzelle ihren Ruf der römischen Welt. Die fortschreitende und fortwährende Ausweitung der römi-

schen Eroberungen um das Mittelmeer herum führte die griechischen
Städte im zweiten und ersten Jahrhundert vor Christus in den römischen
Einflußbereich; die hochentwickelte griechische Kultur durchdrang von
da an den größten Teil der rohen römischen Welt und führte dadurch zur
griechisch-römischen Zivilisation, der kulturellen Grundlage des Römischen Reiches. Gleichzeitig sicherte die politische Festigung dieses Reiches während der drei ersten Jahrhunderte nach Christus die intellektuelle
Vorherrschaft der griechisch-römischen Kultur. Nach und nach traten allerdings die Völkerschaften der Barbaren im Norden der geographischen
Mittelmeerzone – die Iberer, die Kelten Galliens, die Germanen, die Hel-
vetier, die Daker – in die römische und damit eben auch in die europäische Welt ein und zivilisierten sich gleichzeitig dadurch. Deshalb war im
Grunde Europa das Römische Reich.

In einem fernen nördlichen Raum, gleichsam unbekannt und legendär,
lebten die Barbaren, Hirtenvölker, Nomaden, Seefahrer. Sie wurden von
den Einwohnern dieses europäischen Reiches auf die gleiche Weise betrachtet wie später die afrikanischen und asiatischen Völker von den Europäern in der Zeit der Kolonisation der Welt durch Europa. Die griechischen und römischen Karten zeigen dies: Zwischen Europa und Afrika
liegt ein großes Binnenmeer, das Mittelmeer. Aber wirklich begrenzt wird
Europa im Norden durch die großen nördlichen Mittelgebirgswälder. Jenseits der Waldzonen Mitteleuropas (Mitteldeutschlands, Böhmens, der
Balkan-Kette) hingen die geographischen Konturen ganz von der Phanta-
sie des jeweiligen Autors ab. Ein römischer Bürger, der auf dem heutigen
Gebiet von Tunesien lebte, mußte also viel eher als ein „Europäer" betrachtet werden als ein „wilder" Sachse, der in der großen Ebene des Nordens des heutigen Deutschlands lebte.

Ein neuer Raum

Die Verschiebung des „eigentlichen" Europas nach Norden fand während
des hohen Mittelalters aus zwei Gründen statt: Auf der einen Seite ver-
mischte die Völkerwanderung aus dem Norden und Osten des Kontinents
vor allem im 4., 5. und 6. Jahrhundert die Bevölkerungen in fast ganz Europa und schliff die zahlreichen älteren ethnischen Barrieren ab – man
denke etwa an die Einwanderung der Westgoten und Vandalen in Spanien, der Franken und Burgunder in Gallien, der Ostgoten in Italien. Auf
der anderen Seite führte die arabische Invasion, die das gesamte Nord-
afrika durchdrang, zu einer dauerhaften Spaltung der Zivilisationen auf
den beiden Seiten des Mittelmeers. Nicht nur der Untergang des Römischen Reiches, sondern auch dieses neu entstandene Völkergemisch verschob das geographische Zentrum des historischen Europas. Das mittel-

meerische Europa verlor sein Übergewicht. Man sah das deutlich, als einer der großen Erben der ethnischen Umgestaltung in Europa, der Abkömmling der Franken, Karl der Große, eine Art Römisches Reich wiedererrichtete, indem er sich von Papst Leo III. (800) zum Kaiser krönen ließ. Seine Oberherrschaft, die von der Elbe bis zum Ebro reichte, wurde von den Gelehrten der Zeit als Europa gesehen: *Europa vel regnum Caroli*. Allerdings folgte nur ein Teil der Intellektuellen der Zeit dieser Definition, denn am anderen Ende des Kontinents gab es andere Nachfolger des antiken Erbes: Die byzantinischen Kaiser beanspruchten ebenfalls, die einzigen authentischen Nachfolger der griechisch-römischen Kultur zu sein. So stritten sich zwei Europas, ein westliches und ein östliches, um das kulturelle und politische Erbe des einstigen Römischen Reichs. Der Kontinent erlebte eine tiefe Spaltung, die gewisse Parallelen mit dem Europa hatte, das nach dem Zweiten Weltkrieg entstand.

Das christianisierte Europa

Am Ende des ersten Jahrtausends umfaßte daher das eigentliche Europa einen neuen Raum, definierte sich aber weiterhin durch eine gemeinsame Kultur, die aus der griechisch-römischen Vergangenheit stammte und die durch ein anderes wichtiges Phänomen, die Christianisierung, umgestaltet worden war. Die Christianisierung der Völker in Europa reichte von Süden nach Norden, vom Osten zum Westen des Kontinents. Im Norden, in Skandinavien, wurden die Wikinger und die Waräger „evangelisiert", als ihre Fürsten den christlichen Glauben in der Form des römischen Ritus übernahmen (Olaf der Heilige in Norwegen, Erich IX. der Heilige in Schweden), genauso wie der Gründer der Piastendynastie in Polen dieses Land dem katholischen Ritus zuführte. Weiter im Osten, in der großen ukrainisch-russischen Ebene, folgten die Fürsten von Kiew und einige lokale Herrscher dem byzantinischen Ritus, der sie von Mönchen griechischer Herkunft, dem heiligen Kyrillos und seinem Bruder Methodios gelehrt wurde. Der erste wird sogar als der Schöpfer einer Schrift angesehen, die aus dem Griechischen abgeleitet war und seitdem von slawischen Völkern benutzt wird. Die Christenheit sicherte, gleichgültig welchem Ritus sie folgte, eine gewisse Einheit Europas. Eine sprachliche Brücke, das Latein, das alle Intellektuellen im Großteil Europas sprachen, konnte sogar den Eindruck erwecken, daß eine der drei wichtigsten sozialen Gruppierungen (der Stand „derjenigen, die beteten") keinerlei Grenzen außer den Ordensgrenzen kannte. Wir sollten dabei auch nicht vergessen, daß der Glaube das Alltagsleben der Menschen dieser Zeit einteilte und regelte und darin ein weiterer Faktor für die Einheit Europas bestand. Darüber hinaus übte die Kirche eine unbestreitbare „politische" Macht aus, symbolisiert im römischen Pontifikat oder dem Patriarchat von Byzanz, damit freilich wiederum in zwei Europas. Gleichzeitig folgten die Einwohner Europas von der Geburt bis zum Tod den gleichen Vorschriften, den gleichen Idealen, selbst wenn da und dort lokale Traditionen aus älteren kulturellen Praktiken stammten. Die Angst vor dem Teufel und der Hölle, oft in der Kunst der Kultstätten zu sehen, der Heiligenkult, der ebenfalls in den romanischen und nichtromanischen Kirchen präsent war, wurden vom einen bis zum anderen Ende Europas intensiv erlebt. Man könnte diese Gegebenheiten, die gemeinsame Sprache der Gelehrten und den gemeinsamen Glauben, die Faktoren der Einheit Europas geworden waren, mit ähnlichen Gegebenheiten in China vergleichen, wo die geschriebene Sprache einerseits und der Ahnenkult andererseits in einem geographischen Raum, der ähnlich groß wie Europa war, zu einem Einheitsbewußtsein geführt haben.

Diese religiöse Einheit Europas erklärt auch, daß einzelne Europäer, Intellektuelle oder andere, Tausende von Kilometern zu Fuß auf Pilgerfahrt gingen und dabei Pilgerrouten von europäischen Dimensionen schufen, die in keiner Weise hinter den großen Handelsrouten vom Norden in den Süden Europas zurückstanden. Die großen Kreuzzüge entstanden tatsächlich aus dieser Praxis von Reisen über große Distanzen. Waren die Kreuzzüge nicht die erste Form einer „europäischen" Expansion außerhalb des Kontinents? Sie zeigen auf jeden Fall, daß Bauern und Adlige aus den verschiedenen Regionen Europas sich treffen und sich gegenseitig helfen konnten. Fanden sich darin erste Formen einer Integration Europas?

Wir sollten die Gefahr einer unhistorischen Betrachtungsweise nicht übersehen! Die Idee Europas mag vielleicht bei bestimmten Intellektuellen und auch bei bestimmten hochrangigen Politikern der Zeit bestanden haben, die – wie etwa Karl der Große oder später Otto der Große (912– 973) und gewisse Anhänger des Heiligen Römischen Reiches Deutscher Nation – Europa und ein Reich vom Typ des Römischen Reiches miteinander verbunden haben. Trotzdem blieb die Idee Europas mehr ein Mythos oder ein Ideal als eine Wirklichkeit. Das Alltagsleben lief im kleinen Rahmen der Region, manchmal des Kantons ab. Der Verkehr war langsam und schwierig. Zahlreiche Dialekte herrschten vor und reizten wenig dazu, über einen geographischen Horizont hinauszugehen. Das Leben in Europa blieb eng. Die großen Entwicklungen des Feudalismus verstärkten die regionalen Strukturen und stützten sich auf kleinräumige Dimensionen. Auch wo sich Städte entwickelten, blieb das Augenmerk auf eine beschränkte Zahl von Gemeinden in einem begrenzten Raum eingeengt. Ohne Zweifel verstand es das Papsttum, eine kirchliche Herrschaft in sehr viel größeren räumlichen Dimensionen zu errichten. Aber handelte es sich

dabei um mehr als um Bestätigungen von Prinzipien ohne wirkliche praktische Konsequenzen, vor allem als Fürsten, mächtig nach den Kriterien
des 12. und 13. Jahrhunderts, wirkliche Königreiche zu errichten begannen? Mit dem Vertrag von Verdun (843), der die Existenz von drei
verschiedenen Nachfolgereichen des Karolingischen Reiches absegnete,
wurde die Organisation von Staaten auf regionalem Niveau vorherrschend. Sicher änderten sich die Grenzen dieser Königreiche fortwährend
(falls man überhaupt dieses moderne Wort benutzen kann, um die Grenzen des Machteinflusses einzelner Monarchen zu bestimmen), aber im
Kern setzte damit eine Entwicklung in ganz Europa ein: die politische
Zersplitterung. Dauerhafte Zersplitterungen machten die Einheit Europas
rissig.

Ein zerstückelter Kontinent

Die Begründung der Staaten

Diese Spaltungen unterstützten eine Langzeitentwicklung von großer Bedeutung, die Gründung der institutionellen Staaten. Ohne in die Details
zu gehen, beschränke ich mich darauf, daran zu erinnern, daß seit dem 12.
und 13. Jahrhundert große Königreiche entstanden und sich entwickelten,
wie etwa das französische Königreich der Kapetinger oder das anglo-
normannische Königreich. Gleichzeitig entwickelten sich auch Einheiten,
die weniger weiträumig, aber solide waren, weil sie Bevölkerungen mit
gleicher Sprache, gleichem Glauben, gleichen Gebräuchen einschlossen
und die zukünftige Karte Europas zu prägen begannen: im Osten die Königreiche von Polen, von Böhmen, von Ungarn; im Westen die Königreiche von Aragòn, von Kastilien, von Portugal. Ohne Zweifel trugen kulturelle Strömungen und Kunstschöpfungen, die dem ganzen westlichen Europa gemeinsam waren, zu einer gewissen Einheitlichkeit des Kontinents
bei. So ging die Ausstrahlung der literarischen Sprache Nordfrankreichs,
der „langue d'oïl", über die Grenzen des kapetingischen Königreiches
hinaus. Die Universität von Paris zog Professoren und Studenten aus ganz
Europa an, da die „vagabondage intellectuelle"[1]) die Regel war (wobei
sich die Studenten gleichzeitig in separaten „Nationen" organisierten).
Fast im ganzen christlich-römischen Gebiet wurden Kathedralen nach
dem gleichen Modell des gotischen Stils gebaut, inspiriert von den Erfolgen in Nordfrankreich (Saint-Denis, Paris, Laon, Soissons). Aber der andauernde Streit zwischen römischen Päpsten und deutschen Kaisern, das
Auseinanderfallen Italiens in aktive und verfeindete Städte, das Schisma
zwischen dem Papst von Rom und dem Papst von Avignon und mehr

[1]) *Jacques Le Goff,* Die Intellektuellen im Mittelalter. 2. Aufl. Stuttgart 1987, 32.

noch der Zusammenbruch des byzantinischen Reiches und die osmanische Eroberung fast des ganzen europäischen Südostens verdammten Europa zur Zersplitterung, ließen die letzten Überreste einer Chance zur politischen Einheit in einem Reich verschwinden. Selbst die Universitäten „nationalisierten" sich, wie etwa das Beispiel von Prag am Anfang des 15. Jahrhunderts zeigt. „Die intellektuelle Welt fügt sich in die politischen Schablonen ein."[2])

Es kam noch schlimmer. Das Chaos der blutrünstigen, innereuropäischen Kämpfe um Grenzen, die kaum festzulegen waren, weil sie das Produkt von Einbildung und Idealisierung waren, kostete viele Menschenleben auf den europäischen Territorien. Die langandauernden europäischen „Bürgerkriege", wie etwa der hundertjährige Krieg, prägten nicht nur das physische Leben, sondern auch die Köpfe, da die Legitimierung dieser Konflikte zu dem neuen Konzept der „Nation" führte, die durch den König – für Fürsten und Untertanen der einzige und beherrschende Orientierungspunkt – zusammengeführt wurde. Diese innereuropäischen Kriege nahmen ein besonderes Ausmaß und eine besondere Gewalttätigkeit an, wenn die Religion noch zusätzlich als Begründung der Trennung von den Nachbarn herangezogen wurde: Die Reformation und damit neue religiöse Regeln für ganze Regionen und später Staaten vollendeten den Bruch der Einheit Europas. Es ist kein Zufall, daß sich im 16. Jahrhundert der moderne monarchische Staat konstituiert, der *seine* Religion, *seine* Sprache (1539 zwingt die Verordnung von Villers-Cotterêts, das Französische anstelle des Lateins in den offiziellen Gesetzen des französischen Königreichs zu benutzen), *seine* königliche Armee und *seine* zentralisierte Verwaltung besitzt. Von da an gehorcht Europa den Gesetzen des Nationalstaates, selbst wenn die Zugehörigkeit der Untertanen eines Königs zu einem Staat nicht notwendigerweise auf einer ausdrücklichen Willenserklärung beruhte.

Wie Lucien Febvre gezeigt und wie der Geograph Michel Foucher in bemerkenswerter Weise sichtbar gemacht hat[3]), gehörte zur Begründung solcher Staaten überall, wenn auch zu verschiedenen Zeitpunkten, die Schaffung von präzisen Grenzlinien, die das Territorium des Staates markieren: Grenzen im heutigen Sinn des Wortes. „Die Grenzen sind vor allem anderen die dauerhafte äußere Hülle eines räumlichen Ganzen, eines Staates, der eine so starke innere politische Verflechtung und innere wirtschaftliche Homogenität erreicht hat, daß die grundlegenden Spaltungen nicht mehr quer durch das Innere des Territoriums und der Gemeinschaft hindurchlaufen, sondern so stark abgeschwächt sind, daß die wichtigsten

---

[2]) Ebd. 155.
[3]) *Michel Foucher,* Fronts et frontières. Un tour du monde géopolitique. Paris 1988.

Spaltungen an die Grenze verschoben werden."[4]) Zölle und Wegegelder, Kontrollen und Überwachungen gab es zwar schon seit langem, aber in der frühen Neuzeit bedeckte sich Europa geradezu mit Zollgrenzen, lernte mit Pässen zu leben und wurde vor allem durch den Bau von Militäranlagen (Festungen und befestigten Plätzen) in sich geteilt. Nachdem sich die Kartographie weit genug entwickelt hatte, um die Grenzen mit Genauigkeit auf Karten zu verzeichnen, wurde dies von den Fürsten auch befohlen, wie etwa 1607 von Heinrich IV. für sein Königreich. Er bewahrte diese Karten geheim auf, weil sie von nun an der „Beweis" der Souveränität waren. Eine Gesamtheit von mehr oder weniger kohärenten räumlichen Grenzen bedeckte nach und nach ganz Europa und teilte den Kontinent in zahlreiche verschiedene Einheiten auf, die, häufig verfeindet, auf jeden Fall einander fremd waren. Der Fremde war nicht mehr jemand, der einen anderen Dialekt sprach, einem anderen Fürsten gehorchte und anderen Gesetzen oder Gebräuchen folgte; es war nun jemand, von dem man durch eine Grenze getrennt war. Europa zerstörte sich selbst. Je mehr das System der Grenzen perfektioniert und noch durch das Gefühl der Zugehörigkeit zu einem einzigartigen sozialen Ganzen, dem Vaterland (in Frankreich besteht dieser Ausdruck im heutigen Sinn vor dem 16. Jahrhundert noch nicht), verstärkt wurde, desto mehr rückte die Idee eines einheitlichen Europas in die Ferne und wurde deshalb zu einem Mythos.

Der Triumph des Vaterlandes

Es ist eigentlich ein Widerspruch, daß die Französische Revolution und in ihrer Folge das napoleonische Imperium der Wirkungsmöglichkeit eines geeinten Europas den Todesstoß versetzten. Der Widerspruch besteht darin, daß die französischen Revolutionäre, die von den Ideen der Philosophen des 18. Jahrhunderts inspiriert waren und daher zum großen Strom des europäischen Kosmopolitismus gehörten, am Anfang der ganzen Menschheit dienen wollten, daß sie sich aber doch seit 1792 rasch darauf beschränkten, vor allem das französische Vaterland und die französische Nation zu kultivieren. Noch 1789/90 konnte eine große Zahl von Europäern außerhalb der Grenzen des französischen Königreiches über die Erklärung der Menschenrechte und die Beseitigung des monarchischen Absolutismus, über die selbstgewählte Konstituierung einer Nation glücklich sein. Es gab keinen Zweifel, daß eine Mehrheit der Europäer Anhänger dieser neuen Prinzipien war. Das Europa der Aufklärung nahm Form an; das Bild von der Französischen Revolution war fast überall positiv. Dieses Bild trübte sich in Europa allerdings sehr schnell ein, als sich die inneren Konflikte in Frankreich verschärften; in den benachbarten Königreichen

4) Ebd. 31.

politisierte sich das Bild von der Französischen Revolution und führte zur unbedingten Anhängerschaft der einen, zur klaren Gegnerschaft der anderen. Gleichzeitig gab es eine Rückkehr zu den „traditionellen" Urteilen über den französischen Geist, über die Rolle Frankreichs im europäischen Mächtesystem, Klischees, die schon vor der Französischen Revolution bestanden. Die gewohnten Stereotypen gewannen in der spanischen und britischen Presse oft wieder die Oberhand, während manche Deutsche glaubten, daß sie jetzt an der Reihe waren und die Anstöße der Franzosen weiterzutragen hatten.[5]) Der „nationale", d.h. parzellierte Blickwinkel kam in Europa rasch wieder zu Ehren. Die Kriege, die vom revolutionären Frankreich geführt wurden, verstärkten diese Entwicklung: Die Verteidigung des Vaterlandes – des großen auf nationalem Niveau, des kleinen auf regionalem Niveau – gegen die Truppen der Grande Nation, die eher eroberten als befreiten, führte im außerfranzösischen Europa zu einem starken Zusammenhalt der Bevölkerungen, der von den örtlichen Machthabern rasch ausgenutzt wurde. Die Nationen bauten sich in Europa in scharfem Gegeneinander auf.

Der napoleonische Ritt durch Europa gab dieser Entwicklung den Abschluß; Großbritannien, Preußen, Österreich, Spanien entwickelten in verschiedenen Formen und zu verschiedenen Zeiten einen Kult der Nation, der manchmal in seinen Formen dem Chauvinismus nahekam (wie etwa die Entstehung des britischen Helden John Bull) und der oft der Beginn eines nationalen Gefühls war, das über alle anderen Werte gestellt wurde. So wird der Rußlandfeldzug von 1812, der in „Krieg und Frieden" von Tolstoi verherrlicht worden ist, von den heutigen sowjetischen Historikern noch immer als der erste große „nationale Krieg" dieses Landes angesehen. Ist es nicht ein Symbol dafür, daß auch die „Grande Armée", die in Rußland einmarschierte, die „Armee der zwanzig Nationen" genannt wurde und daß die große Schlacht von Leipzig (Oktober 1813), die dem großen napoleonischen Imperium die Todesglocke läutete, zur „Völkerschlacht" wurde? Von da an beherrschte der Nationalstaat für lange Zeit Europa.

Man könnte daraus sogar eine für lange Zeit gültige Gesetzmäßigkeit ableiten: je mehr sich der Nationalstaat konsolidiert, desto mehr fällt Europa auseinander und desto weniger können europäische Institutionen gegründet werden. Ist Europa wirklich zur Teilung und zu inneren Konflikten verdammt? Seine Geschichte des 19. und der ersten Hälfte des 20. Jahrhunderts scheint zu einem Ja zu zwingen. Damit drängt sich nur ein Schluß auf: politisch hat Europa, nach dem Urteil der Historiker, als Einheit niemals wirklich existiert.

---

[5]) S. Actes du congrès du bicentenaire de la Révolution française, Juli 1989.

Die europäischen Konvergenzen

Die gemeinsamen Prinzipien

Nur wenige Jahre nach diesen Ereignissen schrieb Napoleon die Geschichte in die Form einer Legende um, reinterpretierte den Sinn seines Handelns und präsentierte sich als einer der Vorkämpfer der europäischen Einheit: „Einer meiner bedeutendsten Gedanken ist die Verschmelzung und Zusammenfassung der geographisch zueinander gehörenden Völker gewesen, die die Revolutionen und die Politik getrennt und zerstückelt haben. Man zählt in Europa mehr als 30 Millionen Franzosen, 15 Millionen Spanier, 15 Millionen Italiener, 30 Millionen Deutsche; ich hätte gerne aus allen diesen Völkern einen einzigen nationalen Körper gemacht."[6]) Damit trug der französische Kaiser auf seine Weise zur Entstehung eines dauerhaften Mythos bei, der die moderne Geschichte durchzieht, während die Staaten den europäischen Kontinent gleichzeitig zerrissen.

Da die innereuropäischen Konflikte als Bürgerkriege zu verstehen sind, warum kann ein Frieden nicht durch die Überwindung der nationalen Antagonismen, d. h. durch eine Föderation der europäischen Staaten, gesichert werden? Warum nicht die Vereinigten Staaten von Europa nach dem Modell der großen amerikanischen Demokratie schaffen? Intellektuellenträume, fern der Wirklichkeit? Was sollen wir denken, wenn wir Victor Hugo, den Magierdichter, lesen, der 1878 die Zukunft aus Anlaß der damals geplanten Weltausstellung in Paris voraussagte: „Die Weltausstellung 1878, sie wird wie der Frieden sein, der den Krieg aus seinen Bahnen hebt. (...) Friede, das ist das Wort der Zukunft, das ist das Aufkommen der Vereinigten Staaten von Europa, das ist der Name des 20. Jahrhunderts. (...) Sprechen wir es aus: Das ist, was Frankreich, Europa, die zivilisierte Welt braucht, das läßt sich von jetzt an in die Wirklichkeit umsetzen, das wollen wir: Religionen ohne Intoleranz, d. h. Vernunft, die den Dogmatismus ersetzt, Strafe ohne Tod (...), Arbeit ohne Ausbeutung (...), Verkehr ohne Grenzen, d. h. Freiheit, die die Abschnürung ersetzt; Nationalitäten ohne Antagonismen, d. h. der friedliche Ausgleich, der den Krieg ersetzt; In einem Wort, alle Abrüstung mit Ausnahme der Abrüstung des Geistes"[7])? Ohne Zweifel täuschte sich der Patriarch in der kurzen Sicht. Aber seine Ideen enthielten eine unleugbare Modernität.

---

[6]) Mémorial de Sainte-Hélène, zit. nach *Jean-Paul Bertaud,* La France de Napoléon, 1799–1815. Paris 1987, 235.

[7]) *Victor Hugo,* Les ouvriers lyonnais, in: ders., Politique. Œuvres complètes. Paris 1985, 957–961, hier 959 f.

Diese Gedanken Victor Hugos kommen ähnlich wie andere am Ende des 20. Jahrhunderts aus einem gemeinsamen Grundstock, aus der modernen europäischen Kultur, die die Grenzen überschreitet und die auf einigen gemeinsamen Prinzipien und auf einem gemeinsamen sozialen System beruht.

Wenn – wie erwähnt – die Historiker meinen müssen, daß es ein politisches Europa bis heute nie wirklich gab, so können sie doch meist nicht umhin, die innereuropäischen kulturellen Konvergenzen in der Geschichte herauszustreichen. Das Europa der Historiker ist das Europa der gemeinsamen Kultur.

Aber was versteht man unter Kultur, und wie können die Historiker sie erforschen? Die Debatte über das Konzept der Kulturgeschichte hat nicht aufgehört, seit Lucien Febvre und die Annales-Schule die traditionelle Ideengeschichte kritisch hinterfragt haben, die die Ideen und die Gedankensysteme von den sozialen und materiellen Bedingungen, aus denen sie entstanden waren, isolierte. Es ging dabei vor allem um den Zusammenhang und die Wechselwirkung zwischen kollektiven Mentalitäten und den intellektuellen Schöpfungen einer Epoche. Aber wie soll man abtrennen und abschätzen, was die zeitgenössischen Mentalitäten von den intellektuellen Produktionen einer Zeit unterscheidet, die von der Kulturgeschichte erforscht werden? Ohne in diese immer wieder aufkommende Debatte einzutreten, eine Anmerkung: Diese Diskussion wurde erweitert, als Gelehrte aus Deutschland, die wegen der NS-Herrschaft nach England zu emigrieren gezwungen waren, deutschsprachige Konzepte in die englische Sprache übersetzten und dabei sehr genau den Sinn der Worte in einer immerhin gemeinsamen europäischen intellektuellen Welt abwägen mußten.

Allgemein kann man für die Kulturgeschichte Europas zwei Orientierungspunkte festhalten: Einer wurde von Alphonse Dupront vorgeschlagen, als er auf die Notwendigkeit einer Untersuchung über die gemeinsame Mentalität der Menschen in einer Periode und in einem gemeinsamen Raum wie Europa aufmerksam machte. Der andere Orientierungspunkt stammt aus jüngerer Zeit von Roger Chartier. Er schlug vor, eine „neue Verbindung zwischen der *kulturellen Struktur* und der *sozialen Struktur* [herzustellen], ohne dabei die eine wie in einem Spiegel nur als Reflex der anderen zu sehen und ohne sich die Beziehungen zwischen beiden wie ein Räderwerk vorzustellen, in dem jedes Ereignis aus dem Getriebe des Systems entsteht und in dem sich jede Bewegung sofort auf jedes andere Glied dieses Getriebes überträgt".[8]

Man kann feststellen, daß ein Europa, in dem alle Nationen aufgehen, unter dem Einfluß gemeinsamer Ideen steht. Sie wirkten in der langen

---

[8] *Roger Chartier,* Histoire intellectuelle et histoire des mentalités. Trajectoires et questions. O. O. 1983.

Zeitperspektive, entstanden aus den philosophischen Überlegungen des
18. Jahrhunderts, wurden dann durch spätere Entwicklungen verändert –
und zwar Entwicklungen des 19. Jahrhunderts, als aus der Industriellen
Revolution die Wirklichkeit der Städte und der Klassengesellschaft
wurde, und dann die Entwicklungen des 20. Jahrhunderts, als die Wünsche und die Wirklichkeiten der Konsumgesellschaften von neuem die
materiellen und gesellschaftlichen Bedingungen der Europäer veränderten. Die großen Prinzipien von 1789 sind ein gemeinsamer Wert der Europäer: die Freiheit und Gleichheit der Menschen, damit die Demokratie
und die Verteidigung der Menschenrechte, die Brüderlichkeit zwischen
den Völkern. Sicher wurden (und werden noch immer) diese Prinzipien
oft vergessen, sogar verleugnet. Wurde die Gleichheit nicht selbst zwischen Europäern im Rassismus Hitlers verworfen? Wurde ihre Freiheit
nicht fortwährend von totalitären Regimen lächerlich gemacht, was auch
immer der politische Zweck und die äußerliche Legitimierung dieser totalitären Systeme gewesen sein mag, sei es die Verteidigung der Ordnung
oder die Verteidigung des Proletariats? Trotzdem erschienen der Nationalsozialismus, der Faschismus in seinen unterschiedlichen Ausprägungen, der Stalinismus seit ihrer Epoche wie Anomalien, wie Negationen der
grundsätzlichen Prinzipien, die für alle Europäer hohe Werte darstellen.
Die Aktualität dieser Prinzipien ist noch einmal durch die jüngste Entwicklung von europäischen Staaten belegt worden, die wieder Demokratien werden; sei es im Westen, als die letzten Diktaturen zusammenbra-
chen (im Fall Portugals und Griechenlands 1974, im Fall Spaniens nach
dem Tod von Franco 1975), sei es seit 1989 im Osten, in den ehemals kommunistischen Staaten. Seit dem Vertrag von Helsinki (August 1975), der
die aus dem Zweiten Weltkrieg und seinen direkten Nachwirkungen ent-
standenen politischen Grenzen absegnete, mußte man sich auf eine Bestätigung der Verteidigung der Menschenrechte in ganz Europa verständigen.
Ein Teil derjenigen, die die Prinzipien der individuellen Freiheit, des
Rechtes auf freie Meinungsäußerung und Religionsausübung abschafften,
sah sich zudem gezwungen, solche Verstöße zu erklären und zu rechtfertigen durch den „temporären" Zwang zu mehr Gleichheit, zu mehr sozialer
Gerechtigkeit in den Ländern, wo die Großgrundbesitzer oder die Groß-
bourgeoisie besonders maßlos herrschten. Ursprünglich gaben sich die
„Volksdemokratien" demokratisch und als Erben der politischen Bewegung von 1848, diesem „Frühling der Völker". Gleichzeitig waren sie allerdings auch inspiriert vom bolschewistischen Beispiel. Haben sich nicht
auch die Bolschewiken selbst in ihren Anfängen während der 1920er Jahre
fortwährend auf die Prinzipien und die Handlungen der Revolutionäre
von 1789 bis 1794 bezogen? Die jakobinischen Bolschewisten fühlten sich

allerdings von einem neuen Thermidor bedroht, und das Gespenst Napoleons ließ den neuen Führern der Sowjetunion und ihren emigrierten Gegnern keine Ruhe. Mehr noch: Tamara Kondratieva zeigte in einem neuen Buch[9]), daß Michail Gorbatschow seine ideologischen Bezüge heute ebenso aus der Französischen Revolution wie der Commune von 1871 und der Revolution von 1917 schöpft oder daß eine Gruppe von sowjetischen Rocksängern ebenso 1789 wie 1917 attackiert. Der Widerhall der 200-Jahr-Feiern der Französischen Revolution in Europa ist deshalb nicht nur eine Medienangelegenheit; hier wird auch ein wenig ein gemeinsames Erbe gefeiert, auch wenn die Interpretationen sich nach den aktuellen politischen Situationen unterscheiden.

Auf dem Weg zu einer europäischen Gesellschaft

Gemeinsames Erbe, gemeinsame Gesellschaft. Betrachtet man die Entwicklung der nationalen Gesellschaften in Europa seit der Mitte des 19. Jahrhunderts, sieht man sehr deutlich, daß der Rhythmus der Industrialisierung, ihre Dauer und ihre Intensität von einem Staat zum anderen deutlich verschieden waren; der Übergang von einer vorherrschend ländlichen Gesellschaft zu einer im Kern städtischen Gesellschaft erfolgte je nach Land zu unterschiedlichen Zeiten und war in unterschiedlichen Epochen abgeschlossen. Trotzdem hat überall in Europa der gleiche Prozeß stattgefunden. Die gesellschaftlichen Auswirkungen dieser wirtschaftlichen Wandlungen haben zu Ähnlichkeiten des Lebens der Europäer in der Zeitgeschichte geführt. Ein Berliner Historiker, Hartmut Kaelble, hat vor einigen Jahren in einem sehr anregenden Buch eine Bilanz gezogen.[10]) In einer vergleichenden Untersuchung zwischen 17 europäischen Staaten (die Zwölf der Europäischen Gemeinschaft, Österreich, Finnland, Norwegen, Schweden und die Schweiz) und den entwickelten Ländern außerhalb Europas (Vereinigte Staaten, Kanada, Japan, Australien, UdSSR) kommt dieser Autor zu drei wesentlichen Schlüssen. Erstens besitzen die europäischen Gesellschaften des 20. Jahrhunderts zahlreiche gemeinsame Züge, die sie klar von der amerikanischen, japanischen oder sowjetischen Gesellschaft unterscheiden. Zweitens sind die europäischen Gesellschaften im Verlauf des 20. Jahrhunderts deutlich ähnlicher geworden. Schließlich hat sich auch die Einstellung der Europäer spürbar verändert. Hartmut Kaelble betrachtete acht wichtige, schon erforschte Bereiche der Sozialgeschichte der Europäer zwischen 1880 und heute: Die Familie, die Erwerbstätigen, die Großunternehmen, die soziale Mobilität und Bildung,

[9]) *Tamara Kondratieva*, Bolcheviks et jacobins. Itinéraire des analogies. Paris 1989.
[10]) *Hartmut Kaelble*, Auf dem Weg zu einer europäischen Gesellschaft. Eine Sozialgeschichte Westeuropas 1880–1980. München 1987.

die sozialen Ungleichheiten, die Stadt, den Wohlfahrtsstaat und die Arbeitskonflikte. Nach seinen Kriterien gingen „die europäischen Gesellschaften ihre eigenen, anderen Wege" als die anderen entwickelten Gesellschaften.[11]) So sind das Heiratsalter, das Management in den Unternehmen, die Rolle der Sozialversicherungen, die Beibehaltung mittelgroßer
Städte, die Politisierung der Arbeitskonflikte, die schwache soziale Mobilität Besonderheiten, die der Mehrzahl der europäischen Länder gemeinsam sind. Sicher gab es gegenläufige Entwicklungen, die entweder zu Unterschieden zwischen den westeuropäischen Ländern oder zu Annäherungen zwischen einzelnen westeuropäischen Ländern und außereuropäischen Gesellschaften führten. Außerdem deckt der Vergleich – so der Autor selbst – nur einen Teil der Gesellschaftsgeschichte der Europäer ab.
Weitere, systematischere Forschung ist nötig. Aber die Grundtendenzen
erscheinen gut belegt: Ein Prozeß der gesellschaftlichen Integration ist in
weiten Teilen Europas im Gange.

Zwei grundsätzliche Fragen entstehen aus dieser Feststellung. Kann
man die Gründe dieser besondersartigen Entwicklung erklären? Trifft
das, was für diese westeuropäischen Staaten gefunden wurde, auch auf andere europäische Staaten, vor allem auf Osteuropa, zu?

H. Kaelble antwortet auf die erste Frage mit Vorsicht: Das Alter der
europäischen Gesellschaft und die relative Langsamkeit ihres Industriali-
sierungsprozesses können in diesem Sinn gewirkt haben. Diese Aussagen
sind jedoch noch immer als Arbeitshypothesen aufzufassen. Eine These,
die man schon jetzt formulieren kann, hat mit den innereuropäischen Be-
völkerungswanderungen zu tun, die auf die Industrialisierung in Europa
folgten. Im Europa der Zeit vor 1914 brauchte man zum Reisen nir-
gendwo einen Paß, außer im Zarenreich; außerdem teilten sich zwei große
verbündete Staaten im großen und ganzen Mitteleuropa auf, das Deutsche
Reich und die Habsburger Monarchie. Die Wanderungen von Arbeitern
in die Bergwerke, in die Fabriken, zu den großen landwirtschaftlichen Gü-
tern waren dadurch leicht. Haben sie nicht dazu beigetragen, die sozialen
Unterschiede der verschiedenen ethnischen Gruppen abzuschwächen?
Nach dem Ersten Weltkrieg wurden die Grenzen sehr viel hermetischer
geschlossen und länger (fast 3000 km kamen zwischen 1915 und 1920
dazu), aber die Arbeitsmigration blieb in Europa stark und wurde oft
noch verstärkt durch politisch beschlossene und erzwungene Bevölke-
rungswanderungen (Bevölkerungsumsetzungen, politische Emigration).
Die Geschichte Europas in der ersten Hälfte des 20. Jahrhunderts wurde
nicht nur von blutigen militärischen Konflikten gemacht; zu ihr gehören
auch vielfältige Völkervermischungen. Frankreich liefert dafür ein schö-

---

[11]) Ebd. 152.

nes Beispiel: 1918 verlor Frankreich 1,3 Millionen Menschen durch
Kriegstod; 1926 war die ausländische Bevölkerung in Frankreich gegenüber 1911 um 1,35 Millionen Menschen angewachsen. Zwischen 1914 und
1918 kamen 415 000 Industriearbeiter um; in nur vier Jahren, zwischen
1921 und 1924 kamen 489 000 Ausländer im gleichen wirtschaftlichen Sektor hinzu.[12]) Es sollte sehr viel mehr Untersuchungen über Bevölkerungs-
wanderungen wie die von Janine Ponty über die polnischen Immigranten
in Frankreich geben[13]), um die Auswirkungen der Assimilation durch Arbeitsmigration unter europäischen Bevölkerungen besser kennenzulernen.
In der Untersuchung von Frau Ponty fällt das Beispiel der polnischen Arbeiter auf, die vor 1914 in das Ruhrgebiet einwanderten, um dort zu arbeiten, und nach 1919 gezwungen waren, sich im Département Pas-de-Calais
niederzulassen. Dabei entwickelten sie eine ganz andere Mentalität als die
direkt aus Polen zugewanderten Arbeiter und erhielten deshalb den selt-
samen Beinamen der „Westphaliens", der Westfalen.

Gleichzeitig haben andere jüngere Untersuchungen über internationale
Wanderungen Pierre Milza zu einem Schluß geführt, über den der Voll-
ständigkeit halber berichtet werden sollte. Milza arbeitet selbst über die
Migration der Italiener im 20. Jahrhundert und schreibt zum Thema:
„Wanderungen, gleichgültig ob wirtschaftliche Abwanderungen oder politische Auswanderungen, sind selten nur eine Sache von zwei Nationen.
Die großen Nationalitätendiasporas des 19. Jahrhunderts (...) haben im
allgemeinen auf ganze Kontinente gewirkt (...). Aus ihnen sind vielfältige
Völkergemische und Völkerverbindungen entstanden, die in der ganzen
Welt den Austausch von Ideen, von Glaubensformen, von Moden begünstigten und noch immer begünstigen. Sie haben auch die Solidaritäten ver-
längert und weiter verbreitet, die in verschiedenen Zuwanderungsländern
zwischen Zuwanderern und Eingesessenen einerseits und Vertretern verschiedener zugewanderter Nationalitäten andererseits entstanden waren."[14]) Aus diesen Völkervermischungen entstehen oft internationale
Denkströmungen, Kunstströmungen, die „zur sicher begrenzten, aber
doch spürbaren Vereinheitlichung der europäischen Eliten beigetragen haben." Wenn der geographische Raum Europa im 19. und 20. Jahrhundert
durch den Nationalstaat geformt wurde, sollte man nicht vergessen, daß
die Europäer dank der innereuropäischen Migrationen auch Annäherungen erlebt haben.

---

[12]) Zahlen nach *Ralph Schor*, L'opinion française et les étrangers en France 1919–
1939. Paris 1985.

[13]) *Janine Ponty*, Polonais méconnus. Histoire des travailleurs immigrés en France
dans l'entre-deux-guerres. Paris 1988.

[14]) *Pierre Milza*, La migration internationale: un enjeu épistémologique?, in: Relations Internationales 54, 1988, 127–137, Zit. 130.

Auch der Massentourismus hat nach dem Zweiten Weltkrieg zweifelsohne seinen Beitrag zur gesellschaftlichen Integration der Europäer geleistet. Mit diesem Thema beschäftigten sich in erster Linie die Geographen,
während die Historiker es bisher vernachlässigt haben. So müssen die
Überlegungen hier vorerst theoretisch bleiben. Sollten die Millionen von
Reisen, die vor allem im Sommer Nordeuropäer (nördlich einer Linie
grob vom Seinetal über den Jura entlang der Südgrenze Deutschlands) an
die Strände des Mittelmeers bringen, keinerlei soziale oder politische Auswirkungen haben? Ging dem „sanften" Übergang der Diktatur Francos
zur Demokratie in Spanien nicht der massive Spanientourismus von Europäern voran, die ihre Devisen, ihre Lebensgewohnheiten, ihr Denken mit-
brachten und die Spanier vielleicht unbewußt dazu zwangen, sich aus ihrer Isolation, aus ihrer „superben und schmerzlichen", durch einen Unter-
legenheitskomplex gegenüber den anderen Europäern bedingten Zurück-
gezogenheit zu lösen?[15]) Viele andere interne und äußere Faktoren haben
zur jüngsten Entwicklung Spaniens beigetragen, aber nachdem die Reisen
von Ausländern in das spanische Gebiet die Zahl von 10 Millionen und
dann 30 Millionen (1975) erreichten, löste diese Entwicklung soziale und
kulturelle Wirkungen aus, die wenigstens ebenso wichtig waren wie der
Zustrom von Devisen. Wenn man dazu noch die ähnlichen politischen
oder wirtschaftlichen Auswirkungen der spanischen Diaspora im Norden
Europas rechnet, so kann man sehen, wie das mittelmeerische Spanien
durch Migration in das nördliche Europa hineingezogen wurde.

Die Annäherungen der beiden Europas

Schließt sich auch Osteuropa dem Westen Europas an? Diese Frage muß
auf der politischen, auf der wirtschaftlichen und auf der kulturellen Ebene
untersucht werden. Auf der politischen und wirtschaftlichen Ebene
scheint die Situation einfach zu sein. Der „Eiserne Vorhang", der zwischen 1946 und 1948 entstand, hat Europa während eines Jahrzehnts her-
metisch zweigeteilt. Der Ausnahmefall war Jugoslawien, das sich zuerst
gegenüber allen Seiten abschloß und sich dann gegenüber dem Westen etwas öffnete. Im darauf folgenden Jahrzehnt haben der Aufstand in Ungarn von 1956, die Flüchtlingsströme nach Westen, die wiederentstande-
nen Verbindungen zwischen Polen und den Auslandspolen und die ersten
Wirkungen der Entspannung in den 60er Jahren die ersten Löcher in diesen Vorhang gerissen. Trotzdem hat der Bau der Mauer in Berlin im August 1961 die Entschiedenheit der DDR gezeigt, der dauernden Flucht von
Ostdeutschen nach Westen (2,7 Millionen zwischen 1949 und 1961) ein
Ende zu setzen, ungeachtet des moralischen Schocks dieser Maßnahme im

---

[15]) *Guy Hermet*, L'Espagne au XXe siècle. Paris 1986.

Westen. Die 1970er Jahre haben die politischen Beziehungen zwischen Ost und West durch die Verträge zwischen den beiden deutschen Staaten und durch die Öffnung der Volksdemokratien gegenüber Touristen aus dem Westen „kodifiziert". Für die Einwohner der Volksdemokratien war es dagegen kaum möglich, in den Westen zu reisen, da sie oft die Devisen für einen Aufenthalt nicht besaßen, außer wenn sie dort Verwandte hatten. Vor allem aber hatte die brutale Anwendung der Breschnew-Doktrin von der „begrenzten Souveränität" für die Völker Ostmitteleuropas in der ČSSR 1968 die Teilung Europas in zwei gegeneinanderstehende Blöcke allem Anschein nach zementiert. Der Schein trog jedoch, da die Intellektuellen und in ihrem Gefolge ganze Bevölkerungen nicht mehr aufhörten, in den Werten und Idealen Westeuropas zu denken. In den 1980er Jahren haben Ungarn, Polen und Tschechen immer wieder ihre Nachbarn vor allem in Österreich und Jugoslawien getroffen. Auch die Appelle an eine gemeinsame europäische Kultur unter Berufung auf eine gemeinsame Vergangenheit wurden immer zahlreicher.

Die wirtschaftlichen und vor allem die finanziellen Realitäten haben zum Wiederentstehen einer gewissen Einheit Europas über den Eisernen Vorhang hinweg beigetragen; die Kredite aus dem Westen, die zeitweise zurückgingen und sich stabilisierten (1981 bis 1984), haben wieder kräftig zugenommen. In diesem Bereich setzte sich ebenso wie im Handelsaustausch mit dem Comecon die Regel durch, daß jedes Land seine eigenen Interessen an erste Stelle setzt und das zugegebene, wenn nicht gar proklamierte Ziel verfolgt, die günstigsten Bedingungen in den Beziehungen mit Westeuropa zu erreichen. (Die Erklärung zwischen der Europäischen Gemeinschaft und dem Comecon vom 25. Juli 1988 erlaubte jede Art von „bilateralen" Verhandlungen zwischen der Europäischen Gemeinschaft auf der einen Seite und jedem einzelnen osteuropäischen Staat auf der anderen Seite.)

Niemals ist die gesamteuropäische Solidarität von der östlichen Seite mit prosaisch materiellen Zielsetzungen so sehr proklamiert worden. Trotzdem hängt die Rückkehr nach Westeuropa – das hat der Historiker Bernard Michel herausgestrichen[16]) – davon ab, daß es unter den Einwohnern dieser Länder ein klareres Bewußtsein von dem entscheidenden Bindeglied gibt zwischen der „nationalen Identität" eines Tschechen, eines Slowaken, eines Polen auf der einen Seite und der von uns beschriebenen europäischen Identität auf der anderen Seite. „Seit dem Beginn des Mittelalters gibt es keine große religiöse oder kulturelle Strömung in Westeuropa, die nicht auch in Ost-Mitteleuropa vorhanden gewesen und gelebt

---

[16]) *Bernard Michel,* La Mémoire de Prague. Conscience nationale et intelligentsia dans l'histoire tchèque et slovaque. Paris 1986.

worden wäre: Der internationale Barock reicht von der iberischen Welt bis nach Polen (…); alle großen ideengeschichtlichen Strömungen von der mittelalterlichen Scholastik bis zum Surrealismus hatten ihre Ausbreitung auch in Ost-Mitteleuropa. Selbst wenn die Literatur in starkem Maße national bleibt, brechen immer bestimmte Schriftsteller und Künstler aus diesem Rahmen aus und werden zu gemeinsamen europäischen Symbolen: der deutsche Jude Kafka aus Prag, der polnische Dichter Mickiewicz, der nach Argentinien emigrierte Pole Gombrowicz. Von Mozart bis Gustav Mahler stellt das musikalische Leben eine Einheit der deutschen und slawischen Welt her."[17]) Der große tschechische, nach Frankreich emigrierte Schriftsteller Milan Kundera ist ein bewundernswertes Beispiel dieser Doppelbeziehung mit seinem Land und Europa. Viele Male hat er in seinen Romanen das quer durch die Geschichte vorhandene, mal verlorene, mal wieder aufgenommene Band besprochen, das Tschechen und Europäer zusammenhält. „Die Geschichte Böhmens und die Geschichte Europas sind zwei von der fatalen Unerfahrenheit der Menschheit gezeichnete Skizzen."[18])

Gehört zu dieser kulturellen europäischen Gemeinschaft auch Rußland? Die Vorschläge von Michail Gorbatschow zu einem „gemeinsamen europäischen Haus", die „jahrtausendealten Beziehungen zwischen Europa und Moskau" dank der Entwicklung der orthodoxen Kirche in Rußland, der Beitrag der verschiedenen Völker des europäischen Teils der UdSSR in dem großen kulturellen Konzert Europas sind deutliche politische Fingerzeige: Die UdSSR, eine Erbin der einheitlichen kulturellen Vergangenheit Europas, kann und will nicht zur Aufrechterhaltung der politischen und militärischen Teilung Europas beitragen. In einem gemeinsamen Haus wohnen heißt in Frieden zusammen leben. Trotzdem: Gibt es in den Augen des Historikers wirklich eine gemeinsame kulturelle Geschichte Rußlands und Europas? Gerade wegen der russischen Vergangenheit ist die Antwort nicht eindeutig: Seit sich das russische Reich unter der Zuchtrute Peters des Großen am Ende des 17. Jahrhunderts an Europa anschließen wollte, waren die russischen Völker, und vor allem ihre Intellektuellen, in ihrer Einstellung zur Anpassung gegenüber dieser Öffnung nach Westen dauerhaft und tiefgreifend geteilt. Auch wenn man sich nicht bei den bekannten Episoden der erzwungenen Europäisierung der Bojaren, der Kaufleute und der Muschiks durch verschiedene „praktische" Maßnahmen, wie etwa das Abschneiden von Bärten, aufhält, muß man doch feststellen, daß die russische Intelligenz sich fortwährend in Westler, die den Einflüssen aus dem Westen gegenüber offen waren, und in Slawo-

---

[17]) Ebd. 11.
[18]) *Milan Kundera,* Die unerträgliche Leichtigkeit des Seins. München/Wien 1984, 214.

phile teilte, die von der russischen Eigenart überzeugt waren und die
Ideen und Lebensformen aus Mitteleuropa oder Westeuropa verachteten.
Zeitweise entstand eine gewisse Konvergenz zwischen den beiden Lagern
in der Konzeption eines russischen Synkretismus, indem Werte beider
Richtungen verbunden wurden und sich daraus eine russische Besonderheit entwickeln sollte. Während eines großen Teils des 19. Jahrhunderts
dagegen sahen die politischen, wirtschaftlichen und kulturellen Führungskräfte Rußlands den Rest Europas als einen Raum an, den man für Aktionen und Expansionen brauchte, als eine unvermeidliche Quelle der technischen und finanziellen Modernisierung, als einen Mutterboden für neue
Ideen, aus denen das nationale russische Genie das schöpfte, was es zur
Schaffung des „neuen Menschen" nach russischer oder slawischer Art
brauchte.[19]) Der Roman von Nicolai Tschernyschewski, „Was tun?"
(1863)[20]), der die ganze russische Intelligenz des 19. Jahrhunderts einschließlich Lenin durch seine Vorstellung vom neuen Menschen geprägt
hat, scheint aus dem europäischen Empfindungsvermögen herauszufallen,
so sehr stützt er sich auf fremde Gedanken. In Wirklichkeit wurde das Zarenreich mit seiner politischen Verfassung, mit der Rolle seiner Geistlich-
keit, mit seinen ländlichen Besitzstrukturen auch nach der Beseitigung der
Leibeigenschaft (1861) von den übrigen Europäern als eine andere Welt
angesehen. Nur St. Petersburg, die „europäische" Stadt par excellence,
paßt nicht in die Gesamtheit der klassischen, russischen Kultur. Mit diesen Unterscheidungen ist nicht das Fehlen, sondern die Andersartigkeit
der russischen Kultur in der Weise gemeint, in der die USA von Europa
verschieden sind, obwohl sie in ihrem Kern aus Europa entstanden.
   Die Oktoberrevolution hielt diese Trennung von Europa aufrecht, außer während ihrer Frühphase, als die bolschewistischen Führer, Lenin
ebenso wie Trotzki, die Machtübernahme in Petrograd als einen ersten
Schritt einer Weltrevolution ansahen und damit als eine Integration in ein
politisches Ganzes, das über Rußland hinausgegriffen hätte. Sehr schnell
wurde freilich klar: Das sowjetische Rußland blieb einzigartig in seiner
Art. Stalin zog daraus die logischen Schlußfolgerungen in seiner Theorie
des „Sozialismus in einem Land". Er tat das in einem Augenblick, in dem
in Wirklichkeit ein zweiter revolutionärer, aus den wirtschaftlichen und
sozialen Bedingungen des noch unterentwickelten Rußlands zu verstehen-
der Vorstoß (die landwirtschaftliche Kollektivierung, die zentralisierte
Planung) dieses Land in ein totalitäres Regime hineinzog, das den europäischen Idealen konträr entgegenstand. Der Stalinismus ist in seinem

[19]) *Nikolai Berdiajew,* Sinn und Schicksal des russischen Kommunismus. Einleitung
zur Psychologie und Soziologie des russischen Kommunismus. Luzern 1937.
[20]) *Nicolai Tschernyschewski,* Was tun? Erzählungen vom neuen Menschen. Berlin
1977.

Kern ebenso wie in seiner Alltagsrealität dem demokratischen, liberalen, den Prinzipien der Menschenrechte verpflichteten Europa fremd.

In diesem Sinne ist die jüngste Rückkehr der Sowjets zu den europäischen Prinzipien eine völlige Verdammung dieser Vergangenheit (die einige Anhänger der Perestroika auch nicht zögern vorzunehmen). Nach Europa zurückzukehren bedeutet, die jüngste Vergangenheit zu verleugnen. Ist das möglich? Film-Regisseure („Die Reue" von Tengis Abuladse), Schriftsteller („Die Kinder von Arbat" von Anatolij Rybakow), Politiker (Boris Jelzin) stellen die *ganze* Vergangenheit der Sowjetunion in Frage. Wie hart es jedoch ist, auf seinen früheren Glauben, auf seine Partei zu verzichten, unterstreicht die Prawda im März 1989: „Ja, das tut weh, das macht Angst (...). Alles muß im Leben bezahlt werden, und die Geschichte präsentiert uns nach Jahrzehnten die Rechnung – nicht nur denjenigen, die gefoltert und gegeißelt, denunziert und sich erniedrigt haben, sondern auch denjenigen, die ruhig gelebt haben." Der Erfolg der Perestroika scheint z. T. in der Wiederentdeckung unbestreitbarer Werte zu liegen. Es ist nötig, in Europa wieder Wurzeln zu schlagen.

Auf dem Weg zu einer europäischen Gemeinschaft der Historiker

„Wir koalieren nicht Staaten. Wir bringen Menschen zusammen", sagte Jean Monnet. Kann das wissenschaftliche Werk von Historikern, die über die europäische Vergangenheit arbeiten, dieses Ziel zu verwirklichen helfen, das erstrebenswert, aber gleichzeitig schwierig zu erreichen ist, denn dreißig Jahre nach der Unterzeichnung der Römischen Verträge (25. März 1957) ist das politische Europa immer noch nicht erreicht. Haben die Historiker zur besseren Kenntnis der gemeinsamen Vergangenheit beigetragen, indem sie die zeitgenössischen nationalen Teilungen Europas in ihrer Dauer ebenso wie in ihrer Intensität in die richtige Perspektive gestellt haben? Kann Forschung von Historikern über die europäische „Identität" den Europäern ihr gemeinsames Geschick über die nationalen Trennlinien hinaus bewußtmachen? Kurz: Haben die Historiker schon die Voraussetzungen für ein Europa der Historiker geschaffen?

Die Geschichtsschreibung schreibt vor allem eine Nationalgeschichte

Die Antwort ist eindeutig. Wie die Mehrzahl der Literaturwissenschaftler arbeitet auch die Historikerzunft weiterhin grundsätzlich in nationalen Dimensionen und zum Verständnis der nationalen Vergangenheit. Beim wissenschaftstheoretischen Nachdenken von Historikern aus verschiedenen Erdteilen über ihren Beruf – eine Initiative der UNESCO im März

1986²¹) – kam ein gleichsam allgemeines Ergebnis heraus: In jedem Land arbeitet die Zunft der Historiker vor allem anderen und oft nur über die Geschichte ihres eigenen Landes. Davon ausgenommen sind nur Perioden der Geschichte, in denen der Begriff des Staates nicht existierte oder fließend war. Dahinter stehen sicher auch Gründe des Quellenzugangs, vor allem der Sprache, aber eben auch Traditionen, die durch den historischen Kontext des Nationalstaates beeinflußt sind. Historiker sind es gewohnt, wie viele andere in solchen Nationalstaaten zu leben. In den Ländern, in denen Kolonien eine Rolle spielten (Spanien, Frankreich, Großbritannien), tendieren die Historiker dazu, sich mit den einstigen Kolonialgebieten stärker zu beschäftigen als mit der Geschichte ihrer europäischen Nachbarn. Im ganzen sind die vergleichenden Ansätze in der Geschichte Europas selten, außer bei den Kunsthistorikern, die die Entwicklung der Ideen und Moden in der Kunst in regionalen Dimensionen Europas erforschen und dabei meist eher eine geistesgeschichtliche als eine soziokulturelle Perspektive verfolgen.

Auf dem Weg zu einer europäischen Geschichte?

Trotzdem gibt es schon eine europäische Gemeinschaft der Historiker. Die Zunahme der internationalen Kongresse, Kolloquien, Arbeitsgruppen seit den 1960er Jahren hat nach und nach zu gemeinsamen Fluchtpunkten der Forschung, parallelen methodischen Ansätzen und ähnlichen Fragestellungen geführt. Drei Forschungsrichtungen haben die Entstehung dieser Gemeinschaft von Historikern begünstigt. In der Wirtschaftsgeschichte, in der sich die Forschung den Langzeitentwicklungen und den großen Wirtschaftsepochen zuwandte, waren die Wirtschaftshistoriker zu internationalen, oft innereuropäischen Vergleichen gezwungen, da die europäischen Länder des 18., 19. und 20. Jahrhunderts eine ähnliche Entwicklung durchlaufen hatten (z. B. Geschichte der Industrialisierung, Geschichte der Banken, Geschichte der Technik usw.). Die Sozialgeschichte, die lange Zeit auf sektorale oder kleinräumige Forschung (in Frankreich etwa auf den Typ der Studie über einzelne Departements) beschränkt war, beschäftigt sich heute mit dem Vergleich zwischen sozialen Bewegungen in Europa vor allem im 19. Jahrhundert (etwa Untersuchungen über Kleinunternehmen oder das städtische Bürgertum). Die Historiker der internatio-

---

²¹) Veröffentlicht unter dem Titel *René Rémond* (Ed.), Etre historien aujourd'hui. Travaux du colloque international, Nice 24–27 février 1986 organisé par l'UNESCO et la Commission de la République française pour l'éducation, la science et la culture. Toulouse 1988.

nalen Beziehungen, die lange Zeit bilaterale Beziehungen untersucht hatten, beginnen jetzt über die internationalen Beziehungen im europäischen Rahmen nachzudenken. Dabei verfolgen sie eine doppelte Perspektive: auf der einen Seite die Geschichte der Entstehung der europäischen Institutionen und auf der anderen Seite die gemeinsame Geschichte der europäischen Staaten gegenüber den neuen Supermächten (Vereinigte Staaten, Sowjetunion) oder den aus der Entkolonialisierung hervorgegangenen neuen Unruheherden dieser Welt.

Für die erste Perspektive, die Schaffung von europäischen Institutionen, wurden neuerdings von einer großen Gruppe westeuropäischer Historiker Kolloquien über die ersten Schritte des Aufbaus Europas zwischen 1950 und 1957 organisiert, ermöglicht durch die Öffnung der Archive der fünfziger Jahre und durch die Anregung der Verbindungsgruppe von Historikern bei den Europäischen Gemeinschaften (Straßburg 1983; Aachen 1985; Rom 1987; Luxemburg 1989). In der zweiten der beiden genannten Perspektiven gab es ein koordiniertes Unternehmen von fast hundert europäischen Historikern in drei Kolloquien (Sèvres 1982; Augsburg 1984; Florenz 1987) über das Verständnis von Macht unter den politischen, wirtschaftlichen und militärischen Eliten und in den öffentlichen Meinungen der großen europäischen Staaten (Deutschland, Frankreich, Großbritannien, Italien). In jüngster Zeit sind in ähnlicher Weise auf europäischer Ebene die Wechselbeziehungen zwischen außenpolitischen Weichenstellungen und den mehr oder weniger klaren Optionen der öffentlichen Meinungen für die Zeit zwischen 1871 und 1981 in einem Kolloquium aufgegriffen worden, das in Rom organisiert wurde (durch die Ecole Française de Rome und das Centro per gli studi di politica estera e opinione pubblica di Milano).

Es erscheint nun zwingend nötig, daß die rund hundert Historiker, die sich bei wissenschaftlichen Treffen häufig sehen, ihre Forschungen einander nicht nur in theoretischer und methodischer Hinsicht vorstellen, sondern auch nach und nach grundsätzliche Züge ihrer gemeinsamen europäischen Geschichte herausarbeiten. Je mehr die Vergleiche zunehmen, desto mehr wird den belgischen, britischen, deutschen, französischen, italienischen, schweizerischen, spanischen Historikern eines deutlich: Jenseits der nationalen politischen Trennlinien, die im 19. Jahrhundert und in der ersten Hälfte des 20. Jahrhunderts so klar und so bestimmend waren, hat sich ein wirtschaftliches, gesellschaftliches und kulturelles Substrat entwickelt, das eine europäische Gemeinsamkeit ist. Das entscheidende Problem liegt darin, diese unbewußten und unreflektierten Bestandteile einer europäischen Identität bei den verschiedenen europäischen Bevölkerungen und unter den verschiedenen sozialen Klassen und sozialen Milieus herauszuarbeiten und dadurch herauszufinden, ob den politischen

Weichenstellungen der Politiker, die üblicherweise die „Väter Europas" genannt werden, tieferliegende gemeinsame Entwicklungen zugrunde lagen. Es ist noch zu früh für gesicherte Ergebnisse zu diesem Thema. Immerhin erlaubt es uns die recht gleichartige Geschichte der Europäer nach 1945, gewisse Analogien besser zu verstehen. Bis zum Zweiten Weltkrieg fühlten sich die Europäer als der Nabel der Welt. Sie sahen sich in der Rolle des Motors der Menschheit bei der Entwicklung des materiellen Fortschritts ebenso wie in der Entwicklung der Ideen. Ihre Konflikte wurden so bestimmend für die ganze Welt, daß sogar der zweite große Konflikt als „Weltkrieg" bezeichnet wird, obwohl er in seinen Anfängen rein europäisch war: Die faschistischen Systeme Europas begannen einen Kampf gegen die verbliebenen letzten europäischen Demokratien. Erst das Jahr 1941 bedeutete einen Umbruch: die Sowjetunion, Japan und die Vereinigten Staaten traten in die Kampfarena ein. Von diesem Moment an war der Krieg wirklich ein Weltkrieg. Am Ende der Auseinandersetzungen wurde das geschlagene, zerstörte und geteilte Europa dem Willen von zwei außereuropäischen Supermächte unterworfen. Die alten europäischen Mächte waren entweder besiegt (Deutschland, Italien) oder ökonomisch abhängig geworden (Großbritannien und Frankreich). Die Entkolonisierung der 1950er Jahre reduzierte ihren weltweiten Einfluß weiter, die Entstehung der Länder der Dritten Welt beendete die europazentrierte Welt. Bestimmte Philosophen haben die Vorstellung vom *Niedergang* Europas seit dem Ersten Weltkrieg beschworen. Es scheint logischer, die Idee von einer neuen Situation in einer neuen Perspektive dieses Kontinents gegenüber der neuen weltweiten Verflechtung von Politik, Wirtschaft und Ideen zu verfolgen.

Diese neue Situation, der Zwang zum Frieden angesichts der Rivalität zwischen den Vereinigten Staaten und der Sowjetunion und die Ablösung der außereuropäischen Verantwortlichkeiten veranlaßten die Europäer, über eine gemeinsame Zukunft nachzudenken. Je mehr das Gespenst des europäischen Bürgerkrieges in die Vergangenheit entrückt, desto mehr scheinen die kulturellen Solidaritäten der Europäer in den Vordergrund zu treten. Man hat oft gesagt, daß die Zeiten, in denen die Europäer am meisten an einen politischen Aufbau Europas dachten, Kriegszeiten und Zeiten der Verfolgung waren. Victor Hugo schrieb 1876 nach den Massakern in Serbien: „Die Grausamkeiten in Serbien lassen zweifelsohne deutlich werden, daß Europa eine europäische Nationalität braucht, eine Regierung, eine große Institution des brüderlichen Ausgleichs (...), in einem Wort die Vereinigten Staaten von Europa (...). Gestern war das nur eine schöne Wahrheit; dank den Henkern in Serbien ist es heute eine Wirklichkeit. Die Zukunft ist wie ein Gott, der von bösartigen Tigern herbeigezogen wird" (29. August 1876).[22]) Als sich Léon Blum 1941 in seiner Schrift „A l'échelle humaine" mit der Zukunft Frankreichs beschäftigte, stellte er sich dieses Land in eine europäische Ordnung eingebunden vor, die auf Demokratie und Frieden aufgebaut war. Dabei berief er sich auf Renan und Nietzsche, die ihn hauptsächlich dazu angeregt hatten.[23]) Nietzsche, für den „die Kriege (...) die größten Phantasieaufregungen"[24]) (1881) waren, schrieb 1886 in „Jenseits von Gut und Böse": „... werden jetzt die unzweideutigsten Anzeichen übersehen oder willkürlich und lügenhaft umgedeutet, in denen sich ausspricht, daß *Europa eins werden will.* Bei allen tieferen und umfänglicheren Menschen dieses Jahrhunderts war es die eigentliche Gesamt-Richtung in der geheimnisvollen Arbeit ihrer Seele, den Weg zu jener neuen *Synthesis* vorzubereiten und versuchsweise den Europäer der Zukunft vorwegzunehmen: nur mit ihren Vordergründen, oder in schwächeren Stunden, etwa im Alter, gehörten sie zu den ‚Vaterländern' – sie ruhten sich nur von sich selber aus, wenn sie ‚Patrioten' wurden. Ich denke an Menschen wie Napoleon, Goethe, Beethoven, Stendhal, Heinrich Heine, Schopenhauer ..."[25]) Diese Gedanken haben selbst nach vierzig Jahren Frieden, in Europa nichts an Aktualität eingebüßt, denn 1990 gelingt es nur durch den Frieden, die nationalen Klüfte zu überwinden. Es ist zu hoffen, daß der Friede die europäischen Historiker dazu bringt, nach den heutigen und historischen Grundlagen für eine kulturelle Identität zu suchen – Grundlagen, auf denen eines Tages ein politisches Europa das schon weitgehend aufgebaute Wirtschaftseuropa absichern kann.

Geschichte der europäischen Identität seit dem Ersten Weltkrieg: ein Projekt

Seit mehr als dreißig Jahren bemühen sich die Staaten Westeuropas um den Aufbau einer europäischen Gemeinschaft, zuerst auf der wirtschaftlichen und militärischen Ebene, dann auf der politischen und sozialen Ebene. Es ist unbestreitbar, daß das Europa der Zwölf heute eine wirtschaftliche Realität ist, die durch Regelungen und Entscheidungen der Verwaltungen den Alltag von Millionen von Europäern beeinflußt, wenn nicht gar bestimmt. Realität ist ebenfalls die Koordination der Streitkräfte in einer Strategie der gemeinsamen Verteidigung. Gegenüber den Problemen, die sich außerhalb Europas entwickeln, haben die Zwölf sich mehr und mehr angewöhnt, eine gemeinsame Antwort zu erarbeiten. Auf diese Weise scheinen die Perspektiven und die Wünsche der „Väter" Europas in

---

[22]) *Victor Hugo,* Pour la Serbie, in: ders., Politique (wie Anm. 7), 951.
[23]) *Léon Blum,* A l'échelle humaine. Paris 1945 (dt.: Blick auf die Menschheit. Zürich 1947).
[24]) *Friedrich Nietzsche,* Die Unschuld des Werdens. Der Nachlaß. 2. Aufl. Stuttgart 1978, 360.
[25]) *Friedrich Nietzsche,* Jenseits von Gut und Böse. Stuttgart 1964, 193.

das tatsächliche Verhalten der Europäer eingegangen zu sein und – nach Monnet – nicht nur Staaten koaliert, sondern auch Menschen vereinigt worden zu sein. Ist das gesichert? In Wirklichkeit stößt man auf die Zählebigkeit der nationalen oder sogar nationalistischen Reflexe in den Bevölkerungen, die in diesen westeuropäischen Ländern leben. Nicht nur die großen Massenveranstaltungen, Sportveranstaltungen wie etwa der europäische Fußballpokal, sind immer noch tief vom Chauvinismus geprägt. Auch das Weiterleben von Legenden und Stereotypen über die Nachbarn in den kollektiven Mentalitäten der westeuropäischen Bevölkerung wirft Fragen auf. Sicher gibt es Fortschritte in diesem Bereich, vor allem in der Massenwanderung einer wachsenden Zahl von Touristen, Gastarbeitern, Intellektuellen usw. Um nur ein einziges Beispiel zu erwähnen: In den französisch-deutschen Einstellungen zeigt sich, daß die Deutschen und die Franzosen ihr traditionelles Bild, das sie voneinander hatten, seit rund zwanzig Jahren verändert haben. Das gilt vor allem für die Jungen. Unter den Alten ist diese Veränderung weniger deutlich. Haben solche Veränderungen zu einem europäischen Bewußtsein unter den westeuropäischen Völkern geführt?

Das ist die große Frage, die wir der Untersuchung der jüngeren Vergangenheit, d.h. des 20. Jahrhunderts, zugrunde legen wollen: Wann, warum und wie wurde den Menschen bewußt, daß sie zu demselben europäischen Ganzen gehören und daß sie dieselbe europäische Identität besitzen? Eine solche europäische Einstellung bedeutet nicht eine Ablehnung oder ein Vergessen der Zugehörigkeit zu einer Nation, d.h. der häufigsten Grundlage des Staates, dessen Bürger die Europäer bis heute sind. Diese europäische Einstellung bedeutet heute, in erster Linie – und das ist viel – die Gemeinsamkeiten, die gleichartigen Verhaltensweisen, die ähnlichen Denkweisen innerhalb Europas zu sehen und so zu verstehen, daß man eines Tages in der Zukunft eine europäische Gemeinschaft, eine wirkliche Bindung der Völker jenseits der Absprachen und Verträge erreichen kann, die von den Regierungen aus wirtschaftlichen oder allgemeinen politischen Gründen geschlossen wurden. Diese Frage ist 1990 um so aktueller, als wir Zeugen eines gigantischen Umbruchs in Europa mit der „Rückkehr" Osteuropas in politische Verfassungen und Werte sind, die Westeuropa eigen sind. Diese Veränderungen sind in Osteuropa oft mit dem Appell an die traditionelle Zugehörigkeit dieser Länder zur europäischen Kultur und europäischen Geschichte erreicht worden. Gibt es eine europäische Identität, die auch diese (osteuropäischen) Staaten umfaßt? Der Historiker, der doch in der Wirklichkeit seiner eigenen Zeit lebt, kann dieser Frage nicht ausweichen.

In den letzten Jahren hat der Aufschwung der Mentalitätsgeschichte zu Fortschritten unserer Kenntnisse auf dem Gebiet der Massenmentalitäten

geführt. Verbreitete Umfragen lassen die Entwicklungstendenzen der
Gruppen, die eine Nation bilden, erkennen, auch wenn man in der Regel
mit der Analyse der Ergebnisse vorsichtig umgehen sollte. Die aufmerksame Lektüre der Presse, das Ansehen von Filmen im Kino oder im Fernsehen geben Aufschluß über öffentliche Meinungen; auch Spielfeste und
sportliche und politische Massenveranstaltungen helfen dem Forscher,
der ethnologische oder soziologische Methoden verwendet. Kurz, wir haben mit der wissenschaftlichen Untersuchung der Geschichte der Mentalitäten begonnen. Sie erlaubt uns, auch die europäische Identität in der jüngeren Geschichte zu untersuchen. Freilich ist diese Methode bis heute im
wesentlichen nur von Historikern benutzt worden, die im nationalen Rahmen arbeiten. Neben der guten Kenntnis der lebenden Sprachen auf unserem Kontinent erfordert die Geschichte der Mentalitäten auch eine gute,
ja sogar intime Kenntnis der Traditionen, Glaubensrichtungen, der sozialen Reflexe und Gebräuche der zu erforschenden Bevölkerung. Sie bedarf
auch einer umfassenden Kenntnis der Kulturgeschichte eines Volkes, um
die Haupttendenzen der Mentalitäten zu erfassen; die Mentalitäten wiederum sind oft Langzeitphänomene, die manchmal über Jahrhunderte
hinweg durch religiöse Praktiken und Alltagsgebräuche von Land zu Land
unterschiedlich geprägt sind. Sicher wird die Existenz einer gemeinsamen
europäischen Kultur allgemein angenommen. Gibt es aber in den überwiegend protestantischen Gebieten wirklich die gleichen Reaktionen wie
in den überwiegend katholischen oder überwiegend griechisch-orthodo-
xen Gebieten? Gibt es in den Ländern, in denen der Wohlfahrtsstaat eine
entscheidende Rolle spielt, dieselben Erwartungen wie in den Ländern,
wo der Staat sich eher zurückhält? In einigen Ländern haben sich regionale Partikularismen stark erhalten, so daß regionale Regierungen größere
Einflußmöglichkeiten haben als in den Ländern, wo sich der staatliche
Zentralismus durchsetzte. Man könnte viele weitere Beispiele der von der
Vergangenheit bestimmten Divergenzen zwischen europäischen Ländern
anführen. In dieser Situation scheint es notwendig zu sein, daß Forschungen über europäische Mentalitäten von Wissenschaftlern durchgeführt
werden, die einen Sinn für nationale Besonderheiten in vergleichbaren
kulturellen Tatbeständen besitzen und gleichzeitig die grundlegenden
Ähnlichkeiten jenseits oberflächlicher und formaler Unterschiede zu erfassen vermögen. Darin liegt eine wirklich europäische Arbeit!
     Diese noch vorläufigen methodischen Bemerkungen führen uns zu einer
Reihe von allgemeinen Überlegungen, die die Grundlage für Arbeitshypothesen ebenso wie für Forschungsansätze dieses breiten und langen Ar-
beitsvorhabens sein könnten. Kosmopolitismus gab es in Europa in verschiedenen Perioden, vor allem im 18. Jahrhundert, als die Staatsgrenzen
für die Intellektuellen, die Adligen, die Militärs kein Hinderungsgrund

waren, im gesamten Kontinent hin und her zu ziehen und in den Dienst unterschiedlicher Fürsten zu treten, ohne das Gefühl des Verrats am eigenen Land. Diese Art von Fragen wurden in Wirklichkeit gar nicht gestellt, da die entscheidenden Entwicklungen für die Schaffung des modernen Nationalstaates noch nicht stattgefunden hatten. Mit der Gründung der Nationalstaaten während des 19. und 20. Jahrhunderts änderte sich die Situation: Die Menschen wurden in den nationalen Rahmen eingebettet und eingebunden. Sie betrachteten den Kosmopolitismus als eine Perversion, sahen es als eine Gefahr an, an ihm festzuhalten. Besonders die Gewalttätigkeit und Dauer des Ersten Weltkrieges – in Wirklichkeit ein sehr europäischer Krieg – verstärkte die unreflektierte Einordnung in die Nation für die überwiegende Mehrheit der europäischen Völker. Auf einmal wurde die Idee, einem übernationalen, über die Staatsgrenzen hinausgreifenden Ganzen anzugehören, eine abweichende, sektiererische Vorstellung. Deshalb soll unsere Untersuchung in dem Zeitraum einsetzen, in dem der Nationalstaat noch der Königsweg war, d. h. in der Epoche, die mit dem Ersten Weltkrieg oder seiner unmittelbaren Nachkriegszeit beginnt. Als Ende der Untersuchungsperiode kann man die 60er Jahre unseres Jahrhunderts ansetzen. Dafür spricht nicht nur die Tatsache, daß die Archivmaterialien von diesem Zeitpunkt an nicht mehr zugänglich sind, sondern vor allem auch die Tatsache, daß die ersten Erfolge im Aufbau Europas „transnationale" Standpunkte sehr viel „normaler" werden ließen. Was einst eine gewagte und neuartige Einstellung war, ist mehr und mehr in der Masse der Bevölkerung verbreitet.

Die zweite allgemeine Bemerkung wirft schwierigere Probleme auf. Um die Idee einer einzigen gemeinsamen europäischen Identität in einer Zeit zu identifizieren, in der der nationale Blick noch vorherrscht, muß man sich entweder um ein aus theoretischen Überlegungen abgeleitetes Konzept bemühen oder versuchen, sich dieser Idee über den historischen Hintergrund, d. h. über die konkreten Lebensbedingungen, zu nähern. Auf der einen Seite wäre die bewußte Vorstellung von Europa, ein „Europe pensée", auf der anderen Seite ein unbewußtes, aber in der Wirklichkeit schon vorhandenes Europa, ein „Europe vécue", zu verfolgen. Natürlich können sich diese beiden Wurzeln der europäischen Identität mischen: Auf der einen Seite wäre es denkbar, daß ein Intellektueller Vorstellungen über Europa entwickelte und sie gleichzeitig in persönlicher Erfahrung erlebte, auf der anderen Seite, daß ein internationaler Beamter ein europäisches alltägliches Leben führte, ohne dabei oder davor über Europa nachgedacht zu haben. Aber im allgemeinen stehen wir folgender einfacher Frage gegenüber: Gab es in den Fallstudien, die wir vor Augen haben, einen Übergang von dem unbewußten alltäglichen Europa hin zu den bewußten Europavorstellungen, oder war es umgekehrt?

Die Untersuchung über Intellektuelle, die über Europa nachdachten und dabei von philosophischen oder ideologischen Überlegungen ausgingen und Theorien über Europa oder die europäische Identität entwickelten, hat ihren Ursprung in der klassischen Kultur- und Geistesgeschichte. Sie interessiert sich für eine kleine Zahl von herausragenden Leuten, mehr oder weniger charismatische Denker, deren Publikum verschieden war, die aber im allgemeinen in ihren Kreisen eine im einzelnen schwer zu bestimmende Rolle der „Aufklärer" spielten. Sie lassen wir bewußt beiseite, nicht weil sie kein attraktives Thema wären, sondern weil sie individuelle Fälle darstellen und weil wir breite soziale Strömungen betrachten wollen, um einen Gesamtüberblick zu bekommen. Unsere Analysen richten sich im ganzen eher auf das unbewußte alltägliche Europa als auf die bewußten Europavorstellungen. Das einzelne Genie eines Schriftstellers wie etwa Romain Rollands oder Stefan Zweigs kann seiner Epoche voraus sein, es sagt uns wenig oder gar nichts über die vorherrschenden Mentalitäten jener Zeit. Will man die schwierige Entwicklungszeit der europäischen Idee in den europäischen Bevölkerungen erfassen, erreicht man sein Ziel besser durch die Untersuchung von sozialen Milieus, von bestimmten Orten, von Zeitpunkten, in denen das Bewußtsein einer europäischen Identität innerhalb ganzer Sozialgruppen – sei es auch nur partiell – entstand und sich entwickelte.

Aus älteren wissenschaftlichen Arbeiten über die Ursprünge des Aufbaus Europas haben sich einige Meßlatten für unsere Fragestellung ergeben. So ist schon vermerkt worden, wieviel die Probleme der kriegerischen Konflikte, unter denen die Europäer litten, zum Aufbau oder zumindest zum Aufbauwunsch von transnationalen Einheiten beigetragen haben. Um nur ein gut bekanntes Beispiel zu nennen[26]): Am Ende des Zweiten Weltkrieges entwickelten einige Widerstandsgruppen die Idee, daß ohne ein gewisses Maß von gesamteuropäischer politischer Organisation der Friede in Europa nach dem Krieg nicht wieder gesichert werden könne. Die Überzeugung, daß sie unglücklicherweise in eine Art von europäischem Bürgerkrieg geraten waren, erweckte in diesen Widerstandskämpfern den Wunsch nach einem internationalen Modell, aus dem später eine europäische politische Gemeinschaft entstehen sollte. In ähnlicher Weise ist auch schon festgestellt worden, daß der recht weit verbreitete Pazifismus in den Kreisen der ehemaligen Frontkämpfer des Ersten Weltkrieges, die zumindest im Fall Frankreichs durch Antoine Prost und Maurice Vaïsse gut erforscht wurden, bei einigen dieser ehemaligen Frontsoldaten

---

[26]) Vgl. *Walter Lipgens,* Europa-Föderationspläne der Widerstandsbewegungen 1940–1945. München 1968. *Paul Gerbet,* La construction de l'Europe. Paris 1983; *Antoine Prost,* Les anciens combattants dans la société française, 1914–1939. 3 Vols. Paris 1977.

den Wunsch nach einer dauerhaften Auflösung des französisch-deutschen Antagonismus entstehen ließ. Sie gingen dabei von der Überzeugung aus, daß diese beiden Völker einander nahestanden und daß beide unter dem Krieg gleichermaßen gelitten hatten. Davon ausgehend eine erste allgemeine Frage: Haben die Kriegszeiten in ihrem Geleitzug des Leidens nicht die Bewußtwerdung einer europäischen Gemeinschaft begünstigt? Sicher sollte man nicht vergessen, daß die Kriege auch Zeiten des patriotischen Überschwangs waren, der – von der offiziellen Propaganda gestützt, von den Zeitgenossen voll ausgelebt – sicher eine große Mehrheit beherrschte. Trotzdem reagierten die Zeitgenossen in der Nachkriegszeit nach dem Ersten Weltkrieg nicht sofort mit noch stärkeren nationalen Gefühlen, vor allem nicht als deutlich wurde, daß die sogenannten Friedensverträge die Gegensätze zwischen den europäischen Nationen nicht wirklich regelten. Zweifelsohne sprach man damals viel vom Internationalismus, wenn es um neuartige, originelle Lösungen der Gegensätze zwischen Nationen ging. Aber viele Europäer meinten mit solchen Konzepten nur ihren eigenen Kontinent. Der Zweite Weltkrieg hatte eine noch andere Wirkung in der Bewußtwerdung einer europäischen Identität. Die Europäer wurden sich schnell darüber klar, daß Europa seine Vormachtstellung an die Supermächte verloren hatte. Die Sieger wie die Besiegten, selbst die neutralen europäischen Staaten mußten den Leitsätzen und Geboten der neuen Führungsmächte der Welt folgen. Sollten die Europäer in dieser Situation nicht versuchen, eine begrenzte Eigenständigkeit oder Unabhängigkeit durch einen europäischen Zusammenschluß wiederzufinden und dabei in der Solidarität der Not Gemeinsamkeiten der europäischen Zivilisation zu entdecken? Die Idee, daß ein vereintes Europa eine „dritte Kraft" zwischen den beiden Supermächten werden könnte, war damals vielleicht noch eine Utopie, die die Europäer immerhin dazu führte, nach Gemeinsamkeiten zwischen ihren nun abhängigen Völkern zu suchen.

Es soll hier noch eine ergänzende Bemerkung aus Forschungsarbeiten der Historiker aus dem Projekt „Großmachtvorstellungen in Westeuropa unter Entscheidungsträgern und in der öffentlichen Meinung 1938–1958" angefügt werden. Als die Europäer erkannt hatten, daß das eigene Land keine Großmacht mehr war, kompensierten sie diesen Niedergang oft mit dem Wunsch, Teil einer größeren und mächtigeren politischen Einheit zu werden. Die Anziehungskraft der Europäischen Gemeinschaft in diesem Sinne setzte bei Deutschen und Italienern früher ein als bei Franzosen, die erst nach 1947/48 und vor allem nach der Suezkrise begriffen, daß Frankreich keine Großmacht mehr war. Die Deutschen und die Italiener, die im Ersten Weltkrieg zu den Besiegten gehörten, hatten diesen Niedergang als Großmacht schon früher spüren können. Hat vielleicht die Zähigkeit, mit der die Briten sich Illusionen über die Weltmachtstellung ihres Landes

machten, sie lange Zeit vom Aufbau Europas abgehalten? Die kolonialen
Befreiungskriege und die Entstehungskrisen der Dritten Welt haben
schließlich auch unter den ehemaligen Kolonialmächten zu einer Rückwendung nach Europa beigetragen. Diesen Zusammenhang belegt der
französische Fall ebenso wie der britische Fall: Mit seinem Engagement in
der Europäischen Gemeinschaft kompensierte Frankreich den Rückzug
aus Afrika und Asien, vor allem am Ende der 50er Jahre; der Wunsch
Großbritanniens nach außereuropäischen Bindungen, ganz in der Tradition britischer Orientierung am „grand large" außerhalb Europas, erklärt
wenigstens teilweise die britische Frostigkeit gegenüber Europa bis zur
Mitte der 60er Jahre. Im ganzen haben die Kriege in und außerhalb Europas, von denen die westeuropäischen Staaten während der genannten
Jahre betroffen waren, ihre klare Rolle bei der Bewußtwerdung einer gemeinsamen Zugehörigkeit zu *einem* Europa.

Diese Bewußtwerdung reicht nicht in alle beruflichen und sozialen Milieus gleichzeitig und gleichermaßen hinein. Eine der wesentlichen Fragen
unseres Forschungsprojekts besteht darin, welche Milieus zuerst und am
stärksten von der Idee einer Zugehörigkeit zu einem gemeinsamen europäischen Ganzen erfaßt wurden. Man kann dazu mehrere Arbeitshypothesen festhalten. Einige Berufsgruppen sind aufgrund ihrer beruflichen Tätigkeit für eine besondere Offenheit gegenüber dem Ausland prädispo-
niert. Großhändler oder Bankiers beispielsweise sind in dauerndem beruflichen Kontakt mit anderen Ländern, während der Gesichtskreis von Bauern sehr viel „nationaler" bleibt. Beeinflußt eine solche Situation die Einstellung der Betroffenen, und stehen sie aus diesem Grund einer europäischen Identität unterschiedlich gegenüber? Eine Analyse des Bankmilieus
und der Handelsorganisationen könnte diese Fragen beantworten. Schon
jetzt weisen einige Beispiele in diese Richtung. So spielte etwa das Her-
kunftsmilieu von Jean Monnet eine Rolle für sein Bewußtsein von der
europäischen Idee: Er war als Sohn eines Kaufmanns aus Cognac gewohnt, mit dem Ausland zusammenzuarbeiten, und knüpfte dann als Ban-
kier in Frankreich, in den Vereinigten Staaten und in China ein ganzes
Netz von freundschaftlichen Verbindungen im internationalistischen
Großbanken- und Handelsmilieu – „internationalistisch" in dem Sinne,
daß die Angehörigen dieses Milieus regelmäßig außerhalb des eigenen
Landes berufstätig waren. Die Gegner von Monnet haben oft herausgestrichen, daß er ein „Mann der Amerikaner" war und daß er seine Projekte
mit dem Blick eines New Yorker Geschäftsmannes betrieb. Diese Polemik
erfaßt einen Teil der Wirklichkeit: Jean Monnet hatte die Fähigkeit, rascher zu begreifen und weiter zu sehen als andere, die in ihren nationalen
Traditionen befangen waren. Er konnte dies dank seiner perfekten Kenntnisse der internationalen wirtschaftlichen Bedingungen, die er durch seine

frühere berufliche Tätigkeit erworben hatte. Forschungen von Historikern über das französische Bankmilieu (von Jean Bouvier bis Hubert Bonin) bestätigen diese Bereitschaft eines großen Teils der Leiter von Bankhäusern zu „internationalen" Aktionen, die die Staatsgrenzen überschreiten. Sie werden deshalb von bestimmten Journalisten oder Polemikern als „Kosmopoliten" eingestuft. Aus diesem Grund stellt sich die Frage, in welchem Ausmaß die Bankwelt in Europa die Entwicklung eines europäischen Ideals erleichtert hat.

Die Welt der Industrie ist disparater. Einige Industrieunternehmer hatten „nationale" oder gar nationalistische Sichtweisen, die auf einem Gewinnkalkül des eigenen Unternehmens beruhen. So unterstützte beispielsweise Marcel Boussac, ein einflußreicher Industrieller während der Vierten Republik in Frankreich, ein Textilproduzent, der einen großen Teil seines Umsatzes in den französischen Kolonien machte, in der französischen Presse (er hatte eines der größten Pariser Blätter, „L'Aurore", gekauft) die Gewaltpolitik in Nord-Afrika und lehnte die europäische Integration ab. Umgekehrt ist die wichtige Rolle von Emile Mayrisch, Chef der luxemburgischen Firma Arbed, eines der großen Stahlunternehmen in Europa, im Beginn der Pan-Europa-Bewegung am Ende der 20er Jahre bekannt. Er lebte im Herzen des europäischen Stahldreiecks zwischen Ruhr, Saar, Lothringen, Nordfrankreich und Belgien und konnte deshalb besser als andere die Vorteile, aber auch die Probleme einer europäischen Zusammenarbeit zunächst innerhalb seines eigenen Industriesektors und später auf der allgemeineren wirtschaftlichen und politischen Ebene einschätzen. Man müßte sich deshalb genauer mit dem Einfluß der europäischen Industriellen, die an internationalen Absprachen, Kartellen und anderen transnationalen Organisationen in der Entwicklung paneuropäischer Ideen vor und nach dem Zweiten Weltkrieg beteiligt waren, beschäftigen. Durch bestimmte Presseorgane oder durch bestimmte Verbände konnten Unternehmer die öffentlichen Meinungen auf den Brückenschlag zwischen Nationen vorbereiten. Freilich ist das ein schwieriges Forschungsthema, weil dafür der Zugang zu Unternehmensarchiven nötig ist. Die Ergebnisse sind zudem mit Vorsicht zu interpretieren, denn mancher Unternehmer mag Europa nur „präventiv" und nicht „aktiv" unterstützt haben wie etwa die holländische Firma Philips, die zwar europäische Bewegungen um 1948 finanzierte, aber gegenüber der Gründung der EWG reserviert blieb, weil sie sich die Anpassung an diese bürokratische Organisation problematisch vorstellte. Im ganzen werden die Historiker sehr genau die Entscheidungsspielräume und die Entscheidungen der europäischen Unternehmer in Rechnung stellen müssen, um die Entstehungsbedingungen des Bewußtseins einer europäischen Identität erfassen zu können.

Auch in einem zweiten sozialen Milieu scheint dieses europäische Bewußtsein früh entstanden zu sein: in den Milieus der Migranten in Europa. Unter diesen Migranten gibt es mehrere Typen zu verschiedenen
Zeiten: Minoritäten, die manchmal schon lange existierten, aber meist aus
religiösen Motiven heraus nicht voll in der Gesellschaft, in der sie lebten,
integriert waren, wie etwa die Juden in bestimmten europäischen Staaten
oder die Protestanten in anderen Staaten, darunter in Frankreich. Sie
konnten das Bedürfnis haben, aus dem ihnen feindlichen oder zumindest
unsicheren nationalen Rahmen auszuscheren. In den Zeiten, in denen sich
der Nationalstaat verstärkte, konnten sie sicher auch das Ziel verfolgen,
sich soweit wie immer möglich in die Nationalbewegungen einzuordnen,
und man beobachtet unter ihnen nicht selten Träger des Nationalismus.
Aber vor allem wenn sie Berufen angehörten, über die sich ihnen Auslandsbeziehungen erschlossen – man findet hier wieder den Handel und
die Großbanken –, und wenn sie mit ihren in anderen Ländern verbliebenen Eltern oder Anverwandten weiterhin in Verbindung standen, übernahmen Angehörige solcher Minoritäten rascher die Idee einer Zugehörigkeit zu einem größeren europäischen Ganzen, das die nationalen Grenzen
überstieg. Sie trafen sich darin mit einem zweiten Typus, mit den in jüngerer Zeit zugewanderten Migranten, die aus wirtschaftlichen Gründen die
weniger entwickelten Räume in Südeuropa verlassen hatten und in die
Wachstumsregionen des Nordens und des inneren Europas eingewandert
waren. Auch hierbei wäre es ein Irrtum anzunehmen, daß alle diese Migranten „Kosmopoliten" sind, denn die Kinder dieser Zuwanderer haben
oft den Wunsch, sich in der Bevölkerung des Zuwandererlandes zu assimi-
lieren. Trotzdem kann das Bewußtsein der Zugehörigkeit zu einem größeren Ganzen als dem des Zuwandererlandes die Erkenntnis einer europäischen Identität oder, präziser ausgedrückt, der Identität, die auf einen
europäischen Raum bezogen ist, begünstigen. So konnten Italiener, Spanier und Portugiesen, die nach Frankreich gekommen waren, sich mit
dem romanischen Europa identifizieren. Gibt es nicht auch ein Bewußtsein von einer gemeinsamen mitteleuropäischen Kultur der Bevölkerungen, die am Jahrhundertanfang zum Deutschen Reich und zur Habsburger
Monarchie gehörten? Historiker wie Pierre Milza, Janine Ponty, Ralph
Schor, die Spezialisten der Migration in Frankreich sind, haben beispielsweise sehr klar die besondere Rolle der italienischen, polnischen, spanischen und jüdischen Minorität in Frankreich auf der Ebene der Ideen
ebenso wie auf der Ebene der politischen Einstellungen gezeigt.[27] In unserem eigenen Forschungsprojekt sollten wir uns deshalb mit der Rolle die-

---

[27]) *Milza,* La migration (wie Anm. 14); *Ponty,* Polonais (wie Anm. 13); *Schor,* L'opinion (wie Anm. 12).

ser besondersartigen Milieus befassen und ihren Einfluß bei der Bewußtwerdung der europäischen Idee abschätzen. Man könnte in gleicher Weise auch Milieus verfolgen, die geographisch an den Kreuzwegen Europas oder in Grenzregionen leben. Tatsächlich haben die Einwohner von Regionen wie Elsaß-Lothringen, dem Rheintal, Belgien, den Niederlanden, dem französisch-italienischen Grenzgebiet oder die Katalanen, die Basken, die Tiroler usw. nicht nur als erste unter Kriegen und Invasionen gelitten, sondern waren in sich gespalten, mal dem einen, mal dem anderen Staate verbunden, ohne daß diese Doppelverbindungen und diese Wechsel der Staatszugehörigkeiten die Betroffenen immer glücklich machten. Besitzt das paneuropäische Ideal für die Einwohner dieser Regionen nicht eine größere Anziehungskraft als für andere Europäer? Man kann hinzufügen, daß die Lebensstile, die Sitten, das Wohnen, selbst die Sprache in diesen Grenzregionen grenzüberschreitend sind. Diese Situation müßte sich auch in den Mentalitäten niederschlagen. In einer weiteren Perspektive kann man sich auch fragen, ob diese grenzüberschreitenden kulturellen Bezüge, die in einem weiteren Sinne auch die Bedingungen des Alltagslebens berührten, nicht auch die Bewußtwerdung einer europäischen Identität beeinflußte. Kunsthistoriker und Geographen haben aus guten Gründen die Ähnlichkeiten des Wohnens, der städtischen Kunst, der Bevölkerung in den Regionen herausgestrichen, die im ganzen das sind, was üblicherweise als Mitteleuropa bezeichnet wird. Die Stadtplanung und der Architekturstil von Städten wie München, Prag, Budapest, Wien – um nur die berühmtesten zu nennen – gehören einer gleichen „Kultur" an. Sind auch das günstige Voraussetzungen für die Bewußtwerdung einer europäischen Identität? Man kann aus guten Gründen daran denken.

Diese letzte Bemerkung führt uns natürlich zu einer anderen Arbeitshypothese. Gab es in Europa Zentren, in denen die Konzentration von Intellektuellen, Künstlern, von politischem und wirtschaftlichem Führungspersonal diese Bewußtwerdung der europäischen Identität ermutigt und erleichtert hat? Plätze wie Paris, Berlin oder Wien sind dafür in der Kulturgeschichte Europas der Zwischenkriegszeit bekannt genug, als daß man diese Beispiele genauer schildern müßte. Da an solchen Orten Denker und Entscheidungsträger aus unterschiedlichen Nationen zusammenkamen, wurden Tendenzen zu einer nationalen Kunst durch transnationale Strömungen konterkariert. Berühmte historische Ausstellungen zu Malerei, Bildhauerei und Architektur wie etwa „Paris–Berlin" oder „Paris–Wien" oder auch Forschungen über den Expressionismus, den Kubismus, den Surrealismus, nicht zu vergessen literarische und philosophische Strömungen wie der Existentialismus nach 1945, lieferten Belege für einen europäischen kulturellen Kosmopolitismus. Hat dieser Kosmopolitismus die

Rolle eines Entdeckers einer europäischen Identität gespielt? Dieses
Prisma von Strömungen müßte noch einmal untersucht werden, denn man
kann den gleichen Ideen und den gleichen intellektuellen Moden anhän-
gen und sich trotzdem als Bürger nur eines Landes fühlen. Die Teilhabe
an einer gemeinsamen Kultur ist zwar a priori eine günstige Bedingung
für Grenzüberschreitungen, führt aber nicht notwendigerweise zu einem
europäischen Bewußtsein. Wie dieses Bewußtsein tatsächlich aussah, ist
noch zu untersuchen.

Zu untersuchen sind auch andere Zentren, die geeignet wären, eine
europäische Identität hervorzubringen: Städte, in denen sich die internationalen Beamten treffen. Man denke an Genf, Brüssel, Luxemburg,
Straßburg, Wien, Paris, Rom usw. In der Zwischenkriegszeit wurde oft
vom „Geist von Genf" im Zusammenhang mit dem Sitz des Völkerbundes
in dieser Stadt gesprochen. Man wollte mit diesem Ausdruck die Tendenz
zur Regelung von Konflikten durch Verhandlungen, durch Schiedsspruch,
kurz den Willen zur Erhaltung des Friedens kennzeichnen, da der Krieg
als eine große Gefahr betrachtet wurde. Diese Einstellung betraf vor allem
die Europäer. Aber dieser Geist von Genf reichte über die engeren militärischen oder politischen Bereiche, die damit normalerweise angesprochen
waren, hinaus und berührte auch ökonomische Phänomene. In gewisser
Weise verband sich mit dem Geist von Genf auch die Befürwortung von
Freihandel oder zumindest der Reduktion von Zollbarrieren durch das Fi-
nanzkomitee des Völkerbundes oder durch die Internationale Handels-
kammer mit Sitz in Paris, die damals als der Völkerbund der Unternehmer
angesehen wurde. Dieser Geist von Genf hat einige politische Verantwortliche oder bestimmte Intellektuelle dazu gebracht, Europavorstellungen zu
entwickeln und sie in die Wirklichkeit umzusetzen versuchen. Der berühmte Briand-Plan von 1929/30 gehört in diesen Zusammenhang, auch
die Pläne zum Wiederaufbau der Donauländer, die von der Wirtschafts-
krise getroffen waren. Diese Pläne waren zwar keine Erfolge, haben aber
doch dazu beigetragen, eine gewisse „europäische" Bewußtwerdung zu
entwickeln. Man sollte sich daran erinnern, daß Jean Monnet in seinen
Anfängen ein hoher Beamter des Völkerbundes war. Verdienen die Städte,
in denen sich die „europäischen" Beamten trafen oder noch immer treffen, unsere Aufmerksamkeit? In der Periode, die wir untersuchen, d. h.
grob 1945–1960, hatten die europäischen Verwaltungen noch nicht ihren
gegenwärtigen Umfang erreicht. Trotzdem sind die damaligen europäischen Institutionen und die internationalen Organisationen in Europa
(UNESCO, ILO, FAO) zu Milieus geworden, die zur Überwindung von
nationalen Perspektiven führten. Sicher haben alle diese Institutionen unterschiedliche Aufgaben, und sie in einem Atem zu nennen wäre widersin-
nig. Aber kann man sich nicht vorstellen, daß selbst dort, wo ganz offen-

sichtlich der nationale Faktor stark wiegt, nämlich im militärischen Bereich, die Führungskräfte, die sich in einem militärischen Führungsstab wie dem der Nato treffen, dazu veranlaßt werden, in transnationalen Kategorien zu denken? Hat das nicht den Boden für die europäische Identität bereitet? Nur genaue Untersuchungen, die noch zu leisten sind, können das klären.

Ein letztes Forschungsgebiet, das zu untersuchen wäre, sind die transnationalen kulturellen Strömungen. Man kann heute recht leicht feststellen, daß das Alltagsleben der Europäer von den Praktiken der Konsumgesellschaft wie der Werbung, der Verwendung von elektrischen Haushaltsgeräten, dem Fernsehen, ja sogar dem „gadget" bestimmt ist. Vor 1960 – der Zeit, mit der wir uns befassen – war die Konsumgesellschaft weit weniger entwickelt. Trotzdem gab es schon bestimmte Formen. Einige einfache Beispiele: Das Kino, die Schallplatten, die Werbung hatten bereits auf die Westeuropäer Einfluß. Wäre es nicht in einer Untersuchung der damals herrschenden Konsumströmungen möglich, die „proeuropäischen" Tendenzen herauszufinden, die für eine europäische Identität konstitutiv waren? Oder ist es denn tatsächlich der Einfluß des amerikanischen Lebensstils, der – wie man oft behauptet hat – die Europäer bestimmt hat? Hat die „Amerikanisierung" der Konsumgewohnheiten durch Coca-Cola, durch Hollywoodfilme, durch den Durchbruch des Jazz usw. die ganze spezifisch europäische Kultur weggeschwemmt? Genaue Forschungen über den Einfluß bestimmter europäischer Produktionen im Bereich des Films, des Chansons, des Werbestils werden hier weiterhelfen. Der italienische Neorealismus, die französische „nouvelle vague" oder die Beatles haben sicher ihre Wirkungen gehabt. Handelt es sich dabei um eine europäische „Kultur", und hatte man damals das Gefühl einer europäischen Originalität und Besonderheit im Vergleich zu den Vereinigten Staaten?

Damit sind wir beim Kern eines weiteren Problems für unsere Forschung: Kann man das Bestehen einer europäischen Identität fassen, ohne sie mit anderen Identitäten in Gebieten ähnlicher ökonomischer Entwicklung zu vergleichen? Anders ausgedrückt: Hat die westeuropäische Kultur Besonderheiten gegenüber den Vereinigten Staaten oder anderen entwickelten außereuropäischen Ländern hervorgebracht oder beibehalten? Die Arbeiten von Hartmut Kaelble haben schon eine wichtige Antwort auf diese Frage gebracht, und wir sind hier auf einem sichereren Terrain. H. Kaelble zeigt das Bestehen einer eigenständigen europäischen Gesellschaft, die ihre eigenen Lebensformen besitzt und sich dabei auf besondersartige kulturelle Voraussetzungen stützt. In unserer Untersuchung sollten wir weitergehen und herauszufinden versuchen, ob diese europäische Gesellschaft auch ein Bewußtsein von einer europäischen Identität erzeugt hat.

Damit kommen wir auf unsere Ausgangsfrage zurück: Gibt es einen
Übergang von einem unbewußt gelebten Europa zu einem bewußt gedachten Europa? Alle unsere Überlegungen hatten den Zweck zu zeigen, welche Wege man einschlagen kann, um Antworten zu erhalten, die mehr
sind als nur Hypothesen oder ungesicherte Behauptungen. Unsere Aufgabe ist groß. Sie erfordert die Arbeit von nationalen und internationalen
Forschungsgruppen, die diese Frage für unterschiedliche Epochen aber
mit einem gemeinsamen Frageraster angehen. Deshalb wird ein solches
Forschungsvorhaben nur mittelfristig durchführbar sein. Noch vor kurzer
Zeit hätte man sie nur für den westeuropäischen Raum geplant. Heute ist
jedoch klar, daß sie auch Osteuropa umfassen muß, das zu uns zurück-
kehrt. Durch genaue empirische Forschungen über konkrete Fälle, deren
Rahmen ich abzustecken versuchte, sollten wir in Zukunft mehr darüber
erfahren, wer wir sind, vor allem dann, wenn wir in der Zukunft in den
Vereinigten Staaten von Europa leben werden, auf die sich Victor Hugo
auf der einen Seite des Rheins, Friedrich Nietzsche auf der anderen Seite
des Rheins in ihren Wünschen am Ende des 19. Jahrhunderts beriefen.

Europäische Familienentwicklung, Individualisierung und Ich-Identität

Von

Michael Mitterauer

Der 38. deutsche Historikertag steht unter dem Generalthema „Identitäten" in der Geschichte". Ich denke, daß diese Themenstellung für unsere konkrete Arbeit in Lehre und Forschung dann besonders fruchtbar sein könnte, wenn wir sie mit der Frage „Identität durch Geschichte" verbinden. Mir geht es letztlich in meinem Referat um das Problem, welche Zugangsweise zu Geschichte die Entwicklung von Ich-Identität stützen und fördern kann. Geschichtswissenschaft und Geschichtsvermittlung waren traditionell sehr stark an der Stützung bzw. Ausbildung von Gruppen-Identitäten orientiert. Ich meine, daß mit sich beschleunigenden Prozessen der Individualisierung im Europa des 20.Jahrhunderts Geschichte für die Ausbildung von Ich-Identität einen zunehmenden Stellenwert gewonnen hat, dem wir als Historiker Rechnung tragen sollten. Der Prozeß der Individualisierung ist tief in der europäischen Geschichte verankert. Zweifellos gehört er zu den gesellschaftlichen Besonderheiten Europas und ist deshalb mit europäischer Identität eng verbunden. Ich möchte einigen seiner Grundlagen auf dem Hintergrund der spezifischen europäischen Familienentwicklung nachgehen. Um von dieser Ausgangsbasis zum Ziel meines Referats „Geschichte und Ich-Identität" zu gelangen, ist es ein weiter Weg. So muß ich mich auf einige zusammenfassende Thesen, stichwortartige Hinweise, skizzenhafte Überblicke beschränken.

1. Die historische Familienforschung hat in den letzten Jahrzehnten einige Besonderheiten der Familienentwicklung im europäischen Raum herausgearbeitet. Als solche können u. a. folgende angesehen werden: Das im interkulturellen Vergleich relativ hohe Heiratsalter, vor allem von Frauen, aber auch von Männern – in der Literatur mit dem Etikett „European marriage pattern" versehen –, das Vorherrschen neolokaler Ansiedlung junger Ehepaare, die hohe Flexibilität von Haushalt und Familie als primären Ordnungen des Zusammenlebens, die relativ geringe Bedeutung von Abstammungsordnungen und Verwandschaftssystemen, die Dominanz „einfacher" Familienformen im Vergleich zu „komplexen", die häufige Präsenz nichtverwandter Personen in Haushalt und Familie, insbesondere von Gesinde. Obwohl das Gesindewesen im 20.Jahrhundert seine

gesellschaftliche Bedeutung fast völlig verloren hat, erscheint es für die europäische Sonderentwicklung von Familienstrukturen sehr wichtig. Die Institution der sogenannten „life-cycle-servants" ist nach dem heutigen Forschungsstand ein europäisches Spezifikum. Sie steht mit den anderen skizzierten strukturellen Merkmalen wie Höhe des Heiratsalters und Neolokalität in engem Konnex. Sie ist eine besonders markante Ausdrucksform für die typisch europäische Loslösung der Familienzusammensetzung von Abstammungsordnungen. Sie ist vor allem eine wichtige Voraussetzung für verschiedene Gestaltungsformen der Jugendphase in Arbeitsorganisation und Ausbildungswesen, die bis in die Gegenwart weiterwirken. Die genannten, für die europäische Familienentwicklung charakteristischen Merkmale haben sich mit sehr großen Unterschieden nach Regionen, nach sozialen Schichten sowie im Stadt-Land-Gefälle ausgebildet und verbreitet. Es gibt weite Räume, vor allem im Osten und Südosten des Kontinents, wo sie überhaupt nicht oder erst sehr spät auftreten. Sie sind eben nicht für Europa als geographische Einheit, sondern für Europa als Sozialraum typisch. Mit Prozessen der Europäisierung haben sie weit über den Kontinent hinaus Einfluß ausgeübt.

2. Weit weniger Klarheit als über die strukturellen Merkmale europäischer Familienentwicklung herrscht in der Forschung über deren bedingende Faktoren. Eine weit verbreitete und viel diskutierte These – vertreten vor allem durch den englischen Sozialanthropologen Jack Goody – sucht die Anfänge der europäischen Sonderentwicklung in den seit dem 4. Jahrhundert sich verschärfenden Verboten von endogamen Heiraten, die im Interesse der Besitzakkumulation durch die römische Kirche erlassen worden wären. Ich persönlich teile diesen Standpunkt nicht, messe aber auch dem Einfluß des Christentums auf den europäischen Sonderweg der Familienentwicklung große Bedeutung zu. Ein entscheidender Punkt scheint mir der spezifische Charakter des frühen Christentums als Bekehrungsreligion zu sein, den dieses mit anderen religiösen Bewegungen der Antike gemeinsam hatte und der es von stärker abstammungsorientierten Religionen unterschied. Erst die Überwindung des religiös fundierten Abstammungsdenkens machte es möglich, daß der Faktor Arbeitsorganisation in der europäischen Familiengeschichte eine so entscheidende Bedeutung gewann. Er ist für die Vielfalt europäischer Familienformen in der neueren Geschichte bestimmend geworden und wirkt noch weit über familienwirtschaftliche Formen der Arbeitsorganisation hinaus bis zur Gegenwart nach. Damit ist allerdings nur einer der langfristig wirkkräftigen Bedingungsfaktoren europäischer Familienentwicklung angesprochen. Die Frage nach solchen Faktoren scheint mir eine für die historische Familienforschung besonders wichtige Aufgabe. Durch sie können wohl auch andere gesellschaftliche Besonderheiten Europas er-

klärt werden – freilich nicht in einer Beschränkung auf die jüngste Vergangenheit. Will man gesellschaftliche Besonderheiten Europas über die Beschreibung hinaus einer Erklärung näher bringen – etwa im Bereich der Familienentwicklung –, so erfordert das eine Zugangsweise im epochenübergreifenden historischen Längsschnitt.

3. Die Frage nach Zusammenhängen zwischen dem europäischen Sonderweg der Familienentwicklung und Prozessen der Identitätsbildung verweist auf Spezifika in der Gestaltung der Jugendphase in diesem Kulturraum. Der Weg vom Kind zum Erwachsenen ist hier besonders lang. Zwischen die Zeit starker Abhängigkeit in der Herkunftsfamilie und die eigene Familien- bzw. Hausstandsgründung tritt eine Phase gelockerter familialer Abhängigkeit und zunehmender persönlicher Autonomie, die sich nach sozialem Milieu und vor allem nach Geschlecht sehr unterschiedlich gestaltet, insgesamt aber besondere Chancen zu eigenständiger Entwicklung und Individuation eröffnet. Für die Geschichte der Jugend in Europa erscheint es charakteristisch, daß in der christlich-abendländischen Tradition eine Initiation als eine im Anschluß an die Geschlechtsreife erfolgende umfassende Reifeerklärung für alle Bereiche des Erwachsenenlebens fehlt. An ihre Stelle tritt hier eine Vielfalt sukzessive erfolgender partieller Reifeerklärungen, die sich über eine lange Phase des Lebenszyklus erstrecken. In neuerer Zeit hat die Schule bzw. das Bildungs- und Ausbildungssystem eine tragende Rolle in der Gliederung dieses Abschnitts übernommen – mit dem Prozeß der Scholarisierung für immer breitere Bevölkerungsgruppen. Viele wesentliche Zäsuren liegen allerdings außerhalb, denken wir nur an den Führerschein – die europäische Ersatzinitiation des ausgehenden zweiten Jahrtausends. Jugend stellt sich dar als eine Sequenz immer stärker differenzierter Übergänge und Zäsuren, immer vielfältiger werdender Prozesse der Abgrenzung und der Eingliederung. Sie ist in dieser komplexen Ausgestaltung ein Spezifikum der europäischen Sozialentwicklung. Die skizzierten Merkmale der europäischen Familienverfassung sind mit der Gestaltung der Jugendphase in einem kausalen Zusammenhang zu sehen – teils als Ursache, teils als Folge. So kann hohes Heiratsalter Ausdruck der Notwendigkeit langer Ausbildungsphasen oder langen Ansparens auf eigene Hausstandsgründung sein. Umgekehrt kann gesellschaftlich normierte Höhe des Heiratsalters Wartezeiten bedingen, die durch Ausbildung oder durch Dienst in fremdem Haus überbrückt werden müssen. Wie auch immer die Bedingungszusammenhänge zu sehen sind, für die europäische Sonderentwicklung der Familie ist es charakteristisch, daß zwischen Phasen starker familialer Integration in der Kindheit bzw. im Erwachsenenalter eine relativ lange Phase liegt, in der Bindungen an außerfamiliale Gruppierungen eine große Rolle spielen. Neben dem hohen Heiratsalter sind die hohen Ledigenquoten eine weit

zurückverfolgbare Facette des „European marriage pattern". Es hat im
europäischen Kulturraum eine lange Tradition, daß Erwachsenenstatus
nicht notwenig mit Eheschließung und Familiengründung verbunden sein
muß. Dieses Muster gewinnt im Verlauf des 20. Jahrhunderts in Europa
enorm an Bedeutung. Die traditionell für die Jugend als Übergangsphase
typische Situation gelockerter Familienabhängigkeit wird damit für viele
zum Konzept auf Lebenszeit.

4. Jugend im Kontext europäischer Familienentwicklung eröffnet ten-
denziell zunehmend mehr Möglichkeit, sich in Einstellungen, Werthaltun-
gen und Verhaltensweisen anders zu orientieren als die Eltern. Alternativen Sozialisationsinstanzen neben der Familie kommt diesbezüglich entscheidende Bedeutung zu, in historischen Zeiten zunächst verschiedenen
Formen von Jugendgruppen, dann immer mehr den schulischen Einrichtungen. Alternative Orientierungsangebote können in solchen „face-to-
face-groups" in unmittelbarem Kontakt erfolgen, ebenso aber auch in ver-
mittelter Form durch schriftliche oder visuelle Medien. Gesellschaftliche
Differenzierung, zunehmender Pluralismus und wachsende Informations-
möglichkeiten – insbesondere im städtischen Milieu – seien nur stichwort-
artig als Rahmenbedingungen dafür genannt. Auch die Mobilität während
der Jugendphase, die im Verlauf des 20. Jahrhunderts eine enorme Steige-
rung erfahren hat, ist als Faktor alternativer Orientierung gegenüber der
Herkunftsfamilie zu bedenken. Traditionell hat sie sich bei männlichen
Jugendlichen weit stärker ausgewirkt als bei weiblichen. Zur Gegenwart
hin scheint sich diesbezüglich ein Ausgleich zwischen den Geschlechtern
abzuzeichnen. Eigenständige Orientierung während der Jugendphase wird
nicht nur – nach Geschlechtern wie auch nach sozialen Milieus sehr unterschiedlich – zu einer realen Möglichkeit, sie wird auch in der Ausbildung
eines gesellschaftlichen Konzepts von Jugend normativ zum Ziel, das in
dieser Lebensphase erreicht werden soll. Jugend erscheint in der neueren
europäischen Geschichte grundsätzlich mit Individuation sowie mit Erlan-
gung persönlicher Autonomie als Aufgabe verbunden.

5. Der für die europäische Gesellschaftsgeschichte so charakteristische
Prozeß der Individualisierung führt langfristig zu einem Abbau einfacher
Gruppenidentitäten mit relativ klaren, wenig differenzierten Rollenzuord-
nungen und zum Aufbau komplexer Identitätsstrukturen, innerhalb derer
sehr unterschiedliche kollektive und individuelle Identitäten miteinander
zu vereinbaren sind. Nicht nur die Zahl der Primärgruppen und vor allem
der Sekundärgruppen, denen der einzelne angehört, nimmt in der jüngeren Vergangenheit enorm zu, auch die einzelnen Positionen in solchen
Gruppen lassen sich nicht mehr durch die bloße Übernahme eines tradier-
ten Rollenkonzepts befriedigend ausfüllen. Diese Entwicklung wird an
der nach wie vor wichtigsten Primärgruppe, nämlich der Familie, beson-

ders deutlich. Traditionelle, nach Geschlecht und Generation differenzierte Rollenbilder verlieren im Alltagshandeln zunehmend an Relevanz. Was Frau, Mann, Mutter, Vater, Kind, Bruder, Schwester zu sein jeweils in einem familialen System bzw. einer Entwicklungsphase desselben heißt, muß viel stärker als in früheren Zeiten immer wieder neu bestimmt werden. Familienbeziehungen und Familienverantwortlichkeiten, Gemeinschaftshandeln und Gemeinschaftsbewußtsein können von Gruppe zu Gruppe in sehr unterschiedlicher Weise gestaltet werden. Für Primärgruppen im Bereich von Arbeitswelt und Freizeit, auf lokaler Ebene oder im Assoziationswesen gilt ähnliches, erst recht in umfassenderen Sozialformen wie etwa den in historischen Zeiten die Identität so stark prägenden Religionsgemeinschaften. Im Spannungsfeld solcher unterschiedlicher Gruppenidentitäten mit abnehmender Bindekraft für den einzelnen wird es immer schwieriger, im Prozeß der Identitätsbildung zu einer ausbalancierten Ich-Identität zu gelangen. Unter Ich-Identität soll dabei über die Ergebnisse von Individuationsprozessen hinaus jene personale Instanz verstanden werden, die in kritischer Auseinandersetzung mit einzelnen Identifikationen und Emanzipationen die Integration zu einer Ganzheit leistet und sie in Reflexion solcher Prozesse zu einer sich selbst bewußten Einheit verbindet.

6. Reflexionen über persönliche Entwicklungsprozesse der Identifikation und Emanzipation sind für historische Zeiten in lebensgeschichtlichen Aufzeichnungen faßbar. Die Entstehung, Entfaltung und Verbreitung dieses Quellentyps spiegelt somit gesellschaftliche Tendenzen der Individualisierung bzw. der Ausbildung von Ich-Identität. Sicher ist nicht jedes Tagebuch, nicht jede Autobiographie Ausdruck einer reflexiven Persönlichkeit, der eine solche Integrationsleistung gelungen ist. Das Auftreten solcher den eigenen Lebensweg reflektierenden Selbstzeugnisse kann jedoch allgemein als ein Indiz dafür gewertet werden, daß in einem bestimmten sozialen Milieu bzw. in einem bestimmten Kulturraum das Bedürfnis nach einer solchen Reflexion aufkommt. Nicht zufällig entsteht das Tagebuch und die Autobiographie als Literaturgattung in Zeiten und in gesellschaftlichen Schichten, in denen Individualisierung und Ausbildung von Ich-Identität zum Problem wird. Beide machen ihrer Genese nach die Jugendphase als Phase der Identitätsbildung zu ihrem zentralen Thema – das Tagebuch in unmittelbarer Begleitung, die Autobiographie in zusammenfassendem Rückblick. Wenn zunehmend lebensgeschichtliche Zeugnisse weit über ihr ursprünglich bürgerliches Entstehungsmilieu hinaus in den verschiedensten sozialen Gruppierungen auftreten, so kommt darin wohl zum Ausdruck, daß Überdenken des individuellen Lebenswegs zunehmend als Bedürfnis empfunden wird. Die Produktion lebensgeschichtlicher Selbstzeugnisse erscheint so als ein Indikator gesellschaftli-

cher Entwicklungsprozesse. Unabhängig davon, ob solche Reflexionspro-
zesse einen schriftlichen Niederschlag finden – für das Leben des einzelnen werden sie immer wichtiger. Die Beschäftigung mit Lebensgeschichte
erscheint zunehmend bedeutungsvoller, um Ich-Identität zu entwickeln
bzw. um im Lauf der Identitätsbildung entstandene Brüche oder Fehlent-
wicklungen aufzuarbeiten.

7. Jede Lebensgeschichte ist von Bedingungen bestimmt, die über selbst
Erlebtes bzw. aus eigenem Erleben Bewußtes hinausgehen. Trifft die
These zu, daß es zur Entwicklung von Ich-Identität der Reflexion der eigenen Lebensgeschichte bedarf, so gilt es, diese über Selbsterlebtes hinausgehenden Bedingungen mitzureflektieren. Für die Vermittlung von Geschichte und indirekt wohl auch für deren Erforschung ergeben sich daraus zusätzliche Aufgaben. Traditionelle Formen, kollektive Identitäten
auf der Ebene staatlicher, nationaler, vielleicht auch supranationaler Gemeinschaften aus der Geschichte zu entwickeln und zu stützen, werden
diesen persönlichen Bedürfnissen nicht gerecht. Nationalbewußtsein oder
auch Europabewußtsein ist in den Schwierigkeiten der Selbstfindung wenig hilfreich. Eher kann es in der Reflexion der eigenen Lebensgeschichte
weiterhelfen, sich bewußt zu machen, daß etwa die in der eigenen Familie
und im sozialen Umfeld vorgelebten Muster der Geschlechterrollen Produkt einer Jahrtausende alten Entwicklung sind und vielfach unhinter-
fragt unter völlig veränderten Rahmenbedingungen weitergegeben werden. Ähnliches gilt für Themen wie generatives Verhalten, Kindererzie-
hung, familiales Zusammenleben oder Altersversorgung, um nur einige
Beispiele einer für das Alltagsleben relevanten historischen Anthropologie
zu nennen. Sich so mit Geschichte zu beschäftigen, ist sicher auch identi-
tätsstiftend, freilich in ganz anderer Weise als in den auf staatliche, nationale oder supranationale Identität bezogenen Formen. Scheinbare Selbst-
verständlichkeiten des Alltagslebens werden dadurch in Frage gestellt, na-
turhaft geglaubte Erscheinungen als gesellschaftlich bedingt gesehen. Solche Relativierungen ermöglichen Neuorientierung. Distanz zu traditionellen Rollenmustern kann erarbeitet und begründet werden – sicher ein
wesentlicher Faktor in der Ausbildung von personaler Autonomie und
von Ich-Identität. Welche Vermittlungsschritte notwendig sind, um eine
Reflexion individueller Lebensgeschichten auf einem historisch-anthropo-
logischen Hintergrund zu ermöglichen, kann hier nicht näher ausgeführt
werden. Es bedarf dazu wohl auch neuer didaktischer Konzepte. Inhaltlich sind sicher ganz wesentliche Themen dieser Art angesprochen, wenn
man sich Besonderheiten der europäischen Gesellschaftsentwicklung im
interkulturellen Vergleich bewußt macht – nicht um aus dem Wissen um
solche Besonderheiten ein Wir-Bewußtsein als Europäer zu gewinnen,
etwa um spezifische europäische Werte wie Individualismus, Rationalität,

Vorstellungen von persönlicher Freiheit –, sondern gerade im Gegenteil, um solche Traditionen in ihrer Geltung für das eigene Leben überprüfbar zu machen.

Zur Methodendiskussion in der Erforschung der europäischen Integration

Von

Rainer Hudemann

Der erste Teil dieses Bandes legt den Schwerpunkt auf die Geschichte des Europa-Bewußtseins, auf die europäische Einigungsbewegung und auf die langfristigen sozialgeschichtlichen Entwicklungslinien. Diese Themen standen im Mittelpunkt der Sektion des Bochumer Historikertages 1990. Der Hannoveraner Historikertag 1992 hatte zum Kernthema „Europa – Einheit und Vielheit". Die beiden Teilsektionen „Europäische Integration nach 1945" in Hannover, welche den weiteren Beiträgen dieses Bandes zugrunde liegen, setzten die Bochumer Diskussionen fort mit dem Versuch, inhaltlich und methodisch einen exemplarischen Querschnitt durch die historisch orientierte Europa-Forschung der letzten Jahre zu präsentieren. Damit sollten zugleich weitere Perspektiven der Europa-Forschung aufgezeigt werden, wie sie aus neuen Fragestellungen und neu aufgearbeitetem Archivmaterial hervorgehen. Es ging darum, Zugänge der Mentalitätsgeschichte, Sozialgeschichte, Ideengeschichte, Geschichte der politischen Bewegungen, Verfassungsgeschichte, Institutionengeschichte und Geschichte der internationalen Beziehungen vergleichend und einander ergänzend zur Diskussion zu stellen. Chronologisch-sachlich wurde der Bogen zwischen den beiden institutionellen Marksteinen des Schuman-Plans und des Maastrichter Vertrages gespannt. Zugleich wurden einige weitere Teilaspekte aus dem Forschungsverbund „Geschichte des Europabewußtseins und der europäischen Identität im 20. Jahrhundert" vorgestellt.

An die sozial- und mentalitätsgeschichtlich orientierten Bochumer Debatten knüpfte Hartmut Kaelble in Hannover durch einen Vortrag über „Soziale Voraussetzungen der europäischen Integration" an; in diesem Band hat der Autor ihn in seinen Eingangsbeitrag eingearbeitet. Wichtige institutionelle Etappen der europäischen Integration werden in den Beiträgen zum Schuman-Plan (Gilbert Trausch) und zur EVG (Wilfried Loth) untersucht, Hans Boldt führt den Überblick in verfassungsgeschichtlichem Ansatz fort bis zur Gegenwart. Die außenpolitischen Begleitbedingungen europäischer Integration sind Gegenstand des neu hinzugekommenen Beitrages von Klaus Schwabe zum Marshall-Plan – der an die Stelle eines für die Drucklegung nicht zur Verfügung stehenden Vortrages zur gleichen

Thematik tritt – und der Untersuchung von Hanns Jürgen Küsters zum Verhältnis von EWG und EFTA. Eine andere und bislang vergleichsweise selten thematisierte Perspektive zeigt Marlis Steinert auf mit der Darstellung der Entwicklung einer „Außenpolitik" von EWG und Europäischer Gemeinschaft. Den Mechanismus früher Integrationsprozesse und ihres Scheiterns untersucht Armin Heinen am Beispiel der saarländisch-französischen Wirtschaftsunion nach dem Kriege. Die drei folgenden Beiträge zeigen damit drei unterschiedliche Perspektiven der Europa-Forschung auf.[1]

Gilbert Trausch[2]) geht an neuem, auch luxemburgischem Quellenmaterial der Verflechtung von Europa-Zielsetzungen und nationalen Bestimmungsfaktoren beim Schuman-Plan als einer der „klassischen" Etappen der Europa-Politik nach. Er veranschlagt die nationalen Faktoren, die Modernisierungszwänge und die ökonomischen Hintergrundprobleme insbesondere in der französischen Wirtschaft in ihrem Gewicht für die Europapolitik sehr hoch und zeigt die breite Ausdifferenzierung solcher Motivationen. In den Unterschieden zwischen Schumans Ankündigung und der schließlichen institutionellen Ausgestaltung der Europäischen Gemeinschaft für Kohle und Stahl kam dies deutlich zum Ausdruck. Die Verbindung zu den das internationale Bedingungsgeflecht untersuchenden Beiträgen in diesem Band zieht Trausch nicht zuletzt durch seinen Verweis auf das Gewicht französischer Großmachtpolitik für Schumans und Monnets Politik. Die Instrumentalisierung des Europagedankens für nationale Zielperspektiven charakterisierte aber auch die Politik kleinerer Länder. Gerade nationale Interessen können so, wie Trausch zeigt, zum vorantreibenden Faktor der Integration werden. Diese Überlegungen werden in der folgenden Einführung von Klaus Schwabe weitergeführt, sie haben ihre Aktualität bis in die Tagespolitik hinein gewahrt.

Die seit 1992 in West- und Mitteleuropa um den Maastrichter Vertrag geführten Kontroversen haben die lange eher intellektuell und technokratisch geprägte Europa-Debatte zwar zu einer Diskussion der breiteren Öffentlichkeit werden lassen. Zugleich haben sie aber dazu beigetragen, daß die Öffentlichkeit mancher Länder sich insgesamt wieder stärker nicht nur auf ihre politische, sondern auch und gerade auf ihre kulturelle Eigenständigkeit besann. Dies lief parallel zu der – völlig anders bedingten – Ver-

---

[1]) Vgl. auch den Sektionsbericht von *Dietmar Hüser* in: Bericht über die 39. Versammlung deutscher Historiker in Hannover, 23. bis 26. September 1992. Stuttgart 1994, 254–256.

[2]) Vgl. auch den aus den Arbeiten der Arbeitsgruppe „Europabewußtsein und europäische Identität im 20.Jahrhundert" hervorgegangenen Kolloquiumsband: *Gilbert Trausch* (Hrsg.), Die Europäische Integration vom Schuman-Plan bis zu den Verträgen von Rom. The European Integration from the Schuman-Plan to the Treaties of Rome. Pläne und Initiativen, Enttäuschungen und Mißerfolge. Baden-Baden 1993.

stärkung zentrifugaler Kräfte in Osteuropa im Zuge des machtpolitischen Zerfalls der Sowjetunion. Das 1992 von Maastricht-Verteidigern mitunter verwendete Schlagwort „Maastricht oder Sarajevo" trifft einen zentralen Punkt der Europäischen Integration allerdings gerade nicht: Im Gegenteil, der Zerfall Jugoslawiens zeigt durch den Kontrast besonders deutlich die Effizienz der Integrationsleistungen, welche in West- und Mitteleuropa mit der Entwicklung von Konfliktregelungsmechanismen und -instrumenten auf politischer, ökonomischer und auch kultureller Ebene seit dem Zweiten Weltkrieg erbracht wurden. Die Schein-Integration in Osteuropa nach 1945 entbehrte, wie sich jetzt erweist, der Verankerung solcher Instrumente; kulturelle und mitunter – wie in Jugoslawien – religiöse Faktoren gewinnen dort eine zuvor kaum mehr geahnte Sprengkraft.

In West- und Mitteleuropa haben sie diese Sprengkraft zwar nicht. Die Frage nach dem Gewicht kultureller, politischer und ökonomischer Faktoren für die Entwicklung von Divergenzen und Konvergenzen in Europa hat an Bedeutung jedoch weiter gewonnen. Sie ist eine Leitlinie des strukturgeschichtlich konzipierten Beitrages von Armin Heinen. Mit der Frage nach Grenzregionen als methodischem Ansatzpunkt für die Untersuchung der europäischen Einigungstendenzen knüpft er, auf anderer Ebene, zugleich an Peter Krügers Überlegungen zur Bedeutung der Regionalismusdebatte für die Entwicklung eines europäischen Bewußtseins an. Die französisch-saarländische Wirtschaftsunion nach 1947 erlaubt es, bremsende und vorantreibende Faktoren in Integrationsprozessen exemplarisch zu untersuchen, ohne die Unterschiede zum Prozeß auf der europäischen Ebene aus den Augen zu verlieren. Heinen zeigt die Wirkungsweisen mentalitätsbedingter und kultureller Schranken, welche nicht nur politische, sondern insbesondere auch ökonomische Kooperation nachhaltig zu behindern vermögen und Grund für eine Fülle von Mißverständnissen und Konflikten werden können. Zu Kaelbles auf makro-soziologischen und makro-ökonomischen Daten beruhendem, auf langfristige Konvergenztendenzen gerichtetem Ansatz liefert Heinen mit der Integration von Kultur-, Politik- und Wirtschaftsgeschichte eine methodische Ergänzung, die an weiteren Themenbereichen der Integrationsgeschichte auf ihre Tragweite überprüft werden sollte. In der Hannoveraner Diskussion führte dieser Ansatz zu einer Kontroverse über die Frage, wieweit Daten auf einer Makro-Ebene, wie sie Kaelbles Arbeiten zumeist zugrunde liegen, die Realität europäischer „Einheit und Vielfalt" treffend widerspiegeln. Oder anders formuliert: Wie erklärt sich die Persistenz national-kultureller Differenzen angesichts der sozio-ökonomischen Konvergenztendenzen? Deutlich wurde, daß es teilweise um unterschiedliche Perspektiven geht, die weniger Gegensätze bilden, als daß sie sich gegenseitig ergänzen: Langfristige Sicht gegenüber Untersuchung institutioneller Wirkungswei-

sen und -bedingungen von Integration; außereuropäische Sicht im Vergleich hochentwickelter Industriestaaten in Europa, Nordamerika, Japan
gegenüber europäischer Innensicht. In Heinens Ansatz sind es gerade dy-
namische Austauschprozesse und Wechselwirkungen, welche die Integration voranbringen; dementsprechend müsse die makro-historische Ebene
durch mikrohistorische Einzelstudien verifiziert und ergänzt werden. Kulturelle Schranken müßten im übrigen Integration nicht verhindern; ein
nationalstaatliches Vetorecht erleichtere kleineren Staaten mitunter sogar
die für eine Integrationspolitik erforderlichen innenpolitischen Kompromisse. In diesem Zusammenhang fragt Heinen – und hier werden, mit anderer Akzentuierung, die Überlegungen sowohl von Peter Krüger als auch
von Gilbert Trausch weitergeführt –, ob Nationalstaaten in ihrer Funktion
als „Kulturpuffer" nicht sogar integrationsfördernde Wirkungen entfalten
können.

   In anderer Weise als Kaelble thematisiert Marlis Steinert die Außensicht
der europäischen Integration. Die Außenbeziehungen der Europäischen
Gemeinschaft werden über der Besinnung auf die inneren Gestaltungs-
und Bremsfaktoren der europäischen Einigung in der wissenschaftlichen
Diskussion allzuoft in den Hintergrund gedrängt. Allein schon angesichts
der in diesem Band dargestellten Rolle der USA in der Frühgeschichte der
Integrationspolitik, angesichts der politischen Bedeutung des Nord-Süd-
Dialogs und der neuen Herausforderungen seit dem Zerfall der Sowjetunion, des Warschauer Paktes und des RGW ist dieses relative Defizit verwunderlich. Parallel zu den auf die innereuropäische Integration gerichteten, in anderen Beiträgen dieses Bandes dargelegten institutionellen Etappen analysiert Steinert im folgenden die Instrumentarien einer europäischen Außenpolitik, wie sie sich seit den Römischen Verträgen im Zusammenwirken und Widerstreit mit den nationalstaatlichen außenpolitischen
Prärogativen allmählich herausbildeten. Der Dualismus von Absprachen
zwischen den europäischen Regierungen und institutionalisierten Beziehungen zu Drittstaaten und internationalen Organisationen illustriert dieses Spannungsverhältnis. Nord-Süd-Konflikt und Ende des Kalten Krieges sind ihrerseits Faktoren, welche das Gewicht der Europäischen Union
in der Außenpolitik Europas seit einigen Jahren nachhaltig verstärken
und dem Thema weitere Bedeutung verleihen.

   Die Beiträge dieses Buches beleuchten damit, wie die unterschiedlichen
methodischen Ansätze in der Europa-Forschung, deren wissenschaftsge-
schichtliche Entwicklungsetappen Hartmut Kaelble einleitend dargelegt
hat, zwar zu Kontroversen über ihre jeweilige Tragfähigkeit führen können, insgesamt sich jedoch allmählich zu einem Netz einander ergänzen-
der Zugangsweisen verdichten. Themen, die bereits eine vergleichsweise
längere Wissenschaftsgeschichte aufzuweisen haben wie die Geschichte

der europäischen Institutionen, eröffnen neue Perspektiven bei veränderten Fragestellungen, etwa in den ambivalenten Wirkungen des Nationalstaates. Andere sind auch in den untersuchten Gegenständen neu. In der aktuellen Forschungssituation erscheint es insbesondere erforderlich, die Frage nach den kulturellen Divergenz- und Integrationsfaktoren neu aufzurollen.

Der Schuman-Plan zwischen Mythos und Realität

Der Stellenwert des Schuman-Planes*

Von

Gilbert Trausch

Vorliegender Aufsatz geht aus vom hohen Stellenwert, den der Schuman-Plan und auch die aus ihm hervorgegangene Europäische Gemeinschaft für Kohle und Stahl (EGKS) in der Geschichte der europäischen Einigung einnehmen. Für diesen Stellenwert gibt es mehrere Erklärungen. Fünf seien hier aufgezählt.

Zum ersten erscheint der Schuman-Plan als Gründungsakt der Europäischen Gemeinschaft schlechthin. Die EGKS ist die erste Europäische Gemeinschaft und nicht die Europäische Wirtschafts-Gemeinschaft, wie heute so manche übereilige Journalisten schreiben.[1] An der Wiege der EGKS stehen zwei große Gründerfiguren sozusagen Pate, Jean Monnet und Robert Schuman. Zu ihnen gesellen sich noch Konrad Adenauer, Alcide de Gasperi und Joseph Bech.[2] Kein holländischer Politiker hat unter den Gründer-Vätern Platz gefunden. Dirk Stikker ist in der europäischen „Volkskunde" eine vergessene Figur.[3] Paul Henri Spaak konnte sich

* Ich möchte meiner Assistentin an der Universität Lüttich, Frau Anne de Smedt, meinen Dank aussprechen für die Hilfe, die sie mir bei der Beschaffung eines Teils des Archivmaterials geleistet hat.

[1] Eine Sondernummer der französischen Zeitung „Le Monde. Dossiers et documents" (April 1987) ist betitelt: „Trente ans de Communauté européenne".

[2] Für François Fontaine, enger Mitarbeiter von J. Monnet, gibt es nur drei Gründerfiguren, Jean Monnet, Robert Schuman und Konrad Adenauer: „on peut attribuer la paternité de l'œuvre à trois hommes et à eux seuls". Die anderen verdienen nur den Titel von Aposteln: *Francois Fontaine,* Il n'empêche que nombreux sont les Européens qui méritent le beau nom d'apôtres ..., in: Une mémoire vivante. Ed. par la Fondation Jean Monnet pour l'Europe. Lausanne 1986, 87. Präsident Mitterrand zählt in der bei Gelegenheit der Übertragung der Asche J. Monnets ins Panthéon gehaltenen Rede (9. November 1988) folgende Gründerfiguren (fondateurs) auf: R. Schuman, A. de Gasperi, P.-H. Spaak, K. Adenauer, J. W. Beyen, A. Spinelli, W. Hallstein, W. Churchill und J. Bech.

[3] In einem kürzlich erschienenen, sehr schön aufgemachten Ausstellungskatalog werden die „Pères de l'Europe" gewürdigt. Die Herausgeber hatten Schwierigkeiten neben Schuman, Adenauer, de Gasperi, Bech und Spaak einen Holländer zu finden und nahmen deren zwei auf, Johan Willem Beyen und Joseph Luns. Keiner

noch in das Gruppenbild der „Pères de l'Europe" einreihen, aber nicht
wegen der Rolle, die er bei der Geburt der EGKS gespielt hatte, denn er
hatte damals keine Regierungsverantwortung. Sein Anspruch auf eine Va-
terfigur geht zurück auf sein Amt als erster Präsident der Versammlung
des Europa-Rates, besonders aber auf seine spätere Rolle bei der „Relance" von Messina und der Vorbereitung der Römischen Verträge. Spaak
zählt zu den Gründer-Vätern der Europäischen Gemeinschaft, steht aber
nicht da als Pate der Wirtschaftsgemeinschaft, was er vielleicht verdient
hätte. Keine Patenfigur hat sich bei der EWG durchsetzen können. Auch
der Name von René Pleven, der anfangs eng mit der Europäischen Verteidigungsgemeinschaft verbunden war, ist aus dem Kollektivbewußtsein der
westeuropäischen Völker verschwunden. Die bei seinem kürzlichen Tode
in der französischen Presse veröffentlichten Nachrufe gingen nur kurz, hie
und da überhaupt nicht, auf seine Rolle bei der Ausarbeitung der EVG
ein. Niemand denkt daran, europäische Verträge wie die Einheitliche
Europäische Akte (1985) oder den Maastrichter Unions-Vertrag (1992) mit
einem großen Namen in Zusammenhang zu bringen. Keine anderen Namen sind so eng mit dem europäischen Einigungswerk verbunden wie die
von Monnet und Schuman, es sei denn, man geht bis in die Vorkriegszeit
zurück, um auf Namen wie Aristide Briand und Coudenhove-Kalergie zu
stoßen, was uns übrigens zeigt, daß der Erfolg eines Unternehmens nicht
ausschlaggebend ist für eine Verbindung des Namens mit dem Werk.

Zum zweiten führt der Schuman-Plan das Prinzip der Supranationalität
ein. Zwar nur in kleinen Dosen, aber immerhin als eine Neuerung in der
Struktur internationaler Organisationen. Die Römischen Verträge bringen
im Vergleich keine weitere Übertragung von Souveränität. Das in der
Europäischen Gemeinschaft vorhandene Supranationale geht im Prinzip
auf den Schuman-Plan zurück, dann auf die Rechtsprechung des Europäischen Gerichtshofes in Luxemburg, besonders in den sechziger Jahren,
auf Kompetenzen, die der Europäische Rat an die Kommission abgetreten hat, schlußendlich auf die Einheitliche Europäische Akte und poten-
tiell auf den Maastrichter Vertrag.

Zum dritten schafft der Schuman-Plan das Modell der gemeinschaftlichen Institutionen, so wie sie bis heute funktionieren: Hohe Behörde, seit
1965 Kommission, Ministerrat (später mit Europäischem Rat), parlamentarische Versammlung, heute Europaparlament, und Europäischer Gerichtshof. Auch die Spannungen, die heute zwischen der Kommission, dem
Ministerrat und dem Europäischen Parlament bestehen, gehen auf den
Schuman-Plan zurück, sie waren sozusagen von Anfang an miteingebaut.

von beiden war beim Schuman-Plan dabei. S. Charleroi: Une ville au cœur de l'Europe. 9 mai 1950–18h00, Salon de l'Horloge, Quai d'Orsay. Hommage aux Pères
d'Europe. Charleroi 1992.

Zum vierten werden öfters die äußerst langsamen Fortschritte der EG in den letzten vierzig Jahren dem Durchbruch von 1950 entgegengestellt. Eine Gegenüberstellung spielt notwendigerweise zugunsten des Schuman-Planes. Häufig hört man den Seufzer: „Ach, hätte Europa doch wieder Männer vom Format eines Monnet oder Schuman!" Allzu leicht lenkt das Prestige der Namen vom politischen und wirtschaftlichen Umfeld ab.[4]) Das Verdienst Monnets und Schumans war, die Lage im Frühjahr 1950 richtig eingeschätzt zu haben und die damals gegebenen Umstände klug ausgenutzt zu haben. Was 1950 möglich war, war es schon 1953 nicht mehr. So hat sich um beide Männer ein Mythos gebildet. Derjenige, der Monnet umgibt, wird am Leben gehalten von den Brüsseler Behörden, von den Beamten der ersten, zweiten und dritten Stunde, die vielfach in den letzten Jahren auf Symposien und Rundtischgesprächen aufgetreten sind, von einigen wissenschaftlichen und weniger wissenschaftlichen Gesellschaften. Daß hierbei viel unkritisches Gedankengut verbreitet wird, ist unvermeidlich. Hinzu kommt, daß es eine historisch-kritische Biographie von Monnet bis heute noch nicht gibt. Der Mythos von Schuman wird gepflegt von Europabeamten, von zahlreichen Vereinigungen und besonders von konservativ-katholischen Kreisen. Es gibt zwar seit einigen Jahren eine gut recherchierte, kritisch-historische Biographie von R. Schuman[5]), aber ohne große Wirkung auf Mythenbildung, wie eine andere erschienene Biographie bezeugt.[6])

In den letzten Jahren sind die Namen von Jean Monnet und besonders von Robert Schuman öfters zur Namengebung von Institutionen aller Art verwendet worden. Es ist nicht immer einfach, zwischen europafreundlichen, sich aktiv für Europa einsetzenden und wissenschaftlichen Einrichtungen zu unterscheiden. Liest man, was von verschiedenen Kreisen über beide Männer geschrieben wurde, so denkt man unwillkürlich an Hagiographie.[7]) Monnet und Schuman waren ganz sicher hervorragende Män-

---

[4]) Präsident Valéry Giscard d'Estaing hat in den Jahren 1974–1977 J. Monnet mehrmals ins Elysee eingeladen, um ihn um Rat zu europäischen Fragen zu bitten. Eine gewisse Enttäuschung bricht durch, wenn er lakonisch schreibt: „J'ai trouvé auprès de lui davantage d'encouragements que de suggestions." *Valéry Giscard d'Estaing,* Le pouvoir et la vie. Vol. 1: La rencontre. Paris 1988, 5–119.
[5]) *Raymond Poidevin,* Robert Schuman, homme d'État 1886–1963. Paris 1986.
[6]) *René Lejeune,* Robert Schuman. Une âme pour l'Europe. Paris/Freiburg, Schweiz 1986; *V. Rauch,* Robert Schuman – une âme pour l'Europe. A propos du livre de René Lejeune, in: Nos cahiers. Lëtzebuerger Zäitschreft fir Kultur 1992, Nr. 2, 5–12.
[7]) S. z. B. *Jean-Baptiste Duroselle.* Gebeten, einen Beitrag zu einem Sammelband: Témoignages à la mémoire de Jean Monnet. Ed. par la Fondation Jean Monnet pour l'Europe. Lausanne 1989 zu liefern, folgt er der Aufforderung noch mit fol-

ner, die Großes geleistet haben und mit Recht geehrt werden. So wurden vor wenigen Jahren die sterblichen Überreste von J. Monnet feierlich ins Pantheon, den Tempel der „grands hommes de la patrie", in Paris überführt. Bei der vom französischen Kultusminister inszenierten Gedenkfeier hielt Präsident Mitterrand eine Laudatio, die ihrerseits wiederum zum Ausbau des Mythos beigetragen hat.[8]) Auch die sterbliche Hülle R. Schumans hätte damals ins Pantheon übertragen werden sollen, aber die Lothringer haben sich dagegen gewehrt, daß ihr in Scy-Chazelles (bei Metz) in einer mittelalterlichen Kirche begrabener, großer Mann nach typisch zentralistischem Muster seine letzte Ruhestätte in Paris fände. Doch nicht nur Lokal- und Regionalpatriotismus haben mitgespielt. Nicht zu Unrecht haben manche Kommentatoren darauf hingewiesen, daß eine Überführung des erzkatholischen, tieffrommen Schuman in den Tempel des laizistischen Frankreichs einer postumen Vergewaltigung gleichgekommen wäre. Dafür aber soll R. Schuman jetzt selig- und dann heiliggesprochen werden. Ein Prozeß der Seligsprechung wurde vom Bistum Metz eingeleitet und läuft auf vollen Touren. Ein anfangs zur Expertengruppe herangezogener Historiker hat sich inzwischen vom Vorhaben distanziert. Experten sind auf der Suche nach Wundern, die der Heiligzusprechende bewirkt haben soll. Vielleicht ist das Überleben der EG das eigentliche Wunder?

Letztlich sei darauf hingewiesen, daß der Aufruf vom 9. Mai 1950 in seinen beiden Teilen (Déclaration liminaire und Déclaration) sprachlich schön formuliert ist und sich ausgezeichnet zum Zitieren eignet. Es ist, wie die Franzosen sagen, ein „morceau d'anthologie".[9]) Hier sei jeweils nur der erste Satz beider Teile zitiert, auf französisch, denn ein Großteil des sprachlichen Glanzes geht bei der Übersetzung verloren: „Il n'est plus question de vaines paroles mais d'un acte, d'un acte hardi, d'un acte constructif." – „La paix mondiale ne saurait être sauvegardée sans des efforts

gender Einschränkung: „Ne désirant pas pratiquer ici l',hagiographie', genre irritant pour les lecteurs et peu favorable au héros dont on parle – car il est vain de faire croire qu'un homme est parfait – je me contenterai d'évoquer ici quelques souvenirs, qui me paraissent éclairer certains aspects d'une personnalité extraordinairement complexe" (S. 191). Als René Massigli, der langjährige französische Botschafter in London, für die Abfassung seiner Memoiren Quellenstudien betrieb und die gängige Literatur untersuchte, stellte er zu seinem Erstaunen fest: „nombre de ces ouvrages devraient être rangés dans la catégorie de l'hagiographie"; *René Massigli,* Une comédie des erreurs 1943–1956. Souvenirs et réflexions sur une étape de la construction européenne. Paris 1978, 9.
[8]) *Francois Mitterand,* Jean Monnet. Lausanne 1989.
[9]) Es gibt neun verschiedene Versionen dieser Erklärung, Archives de la Fondation Jean Monnet pour l'Europe, Lausanne. Der Text wurde von einer kleinen Gruppe um Jean Monnet ausgearbeitet: Etienne Hirsch, Pierre Uri und Paul Reuter.

créateurs à la mesure des dangers qui la menacent."[10]) Im Vergleich dazu erscheint die von George Marshall am 5. Juni 1947 in Harvard gehaltene Rede flach und glanzlos.

Die beim Schuman-Plan verfolgten Ziele

Es geht hier um die von verschiedenen beteiligten Staaten, besonders von Frankreich verfolgten Ziele. Ganz kurz sei zum Inhalt auf zwei Punkte hingewiesen. Erstens, die deutsch-französische Kohle- und Stahlproduktion soll unter die Kontrolle einer gemeinsamen Hohen Behörde mit supranationalen Befugnissen gestellt werden. Das Wort „supranational" wird zwar in der Erklärung vom 9. Mai nicht verwendet, geht dem Sinne nach aber klar aus dem Zusammenhang hervor. Der Text spricht von einer Behörde „dont les décisions lieront la France et l'Allemagne". An einer anderen Stelle werden die Entscheidungen der Hohen Behörde als „exécutoires" dargestellt. Zweitens ist diese Gemeinschaft offen für andere Länder. Dieser nur beiläufig in der Erklärung erwähnte Punkt wird oft vernachlässigt, hat aber eine größere Bedeutung, auf die noch zurückzukommen sein wird.

Es kommt in diesem Aufsatz besonders auf die französische Zielsetzung an, da ja die Initiative von Frankreich ausging. Es gibt neben offen aufgedeckten mehr oder weniger versteckte Ziele mit geheimen Absichten. Man kann auch unterscheiden zwischen allgemeinen und spezifischen Zielen.

Bei den allgemeinen Zielen wird ganz klar ein europäischer Frieden angepeilt („servir la paix"). Es handelt sich hier um eine stereotype Wendung, die in vielerlei Verträgen auftaucht, sogar im Hitler-Stalin-Pakt von 1939 („der Sache des Friedens zu dienen"). Hier war es eine glatte Lüge, bei J. Monnet natürlich ehrlich gemeint. Im Rückblick erscheint die Aussage, die Europäische Gemeinschaft habe dem europäischen Frieden gedient, vielen fast wie eine Banalität, wenigstens bis zur kürzlichen Balkan-Krise. Bei den heftigen Debatten zum Maastricht-Referendum in Frankreich (Sommer 1992) hat Präsident Mitterrand in den Meinungskampf mit dem Hinweis, die EG habe Westeuropa den Frieden gebracht, eingegriffen. Das Argument scheint die französischen Wähler nicht stark beeindruckt zu haben, wie der knappe Ausgang der Volksbefragung zeigt. Für die meisten Westeuropäer ist das 1950 verfolgte Friedensziel ein fester Bestandteil ihrer Weltordnung geworden. Damals aber, fünf Jahre nach Kriegsende, war diese Zielsetzung noch neuartig.

[10]) Zahlreiche Veröffentlichungen, so z. B. in: Ce Jour-là l'Europe est née. Ed. par la Fondation Jean Monnet pour l'Europe. Lausanne 1980, 22–26. Deutsche Version in: EA 11, 1950, 3091–3092.

Als zweites allgemeines Ziel wird das europäische Einigungswerk dargestellt. Die französische Initiative gilt als „premier acte décisif de la construction européenne". Man beachte den in diesem Zusammenhang nur
schwer übersetzbaren Ausdruck „construction". Es ist im Französischen
ein recht vager, dehnbarer Ausdruck, der praktisch alle europäischen
Einigungsmöglichkeiten einschließt, von der engen, zwischenstaatlichen
Zusammenarbeit hin bis zur Integration. Der Ausdruck ist der größte
gemeinsame Nenner und wird gerne gebraucht, wenn man Definitions-
schwierigkeiten aus dem Weg gehen will. Die Erklärung stellt das geplante
Unternehmen dar als „première étape de la Fédération européenne" oder
als „premières assises concrètes d'une Fédération européenne". Wiederum handelt es sich im Französischen um einen dehnbaren Begriff, denn
„fédération" kann sowohl einen Bundesstaat als auch einen Staatenbund
bedeuten. Wahrscheinlich wird das Wort gerade wegen seiner Zweideutigkeit gebraucht.[11]) Der Wunsch, sich in der Erklärung nicht festzulegen,
geht auch aus einer anderen Formulierung hervor: „L'Europe naîtra de
tout cela ..." Aber welches Europa? „... une Europe solidement unie et
fortement charpentée". Auch diese Fassung bleibt dehnbar, obschon sie
eher in Richtung Bundesstaat weist, wie der ja später von Monnet für sein
Aktionskomitee gebrauchte Ausdruck „Vereinigte Staaten von Europa"
beweist.[12]) Aber ganz klar hat er seine „Fédération européenne" nie definiert.[13])

Als drittes allgemeines Ziel darf man die deutsch-französische Annäherung ansehen. Das wird vorläufig noch negativ ausgedrückt: „que l'opposition séculaire de la France et de l'Allemagne soit éliminée". Jeder
deutsch-französische Krieg soll unmöglich gemacht werden, in materieller
wie in geistiger Hinsicht („impensable"). Fünf Jahre nach Kriegsende soll
ein deutsch-französischer Krieg undenkbar, unvorstellbar werden.

Von den offen aufgezeigten spezifischen Zielen seien zwei erwähnt.
Frankreich ist stark an gleichen Produktionsbedingungen für alle Mitgliedsstaaten interessiert und denkt dabei natürlich an den deutsch-französischen Ausgleich. Dieser Punkt wird immer wieder betont: „éléments
fondamentaux de la production industrielle aux mêmes conditions", „la
fourniture à des conditions identiques du charbon et de l'acier". Um den
freien Verkehr von Kohle und Stahl zu sichern, sollen nicht nur die Zoll-

---

[11]) In der ersten Version hieß es: „... l'Europe doit être organisée sur une base fédé-
rale", eine Formulierung, die jede Zweideutigkeit ausschloß.

[12]) *Pascal Fontaine,* Le Comité d'action pour les États-Unis d'Europe de Jean Monnet. Lausanne 1974.

[13]) S. *Max Kohnstamm,* Par ailleurs, il n'a jamais précisé la forme qui devait revêtir
selon lui „l'Union européenne", in: Giandomenico Majone/Emile Nöel van den
Bossche (Eds.), Jean Monnet et l'Europe d'aujord'hui. Baden-Baden 1989, 39.

schranken abgeschafft werden, sondern auch alle unterschiedlichen Transporttarife. Frankreich will sich den freien Zugang zur Ruhrkohle auf lange Zeit sichern. Frankreich war auch darauf bedacht, seinen afrikanischen Besitzstand abzusichern. Aus der neuen Gemeinschaft sollen „tous les Européens et notamment l'Afrique" Nutzen ziehen. Frankreich machte sich Sorgen um sein Kolonialreich. Klar war der französischen Regierung, daß größere Umwandlungen (Union française) notwendig waren, unklar war aber noch der Weg, wie diese am besten durchgeführt werden könnten. Die Sicherung des überseeischen Besitzes war für die französische Politik ein Mittel, die Stellung Frankreichs als Großmacht abzusichern. An der afrikanischen Problematik war von den ins Auge gefaßten Mitgliedsstaaten nur noch Belgien wirklich interessiert.

Wichtig sind vor allem die Hintergrundziele, die bei der öffentlichen Erklärung vom 9. Mai nicht durchscheinen.

Ein europäisches Einigungswerk mit einer gewissen Dosis von Integration war nicht möglich in Zusammenarbeit mit England. Die Ausarbeitung der Strukturen der OEEC (Organisation of European Economic Cooperation, 1948) und des Europarates (1949) hatten klar gezeigt, daß England nicht bereit war, über eine zwischenstaatliche Zusammenarbeit hinauszugehen. Jeder Versuch eines Durchbruchs zur Supranationalität war am Widerstand der Briten gescheitert.[14] Eine Lösung der deutschen Frage war aber in der französischen Auffassung nicht möglich ohne einen gewissen Grad an Integration. Also mußte eine Lösung ohne England gesucht werden.

Lange hatte Monnet an einem Europa mit England festgehalten. Die angelsächsische Welt war ihm sehr vertraut. Den Wendepunkt in seiner Haltung kann man auf das Frühjahr 1949 datieren. Die französisch-englischen Wirtschaftsverhandlungen im Februar/März waren fehlgeschlagen.[15] In einem Alleingang (April 1949) versuchte Monnet noch einmal mit England zu einer festen wirtschaftlichen Verständigung zu kommen und scheiterte seinerseits am Unverständnis seines Gesprächspartners, Lord Plowden, für den ein Verzicht auf Souveränitätsrechte undenkbar war.[16] Interessant in diesem Zusammenhang ist eine Aussage Plowdens, da sie normalerweise zum „non-dit" gehört, zu dem, was im Geiste allgegenwärtig ist, aber nur selten über die Lippen kommt. Wie könnte England sein Schicksal mit einem Land vereinen, das 1940 so kläglich versagt

---

[14] Für die englische Regierung war „an abatement of sovereignty" nicht annehmbar; Documents on British Policy Overseas, Series 2, Vol. 1. London 1986, 70.

[15] *Gérard Bossuat,* La France, l'aide américaine et la construction européenne 1944–1954. Vol. 2. Paris 1992, 637–642.

[16] *Jean Monnet,* Mémoires. Paris 1976, 330–332.

hatte: „We should obviously not agree, however to anything which would render us incapable of sustaining an independent resistance if France were overrun."[17] Frau Thatcher gebrauchte noch 1991 dieses Argument, um gegen den geplanten Maastrichter Unions-Vertrag Sturm zu laufen. Sie erinnerte an die Lehre des Zweiten Weltkrieges, als England allein in Europa standgehalten hatte.[18]

All die Nachkriegsjahre hindurch schleppt Frankreich die Last der Niederlage von 1940 mit sich, so wie ein Häftling seine an den Fuß angekettete Eisenkugel. Seine Europapolitik erklärt sich zu einem beträchtlichen Teil aus dem Willen, die Folgen von 1940 zu überwinden.

Monnet setzte also ab Frühjahr 1949 auf eine Lösung ohne England. Ein Jahr später führte R. Schuman das Manöver durch, bei dem England von vornherein ausgeschaltet war. Für einen erfahrenen Beobachter war es natürlich klar, daß England für eine Kontinentallösung nicht reif war. Aber beim Schuman-Plan erhielt es nicht einmal die Chance, sich umzusehen. Der damalige Botschafter Frankreichs in London machte Schuman hierfür schwere Vorwürfe.[19]

Die Ausschaltung Englands hing eng zusammen mit der Auffassung, die Frankreich sich von seiner Stellung im internationalen Kräftespiel machte. Hier war die Lösung der „question allemande" vorrangig. Seit einem Jahr gab es einen neuen Deutschen Staat. Es war ein Staat mit beschränkter Souveränität, besonders auf der Basis des Besatzungsstatuts vom 10. April 1949. Die Beschränkung der Außenpolitik und des Außenhandels, die Demilitarisierung, die Reparationen, besonders aber die Internationale Ruhrbehörde sowie die Dekartellisierung der Montanindustrie legten dem neuen Staat eine wirkliche „capitis deminutio" auf. Nun stellte sich für die französische Politik die bange Frage, wie lange ein derartiges Statut sich aufrecht erhalten ließe. Eine Weiterentwicklung der Frage war unabwendbar. Wie ließe sie sich kontrollieren?

Für die französische Politik waren zwei Fakten ausschlaggebend: der Drang nach Wiederherstellung der Einheit und der Wirtschaftsdynamismus der Deutschen. Monnet und Schuman befürchteten die Versuchung einer Schaukelpolitik zwischen Ost und West oder eines Abdriftens der Bundesrepublik nach Osten mit der Aussicht auf eine Wiedervereinigung um den Preis einer Neutralisierung.[20] Gegen die Stärke des Einheitsge-

---

[17] *Bossuat,* La France (wie Anm. 15), 642.
[18] „Nous avons alors été le seul peuple en Europe à rester debout, alors que tous les autres s'effondraient, et celui qui, avec les Etats-Unis, a libéré l'Europe." Le Monde, 12. März 1991, „Mme Thatcher fait entendre sa différence".
[19] *Massigli,* Une comédie (wie Anm. 7), 187–198.
[20] In zwei Memoranden an R. Schuman (9. und 16. September 1950) spricht Monnet von der „tentation de balancer entre l'Est et l'Ouest"; Jean Monnet – Robert

fühls gelte es die Bundesrepublik fest in eine westeuropäische Struktur einzubinden. Dies schien Schuman auf die Dauer nicht über die Unterordnung Deutschlands erreichbar, sondern nur über eine auf begrenztes Vertrauen aufgebaute Partnerschaft.

Monnet und Schuman waren beide vom Dynamismus der deutschen Wirtschaft beeindruckt, besonders vom Aufschwung der deutschen Stahlproduktion. Der Moment war vorauszusehen, an dem die letzten von den Alliierten auferlegten Schranken wegfallen würden. Das geschah tatsächlich 1951, aber da gab es schon den Schuman-Plan. Jean Monnet setzte stark auf die Dekartellisierung der deutschen Montanindustrie.

Der 1886 in Luxemburg geborene Robert Schuman – der Vater war ein direkt an der luxemburgisch-französischen Grenze (1837) geborener Lothringer, seine Mutter eine Luxemburgerin – lernte Deutschland durch die Augen der Luxemburger kennen.[21] Nicht nur hatte er als Muttersprache das Luxemburgische gelernt, über das der Zugang zum Deutschen relativ leicht ist, er hatte auch in Luxemburg das Gymnasium bis zum Abitur (einschließlich) besucht. Das damalige Luxemburg war wirtschaftlich eng mit Deutschland in einer Zollunion verbunden (1842–1918). Wie die meisten Luxemburger war Schuman gleichzeitig vom deutschen Wirtschaftsdynamismus beeindruckt und bedrückt. Wie sie bewunderte er Deutschland und ging aber gleichzeitig auf Distanz. Graf von Pückler, Gesandter des Kaiserreiches in Luxemburg am Anfang des 20. Jahrhunderts, drückte das so aus: „Denn Macht weckt Furcht, nicht Liebe."[22]

Schumans Analysen der deutschen Frage gehen klar aus unveröffentlichten, handschriftlichen Notizen hervor. Es handelt sich um einfache Stichworte, aufs Papier geworfen, um seine Gedanken festzulegen, wahrscheinlich für einen Vortrag vor einer parlamentarischen Kommission: „Problème allemand: ressources et énergies allemandes – se borner à les endiguer et freiner, par interdictions, par coalitions contraires, ou les mettre en valeur, les faire fructifier en commun au profit de toute l'Europe unifiée." (Deutsches Problem: deutsche Mittel und Energien – sich darauf beschränken, sie einzudämmen und zu bremsen, durch Verbote, Isolierung und feindliche Koalitionen, oder sie zur Geltung bringen, sie ge-

---

Schuman. Correspondance 1947–1953. Ed. par la Fondation Jean Monnet pour l'Europe. Lausanne 1986, 54 u. 58.
[21] *Gilbert Trausch,* Robert Schuman, le Luxembourg et l'Europe, in: Robert Schuman: 1886–1986. Centenaire Robert Schuman. Les racines et l'œuvre d'un grand Européen. Exposition, organisée par le Gouvernement du Grand-Duché du 18 juin au 22 juillet 1986. Luxembourg 1986, 24–83.
[22] *Gilbert Trausch,* Der Einfluß Deutschlands in Luxemburg um 1900, in: Günther Pflug/Brita Eckert/Heinz Friesenhahn (Hrsg.), Bibliothek – Buch – Geschichte. Kurt Köster zum 65. Geburtstag. Frankfurt am Main 1977, 505.

meinsam Zinsen abwerfen lassen zum Nutzen des ganzen, vereinigten Europa.)[23])

Auf Grund der eben dargelegten Einsichten war es zu einer Änderung der traditionellen Deutschlandpolitik Frankreichs gekommen. Die Neu-orientierung kann man auf die Mitte des Jahres 1948 festlegen, etwa Juni[24]), also kurz vor der Übernahme des Quai d'Orsay durch Schuman. Die neue Deutschlandpolitik läßt sich also nicht so ohne weiteres auf das Konto Schumans[25]) buchen. Sie setzt sich nur langsam durch. Mühsam entfaltet sie sich in den Aktennotizen im Außenministerium. Dieses Neu-durchdenken der Deutschlandproblematik löst allmählich die traditio-nelle Deutschlandpolitik ab, die an Namen wie Poincaré und Foch gebun-den ist und der in der ersten Nachkriegszeit sowohl de Gaulle als auch Schumann verpflichtet waren. Bidault deutet die Wende an, aber Schu-man führt sie durch. Er braucht zwei Jahre dafür (Juli 1948–Mai 1950). Die deutsche Frage soll über die „construction européenne" gelöst wer-den.[26])

Frankreich soll aber gleichzeitig das nicht minder wichtige Problem der Modernisierung seiner Wirtschaft lösen. Diese Sorge ist bei Monnet stär-ker ausgeprägt als bei Schuman. Nach der Befreiung Frankreichs hatte J. Monnet die Idee eines großzügigen Modernisierungsplanes aufgegrif-fen. Am 5. Dezember 1945 legte er de Gaulle einen „Plan de Modernisa-tion et d'Equipement" vor. Am 3. Januar 1946 wurde das „Commissariat Général du Plan" mit Monnet an der Spitze geschaffen.[27])

[23]) Archives départementales de la Moselle, Metz (= ADM), Papiers Robert Schu-man.

[24]) Auf der Konferenz der (West-)Alliierten Mächte (20. April–2. Juni 1948) mußte der französische Außenminister G. Bidault einsehen, daß Frankreich sich mit seiner traditionellen Deutschland-Politik nicht durchsetzen konnte. Schweren Herzens schlug Bidault der Regierung vor, die Schaffung eines westdeutschen Staates anzu-nehmen. *Paul Gerbet,* Le relèvement 1944–1949. (Politique étrangère de la France.) Paris 1991; s. auch *Raymond Poidevin,* La nouvelle politique allemande de la France (juin 1948–avril 1949), in: Enjeux et puissances. Pour une histoire des rela-tions internationales au XXe siècle. Mélanges en l'honneur de Jean-Baptiste Duro-selle. Paris 1986, 203–216.

[25]) S. dazu *Poidevin,* Robert Schuman (wie Anm. 5), 183–187.

[26]) *Raymond Poidevin,* Le facteur Europe dans la politique allemande de Robert Schuman (été 1948–printemps 1949), in: ders. (Ed.), Histoire des débuts de la con-struction européenne. Baden-Baden 1986, 311–326; *ders.,* Die europapolitischen In-itiativen Frankreichs des Jahres 1950 – aus einer Zwangslage geboren?, in: Ludolf Herbst/Werner Bührer/Herbert Sowade (Hrsg.), Vom Marshallplan zur EWG. Die Eingliederung der Bundesrepublik Deutschland in die westliche Welt. München 1990, 257–262.

[27]) *Philippe Mioche,* Le plan Monnet. Genèse et élaboration 1941–1947. Paris 1987. Von der Darstellung in den Memoiren J. Monnets sagt Mioche: „L'histoire ainsi résumée est légendaire …" (S. 9).

Monnet fürchtet vor allem den Hang der französischen Industriellen zum Protektionismus und Malthusianismus. Für ihn geht es darum, die französische Stahlindustrie nach außen zu öffnen und der deutschen Konkurrenz auszusetzen. Hierdurch sollen die französischen Stahlmagnaten gezwungen werden, sich zu modernisieren. Die einheimische Stahlindustrie darf den europäischen Zug nicht verpassen: „faire particiser l'industrie d'acier française à l'expansion européenne".[28] Dafür müssen aber zwei Bedingungen erfüllt sein: gleicher Zugang zu den Rohstoffen und gleiche Transportbedingungen.

Die Öffnung nach außen, so hofft Monnet, werde die französischen Industriellen aus ihrem Schlendrian herausreißen und verhindern, daß sie in die alten Gewohnheiten zurückfielen, in die „ornière d'une production limitée": das Bild einer Radspur, aus der der Wagen der Produktionsdrosselung nicht mehr herauskommt. Durch eine umfangreiche Modernisierung wollte Frankreich seine Stellung als „grande nation" behaupten. Dies ist eine Hauptsorge der französischen Nachkriegsregierungen. Im Zentrum dieser Bemühungen stößt man immer wieder auf Jean Monnet. Eine Aktennotiz des Quai d'Orsay (Mai 1950) stellt den Schuman-Plan als einen „deuxième plan Monnet" dar, der notwendig geworden sei, weil der erste – derjenige des Commissariat Général – weitgehend gescheitert sei. Hier wird klar die Kontinuität der Zielrichtung betont. Die durch den zweiten Monnet-Plan geschaffene „instance" (lies: Hohe Behörde) solle die Entscheidungen treffen, die keine französische Regierung dem Parlament abtrotzen könne.[29]

---

[28] Die Modernisierungsabsichten gehen klar aus zwei Memoranden (1. und 3. Mai 1950) hervor. Es handelt sich in Wirklichkeit um zwei verschiedene Versionen eines selben Textes. Die zweite, bekanntere Version wurde zuerst in der französischen Tageszeitung Le Monde (9. Mai 1970) abgedruckt unter dem Titel „Le memorandum Monnet du 3 mai 1950". Ein bequemer Nachdruck in: Ce-jour-là (wie Anm. 10), 15–21. Der Text der ersten Version bei *Henry Beyer, Robert Schuman. L'Europe par la réconciliation franco-allemande*. Lausanne 1986, 153–160. Zur These des Schuman-Planes als Versuch, die Wettbewerbsfähigkeit der französischen Stahlindustrie zu verbessern: *Matthias Kipping, Les tôles avant les casseroles*. La compétitivité de l'industrie française et les origines de la construction européenne, in: Entreprises et Histoire, Nr. 5, Juin 1994, 73–93.

[29] „La récente initiative française s'explique du fait que la politique suivie depuis la libération était parvenue à une échéance. Cette politique avait vis-à-vis de l'Allemagne un double aspect: d'une part imposer à celle-ci certaines servitudes dont l'effet serait de retarder la renaissance de sa puissance économique, d'autre part profiter de son effacement temporaire pour prendre une avance industrielle, grâce à ce qu'on peut appeler le „premier" plan Monnet. Cette politique a en grande partie échoué (...). C'est dans ces conditions qu'est né le plan Schuman qui est à l'origine un deuxième plan Monnet (...). Le second plan Monnet, en mettant sous certaines conditions, l'économie française au contact d'autres économies, forcera la première à reviser ces méthodes en améliorant la productivité. Il y a plus: on envisage de

Hinzu kommt dann noch das Schreckgespenst einer Überproduktion an Stahl mit der Gefahr eines „dumping allemand à l'exportation". Hier spielt die Hoffnung mit, über den Schuman-Plan auf die Stahlproduktion sowie auf die Stahlverteilung einzuwirken. Daher auch der Vorwurf, der dem Schuman-Plan besonders von amerikanischer Seite gemacht wurde, er strebe ein verkapptes Kartell an.

Last aber ganz sicher not least ging es beim Schuman-Plan um Frankreichs Stellung als Großmacht. Da England bei der Integration Europas nicht mitmachen wollte und es dabei aber auch gleichzeitig durch französische Manöver bei den Verhandlungen zum Schuman-Plan ausgeschaltet worden war, kam Frankreich die Führungsrolle sozusagen natürlich zu. Kontinentaleuropa sollte sich unter Frankreichs Schirmherrschaft einigen. Frankreich war allerdings aus den zwei Weltkriegen so geschwächt hervorgegangen, daß sein Führungsanspruch über seine Kräfte hinauszugehen drohte. Frankreich mußte sich auf die Bundesrepublik stützen können, um dieser Rolle gerecht zu werden. Ein Argument mehr für eine deutsch-französische Annäherung zu einem Moment, wo Frankreich Deutschland gegenüber noch in einer stärkeren Stellung war. In einem Schreiben an Robert Schuman drückt Jean Monnet den französischen Anspruch im Zusammenhang mit dem Schuman-Plan klar aus: Dieser solle Frankreichs leadership festigen und bestätigen.[30])

Auch das Foreign Office kam zu dem Schluß, daß der Wunsch, Frankreich über die Schaffung eines Kontinentalblockes wieder zur Großmacht werden zu lassen, eine der möglichen Erklärungen der französischen Politik im Frühjahr 1950 war.[31])

créer une instance suprême et indépendante vis-à-vis des intérêts même nationaux qui serait à même de prendre les décisions qu'aucun gouvernement soumis à une Assemblée élue ne pourrait faire adopter dans le cadre du premier plan." Mai 1950, Archives du Ministère des Affaires étrangères, Paris (=MAE), Série Direction des Affaires économiques, dossier 508.

[30]) „La France attend de ce plan ... la confirmation de la position de leader sur le continent que lui à donnée l'initiative du 9 mai (...). Je voudrais revenir sur la position de leader que la France doit occuper sur le continent dans la communauté supranationale que nous voulons créer." Brief J. Monnets an R. Schuman, 9. September 1950, in: Jean Monnet – Robert Schuman (wie Anm. 20), 53–55. In demselben Schreiben kommt Jean Monnet noch ein drittes Mal auf Frankreichs Führungsrolle zu sprechen, von der er hofft, daß sie von den Alliierten in einem Dreierspiel der USA, Großbritanniens mit dem Commonwealth und Westeuropas anerkannt werde.

[31]) Schreiben von K. Younger, Staatsminister im Foreign Office, an den britischen Botschafter in Paris (12. Juni 1950): „The other possibility is that the French are prompted mainly by their desire to re-establish France as a Great Power through the creation of a Continental bloc (...). The French might characteristically hope to lead such a combination by virtue of their intellectual superiority, particularly if

Eine ganze Reihe von Zielen wird hier aufgezählt. Es wäre natürlich sehr verlockend, eine Rangordnung der verschiedenen von J. Monnet und R. Schuman verfolgten Ziele aufzustellen, aber sie wäre wahrscheinlich in allen Varianten anfechtbar. Europa soll sich enger zusammenschließen, aber das kann kein Selbstzweck sein. Über Europa sollen mehrere Probleme gelöst werden. Man kann sie auflisten und wäre versucht, an die erste Stelle die deutsche Frage zu stellen und sofort danach das Modernisierungsproblem.[32]) Aber bündelt das französische Großmachtstreben nicht alle Ziele irgendwie zusammen? In dieser Optik erscheint Europa als ein Mittel zum Zweck. Frankreich versucht mittels des Schuman-Planes einige seiner Probleme zu lösen. Das trifft natürlich auch auf andere Mitgliedsstaaten zu, so z. B. die Bundesrepublik, auf die hier nicht weiter einzugehen ist. Dieser Aufsatz beschränkt sich auf die Absichten der Initiatoren. Es ging Adenauer natürlich um mehr Gleichberechtigung, wie z. B. um die Abschaffung der Internationalen Ruhrbehörde, die ihrem Wesen nach diskriminierend für die Bundesrepublik war und die ja mit dem Schuman-Plan hinfällig wurde. Es ging ihm auch um die Abschaffung der letzten Produktionsbeschränkungen.[33]) Auf allen Seiten ging es vorrangig um nationale Interessen, auch bei den für ihre Europafreudigkeit gerühmten Beneluxländern.[34]) Ludolf Herbst spricht von der „Instrumentalisierung der Supranationalität im Sinne nationalstaatlicher Politik".[35])

Man wäre versucht noch weiter zu gehen und von einer Instrumentalisierung des Europagedankens zu sprechen. Für die sechs Staaten, die sich an den Schuman-Plan-Verhandlungen beteiligten, standen nationalstaat-

---

Germany can be brought into it while still weak." Documents on British Policy Overseas, Series 2, Vol 1. London 1986, 174.
[32]) Im Rahmen des Ratifizierungsprozesses des Schuman-Planes hielt J. Monnet einen Vortrag vor der Kommission für Auswärtige Angelegenheiten der Nationalversammlung (26. November 1951) und legte den Akzent auf das Modernisierungsbestreben Frankreichs. Im Jahre 1946 habe die Regierung einen „plan de modernisation et d'équipement" in die Wege geleitet. Man sei jetzt zur Schlußfolgerung gelangt, „que nous ne pouvons aller plus loin dans notre développement sur une base nationale". Deshalb der Schuman-Plan: „Le Plan Schuman répond à une nécessité vitale pour la France." Archives nationales de France, Paris (= ANP), Commissariat Général du Plan, série 81 AZ, dossier 160.
[33]) Monnet war sehr beeindruckt von der Forderung der Bundesrepublik, die Stahlproduktion von 11 auf 14 Millionen Tonnen steigern zu dürfen.
[34]) *Richard T. Griffiths,* Die Benelux-Staaten und die Schumanplan-Verhandlungen, in: Herbst/Bührer/Sowade (Hrsg.), Marshallplan (wie Anm. 26), 263–278; *Anjo J. Harryvan/Jan van der Harst/Guy M. V. Mans/Albert E. Kersten,* Dutch Attitudes towards European Military, Political and Economic Integration, in: Gilbert Trausch (Hrsg.), Die europäische Integration vom Schuman-Plan bis zu den Verträgen von Rom. Baden-Baden 1993, 321–347.
[35]) *Ludolf Herbst,* Option für den Westen. Vom Marshall-Plan bis zum deutsch-französischen Vertrag. München 1989, 78.

liche Interessen im Vordergrund, auch bei den kleinen Staaten. Ihre Beteiligung war sehr wichtig aus französischer Sicht. Es ging Frankreich ja in
erster Hinsicht um Deutschland. Dabei wollte es aber nicht Deutschland
allein gegenüberstehen. Frankreich wollte 1950 noch aus einer Position
der Stärke verhandeln, litt aber gleichzeitig an Minderwertigkeits-
komplexen Deutschland, vor allem einem zukünftigen Deutschland gegenüber.
Von den Europa-Vereinigungen wird gerne die große Originalität des
Schuman-Planes betont. Hier spielt unwillkürlich die Überlegung mit, der
Durchbruch zu einer europäischen Gemeinschaft könne nur über einen
neuartigen Gedankengang gekommen sein. Auch hier liegt die Sachlage
anders. Schon in der Zwischenkriegszeit – allerdings vor 1933 – haben
Kohle und Stahl eine große Rolle in den Vorstellungen von Politikern, Diplomaten, Industriellen und Publizisten zu einem deutsch-französischen
Ausgleich gespielt.[36] Hier sei nur exemplarisch auf die Initiative des Luxemburger Stahlmagnaten Emil Mayrisch hingewiesen, der 1926 die „En-
tente internationale de l'acier" zustande brachte. Zwar ging es dabei in erster Linie um ein Kartell, aber darüber hinaus visierte Mayrisch eine
deutsch-französische Verständigung an. Zu diesem Zwecke gründete er im
selben Jahre das „Comité franco-allemand de documentation et d'action"
(Deutsch-Französisches Studienkomitee), über das er die öffentliche Meinung beider Länder beeinflussen wollte.[37] Für Mayrisch waren internationale Wirtschaftsabkommen dem Frieden dienlich[38]), unter der Bedingung,
daß sie der Sachlage angepaßt waren. Deshalb stand er der Idee einer
europäischen Zollunion, wie sie damals von Edgar Rubarth propagiert
wurde, sehr skeptisch gegenüber.[39] Eins hatte Mayrisch mit Monnet gemeinsam: den kalten Blick für das Machbare, der sich nicht durch
Wunschdenken trüben läßt.

---

[36] *John Gillingham,* Coal and Steel Diplomacy in Interwar Europe, in: Clemens A.
Wurm (Hrsg.), Internationale Kartelle und Außenpolitik. Stuttgart 1989. S. auch
Henri Rieben, Des ententes de maîtres de forge au Plan Schuman. O.O. 1954.
[37] *Fernand L'Huillier,* Dialogues franco-allemands. Strasbourg 1971; *Jacques de
Launay,* Emile Mayrisch. Bruxelles 1965. S. hierzu neuerdings zwei interessante
Beiträge: *Gerhard Müller,* Emile Mayrisch und westdeutsche Industrielle in der
europäischen Wirtschaftsverständigung nach dem Ersten Weltkrieg, in: Galerie.
Revue culturelle et pédagogique. Differdingen, Luxemburg, 1992, Nr. 4, 545–559;
Hans Manfred Bock, Emile Mayrisch und die Anfänge des Deutsch-Französischen
Studienkomitees, in: ebd., 560–585.
[38] *Emile Mayrisch,* Les ententes économiques internationales et la paix, in: Louise
Weiss (Ed.), L'Europe nouvelle, 24. Dezember 1927, 1702–1704.
[39] „... toute tentative doit être encouragée à condition toutefois qu'elle porte en
elle-même un germe, quelque insignifiant soit-il, de succès et non un risque d'échec
aggravant une situation très grave"; ebd., 24. April 1926, 555–556.

Nach dem Startschuß zum Schuman-Plan und mit dem Inkrafttreten der EGKS am 10. August 1952 in Luxemburg begann eine Legitimationsphase, die sich insbesondere der Suche nach Vorgängern und Vorbildern bediente. Mayrisch wurde zum „précurseur de la construction européenne" hochgespielt.[40]) Louise Weiss stellte in ihrer Rede als Alterspräsidentin des ersten direkt gewählten Europa-Parlaments (1979) Emile Mayrisch in die Reihe der ersten Generation der Gründungsväter neben Coudenhove-Kalergi und Aristide Briand. Mayrischs Kartell und Studienkommission waren gescheitert, Monnets Schuman-Plan wurde als Erfolg gefeiert. Für den Historiker liegt der Unterschied weniger in der Natur des Planes als in der Entwicklung der allgemeinen politischen Lage. Mayrisch hatte das Problem richtig erkannt, als er sagte, ein Minimum an politischem Vertrauen sei die notwendige Voraussetzung des Gelingens.[41]) Die Gunst der Stunde spielte in die Hand Monnets und nicht in die Mayrischs.[42])

Mayrisch also als Vorläufer von Monnet? Letzterer hat sich m. E. nie auf Mayrisch bezogen. Um Vorläufer scheint er sich wenig gekümmert zu haben.[43]) Diese wurden erst nach 1950 entdeckt und hochgespielt.[44])

Neben Vorläufern, die Monnet kaum gekannt haben dürfte, gab es aber auch zahlreiche „Mitläufer". Der Historiker kann nur feststellen, daß die Idee eines Stahl- und Kohle-Pools in den Jahren 1948–1950 öfters in maßgebenden französischen Kreisen auftaucht, so z. B. im Quai d'Orsay im Jahre 1948 und in der französischen Presse, besonders in der Zeitung „Le Monde". Der französische sozialistische Abgeordnete und Minister André Philip verteidigte ähnliche Pläne.[45]) Jacques Gascuel, der sowohl zum Quai d'Orsay wie zu J. Monnet Verbindungen besaß, erhob sogar indirekt den Anspruch, am Ursprung des Schuman-Planes gestanden zu haben. Er habe Mitte September 1949 J. Monnet überzeugen können, die „Vereinigung der französischen und deutschen Kohle- und Eisenindustrie in der Rheingegend" sei das Mittel, aus der Sackgasse, in der sich die Politiker damals befanden, herauszuführen. Anfangs habe Monnet ihm „geistesabwesend" zugehört – „Jean Monnet m'écoutait distraitement" –, habe dann aber plötzlich die Idee aufgegriffen und Gascuel gebeten, sie zu durchden-

---

[40]) Titel einer Veröffentlichung des Centre de recherches européennes. Lausanne 1967.

[41]) „... un minimum de confiance politique préalable est nécessaire comme fondement de telles conventions"; *Weiss* (Ed.), L'Europe (wie Anm. 38), 1703.

[42]) S. hierzu *Gilbert Trausch*, Emile Mayrisch et Jean Monnet ou les leçons d'une comparaison, in: Les Cahiers de la Fondation du Futur 9/10, 1980, 129–136.

[43]) „Il [J. Monnet] ne s'intéressait pas à l'Histoire, sauf contemporaine." *Jacques van Helmont*, Options européennes 1945–1958. Brüssel 1986, 163.

[44]) S. *Jean-Baptiste Duroselle*, L'idée européenne dans l'histoire. Paris 1965, 19.

[45]) *Poidevin*, Robert Schuman (wie Anm. 5), 251–253.

ken. Dieser tat das über den Weg einer Veröffentlichung in der Zeitschrift „Perspectives" (24. September 1949) unter dem bezeichnenden Titel „Vers une Lotharingie à base industrielle".[46])

Drei Merkmale zeichnen Jean Monnets Plan vor allen anderen aus: der Moment, in dem er ihn vorbrachte, April/Mai 1950, also kurz vor der Londoner Außenministerkonferenz; die Methode, durch die er ihn allen öffentlichen Diskussionen vor der Annahme durch die französische und die deutsche Regierung entzog; die prägnante Ausdrucksweise. Monnets Plan kam die pragmatische Begrenzung und dadurch auch das Machbare zugute, denn es hat im Frühjahr 1950 nicht an großartig ehrgeizigen Projekten gefehlt, denen genau diese Merkmale abgingen. Am 6. März 1950 gab Bundeskanzler Konrad Adenauer dem bekannten amerikanischen Journalisten Kingsbury-Smith ein erstes Interview, in dem er eine deutsch-französische Union vorschlug, eine Art Fusion beider Staaten mit gemeinsamer Staatsangehörigkeit und gemeinsamem Parlament. „Die Journalisten rieben sich erstaunt die Augen."[47]) In einem zweiten Interview am 21. März schraubte der Kanzler etwas zurück, indem er die Idee einer deutsch-französischen Wirtschaftsunion vorbrachte. Es waren das kaum ernstzunehmende Vorschläge. Der erste grenzte an Utopie und war gleichzeitig ein diplomatisches Manöver, durch das sich Adenauer die Gunst der amerikanischen Öffentlichkeit sichern wollte. Der zweite Vorschlag war – Adenauer wußte das natürlich – für Frankreich völlig unannehmbar. Mit der Ausnahme von Benelux, bei der übrigens das Resultat keineswegs den Ansprüchen gerecht wurde, waren praktisch alle Verhandlungen zu einer Wirtschaftsunion – die französisch-italienischen in den Jahren 1948/49, die Finebel-Verhandlungen in den Jahren 1949/50 – gescheitert, ein klarer Hinweis, daß die Zeit für derart kühne Pläne noch nicht reif war. Frankreich konnte und wollte sich nicht dem aufstrebendem Deutschland in einer Zweier-Union ausliefern. Adenauer ging es darum, die konziliante, aufgeschlossene Haltung der Bundesrepublik öffentlich zu demonstrieren. Dabei ging dem Staat, den er vertrat, noch die moralische Autorität ab, solch weitreichende Unionsvorschläge vorzubringen. Ist man einerseits versucht, in diesen Interviews – besonders im ersten – ein Propagandamanöver zu sehen[48]), so darf man andererseits nicht vergessen, daß Adenauers Doppelvorstoß die Not der Lage erkannt hat und dadurch wahrscheinlich Jean Monnet zu seiner eigenen, besser durchdachten Initiative ermutigt hat. Mehr denn je befanden sich Monnet und Schuman unter Handlungszwang.

---

[46]) Gespräche mit Jean Monnet. Genèse du Plan Schuman. Conversations avec Jean Monnet. Otzenhausen 1975, 8f. u. 25.

[47]) *Hans-Peter Schwarz,* Adenauer. Der Anfang: 1876–1952. Stuttgart 1986, 700.

[48]) Nach H.-P. Schwarz wurde es als „unseriöses Interview" angesehen; ebd.

Die Schuman-Plan-Verhandlungen

Die Verhandlungen zum Schuman-Plan begannen mit einem fliegenden Start am 20. Juni.[49]) Die vorhergehenden Wochen waren hauptsächlich französisch-englischen Gesprächen gewidmet. Monnet rechnete mit einer Verhandlungsdauer von einem bis zwei Monaten.[50]) Es sollten deren elf werden (Pariser Vertrag vom 18. April 1951) und dann noch einmal fünfzehn Monate bis zur Ratifizierung und zum Inkrafttreten (10. August 1952). Bei der ersten Sitzung der Delegationsleiter (21. Juni) sprach Monnet optimistisch: „Pas de négociations, mais œuvre commune".[51]) In Wirklichkeit gestalteten die Verhandlungen sich äußerst schwierig und mühselig. Vom Originalkonzept, so wie es am 9. Mai dargelegt worden war, blieb im Pariser Vertrag nicht allzuviel übrig.[52])

Von Anfang an stand die Hohe Behörde im Kreuzfeuer der Kritik der verschiedenen Verhandlungsdelegationen. Sie war natürlich in Monnets Auffassung das Herzstück des ganzen Projektes. Dieses Zentralorgan sollte mit großen Machtbefugnissen ausgestattet werden und völlig unabhängig sein. Der weite Weg von Monnets Initialvorstellungen bis hin zu den Schlußbestimmungen des Pariser Vertrages sei an Hand der Zusammenstellung der Hohen Behörde aufgezeichnet. Monnet, der gerne mit sehr kleinen Gruppen arbeitete[53]), sprach vor den Verhandlungen von drei bis fünf Mitgliedern. In der ersten Arbeitssitzung sprach er dann von höchstens 6 bis 9 Mitgliedern. Diese Frage wurde aber schnell ausgeklammert, und eine leere Stelle wurde in den verschiedenen Vorprojekten eingebaut. In der Schlußphase war dann die Rede von fünf Mitgliedern, was automatisch bedeutete, daß nicht alle Mitgliedsstaaten darin vertreten sein sollten, da ja sechs staatliche Delegationen an den Verhandlungen teilnahmen. Für Monnet konnte solch eine Zahl nur von Vorteil sein, da die Mit-

---

[49]) Zu den Verhandlungen: *Richard T. Griffiths,* The Schuman Plan Negotiations. The Economic Clauses, in: Klaus Schwabe (Hrsg.), Die Anfänge des Schuman-Plans 1950/51. Baden-Baden 1988, 35–71; *Hanns Jürgen Küsters,* Die Verhandlungen über das institutionelle System zur Gründung der Europäischen Gemeinschaft für Kohle und Stahl, in: ebd. 73–102.
[50]) *Monnet,* Mémoires (wie Anm. 16), 376.
[51]) Archives nationales, Luxembourg (=ANL), Affaires étrangères, dossier 11374: Réunion du mercredi 21 juin au Quai d'Orsay. Exposé de M. Monnet.
[52]) Schon Ende August stellte Hallstein fest: „Wenn man ein Urteil über den Inhalt dieser Dokumente [Memorandum vom 8. August 1950] im ganzen wagen darf, so müßte es wohl darin lauten, daß zunächst einmal ein außerordentlich großer Abstand von der Ausgangsposition, also von dem französischen Arbeitsdokument, bemerkbar wird." Politisches Archiv des Auswärtigen Amtes, Bonn (=PA), Abteilung 2, Sekretariat für Fragen des Schuman-Plans, Bd. 4.
[53]) *Monnet,* Mémoires (wie Anm. 16), 377.

glieder keine nationalen Interessen zu vertreten hatten.[54]) So läßt sich
auch erklären, daß Monnet – sozusagen als Versuchsballon oder einfach
provozierend – die Möglichkeit nicht ausschloß, einen Schweizer oder
einem Amerikaner als Mitglied der Hohen Behörde aufzunehmen.[55]) Ein
französisches Sprichwort sagt: chassez le naturel, il revient au galop! Die
Staaten setzten die Rückkehr zu den nationalen Realitäten durch. Nicht
nur sollten alle Staaten vertreten sein, sondern die drei Großen sollten je
zwei Mitglieder haben, so daß die Hohe Behörde schlußendlich aus neun
Mitgliedern bestand.

Die ersten Geplänkel gingen allerdings nicht um die Besetzung der Hohen Behörde, sondern um deren Machtbeschränkung. In dieser Hinsicht
sind die Reaktionen der verschiedenen Länderdelegationen bei der ersten
freien Aussprache[56]) sehr aufschlußreich. Zwei sahen das Problem von
einer höheren Warte aus: „Grande idée française" (Italien); „grande idée
politique. D'accord sur les principes" (Bundesrepublik). Die Beneluxlän-
der, die in der öffentlichen Meinung als besonders europafreundlich gal-
ten, legten den Akzent auf ihre Vorbehalte. Für die belgische Delegation
waren methodische Fragen und Durchführungsbestimmungen so wichtig
wie die großen Prinzipien: Die Rolle der Hohen Behörde müsse reduziert
werden. Luxemburg ging es um die Befugnisse der Hohen Behörde. Die
Niederlande schlugen vor, die Nationalregierungen in das institutionelle
Gefüge einzubauen.[57])

[54]) „La France et l'Allemagne semblent être d'accord pour ne pas faire coïncider le
nombre des membres de la Haute Autorité avec le nombre des États membres. Les
Allemands notamment veulent éviter toute solution qui rappellerait trop la somme
des éléments nationaux." Arbeitsdokument (Plan Schuman. Rapport sur les questions institutionnelles réservées à la conférence ministérielle) für die Außenministerkonferenz vom 12. April 1951 in Paris, ANL, Affaires étrangères, dossier 11385.
– Als A. Wehrer, Chef der Luxemburger Delegation, vorschlug, jedes Land habe innerhalb der Hohen Behörde „au moins une voix", fand er Widerspruch: „M. Monnet s'élève vivement contre une telle conception. Le principe de la nomination col-
lective est essentiel, sans quoi il n'y aura ni supra-souveraineté ni développement
possible dans le sens fédéral. Il faut donc écarter d'emblée tout ce qui ressemble à
une représentation nationale", Fondation Jean Monnet pour l'Europe, Lausanne,
Fonds AMG, cote PS/61/CR4.
[55]) J. Monnet zur Zusammenstellung der Hohen Behörde: „Die 6 Regierungen stellen eine Liste der Kandidaten auf, aus der die Mitglieder der Hohen Behörde von
allen Regierungen gemeinsam gewählt würden. Es sei undenkbar, daß auf ihr keine
Franzosen und keine Deutschen ständen. Es könnten auch neutrale Persönlichkeiten als Kandidaten aufgestellt und gewählt werden." Kurzprotokoll über Aussprache zwischen Monnet und der deutschen Delegation am 22. Juni 1950, PA, Abteilung 2, Sekretariat für Fragen des Schuman-Planes, Bd. 62.
[56]) „Exposé libre et sans engagement des réflexions, craintes, préoccupations de
chaque délégation."
[57]) Plan Schuman. Réunion du 22 juin 1950 à 15 heures au Commissariat au Plan;

Die Niederlande übernahmen die Rolle der Lokomotive in der Vertretung nationalstaatlicher Interessen. Schon Anfang Juni 1950, also noch vor der Eröffnung der Verhandlungen, tauchte im holländischen Kabinett die Idee auf, die Hohe Behörde der Kontrolle eines Ministerrates zu unterwerfen.[58]) Ein Ministerrat war von Jean Monnet nicht vorgesehen, und er hat sich gegen dessen Einführung gewehrt, weil er spürte, daß es hier um die Substanz seines Werkes ging.[59]) Aber der holländische Delegationsleiter Spierenburg ließ nicht locker, so daß Monnet in diesem Punkte nachgeben mußte[60]) und dabei noch viel Mühe hatte, die Unabhängigkeit der Hohen Behörde zu wahren. Die nationalstaatlichen Interessen waren über eine Hintertür ins Schuman-Gebäude hineingelangt.

Den Vertretern der kleinen Länder kam es darauf an, der Hohen Behörde gegenüber Kontroll- und Berufungsinstanzen einzubauen.[61]) Das

ANL, Affaires étrangères, dossier 11374. Belgien: „Les questions de méthode et d'applications ont une importance égale à celle des principes. M. Monnet voit les problèmes à travers la Haute Autorité. Les Belges voient cette dernière en fonction des problèmes pratiques ... Le rôle de la Haute Autorité dans notre conception est beaucoup moins grand que dans celle de M. Monnet." Luxembourg: „Il faut préciser clairement et suffisament la compétence et la mission de la Haute Autorité, circonscrire cette compétence, limiter ses pouvoirs, fixer les voies de recours ..." Niederlande: „Nécessité d'associer les Gouvernements nationaux aux tâches nouvelles."

[58]) *Richard T. Griffiths,* The Schuman Plan, in: ders. (Ed.), The Netherlands and the Integration of Europe 1945–1957. Amsterdam 1990, 118–120; *Albert Kersten,* A Welcome Surprise? The Netherlands and the Schuman Plan Negotiations, in: Schwabe (Hrsg.), Die Anfänge (wie Anm. 49), 289–292 ad note 58. S. hierzu auch das Protokoll der vorbereitenden gemeinsamen Kommission belgischer, holländischer und luxemburgischer Beamter am 14. Juni 1950 in Brüssel: „Les Hollandais pour affaiblir le caractère d'autorité supra-nationale de la nouvelle autorité ont préconisé la création d'un Conseil des Ministres (Ministres des Affaires étrangères) responsables devant les Parlements nationaux." ANL, Affaires étrangères, dossier 11379.

[59]) Hier die Reaktion Monnets auf den holländischen Vorschlag: „Le rôle des Gouvernements dans la proposition des Pays-Bas tranche dans la substance même du „Plan-Schuman". L'idée fondamentale du plan est [de] commencer la création d'une communauté européenne. A cette fin, il faut aller au delà de la forme traditionelle qui est celle de la collaboration gouvernementale. Le plan français ne veut pas d'un Conseil ministériel parce que les Gouvernements auront par définition des points de vue nationaux." Compte rendu sur la réunion du 3 juillet 1950–16 heures, ANL, Affaires étrangères, dossier 11374.

[60]) „Sous l'impulsion de la délégation néerlandaise, les efforts des petits pays ont porté sur la création du Conseil des Ministres. M. Monnet a finalement cédé et fait une concession à „l'élément national"." Plan Schuman. Projet de rapport final. Les institutions de la Communauté, ANL, Affaires étrangères, dossier 11385.

[61]) Der holländische Standpunkt in der Berichterstattung des französischen Botschafters in Den Haag (14. Juni 1950): „On tient particulièrement à savoir devant qui l'autorité sera responsable et l'on estime indispensable de prévoir une sorte de

kleine Luxemburg, das allerdings über eine mächtige Montanindustrie verfügte[62]) – es produzierte damals mehr Stahl als die Niederlande oder Italien –, versuchte vor allem über den Begriff der „lebenswichtigen Interessen" Vetorechte einzubauen.[63]) Auch hier mußte Monnet zurückstekken.[64]) Mit diesem sehr dehnbaren Begriff sollte die Europäische Gemeinschaft in späteren Jahren (sogenannter Luxemburger Kompromiß von 1966) noch manche Schwierigkeiten haben.

Als weiteres Kontrollorgan kam sehr schnell die Idee einer parlamentarischen Versammlung ins Gespräch. Nach Etienne Hirsch war es der französische (sozialistische) Abgeordnete André Philip, der auf das vollständige Fehlen jeglicher demokratischer Legitimation in der Erklärung vom 9. Mai hinwies. Darauf angesprochen, wollte Monnet anfangs nichts davon wissen, ließ sich dann aber doch umstimmen.[65]) Die Gemeinsame Versammlung sollte dem Ganzen eine politisch-demokratische Dimension geben. Ihre Bedeutung wurde aber sofort dadurch herabgesetzt, daß sie nur eine beratende Funktion haben sollte und ihre Zusammensetzung durch die nationalen Parlamente bestimmt wurde. Für eine wirkliche parlamentarische Kontrollfunktion blieb im Vertrag recht wenig übrig. Monnet versuchte später, als Präsident der Hohen Behörde, die Gemeinsame Versammlung aufzuwerten und sie gegen den Ministerrat auszuspielen.

Cour d'Appel, ‚un organisme de recours' m'a dit Spierenburg, qui aurait à se prononcer en définitive sur les conséquences nationales pour chacun du pays contractants, des décisions et des révolutions qui lui seraient soumises." MAE, Série Europe 1944–1960, Généralités, dossier 111.

[62]) *Emile Krier,* L'industrie lourde luxembourgeoise et le Plan Schuman, in: Schwabe (Hrsg.), Die Anfänge (wie Anm. 49), 357–366.

[63]) *Monnet,* Mémoires (wie Anm. 16), 383.

[64]) In der Arbeitssitzung vom 28. September 1950 gab es eine interessante Auseinandersetzung über die „vitalen Interessen" der Mitgliedstaaten. „M. Monnet a vigoureusement souligné qu'il n'appartient pas à la Haute Autorité de veiller à l'intérêt vital d'un pays déterminé. Elle n'est pas la gardienne des intérêts vitaux des pays individuels … La Haute Autorité au contraire net doit voir que l'intérêt de l'ensemble de la communauté sinon on la dépouille de son esprit et de son inspiration supranationale." Etienne Hirsch, engster Mitarbeiter Monnets, widerspricht ihm: „D'aprèslui la Haute Autorité doit avoir en vue tant l'intérêt de la Communauté que celui des membres qui la composent." Für den Vertreter Luxemburgs „on ne peut pas imaginer que l'action de la Haute Autorité puisse compromettre l'intérêt vital d'un pays." Monnet gibt nach: „Celle-ci (la question des intérêts vitaux) trouvera sa place logique dans le chapitre des Institutions. Il accepte cependant le principe de la protection des intérêts vitaux." ANL, Affaires étrangères, dossier 11374.

[65]) Fondation Jean Monnet pour l'Europe, Lausanne, Archives sonores, Interview Etienne Hirsch, S. 14: „Monnet m'a renvoyé brutalement en me répondant que je n'y comprenais rien, que cela n'avait rien à voir."

Die Einführung eines Gerichtshofes als Rekursorgan gegen Entscheidungen der Hohen Behörde war – im Gegensatz zum Ministerrat und der
Gemeinsamen Versammlung – schon am 9. Mai angedeutet worden.[66])
Am 27. September 1950 waren die Unterhändler sich grundsätzlich über
die Institutionen und ihr Über- und Ineinandergreifen einig[67]), wobei allerdings noch manche schwierigen Fragen offengelassen worden waren,
wie z. B. die Modalitäten, unter denen der Ministerrat seine Entscheidungen treffen würde, oder die genaue Zahl der Mitglieder der Hohen Behörde. Diese Fragen waren zwar des öfteren erörtert, aber wegen ihrer
schwierigen Natur bis zum Schluß der Verhandlungen zurückgestellt worden, um dann auf der Ebene der Außenministerkonferenz geregelt zu werden.

Am 8. November lag der erste Vertragsentwurf vor, ohne daß an einen
Abschluß gedacht werden konnte, denn neue, heikle Probleme traten in
den Vordergrund. Es sei hier von den Verteidigungsproblemen abgesehen,
die den Rahmen dieses Aufsatzes sprengen würden und deshalb mit Absicht ausgeklammert sind. Seit Beginn des Koreakrieges (25. Juni 1950)
stand die deutsche Wiederbewaffnung im Vordergrund und begleitete sozusagen parallel die Schumann-Plan-Verhandlungen. Jean Monnet hatte
die Gefahr für seinen Plan sofort erfaßt und machte sich daran, eine Art
„Schuman-Plan II" auszuarbeiten, der die Wiederbewaffnung in einem
europäischen Rahmen ermöglichen sollte.[68]) Die größten, direkt mit dem
Schuman-Plan verbundenen Schwierigkeiten betrafen die Dekartellisierung der Ruhrindustrie. Diese von Frankreich und den USA angestrebte
Maßnahme wurde von der Bundesrepublik leidenschaftlich als Verstoß
gegen die Gleichberechtigung abgelehnt. Bis in den März 1951 zogen sich
diese schwierigen Verhandlungen hin und standen mehrmals am Rande
des Abbruches. Die Versteifung der deutschen Haltung wurde von den
anderen Delegationen so gedeutet, daß die Bundesrepublik unter den
neuen Umständen nicht mehr auf den Schuman-Plan zur Gleichberechtigung angewiesen war.[69]) Unter vereintem amerikanisch-französischen
Druck mußte die Bundesrepublik schließlich zurückstecken (Anfang März

---

[66]) „Des dispositions appropriées assureront les voies de recours nécessaires contre
les décisions de la Haute Autorité." (Erklärung vom 9. Mai 1950).
[67]) Memorandum sur les institutions, ANL, Affaires étrangères, dossier 11 348.
[68]) *Monnet,* Mémoires (wie Anm. 16), 393–396.
[69]) J. Monnet an R. Schuman, 14. September 1950: „Le changement dans l'attitude
de la délégation allemande aux négociations sur le Plan Schuman ... se développe
maintenant très nettement ... Cette brusque transformation s'explique par les perspectives que les Allemands croient voir s'ouvrir devant eux, depuis qu'ils enten-
dent proclamer à Strasbourg et à Washington que la sécurité de l'Ouest dépend du
réarmement de l'Allemagne." Jean Monnet – Robert Schuman (wie Anm. 20), 56.

1951).[70]) Damit war der Weg zur Außenministerkonferenz und zur Unterzeichnung des Vertrages zwar frei, aber frei von europäischem Geist waren auch die Verhandlungen der letzten Monate gewesen. Die Bestimmungen zur Zusammensetzung der Hohen Behörde und der Gewichtung im Ministerrat wurden weitgehend unter rein nationalen Gesichtspunkten getroffen. Hinzu kommt, daß die Dekartellisierung von der Bundesrepublik wirksam gebremst, nur teilweise durchgeführt wurde und nicht von dauerhafter Wirkung war. Ein Hauptziel der Initiatoren des Schuman-Planes war nicht erreicht worden: „Monnet had not finally won his battle against the Ruhr but lost it."[71])

Kann man wirklich unter diesen Umständen behaupten, der Vertrag sei schnell ausgearbeitet worden und entspräche getreu der Erklärung vom 9. Mai 1950?[72])

Schlußbemerkungen

Der Pariser Vertrag (18. April 1951), der die EGKS schuf, weicht grundlegend vom Schuman-Plan, so wie Monnet ihn sich vorgestellt hatte, ab.[73]) Aus bundeseuropäischer Sicht läßt er sich kaum als der Erfolg feiern, als der er von vielen Europaenthusiasten angesehen wird. Weder liefert er den Rahmen für eine supranationale Entwicklung, noch bringt er den Durchbruch zu einem europäischen Bundesstaat, den Jean Monnet sich im Frühjahr 1951 erhofft hatte.[74]) Er erlitt eine schwere Niederlage durch

[70]) *John Gillingham,* Solving the Ruhr Problem: German Heavy Industry and the Schuman-Plan, in: Schwabe (Hrsg.), Die Anfänge (wie Anm. 49), 432. S. auch *Werner Bührer,* Ruhrstahl und Europa. Die Wirtschaftsvereinigung Eisen- und Stahlindustrie und die Anfänge der europäischen Integration 1945–1952. München 1986.
[71]) *Gillingham,* Solving (wie Anm. 70), 433.
[72]) „C'est également parce que la négociation sera menée par J. Monnet et son équipe que le traité sera élaboré rapidement et que, malgré la complexité des problèmes à résoudre, le texte définitif restera fidèle à la déclaration initiale." *Pierre Gerbet,* La genèse du Plan Schuman. Des origines à la déclaration du 9 mai 1950, in: Revue française de science politique 6, 1956, 252. Was Monnets Führung der Verhandlungen anbelangt, so schreibt Gillingham: „These results owe a good deal to Monnet's conduct or (as critics would describe it) misconduct of the negotiations; what he set in motion he proved unable to control." *Gillingham,* Solving (wie Anm. 70), 432.
[73]) „The ECSC eventually emerged with large differences from Schuman's original proposals." *Alan S. Milward,* The Reconstruction of Western Europe 1945–1951. London 1984, 408.
[74]) „M. Monnet n'est pas d'opinion que l'Europe pourra se faire par la création de pools successifs dont la somme serait l'aboutissement de l'Europe. Cela prendrait trop de temps! ... Il faut accélérer, forcer le rythme, polariser les hommes politiques

das Mißlingen der Europäischen Verteidigungsgemeinschaft, die auf den Prinzipien Monnets aufgebaut war. Die jüngste Geschichtsforschung ist sich in diesem Punkte einig.[75]) Wenn er in seiner Durchführung nicht das große, revolutionäre Ereignis war, so war er es aber ganz sicher in seiner Ankündigung, die einen großen Eindruck machte. Der Schuman-Plan liefert das Modell für die europäischen Institutionen bis zum heutigen Tage. Betrachtet man seine mühsame Entstehungsgeschichte, so verwundert seine Komplexität nicht. Er fängt an mit dem Trompetenstoß der Supranationalität (9. Mai 1950), muß aber dann sehr schnell den Ministerrat als nationales Gegengewicht akzeptieren. Für kurze Zeit (1951–1953) scheint es, als könne sich die Waagschale zur supranationalen Seite hin neigen, bis dann die Ernüchterung kommt und mit den Römischen Verträgen der Ministerrat sich als Hauptorgan der Gemeinschaft durchsetzt.

Aber die Supranationalität geht nicht unter, trotz der Anstrengungen de Gaulles und des Fouchet-Planes. Sie kann sich behaupten, sie gewinnt sogar, langsam und lange unauffällig, über den Weg der europäischen Rechtsprechung und etwas schneller in den 80er Jahren mit der Einheitlichen Europäischen Akte (1985) an Boden. Wiederum, so wie in den Jahren 1950/51, wird sie heute zum Prüfstein der Gemeinschaft. Während damals die öffentliche Meinung sich relativ wenig für das Verhältnis von europäischer Integration und nationaler Souveränität interessierte, sollte sich das mit dem Maastrichter Unions-Vertrag ändern. Zahlreiche Schichten der Bevölkerung bäumen sich gegen einen weiteren Ausbau der Supranationalität auf. Während der Referendumskampagne in Frankreich im Sommer 1992 versuchte Präsident Mitterrand – ohne großen Erfolg, wie das knappe Wahlergebnis bezeugt – seinen verängstigten Mitbürgern klarzumachen, daß auch nach Maastricht der Ministerrat in den Hauptbereichen vorherrschen werde. Das Räderwerk der europäischen Institutionen ist zu kompliziert, das Zusammenspiel von Kommission, Rat und Parlament zu wenig transparent, als daß der europäische Durchschnittsbürger

qui ne devraient pas tolérer la stagnation actuelle de l'Europe etc. Que faire? Rien de plus que la constitution européenne dont l'élaboration ne devrait pas être confiée à Strasbourg, mais à l'Assemblée commune du pool.", undatierte Aktennotiz (wahrscheinlich März 1951), ANL, Affaires étrangères, dossier 11 385.
[75]) *Gerard Bossuat,* La France en quête d'unité européenne: la sécurité, le rang, l'idéal (1943–1958). Unveröffentlichte Habilitationsschrift, Université de Paris I Panthéon-Sorbonne (décembre 1992), 143: „Le plan fut un échec à court terme pour la Fédération européenne." *John Gillingham,* Coal, Steel and the Rebirth of Europe 1945–1955. The Germans and French from Ruhr Conflict to Economic Community. Cambridge 1991, 364: „The Schuman Plan failed to provide an adequate framework for supranational governement, did little to harmonize economic conditions, and by no means set in motion an inexorable process of unification."

sich eine begründete Meinung bilden könnte. Manche der jetzt erhobenen, leidenschaftlichen Anklagen gegen die Gemeinschaft gehen in Wirklichkeit auf die im Rahmen des Schuman-Planes herausgearbeiteten Strukturen zurück: das Defizit an Demokratie sowie die Spannungen zwischen Hoher Behörde (Kommission) und Ministerrat. Es gibt heute Beobachter, die allen Ernstes behaupten, man müsse mit den Institutionen der Gemeinschaft tabula rasa machen und für die erwartete Erweiterung ein neues Schema ausarbeiten.

Und doch hat der Schuman-Plan einen entscheidenden Impuls gegeben. Nicht so sehr auf dem Gebiet der wirtschaftlichen Integration als auf dem der Westintegration der Bundesrepublik. Hier hat denn auch die Mythenbildung angesetzt. Im Rückblick wird der Schuman-Plan zu einer „miraculeuse Première dans l'histoire des hommes".[76] Mythen sind historische Realitäten sui generis.[77]

Das Wort Europa ist von Anfang an mit einer Legende verbunden, derjenigen von der schönen Tochter des phönizischen Königs Agenor, die sich von Zeus verführen ließ. Seit dem Schuman-Plan ist das Wort die Quelle neuer Mythenbildung geworden. Die einfachen Worte von Robert Schuman „faire l'Europe" haben eine neue Dimension angenommen.

[76] *René-François Lejeune,* Dynamique actuelle de l'identité culturelle européenne, in: Actes du Colloque scientifique Action de la Communauté dans le monde et identité culturelle. Luxembourg 1989, 50–51.
[77] *Alan S. Milward,* The European Rescue of the Nation State. London 1992; Kap. „The lives and teachings of the European Saints", 318–344.

Politische, kulturelle und ökonomische Voraussetzungen wirtschaftlicher Integration
Das Saarland im französischen Wirtschaftsraum 1945–1956

Von

Armin Heinen

I.

Am 1. April 1948 war die französisch-saarländische Wirtschaftsunion vollendet, ohne große Feiern, aber die Saarländer richteten sich ein und profitierten, indem sie sich erstmals satt essen konnten. Die französische Wirtschaftsgesetzgebung wurde auf das Saarland übertragen. Der Franken bildete die gemeinsame Währung. All die vielen Probleme der ökonomischen Einigung Europas, die uns heute so mühsam erscheinen und über Jahre beschäftigen, wurden radikal und einfach gelöst. Sicherlich war dies in der beschriebenen Weise nur zu verwirklichen unter den Bedingungen der unmittelbaren Nachkriegszeit. Sieben Jahre später lehnte dann auch die saarländische Bevölkerung eine Fortsetzung der Wirtschaftsunion ab, obwohl sie im Rahmen eines europäischen Statuts vollkommene politische Autonomie erhalten sollte.

In so ausgeprägtem Maße unterscheiden sich die Rahmenbedingungen von den derzeitigen politischen Bemühungen um die Bildung eines einheitlichen europäischen Wirtschaftsraumes, daß die Frage nach dem Stellenwert einer Studie über die saarländisch-französische Wirtschaftsunion im Kontext eines Arbeitskreises zur europäischen Integration berechtigt scheint.

Drei Thesen werden vorgeschlagen. Sie sind so formuliert, daß sie durch ihren Abstraktionsgrad zu Perspektiven und Fragestellungen über den konkreten Untersuchungsgegenstand hinaus anregen sollen:

1. Die politischen Rahmenbedingungen, unter denen Frankreich und die Saar zusammenarbeiteten, förderten den Konflikt. Es gelang nicht, die Interessen so zu verankern, daß durch Zusammenarbeit der Nutzen beider Partner maximiert wurde.

2. Der gemeinsame Markt verband die Saar und Frankreich, dennoch scheiterte die Wirtschaftsunion, weil eine Verflechtung der Unterneh-

mensstrukturen mißlang und weil noch zu viele ökonomische Sachverhalte politischer Regelung bedurften.

3. Kulturelle Mißverständnisse waren nicht unwesentlich für zahlreiche Konflikte und Schwierigkeiten verantwortlich.

II.

1. These: Die politische Konstellation förderte den Konflikt. Es fehlten Anreize für eine Zusammenarbeit.

Die Wirtschaftsunion zwischen Frankreich und der Saar unterschied sich von der heutigen Konstellation dadurch, daß sie sehr einfach strukturiert war. Es gab nur zwei Partner, und davon war einer sehr groß und sehr bedeutend und ein anderer sehr klein und sehr unbedeutend. Die natürliche Besorgnis des Schwächeren, vom Größeren übervorteilt zu werden, regte sich nur allzu schnell.[1] Es gab keine gemeinsamen neutralen Institutionen, vieles wurde direkt von Paris erledigt. Dabei regte sich der Widerstand nicht notwendigerweise gegen konkrete Entscheidungen. Große Teile der saarländischen Bevölkerung mochten sich nicht damit abfinden, daß französische Behörden saarländische Interessen vertraten.[2] Die Schwerindustrie prägte das Saarland. Über 36% der Erwerbstätigen waren hier beschäftigt.[3] In Frankreich sah das ganz anders aus.[4] Wenige Themen mochten im Saarland die gesamte Öffentlichkeit mobilisieren. Demgegenüber war die Öffentlichkeit in Frankreich eher diffus und schon gar nicht an der Saar interessiert. Die saarländischen Befürchtungen blieben ohne angemessene Antwort. Statt dessen meldeten sich zu den betreffenden Themen die Interessenverbände in den Pariser Ministerien. Und das weckte nur noch mehr das Mißtrauen des kleineren Partners.

Die Entstehungsbedingungen der französisch-saarländischen Wirtschaftsunion hatten eine strikt asynchrone Interessenstruktur zur Folge. Frankreich konnte gegenüber den saarländischen Forderungen nach Selbstbestimmung und Berücksichtigung spezifischer Bedingungen vor Ort nur verlieren, die Saar nur gewinnen. Damit war die Aufgabenverteilung eindeutig, die Saar richtete alle Blicke auf Frankreich und stellte immer neue Ansprüche, während der große Partner schrittweise nachgab.

Die Wirtschaftsunion mit Frankreich war für das Saarland das Haupt-

---

[1] 19.5.1949, Saarländische Volkszeitung.
[2] O.D. (Dezember 1949), Valéry Giscard d'Estaing, Mémoire de stage, Le rattachement économique de la Sarre à la France, MAE EU 1949–1955, Sarre 92.
[3] Statistisches Handbuch für das Saarland, 1955. Saarbrücken 1956, 64.
[4] Die Vergleichszahl beträgt 12 Prozent, s. Annuaire statistique de la France, 1954, XVI.

problem, alles andere überschattend. Doch während immer wieder darauf aufmerksam gemacht wurde, und zwar von allen Seiten, daß die Saar zum Beispiel bei der Verteilung der Marshallplanmittel benachteiligt sei, war es gleichwohl nicht möglich, die Union selbst in Frage zu stellen. Das weckte Mißtrauen.

Schon die Gründung der Union basierte auf einem Mißverständnis. Die französische Öffentlichkeit betrachtete den Wirtschaftsanschluß als selbstverständliche Reparationsleistung, wenn sie überhaupt Notiz nahm, und nicht wenige technische Ministerien sahen es ähnlich.[5]) Der Quai d'Orsay entwickelte das Konzept einer ‚Entwicklungsdiktatur‘, und das hieß Demokratisierung und wirtschaftlicher Wiederaufbau unter strikter französischer Kontrolle.[6]) Vor Ort sah dies wieder anders aus. Der Militärgouverneur versprach: ‚Das Saarland den Saarländern‘.[7]) Auch er war für Kontrolle, aber als Grundvoraussetzung für eine erfolgreiche Politik wertete er das Vertrauen in den demokratischen Neuaufbau an der Saar selbst.[8]) Die Erwartungen Saarbrückens an Paris widersprachen daher den Vorstellungen der französischen Metropole über das zukünftige Schicksal der Saar, ohne daß man sich dessen jeweils bewußt war.

Die ersten Schwierigkeiten ließen nicht lange auf sich warten. Zu verlockend war es für die saarländischen Politiker, die anfangs nur geringes Vertrauen besaßen, alle Schwierigkeiten auf Frankreich abzuwälzen und Verbesserungen als das Ergebnis des eigenen Tuns darzustellen.[9]) Auch die Unternehmer versteckten sich hinter dem Hohen Kommissariat, wenn es galt, gewerkschaftliche Forderungen abzuwehren.[10]) Die Saarpolitiker, die der Gestaltung der eigenen Wirtschaft enthoben waren, konzentrierten sich gänzlich auf die Sozialpolitik.[11]) Nicht zu Unrecht rühmte sich der Saarstaat einer besonders fortschrittlichen Sozialgesetzgebung. Die fran-

---

[5]) 15.11.1949, J. Gueury, Préparation de diverses conventions avec la Sarre, Note pour le Ministre, MAE EU, 1949–1955, Sarre 1; 28.1.1953, Grandval an MAE, Problèmes posés par l'exploitation du gisement du Warndt, MEF, B33.513; Krause-Wichmann, Saarländische Wünsche für den neuen französisch-deutschen Handelsvertrag, LASB, WIMI 725.
[6]) 4.7.1947, Bidault an Koenig, Instruction relative à la politique française en Sarre au cours des prochains mois, MAE Z 1944–1949, Sarre 1.
[7]) 7.1.1947, Saarbrücker Zeitung.
[8]) 9.11.1947, Telegramm Grandval an Debré, MAE Z 1944–1949, Sarre 36.
[9]) 11.3.1949, Henri Viard, Note sur l'évolution de l'opinion publique en Sarre, Juillet 1945–Janvier 1949, Privatnachlaß Gilbert Grandval (= NL Grandval), Dossier 36.
[10]) 20.7.1950, Schuman an Louvel, MAE EU 1949–1955, Sarre 145.
[11]) 24.1.1952, Hervieu, Rapport sur les comptes et la gestion de la Régie des Mines der la Sarre pour l'exercice 1950, MAE EU 1949–1955, Sarre 276.

zösischen Manager, die die Saargruben oder Hütten leiteten, fühlten sich in die Enge getrieben und reagierten manchmal heftig.[12]) Es war nicht so, daß die französischen Planer die Schwierigkeiten nicht vorhergesehen hätten. Eine Ausarbeitung des französischen Generalstabs im Herbst 1945 sah vor, daß Lothringen besser gestellt sein müsse als die Saar, daß diese aber sich deutlich günstiger stehen müsse als Deutschland.[13]) Das beschriebene Gleichgewichtsmodell konnte viele überzeugende Argumente anführen, aber es war ein statisches Modell. Nicht nur, daß es die rasche Genesung Westdeutschlands unterschätzte, vielmehr unterstellte es eine Überlegenheit Lothringens in allen Bereichen und erwartete, daß Lothringen und die Saar zu einer Zusammenarbeit fänden. Beides war nicht der Fall. Nicht wenige in Lothringen empfanden den Wirtschaftsanschluß der Saar als Benachteiligung für die eigene Region, erkannten in jedem Falle die Möglichkeit, durch Hinweis auf die Saar Besserstellung einzuklagen. Die Saarländer seien schuld an schlechterer Versorgung, hieß es Ende der 40er Jahre[14]), oder, sie wären verantwortlich für die Kundenabwanderung Mitte der 50er Jahre.[15]) Es begann ein Wettstreit der Unternehmer, welche Region besonders benachteiligt sei bei Steuern und Sozialabgaben, während zugleich die Gewerkschaften eine Angleichung der Löhne forderten, unabhängig von jeweils unterschiedlichen Voraussetzungen.[16]) Zunehmend wurde die jeweils andere Region als Konkurrenz empfunden. Der französischen Regierung gelang es nicht, jene Gruppen zu einer öffentlichen Stellungnahme zu bewegen, die von der Wirtschaftsunion tatsächlich profitierten. Sie meldeten sich erst nach dem Scheitern des Referendums 1955 zu Wort.[17])

Gab es keine gemeinsamen Institutionen, die konfliktmildernd wirkten? Unterhalb der Regierungsebene verzeichnete etwa die Lothringen-Elsaß-Saarland-Kommission, die bis 1950 tätig war, durchaus günstige Ergebnisse.[18]) Sie zwang die Beteiligten, die Argumente der Gegenseite zur Kenntnis zu nehmen, und brachte technische Lösungen erfolgreich in

[12]) 13.8.1951, Couture an MIC, MAE EU 1949–55, Sarre 230.
[13]) 11.9.1945, EMGDN, 4ème Section, Politique économique à mener en Sarre, Archives de l'Armée de Terre Vincennes, 4Q 94, D9.
[14]) 18.6.1948, O.V., Situation économique, Metz, MAE Z 1944–1949, Sarre 22; 26.8.1948, A. Rausch an Secrétaire d'Etat au Ravitaillement, ebd. 38.
[15]) 5.2.1953, Les Chambres de Commerce du Rhin et de la Moselle à la révision des conventions franco-sarroises, MAE EU 1949–55, Sarre 147.
[16]) 1.4.1952, Telegramm Grandval an MAE, MAE EU 1949–55, Sarre 202; 18.2.1955, Telegramm Grandval an MAE, ebd. 109; ebd., Dossiers 146, 147, 292, zahlreiche Belege. 21.12.1954, Exposé de M. Grandval, La Sarre et la Communauté européenne de charbon et de l'acier, NL Grandval, Dossier 23.
[17]) 18.11.1955, Chambre d'Agriculture du Bas Rhin, Vœu concernant les relations économiques franco-sarroises, MEF, B 41.796.
[18]) MAE Z 1944–49, Sarre 40; ebd. EU 1949–55, Sarre 305, 306.

Gang. Aber sie war ungeeignet, Interessenkonflikte auszugleichen. Die gemeinsame saarländisch-französische Kommission der Arbeitgeberverbände wirkte ähnlich, und es ist bezeichnend, daß die schärfsten Angriffe dann kamen, wenn kein Zwang zum Dialog bestand. Am erfolgreichsten war der Grubenrat. Ein Vergleich der Sitzungsprotokolle vor und nach dem 1. Januar 1954, als die Saar ein wirkliches Mitspracherecht bei den Gruben erhielt, ist höchst aufschlußreich.[19] Aber für eine Veränderung der öffentlichen Meinung kam diese Entwicklung zu spät und blieben zu viele andere Fragen umstritten.

2. *These:* Der gemeinsame Markt verband die Saar und Frankreich, dennoch scheiterte die Wirtschaftsunion, weil eine Verflechtung der Unternehmensstrukturen mißlang und noch zu viele ökonomische Sachverhalte politischer Regelung bedurften.

Nicht die großen Themen sollen angesprochen werden: Der Marshallplan, die Warndtfrage, die Auseinandersetzungen um die Verfügungsgewalt über die Gruben, die fehlende Einbeziehung in die Planungen des Commissariat au Plan. Statt dessen stehen strukturelle Verwerfungen im Mittelpunkt.

Die Saareingliederung machte nur Sinn in einer Zeit der Mangelwirtschaft und des staatlichen Dirigismus. Das ging gut, solange die Nachfrage das Angebot übertraf. Aber als 1949/50 der Käufermarkt dominierte und seit 1952 der Außenhandel neuerlich strikt reglementiert wurde, waren die französischen Wirtschaftsverbände überfordert, auch noch die Belange der Saar ausreichend zu berücksichtigen. Letztlich liefen die Verhandlungen zwischen den Unternehmen um die Aufteilung der Kontingente auf eine Gleichbehandlung aller Beteiligten hinaus. Die sich hieraus ergebenden Formalkompromisse entsprachen den französischen Bedingungen, wurden aber den andersgearteten saarländischen nicht gerecht. So bestärkten die Bewirtschaftungsmaßnahmen die Erfahrung, daß die Saar ganz eigene Probleme hatte und, da sie als kleiner Partner kein Vetorecht besaß, permanent benachteiligt sein würde.[20]

Es gab Bemühungen, die beiden Wirtschaften stärker miteinander zu verzahnen. Gilbert Grandval, der Hohe Kommissar, schlug vor, eine gemeinsame lothringisch-saarländische Bergbaugesellschaft ins Leben zu rufen.[21] Doch rief er damit nur Ablehnung und Protest in Lothringen hervor. Einigung war möglich, wenn Interessensphären zu beiderseitigem

[19] MAE EU 1949–55, Sarre 244–273.

[20] 17.6.1949, Saarländische Volkszeitung, Rede Wirtschaftsminister Singers vor dem Landtag; 12.4.1950, Thédrel, Note, MAE EU 1949–55, Sarre 207; 24.7.1950, Thédrel an Grandval, ebd. 208; 6.3.1951, O. V., Remarques concernant l'organisation de la future représentation diplomatique de la France en Sarre, ebd. 2.

[21] O. D. (1980?), Aufzeichnung Grandval, NL Grandval, Dossier 4.

Nutzen abgetrennt werden konnten. So gehörte der Rat, die Saar möge doch ihren Absatz nach Deutschland forcieren, zu den Standardformeln französischer Wirtschaftskreise.[22]) Die saarländische und die lothringische Bauindustrie einigten sich darauf, das jeweilige Territorium strikt zu respektieren.[23])

Für immer neue Aufregung sorgten die Auseinandersetzungen um die Höhe der Steuern und Sozialabgaben. Die rechtlichen Voraussetzungen sicherten eine weitgehende Angleichung, aber es blieb ein gewisser Spielraum. Deshalb stellt sich die Frage, ob alle Gruppen gleich behandelt werden müßten oder ob nur die Steuer- und Abgabenbelastung insgesamt als Vergleichsmaßstab heranzuziehen sei.[24]) Bedeutete nicht andererseits absolute Gleichheit auch Benachteiligung und Ungerechtigkeit, da die Voraussetzungen an der Saar und in Frankreich unterschiedlich waren?[25]) So verwies man etwa auf die ganz andere Wirtschaftsstruktur an der Saar und die Folgen des Krieges. Die Gesetzgebung war selbst für Fachleute schwierig zu durchschauen, so daß jede Partei glaubte, Argumente für eine relative Benachteiligung vorlegen zu können. Dazu kam die differierende Steuermoral, also die Bereitschaft oder auch Notwendigkeit, geschuldete Abgaben gegenüber der Finanzverwaltung tatsächlich zu deklarieren. Dieselbe Gesetzgebung mochte durchaus verschiedene Belastungen hervorrufen.[26]) Einen Ausgleich hätte der Kapitalmarkt sicherstellen können; dann hätten die Unternehmer die jeweils günstigsten Standorte wählen können, aber das funktionierte nicht[27]), sei es, weil die französische Wirtschaft den Standort Saar als wenig sicher einschätzte, sei es, weil bürokratische Hemmnisse allen zwischenstaatlichen Abmachungen zuwider die Ansiedlung erschwerten.

Die deutsche Opposition hat die zahlenmäßig starke personelle Repräsentanz Frankreichs in der saarländischen Wirtschaft kritisiert und daraus eine koloniale Situation abgeleitet.[28]) Tatsächlich spiegelte die unmittelbare personelle Kontrolle der Gruben und der sequestrierten Unternehmen die relativ schwache Einbindung der betroffenen Unternehmen in den französischen Wirtschaftskreislauf. Bei den Dillinger Hüttenwerken oder bei der Halberger Hütte, die in der Tat französische Kapitalinteressen repräsentierten, gab es keine vergleichbaren Konflikte.

[22]) 28.7.1949, Diplomaten-Dienst, MAE EU 1949–55, Sarre 207.

[23]) 16.2.1950, A. Rodocanachi an Bamberger, MAE EU, Sarre 305.

[24]) 4.2.1950, Grandval an MAE, Harmonisation des charges fiscales en Sarre et en France, MAE EU 1949–1955, Sarre 286.

[25]) 25.1.1954, Saar-Wirtschaft.

[26]) 22.6.1949, O. V., Comparaison des charges fiscales en Sarre et en France, MAE Z 1944–1949, Sarre 57.

[27]) 10.4.1954, Chambre de Commerce et d'Industrie de la Moselle, Extrait du procès-verbal des délibérations, MAE EU 1949–1955, Sarre 292.

[28]) *Martin Hoffmeister,* Wer regiert die Saar? Köln 1952.

Schon 1947 hatte der Conseil National du Patronat Français die wirtschaftliche Angliederung der Saar mit Hinweis auf die unsicheren zukünftigen Absatzbedingungen kritisiert[29]), und dementsprechend hatte sich die französische Privatwirtschaft an der Saar kaum engagiert. Am 24. Oktober 1954 bedauerte der saarländische Gesandtschaftsrat Ewald Etzler, daß die französische Industrie es bislang nicht verstanden habe, den saarländischen Markt zu erobern. Dann nämlich wären die Klagen geringer über fehlende Belieferung mit angemessenen Konsumartikeln. Unter den gegebenen Umständen fehle eine ausgesprochene Werbetätigkeit (mit Ausnahme von Lesieur und Gilette), während gleichzeitig deutsche Produkte in allen Gazetten präsent seien. Die saarländische Verbraucherschaft erfahre aus den Anzeigen, daß ausländische Produkte besser und preiswerter seien als französische, und sie verhalte sich danach. Höchste Zeit sei es, so Etzler, daß die französische Industrie ihre Werbekampagnen den saarländischen Besonderheiten anpaßte, indem sie deutsche Etiketten druckte, Bedienungsanleitungen fertigte und lokale Verkaufsrepräsentanten ernenne.[30])

Die Konsumsphäre prägte in der Tat zunehmend das Bewußtsein. Aber ganz so einfach, wie es der saarländische Gesandtschaftsrat sich vorstellte, waren die Verhältnisse doch nicht. Im Mai 1952 brachte Lesieur ein neues Waschmittel heraus. Saubere Wäsche bestimmte damals noch viel mehr als heute das Selbstverständnis der nicht berufstätigen Hausfrau. Die Verpackung versicherte „CDK – Rend votre linge 3 fois plus blanc", war also tatsächlich in französischer Sprache gehalten. Doch die begleitende Werbung berücksichtigte die saarländischen Verhältnisse. CDK, so hieß es, sei ein Waschmittel mit Tiefenwirkung, das bis in die kleinsten Fasern eindringe. Eine technische Zeichnung unterstützte noch die Aussage, kam dem für die deutsche Werbewirtschaft typischen Bedürfnis nach äußerlich sachlicher Information entgegen. Der saarländische Markenverband reagierte ob der scheinbar wissenschaftlich abgestützten Werbung irritiert. Er wandte sich an alle Hausfrauen des Saarlandes, verwahrte sich gegen das sensationsheischende Inserat der französischen Firma, und ein Unternehmen argumentierte: Man tue an der Saar seine Pflicht, habe es nicht nötig, jede kleine Verbesserung an die große Glocke zu hängen. Für das französische Unternehmen möge das neue Produkt ja eine Sensation darstellen, aber an der Saar sei man schon lange blütenweiße, hygienisch einwandfreie und luftdurchlässige Wäsche gewöhnt.[31])

---

[29]) 20.2.1947, Georges Villiers, Note sur les problèmes économiques posés par le rattachement de la Sarre à la France, AOFAA, Dossiers Debré 3C.
[30]) 24.10.1954, Etzler an de Courson, MAE EU 1949–1955, Sarre 304.
[31]) Saarländische Volkszeitung, 29. bis 31.5.1952.

3. *These:* Kulturelle Mißverständnisse waren nicht unwesentlich für zahlreiche Konflikte und Schwierigkeiten verantwortlich. Generell gilt, daß Erwartungshaltungen das soziale Miteinander bestimmen. Die Fehlinterpretation von Zeichen und Symbolen, unerwartete Reaktionen des Gegenübers führen zu Unsicherheit und Mißtrauen. Selbst auf diplomatischer Ebene lassen sich Konflikte aufgrund unbewußter kultureller Muster festmachen. Im Ton verbindlich, aber durchaus bestimmt in der Sache hatte Johannes Hoffmann im Herbst 1949 das Interesse der Saar an der Frage der Verpachtung der Warndtfelder hervorgehoben.[32]) Damals führte man an der Saar noch keine so offene Sprache gegenüber Frankreich, wie dies später durchaus üblich war. Zu frisch waren die Erinnerungen an den Zweiten Weltkrieg, zu groß noch der Respekt gegenüber der früheren Besatzungsmacht. Die französische Diplomatie wertete das Schreiben Hoffmanns jedoch als weitgehende Zustimmung und war reichlich verwundert, als Hoffmann 1952 die saarländische Position offen formulierte.[33])

Noch deutlicher sind die Schwierigkeiten erkennbar an der Eisenbahnkonvention von 1950. Dort war davon die Rede, daß die Erfüllung der Aufgaben der Eisenbahnen des Saarlandes öffentlicher Dienst sei.[34]) Aber was meinte dies. „Service public" und „öffentlicher Dienst" in Deutschland bedeuteten durchaus Unterschiedliches. Waren die Eisenbahner Beamte und Staatsbedienstete nach deutschem Recht oder Eisenbahnarbeiter nach französischem?[35]) Die christliche und sozialistische Gewerkschaft waren unterschiedlicher Meinung, und die saarländische und französische Regierung wurden in die Auseinandersetzungen mit hineingezogen.

In welch erheblichem Maße Vorurteile und Erwartungshaltungen die täglichen Regierungsgeschäfte prägten, mußte der für Wirtschaftsbelange zuständige saarländische Gesandtschaftsrat Ewald Etzler erfahren, ohne daß er sich über den Hintergrund klar werden konnte. Der für Saarfragen zuständige Abteilungsleiter im Quai d'Orsay berichtete, daß Vorbehalte dadurch hervorgerufen würden, daß Etzler von preußischer Herkunft sei und ehemaliger Offizier des Afrikakorps. Dazu sei er kein wirklicher Fachmann. Er war, wie dies der deutschen Beamtentradition entsprach, Jurist, aber eben kein Wirtschaftsingenieur, Volks- oder Betriebswirt, und da er wohl auch die französische Sprache nicht absolut perfekt be-

[32]) 30.11.1949, Hoffmann an Schuman, MAE EU 1949–1955, Sarre 281; 3.3.1950, Hoffmann an Schuman, ebd. 282.

[33]) 19.1.1952, Hoffmann an Schuman, LASB AA 214.

[34]) Gesetzgebung und Abkommen des Saarlandes. Hrsg. v. d. Forschungsstelle für Völkerrecht und ausländisches öffentliches Recht der Universität Hamburg. Hamburg 1954, 271.

[35]) 23.8.1951, Karl Schmidt u. Hans Ruffing an Gaston Tessier, MAE EU 1949–1955, Sarre 312.

herrschte, hatte er gegenüber den hochqualifizierten Mitarbeitern der technischen Ministerien kaum Chancen.[36]) Die alltäglichen Erfahrungen, die vielen kleinen Geschichten waren es, die Unsicherheit hervorriefen, die ein Gefühl von Fremdheit und Ablehnung vermittelten. Nach einem Grubenunglück auf Duhamel, bei dem 20 Bergarbeiter den Tod fanden, hatte Radio Saarbrücken seine Sendungen mit flotten Weisen aus St. Pauli fortgesetzt. Die Zeitung der Bergarbeitergewerkschaft reagierte scharf. „Wir verraten jetzt schon dem Sendeleiter von Radio Saarbrücken", drohte sie, „daß, bei nochmaligem Mangel an Takt und Respekt den Saarbergarbeitern gegenüber, wir Bergarbeiter mit drastischen Maßnahmen uns Respekt verschaffen werden ... Das Saarvolk im allgemeinen und die Saarbergarbeiter im besonderen sind eine große Familie. Bei Katastrophen, insbesondere im Bergbau, trauer dann das ganze Saarvolk. Nach 2jährigem Aufenthalt an der Saar dürfte dies auch dem (französischen, A. H.) Sendeleiter von Radio Saarbrücken bekannt sein."[37]) Daß Radio Saarbrücken wie gewohnt weitersendete, mochte tatsächlich einer Panne entsprungen sein. Aus der Sicht vieler Saarländer offenbarte sich mangelndes Feingefühl. Für ein großes Land wie Frankreich war es selbstverständlich, daß ein größerer Betriebsunfall noch keine Staatstrauer begründete, für die Saar galt das noch lange nicht.

Nun, Ereignisse wie das Unglück auf Duhamel waren eher selten. Doch gab es eine Vielzahl von Situationen, in denen sich die Saarländer benachteiligt und unsicher fühlten. Die Unternehmer etwa kamen gar nicht zurecht mit dem französischen Kreditsystem. Das hatte zum Teil organisatorische Gründe, aber nicht weniger wichtig waren die veränderten sozialen Erfordernisse. Die Banken verlangten einen viel tieferen Einblick in innerbetriebliche Angelegenheiten, als dies im deutschen, auf Personalkrediten beruhenden System der Fall war.[38]) Mittelfristige Ausleihungen erfolgten westlich der Saar über prolongierbare Wechsel, doch gerade das Wechselgeschäft mit langen Laufzeiten war im deutschen Raum schlecht beleumundet. Die saarländischen Unternehmer konnten daher das ihnen angebotene Instrument gar nicht in dem Maße wahrnehmen wie ihre französischen Gegenüber.[39])

---

[36]) 27.8.1953, De Courson, Participation de la Sarre aux travaux de la Communauté Européenne du Charbon et de l'Acier, MAE EU 1949–1955, Sarre 204; 9.10.1953, De Courson, Note, Participation sarroise aux travaux de la CEC, ebd.; 8.10.1948, Kempf, Dr. Ewald Etzler, LASB, Staatskanzlei, Kabinettsregistratur, Az G 1347/48.

[37]) Saar-Bergbau 2, 1949, Nr. 1.

[38]) 30.11.1949, Saarländische Volkszeitung, Rundfunkrede des Wirtschaftsministers Singer.

[39]) 25.8.1951, *A. Mog,* Zur Kreditlage an der Saar, in: Saar-Wirtschaft 16, 1951.

Immer wieder Anlaß zu burlesken Dramen bot die französische Zollverwaltung. Da hatte eine saarländische Firma sich um eine Ausschreibung für eine Walzenstraße in Italien bemüht. Die Unterlagen wurden nach Saarbrücken geschickt, und als die Saarfirma das Päckchen abholen wollte, wurde ihr beschieden, sie müsse Rechnung und Lizenz vorweisen. Vergeblich machte sie darauf aufmerksam, daß das Päckchen nur Dokumente enthalte. Fünfmal sprach man in den folgenden Tagen mit unterschiedlichen Partnern an der Postzollstelle vor. Inzwischen war der Vertreter aus Italien eingetroffen und wollte das Angebot prüfen. Ein barmherziger Zollbeamter ermöglichte schließlich Einblick und das Aufstellen eines Inhaltsverzeichnisses, das wiederum Grundlage für einen Kompromiß bildete. Die Firma erhielt das Päckchen mit Hinterlassung des Inhaltsverzeichnisses ausgehändigt, doch die Auflage lautete, es spätestens in einem halben Jahr zurückzubringen.[40]) Die der regierenden CVP nahestehende Saarländische Volkszeitung brachte den Vorfall in die Öffentlichkeit. Zuvor bereits hatte sie über ein ähnliches Erlebnis berichtet, das sie selbst betraf. Als Ergebnis zog sie den Schluß, daß es zweckmäßig scheine, wenn gemäß Art. 4 des Steuer- und Haushaltsvertrages zwischen Frankreich und dem Saarland endlich Saarländer im Rahmen eines besonderen Statuts im lokalen Bereich der französischen Zollverwaltung zugelassen würden. Dann würde auch die notwendige Zweisprachigkeit hergestellt, deren Fehlen einem bei bestimmten Dienststellen der französischen Zollverwaltung auffalle.[41])

Handelte es sich tatsächlich um Sprachbarrieren? Gewiß, auch dies spielte eine Rolle, aber gemeint war anderes. Die französische Personalführung basiert, wie vergleichende Studien zeigen[42]), in starkem Maße auf Hierarchisierung und formaler Anordnung. Dem entspricht ein hohes Maß an bürokratischen Regelungsmechanismen, auch die Furcht vor Entscheidungen durch subalterne Mitarbeiter bei außergewöhnlichen Fällen. Die Saarländer verstanden die Schwierigkeiten der französischen Postzollbeamten nicht, und sie verfügten nicht über das soziale Handlungswissen, wie ihnen zu begegnen sei.

Massive Konflikte bestimmten das Verhältnis der Bergarbeitergewerkschaften zur französischen Grubenverwaltung. In Frankreich standen sich traditionell Unternehmer und Arbeitnehmer als Gegner schroffer gegenüber als in vielen anderen europäischen Ländern. Den sozialen Ausgleich

---

[40]) 16.3.1954, Saarländische Volkszeitung.
[41]) 5.3.1954, Saarländische Volkszeitung.
[42]) *Iette Schramm-Nielsen*, Relations de travail entre danois et français dans les entreprises privées, in: Frank Gauthey/Dominique Xardel (Eds.), Management interculturel. Paris 1991, 53–71.

sicherte der Staat durch zahlreiche gesetzliche Regelungen.[43]) Für die Kohlengruben, seit 1944/46 in staatlichem Besitz, galt ein eigenes Bergarbeiterstatut. Dieses wurde entsprechend dem Konzept rechtlicher Gleichstellung auf die Saar übertragen. Die saarländischen Gewerkschaften monierten, daß die zahlreichen Lohnkategorien den lokalen Gegebenheiten widersprächen[44]), die Regelmäßigkeitsprämie lehnten sie als Vertrauensbruch gegenüber dem mit seiner Arbeit verbundenen saarländischen Bergmann ab[45]). Sie forderten Mitbestimmung und Tarifvertragsfreiheit, die ihnen aufgrund des französischen Vorbilds verwehrt blieb. Die allgemein angespannte Lage heizte sich noch mehr auf.

Die Struktur der Bergarbeiterschaft in Frankreich und an der Saar unterschied sich deutlich voneinander. Die französischen Grubenarbeiter waren jünger als die saarländischen, weniger umfassend ausgebildet und zu einem sehr viel größeren Anteil ausländische Arbeitnehmer.[46]) Schon von daher lehnten die saarländischen Bergarbeitergewerkschaften einen Vergleich mit den Verhältnissen in Frankreich ab.[47])

Vor allem die jungen französischen Bergingenieure, die gerade von der Ausbildung kamen und nur die eigenen Verhältnisse kannten, zogen die Kritik an. Bezeichnend ist eine Notiz in der Zeitschrift Saar-Bergbau: Dort wurde moniert, daß die saarländischen Bergarbeiter nicht mehr in der gewohnten Art begrüßt würden, was früher auch dann üblich gewesen sei, wenn Tadel erforderlich war.[48]) Am schlimmsten empfanden es viele, daß die Ingenieure mit der Stoppuhr kamen.[49]) In Frankreich warf das weniger Probleme auf, aber an der Saar bedeuteten die Anforderungen moderner Arbeitswelt einen tiefen Eingriff in das Selbstverständnis der sich kollektiv organisierenden und weitgehend autonom handelnden, im Beruf

---

[43]) *Dieter Menyesch/Henrik Uterwedde,* Frankreich. Wirtschaft, Gesellschaft, Politik. Leverkusen 1981, 126–127; *Hartmut Kaelble,* Nachbarn am Rhein. Entfremdung und Annäherung der französischen und deutschen Gesellschaft seit 1880. München 1991, 201–203.
[44]) 3.1.1949, Saarländische Volkszeitung; 24.8.1950, Saar-Bergbau; 30.9.1950, Einheitsgewerkschaft der Arbeiter, Angestellten und Beamten an Grandval, MAE EU 1949–1955, Sarre 228.
[45]) 6.1.1950, Régie des Mines. Bulletin hebdomadaire de presse, MAE EU 1949–1955, Sarre 59.
[46]) Statistisches Handbuch der Europäischen Gemeinschaft für Kohle und Stahl. Luxemburg 1953, 54; Jahrbuch des deutschen Bergbaus. Essen 1959, 637. In Lothringen lag der Ausländeranteil bei rund einem Drittel, s. Saar-Wirtschaft 6, 1955, 17.
[47]) 12.12.1950, Régie des Mines de la Sarre. Bulletin hebdomadaire de presse, MAE EU 1949–1955, Sarre 60.
[48]) 19.10.1949, Régie des Mines. Bulletin hebdomadaire de presse, MAE EU 1949–1955, Sarre 59.
[49]) Juni 1950, Saarbergknappe.

verwurzelten Arbeiterschaft. So verband sich die Ablehnung gegenüber
dem rationalisierten und kontrollierten Arbeitsplatz mit nationalen Vorbehalten. Der junge französische Bergingenieur stand für einen Verlust an
autonom bestimmter Zeit, aber auch für Fremdheit und Entfremdung gegenüber einem Führungsstil, der als Form der Desolidarisierung empfunden wurde, dies in einer Arbeitsumgebung, die in besonderer Weise kollektive Zusammenarbeit und Erfahrung vor Ort erforderte. Dabei ging es
nicht um Fragen des Umgangstons, barsch war der von seiten der saarländischen Führungskader schon immer gewesen und hatte keine Friktionen
hervorgerufen. Was das Unbehagen hervorrief, machte der CVP-Frak-
tionsvorsitzende Erwin Müller während einer Landtagssitzung deutlich.
Wenn man die Bergarbeiter befrage, so Müller, erhalte man zur Antwort:
Wir sind irritiert von jenen kleinen Messieurs, die, wie unsere Nazis, in
den Gruben herumwandern, in Trikot und Reiterhosen, die zur Arbeit an-
kommen in gepolsterten Autobussen und in ihren Speisesälen leben wie
Gott in Frankreich.[50]) Tatsächlich hatten die französischen Kader eine andere Karriere durchlaufen als die saarländischen Steiger[51]), die aus den
Gruben sich nach oben arbeiteten. Der französische Ingenieur genoß eine
wissenschaftliche Ausbildung, und er verhielt sich so wie seine Kollegen
innerhalb des Mutterlandes, durchaus rational, sachbezogen und – stan-
desgemäß. Das Dilemma der französischen Unternehmensführung bestand darin, nicht zwischen kulturellen und wirtschaftlich angemessenen
Verhaltensweisen zu unterscheiden. Als Gilbert Grandval, der französische Hohe Kommissar, die Durchführung einer betriebssoziologischen
Studie anregte, drohte der Generaldirektor der Régie des Mines mit seinem Rücktritt, weil er den Vorschlag als unsachgemäße Kritik an seinem
Führungsstil interpretierte.[52])

Schließlich stand der junge französische Ingenieur für hierarchische
Strukturen, wie sie schon angesprochen wurden. Immer wieder kam Kritik, daß Konflikte nicht vor Ort geschlichtet werden könnten, daß Ent-
scheidungswege zu lang seien, Ansprechpartner fehlten. Und war es nicht
tatsächlich so, daß in allen schwierigen Fragen Paris eingeschaltet werden
mußte? Das verstärkte nur noch das Gefühl der Ferne und Entfremdung.

[50]) 12.12.1951, Niey, Les Mines de la Sarre dans la presse sarroise, syndicale et politique du 3 mars 1950 au 1er décembre 1951, Volksstimme, 6.7.1950; Privatarchiv
Dontot, Dossier 4.
[51]) 12.12.1951, Niey, Les Mines de la Sarre dans la presse sarroise, syndicale et politique du 3 mars 1950 au 1er décembre 1951, Saarbergknappe, 9.1950; Privatarchiv
Dontot, Dossier 4.
[52]) 31. Oktober 1951, Brief Couture an Desrousseaux. Exploitation des Mines de la
Sarre et politique d'autonomie, Privatarchiv Dontot, Dossier 4.

III.

Das Referendum 1955 hatte wohl keine realistischen Chancen. Eine Meinungsumfrage des Wickert-Instituts in Tübingen kurze Zeit nach der Volksabstimmung vom 23. Oktober ermittelte, daß 70% der Nein-Sager ihre Entscheidung damit begründeten, daß das vorgeschlagene Statut zu stark französisch geprägt gewesen sei, nur 6 Prozent nannten die enge gefühlsmäßige Bindung zu Deutschland als Grund.[53]) Eher überrascht, daß ein Drittel der Wahlberechtigten sich für ein europäisches Statut aussprach. Offensichtlich erkannten nicht wenige die Möglichkeit, die Saar dauerhaft als Mittler zwischen Frankreich und Deutschland zu etablieren, da ja auch Adenauer sich zugunsten des Statuts ausgesprochen hatte. Einige Wirtschaftskreise profitierten von dem engen Kontakt zu Frankreich und mußten eine Rückgliederung nach Deutschland fürchten. Zudem gab es gewiß nicht wenige Bereiche, in denen das Aufeinandertreffen von französischer und deutscher Kultur als Chance begriffen wurde. Man mag hier etwa an die Gründung der zweisprachigen Universität des Saarlandes denken.[54])

Läßt sich aus Geschichte lernen? Sicherlich im beschriebenen Falle nicht unmittelbar, durch direkten Analogieschluß. Aber Empfindsamkeit läßt sich wecken, neue Perspektiven mögen aufscheinen. Könnte es sein, daß erst das Vetorecht den kleinen Staaten die notwendigen innenpolitischen Kompromißmöglichkeiten gegenüber den europäischen Einigungsbestrebungen erlaubt hat? Müßte nicht eine erfolgreiche europäische Politik eine enge Verzahnung der Grenzregionen anstreben? Gibt es zu durchgehenden Marktbeziehungen Alternativen, welche eine Politisierung ökonomischer Konflikte im Sinne nationaler Gegensätze ausschließen? Hat die Kapitalverflechtung zwischen den europäischen Staaten mehr zur europäischen Einigung beigetragen, als bisher deutlich wurde, und zwar ökonomisch und kulturell, beispielsweise durch Ausbildung eines international agierenden Managements? Mit Blick auf unterschiedliche Traditionen der Steuermoral oder Formen der Bürokratie ist zu fragen, wieweit die Nationalstaaten eine wichtige, bislang vielleicht zu wenig beachtete Funktion als ‚Kulturpuffer' der europäischen Zusammenarbeit ausfüllen. Gewiß ist, daß die Zusammenarbeit erlernt werden muß, tagtäglich. Wenn, wie ein saarländischer Gewerkschaftsführer 1951 schrieb, ein schlechter Franzose das zerstören konnte, was 100 andere aufgebaut hat-

---

[53]) 5.12.1955, Mission Diplomatique Française en Sarre an MAE, MAE EU 1949–1955, Sarre 103.
[54]) *Armin Heinen/Rainer Hudemann* (Hrsg.), Universität des Saarlandes, 1948–1988. 2. Aufl. Saarbrücken 1988.

ten[55]), dann waren die Voraussetzungen für eine erfolgreiche Wirtschaftsunion denkbar ungünstig. Die Einigung Europas, so scheint es, ist ein
mühsamer Prozeß, der sich in den Köpfen jedes einzelnen widerspiegelt.
Die fünfziger Jahre überforderten noch die Menschen.

---

[55]) 25.5.1951, Welter, Compte rendu sur l'état d'esprit de la population sarroise,
MAE Nantes, Sarre Cabinet 46.

Die Außenbeziehungen der Europäischen Gemeinschaft

Bestandsaufnahme eines doppelten Wachstumsprozesses*

Von

Marlis Steinert

I. Vertragliche Grundlagen und institutionelle Faktoren

Läßt sich schon für den Nationalstaat in der zweiten Hälfte des 20. Jahrhunderts das Epitheton „hohe" Politik kaum noch uneingeschränkt auf seine auswärtigen Beziehungen anwenden, so erscheint die Verwendung der Bezeichnung ‚Außenpolitik' für ein „nicht identifiziertes politisches Objekt (NIPO)"[1]) wie die Europäische Gemeinschaft[2]) wenig angemessen. Als ein regionales Subsystem, zusammengesetzt aus eigenen Organen und nationalen Staaten, die in einem konstanten Wechselspiel zwischen Eigeninteresse und Anpassung stehen und der ständigen Dialektik zwischen Nationalstaat und gemeinschaftlicher Organisation ausgesetzt sind, unterliegt es zudem in hohem Maße den dauernden Einflüssen des internationalen Systems. Für die Beziehungen dieses unausgewogenen regionalen Gebildes mit seiner engeren und weiteren Umwelt hat sich daher, der Natur der Europäischen Wirtschaftsgemeinschaft (EWG) entsprechend, zuerst der Begriff Außenwirtschaftsbeziehungen oder kurz Außenbeziehungen eingebürgert, bevor man begann, sich die Frage nach einer möglichen EG-Außenpolitik zu stellen.[3])

* Herrn Gesandten Ulrich Rosengarten sei herzlich gedankt für seine wertvollen Hinweise und Ratschläge.

[1]) *René Schwok*, Les relations USA-CE dans l'après-guerre froide. Conflit ou partenariat. (Institut universitaire d'études européennes, Collection LUG.) Genf 1992, 39.

[2]) Wir gebrauchen den Singular, der sich bereits eingebürgert hat und sich auf die EWG bezieht und in den Unionsvertrag von Maastricht eingegangen ist. Die EGKS und EURATOM bestehen neben der EG weiter. Die Bestimmungen der Wirtschafts- und Währungsunion (WWU) wurden in den Vertrag über die Europäische Union aufgenommen.

[3]) *Kenneth J. Twitchett*, External Relations of Foreign Policy?, in: ders. (Ed.), Europe and the World. The External Relations of the Common Market. London 1976,

Ihre Grundlagen beruhen auf knapp zehn von 235 Artikeln des Gründungsvertrages von Rom. Artikel 210 räumt der EWG Rechtspersönlichkeit ein, d. h. sie ist als Völkerrechtssubjekt befugt, diplomatische Beziehungen zu Drittländern und internationalen Organisationen zu unterhalten. Artikel 113 gibt ihr die Handhabe für ihre Handels- und damit Außenwirtschaftspolitik, und Artikel 238, in Verbindung mit Artikel 131, gibt ihr die Möglichkeit, gemeinschaftliche Assoziierungsverträge mit Drittländern zu schließen. Auf Grund des Artikels 229 ist die Kommission der Gemeinschaft befugt, durch technische Vereinbarungen die Verbindung mit den Organen und spezialisierten Institutionen der Vereinten Nationen und dem GATT aufzunehmen und aufrechtzuerhalten, während Artikel 116 stipuliert, daß die Mitgliedsländer im Rahmen der internationalen Wirtschaftsorganisationen eine gemeinsame Haltung einnehmen. Diesbezügliche Vorschläge werden dem Ministerrat von der Kommission unterbreitet. Schließlich verdient noch Artikel 235 des Vertrages von Rom Erwähnung, welcher die Gemeinschaft autorisiert, notwendige und angemessene Maßnahmen zu ergreifen, um im Vertrag nicht vorgesehene Aktionen zu unternehmen, die unerläßlich zur Erreichung der gesetzten Ziele sind. In diesem Falle muß ein einstimmiger Beschluß des Ministerrates gefaßt werden. Gewisse Urteile des Gerichtshofes der Gemeinschaft können ebenfalls die Ausführung bestimmter Aktionen gegenüber Drittländern erlauben.[4] So ist neben den auf dem Vertrag von Rom beruhenden Außenbeziehungen ein angrenzendes Gebiet entstanden, in dem sich die Mitgliedsstaaten und die Gemeinschaft in einem gemischten und konkurrierenden Vorgehen die Aufgaben teilen[5]) und in dem eine Harmonisierung erforderlich ist.

Ein Mangel an Harmonisierung bestand vor allem auf dem Gebiet der nationalen Außenpolitiken der EG-Mitgliedsstaaten. Die Schaffung der

---

1–34; *Otto von der Gablentz,* Auf der Suche nach Europas Außenpolitik, in: Die Zeit, 28. 11. 1975; *Eberhard Rhein,* Die Europäische Gemeinschaft auf der Suche nach einer gemeinsamen Außenpolitik, in: EA 31, 1976, 171–180; *ders.,* Die Außenwirtschaftsbeziehungen: Ansatz für eine europäische Außenpolitik, in: Hajo Hasenpflug (Hrsg.), Die EG-Außenbeziehungen. Stand und Perspektiven. Hamburg 1979, 13–31; *Peter Hort,* Europas Außenpolitik – ein Fernziel, in: EA 46, 1991, 577–582.
[4]) S. z. B. AETR vom 31. 3. 1972 und den Avis vom 26. 4. 1977, Recueil de la Jurisprudence de la Cour 1971–3, 263, und Report of Cases before the Court of the European Communities, 1977–3, 742.
[5]) *Ural Ayberk,* Le mécanisme de la prise des décisions en matière de relations internationales. Brüssel 1978; *Marlis G. Steinert,* The External Relations of the European Economic Community, in: I. Dobozi/H. Matejka (Eds.), Policy Responses to the Changing International Environment. Budapest 1981, 77. Dabei haben sich zwei Formen herausgebildet, bei der sog. Romformel spricht der Kommissionsvertreter für die Delegation, bei der UNCTAD-Formel handelt es sich um eine bizephale Delegation, deren Sprecher der Vertreter des Ministerrates ist.

sogenannten „Davignon-Maschinerie", aus der heraus sich die „Europäische politische Zusammenarbeit (EPZ)"[6]) unter den Mitgliedsländern der EG entwickelte, sollte hier erste Abhilfe leisten. Mit ihr entstand eine außervertragliche Gemeinschaftsdiplomatie, beruhend auf einer Reihe von Regierungsabsprachen bzw. Vereinbarungen. In der Praxis der EPZ bildete sich ein gewisser „Koordinationsreflex" heraus und, in rein pragmatischem Vorgehen und einem kumulativen Wachstumsprozeß, eine organisatorische, ergänzende Struktur zu den Regelungen der EG-Außenbeziehungen des EWG-Vertrages. In der Einheitlichen Europäischen Akte (EEA) von 1986[7]) wurde die europäische außenpolitische Zusammenarbeit der Zwölf auf eine vertragliche Grundlage gestellt und auf diese Weise mit der Gemeinschaft verbunden, ohne daß es zu einer Aufhebung des Dualismus zwischen reinen Gemeinschaftsaußenbeziehungen und von den Regierungen der Mitgliedsländer abgestimmten außenpolitischen Erklärungen und Maßnahmen kam. Auch die Bestimmungen des Unionsvertrags von Maastricht[8]) über die „Gemeinsame Außen- und Sicherheitspolitik" (GASP) „signalisieren auf den ersten Blick allenfalls verbesserte Entscheidungsmechanismen und -strukturen"[9]), ohne den intergouvernementalen Charakter der bisherigen EPZ in Frage zu stellen.

Ihre Zieldefinitionen und Zuständigkeiten werden in Titel V, Artikel J des Vertrages über die Europäische Union dargelegt. Zum Verständnis seiner elf Artikel müssen jedoch die fünf von der Regierungskonferenz beschlossenen, respektive zur Kenntnis genommenen Erklärungen, einzelne Vertragsartikel der Gemeinsamen Bestimmungen des Titels I, der Bestimmungen zur Änderung des EWG-Vertrages sowie der Schlußbestimmungen herangezogen werden[10]), in denen Artikel P.2 bestimmt, daß die bis jetzt gültige vertragliche Grundlage der EPZ (Titel III EEA) durch die neuen Vertragsbestimmungen aufgehoben wird.

---

[6]) *Wolfgang Wessels,* Die Europäische Politische Zusammenarbeit (EPZ), in: Hasenpflug (Hrsg.), Die EG-Außenbeziehungen (wie Anm. 3), 31–73; *Pierre-Louis Lorenz,* La coopération européenne et son influence sur l'évolution de l'intégration en Europe. Mémoire de thèse. Luxembourg 1983 (Manuskript); Office for Official Publications of the European Communities, European political cooperation (EPC). Luxemburg 1988; *Elfriede Regelsberger,* Die Europäische Politische Zusammenarbeit, in: Werner Weidenfeld/Wolfgang Wessels (Hrsg.), Jahrbuch der Europäischen Integration 1990/91. Bonn 1991, 221–229.
[7]) 28. 2. 1986, BGBl. 1986/2, 1104, in Kraft getreten am 1. Februar 1987.
[8]) Unterzeichnet am 7. 2. 1992; EA 47, 1992, 97–106.
[9]) *Elfriede Regelsberger,* Gemeinsame Außen- und Sicherheitspolitik nach Maastricht – Minimalreformen in neuer Entwicklungsperspektive, in: Integration 15, 1992, 83–93, hier 83.
[10]) Sämtliche Erklärungen und der Vertrag über die Europäische Union sind abgedruckt in: Bulletin des Presse- und Informationsamtes der Bundesregierung, Nr. 16, 12. 2. 1992.

Verglichen mit den eindeutigen Regeln und der umfassenden Kompetenzabgabe für die Wirtschafts- und Währungsunion bleiben die Bestimmungen bezüglich der Übertragung von Kompetenzen für „alle Bereiche der Außen- und Sicherheitspolitik" relativ vage und sind nicht bedeutungsgleich mit denen einer „gemeinsamen" Handelspolitik.

Die wohl bemerkenswerteste Änderung der GASP- gegenüber den bisherigen EPZ-Bestimmungen in Art. 30 (6) EEA ist die zukünftige umfassende Zuständigkeit für Fragen der Außen- und Sicherheitspolitik inklusive militärischer Aspekte (Artikel J.4). Einer eigenen europäischen Verteidigungspolitik wird allerdings Prozeßcharakter zugesprochen. Sie wird institutionell mit der Westeuropäischen Union (WEU) verknüpft und im Rahmen der von der Atlantischen Allianz beschlossenen Politik verankert. Um die irische Neutralität und die eventueller neuer Mitgliedsländer zu berücksichtigen, ist Vorsorge getroffen.

Die zweite wesentliche Neuerung neben der Verteidigungsdimension ist in Artikel J.3 enthalten, wo sich die Vertragspartner zum ersten Male zur Einführung von Mehrheitsentscheidungen bekennen, allerdings mit erheblichen Einschränkungen. Drei Methoden sind vorgesehen. Für die „systematische Zusammenarbeit" unterrichten sich die Mitgliedsstaaten gegenseitig im Rat über jede außen- und sicherheitspolitische Frage von allgemeiner Bedeutung und stimmen sich untereinander ab, wobei der Rat einstimmig einen „gemeinsamen Standpunkt" festlegen kann. Im zweiten Schritt beschließt der Rat, wieder einstimmig, „auf der Grundlage allgemeiner Leitlinien des Europäischen Rates", daß „ein Bereich zum Gegenstand allgemeiner Aktionen wird". Der Rat kann dann festlegen, in welchen Fragen mit qualifizierter Mehrheit entschieden wird, wobei die Zustimmung von mindestens acht Mitgliedern erforderlich ist. Hinsichtlich der institutionellen Anpassungen wird die Rolle des Europäischen Rates als oberste Leitungsinstanz für die verschiedenen Aufgabenbereiche von gemeinschaftlicher und intergouvernementaler Zusammenarbeit bestätigt. Eine bedeutsame Neuerung ist die vorgesehene Fusion von Außenministertreffen und Rat (Artikel J.8,2). Sie ist eine Bestätigung der seit Ende der achtziger Jahre bestehenden Praxis und ist insofern bemerkenswert, als der Rat, auf den die Verantwortung fällt, ein EG-Organ ist. Diese neue institutionalisierte Aufgabenzuweisung kann als Ausdruck weiterer Vergemeinschaftungstendenzen gedeutet werden.

Die interne Entscheidungseffizienz kann ebenfalls erhöht werden durch die Bestimmung, daß zukünftig die bisher im jeweiligen Präsidentschaftsland stattfindenden formalen EPZ-Außenministertreffen nun in den Ratssitzungen aufgehen sollen. Nur die informellen Sitzungen dürfen weiterhin an anderen Orten als in Brüssel und Luxemburg stattfinden. Auf der Arbeitsebene hingegen besteht weiterhin ein Nebeneinander zwischen dem Ausschuß der Ständigen Vertreter der Mitgliedsländer (AStV), der gemäß Artikel 151 EWG-Vertrag die zuständige Vorbereitungsinstanz für den Rat ist, und dem Politischen Komitee der EPZ/GASP, zusammengesetzt aus Ministerialdirektoren der Außenministerien, dem bisherigen „Herzstück" der EPZ. Das der Vorbereitung der Treffen des Politischen Komitees und der Außenminister dienende EPZ-Sekretariat ist inzwischen in den für die GASP zuständigen Teil des Generalsekretariats des Rates eingegliedert worden.

Wichtig erscheint auch die rechtliche Bestätigung der bisherigen Rolle der EG-Kommission in der bisherigen Praxis (Artikel J.8,3; Artikel J.9; sowie Titel I, Artikel C). Damit ist ihre Verantwortung – zusammen mit dem Rat – für die Verbindung von EPZ/GASP und der Gemeinschaftspolitik festgehalten, ebenso ihre umfassende Präsenz, zusammen mit der Präsidentschaft, bei der Wahrnehmung von Außenkontakten. Sie verfügt damit über ein den Mitgliedsstaaten vergleichbares Initiativrecht, während sie im EG-Bereich das Initiativmonopol besitzt. Gegenüber dem Europäischen Parlament besteht künftig auch eine Berichtspflicht der Kommission, die bisher Vorrecht der Präsidentschaft war. Ansonsten bringt der Unionsvertrag dem Parlament nicht die gewünschten Beteiligungsrechte im Außenbereich hinsichtlich Vorabkonsultation und Mitsprache bei der Festlegung von GASP-Positionen. Es bleibt bei der bisherigen Ex-post-Anhörung und dem Fragerecht. Eine Revisionsklausel und das Zieldatum von 1996 weisen auf eine begrenzte Geltungsdauer der neuen Bestimmungen hin. Damit ist Raum geschaffen für Zusatzerklärungen, Interpretationen und Revisionen.

II. Vorrangige Beziehungen

Im Unionsvertrag von Maastricht werden als „wichtige gemeinsame Interessen der Mitgliedsstaaten" Bereiche wie der KSZE-Prozeß, die Politik der Abrüstung und Rüstungskontrolle in Europa einschließlich vertrauensbildender Maßnahmen, Fragen der Nichtverbreitung von Kernwaffen, Kontrolle des Transfers von Rüstungstechnologie in Drittstaaten, Kontrolle von Waffenexporten und wirtschaftliche Aspekte der Sicherheit genannt. Es handelt sich hier vor allem um einen durch konjunkturelle Anliegen stark beeinflußten Themenkatalog, der in späteren Tagungen des Europäischen Rates und in Berichten der Kommission weiter präzisiert werden soll in bezug auf einzelne Länder oder Gruppen von Ländern. Im folgenden sollen wesentliche Stoßrichtungen in diesem Hinblick kurz resümiert werden.

Im Rahmen der Konferenz für Sicherheit und Zusammenarbeit in Europa (KSZE) hat die EPZ in beginnendem Zusammenwirken mit der EG-Kommission ihren Einstand gefeiert und wichtige Anstöße in allen drei Körben gegeben, insbesondere auch auf dem Gebiet der Menschenrechte.[11]) Der durch diesen Prozeß in Gang gesetzten engen politischen und wirtschaftlichen Zusammenarbeit zwischen der EG, den EG-Mitgliedsstaaten und den Staaten Mittel- und Osteuropas hat es der EG ermöglicht, in der Gestaltung ihrer Außenbeziehungen Erfahrungen zu sammeln und Kontakte aufzubauen, die ihr zusammen mit den Ergebnissen der bisherigen Wirtschafts- und Handelspolitik wichtige Handhaben für die Lösung der dringlichsten anstehenden Aufgaben in Europa, im Dilemma zwischen Erweiterung und Vertiefung, bieten, vorausgesetzt, daß sich die Mitgliedsländer untereinander bis dahin auf eine gemeinsame Linie festgelegt haben.

1. Regionale Aspekte

Als vordringlichste außenwirtschaftliche und europapolitische Aufgabe schälte sich mehr und mehr die Verbindung zwischen EG und EFTA-Staaten zu einem *Europäischen Wirtschaftsraum* (EWR) heraus. Es handelt sich hierbei nicht um eine neue völkerrechtliche Rechtspersönlichkeit, sondern um einen normalen völkerrechtlichen Assoziierungsvertrag zwischen den Vertragspartnern EG und EFTA. Letztere war 1960 als eine Art „Gegenmodell"[12]) zur Europäischen Wirtschaftsgemeinschaft (EWG) geschaffen worden. Es handelte sich um eine auf Freihandel gegründete intergouvernementale Zusammenarbeit. 1972 wurden Freihandelsabkommen zwischen den beiden Organisationen eingeleitet. Sie wurden schließlich nur mit den Rest-EFTA-Staaten (Finnland, Island, Liechtenstein, Norwegen, Österreich, Portugal, Schweden, Schweiz) abgeschlossen, da inzwischen Dänemark, Großbritannien und Irland der EG beigetreten waren. 1984 fand ein erstes Ministertreffen zwischen Vertretern der EG- und EFTA-Staaten statt, um die Zusammenarbeit über den Freihandel hinaus auf eine multilaterale Basis zu stellen. Als sich das Ziel der Schaffung

[11]) *Götz von Groll,* Die KSZE und die europäische Gemeinschaft, in: Jost Delbrück/Norbert Ropers/Gerda Zellentin (Hrsg.), Grünbuch zu den Folgewirkungen der KSZE. Köln 1977, 27–36; *Victor-Yves Ghebali,* La diplomatie de la détente: la CSCE, 1973–1989. Brüssel 1989, 45.
[12]) *Horst Günter Krenzler,* Der Europäische Wirtschaftsraum als Teil einer gesamteuropäischen Architektur, in: Integration 15, 1992, 61–71, hier 62; *René Schwok,* EC-EFTA Relations, in: Leon Hurwitz/Christian Lequesne (Eds.), The State of the European Community. Policies, Institutions and Debates in the Transition Years. London 1991, 329–341; *András Inotai,* Assoziierungsabkommen: Schritte zur Reintegration ostmitteleuropäischer Staaten, in: Integration 15, 1992, 25–35.

eines Binnenmarktes der Europäischen Gemeinschaft in ein festes Programm mit dem Zeithorizont 1993 herauskristallisierte, wurde die Notwendigkeit einer weiteren engen Verbindung zwischen diesen beiden europäischen Regionalstrukturen immer zwingender. In einer Rede vor dem Europäischen Parlament am 17. Januar 1989 entwarf Kommissionspräsident Delors eine globale und multilaterale Strategie für einen „Europäischen Wirtschaftsraum". Die EFTA-Minister gingen in ihrer Sitzung in Oslo am 15. März 1989 auf diese Offerte ein. Gleich zu Verhandlungsbeginn fiel eine wichtige Entscheidung: der Gemeinschaftsrechtsbestand (acquis communautaire) wird grundsätzlich Rechtsgrundlage für den EWR. Nach fünfzehnmonatigen Verhandlungen und einem letzten siebzehnstündigen Marathon wurde am 22. Oktober 1991 das EWR-Abkommen paraphiert. Nachverhandlungen erwiesen sich jedoch als notwendig, weil der Europäische Gerichtshof (EUGH) in einem Gutachten den jurisdiktionellen Teil des EWR-Vertrages als unvereinbar mit den Bestimmungen des EWG-Vertrages über die Kompetenzen des EUGH erklärt hatte. Nach erneuten Verhandlungen wurde der Verhandlungsprozeß am 2. Mai 1992 abgeschlossen. Die knappe Ablehnung des EWR-Vertrages durch die Schweizer Bevölkerung in der Volksabstimmung vom 6. Dezember 1992[13]) erforderte die Aushandlung von Ergänzungs- und Zusatzprotokollen und ließ ihn mit einjähriger Verspätung zum 1. Januar 1994 in Kraft treten. Es entstand damit die weltweit größte regionale Wirtschaftszone mit über 370 Millionen Einwohnern und einem Anteil von knapp 45% des Welthandels. Mit einigen Ausnahmen und Übergangsfristen sind nun vom Nordkap bis Sizilien neben einer großen Freihandelszone auch die sogenannten vier Grundfreiheiten des EG-Binnenmarktes für den Verkehr von Waren, Dienstleistungen, Kapital und Personen gewährleistet. Es besteht ebenfalls Einigkeit darüber, die EFTA-Staaten an anderen EG-Politiken zu beteiligen, wie Forschung und Entwicklung, Bildung, Freizügigkeit von Studenten und Forschern, Umweltfragen usw.

Die Schaffung des Europäischen Wirtschaftsraumes – so war augenscheinlich auch das außenpolitische Konzept von EG-Kommissionspräsident Delors angelegt – kann als richtungsweisend für den Aufbau einer „gesamteuropäischen Architektur"[14]) angesehen werden. Durch die Bildung regionaler Subsysteme können andere, auch wirtschaftlich weniger entwickelte oder geographisch entferntere Gebiete mittel- oder langfristig in jeweils abgestimmten Schritten an die EG angenähert werden, bevor es zu einem eigentlichen Beitritt kommt. Selbst wenn „der Europäische Wirt-

---

[13]) *Arnold Koller*, Die Schweiz und Europa. Eine integrationspolitische Standortbestimmung, in: EA 48, 1993, 413–420.
[14]) *Krenzler*, Europäischer Wirtschaftsraum (wie Anm. 12).

schaftsraum (EWR) Episode bleiben"[15]) sollte, da die Beitrittsanträge von Österreich, Schweden, Finnland und Norwegen zur EU inzwischen positiv beschieden wurden und die Erstgenannten am 1. Januar 1995 der Europäischen Union beitreten werden, bleibt er, konzeptionell gesehen, ein Modell zur Schaffung eines neuen europapolitischen Ordnungssystems, in dem sich um die Zwölfergemeinschaft assoziierte oder auch mit Sonderverträgen (GUS-Raum) verbundene Staaten gruppieren. Dies zeichnet sich bereits in den Beziehungen zu den *ost- und mitteleuropäischen Staaten* ab.

Seit dem Sturz des Kommunismus in Ost- und Mitteleuropa und dem Kollaps des Sowjetimperiums haben sich für die westlichen Demokratien ungeahnte neue Aufgaben und Optionen im Osten des Kontinents eröffnet. Hierbei fällt der EG und ihren Mitgliedsstaaten eine besondere wirtschaftliche und politische Rolle zu.

Bis zu diesem Zeitpunkt rangierten die EG-Beziehungen mit den Staaten des „real existierenden Sozialismus", trotz starker historischer und geographischer Bande, in der Hierarchie der Außenbeziehungen erst an dritter Stelle, hinter denen mit den Vereinigten Staaten und Drittweltländern.[16]) Das Verhältnis zwischen dem Rat für Gegenseitige Wirtschaftshilfe (RGW) und der Europäischen Gemeinschaft bewegte sich „zwischen Anerkennung und Ablehnung".[17]) Nur allmählich kam es zu sektoriellen Abkommen zwischen der EG und einzelnen RGW-Ländern. Mit der gemeinsamen EG–RGW-Erklärung vom 25. Juni 1988 wurde dieser Politik ein Ende bereitet und Verhandlungen zwischen der EG und den RGW-Mitgliedsländern über den Abschluß bilateraler Handels- und Kooperationsabkommen aufgenommen. Bereits im Juni 1988 wurde das Abkommen EG–Ungarn paraphiert. Auf dem Gipfeltreffen der sieben industrialisierten Länder im Juli 1989 wurde die EG beauftragt, eine führende Rolle in der Unterstützung des Reformprozesses in Polen und Ungarn zu spielen. Andere OECD-Länder und internationale Organisationen schlossen sich diesem Unternehmen an, und es entstand die Gruppe der 24, die ein von der EG für die mittel- und osteuropäischen Länder ausgearbeitetes Hilfsprogramm: PHARE akzeptierte.

---

[15]) *Michael Mertes/Norbert J. Prill*, Europäische Strukturen. Ein Plädoyer für institutionelle Ökonomie, in: EA 47, 1992, 143–152, hier 147.
[16]) *Steinert*, External Relations (wie Anm. 5), 82 ff.; *Eberhard Schulz*, Moskau und die Europäische Integration. München/Wien 1975; *Klaus Bolz*, Zwischen Anerkennung und Ablehnung. Das Verhältnis zwischen EG und RGW, in: Hasenpflug (Hrsg.), EG-Außenbeziehungen (wie Anm. 3), 425–454.
[17]) Ebd. 425; für das Folgende: *Françoise de La Serre*, The EC and Central and Eastern Europe, in: Hurwitz/Lequesne (Eds.), State of the European Community (wie Anm. 12), 303–312; Die EG und die jungen Demokratien in Europa. Ein gemeinsamer Bericht westeuropäischer Außenpolitik-Institute. Baden-Baden 1991.

Seit 1989 haben sich die vordem auf den Intra-RGW-Handel, insbesondere die UdSSR ausgerichteten Außenwirtschaftsbeziehungen aller mittel- und osteuropäischen Länder grundlegend geändert. Nur zum Teil wurde der Zusammenbruch des internen RGW-Handels durch eine Expansion des Handels mit dem Westen kompensiert, und mit dem Übergang zu Hartwährungszahlungen im RGW-Handel schwanden die Möglichkeiten, Waren minderer Qualität gegen Rohstoffe und Energie zu tauschen. Die Europäische Gemeinschaft mußte also eine neue Form der auf Artikel 238 des EWG-Vertrages gestützten Assoziierungsabkommen für die Beziehungen mit den ost- und mitteleuropäischen Staaten finden, basierend auf geographischer Nähe, gemeinsamen Werten und wachsender Interdependenz.

Grundsätzlich wurde mit den sogenannten „Europa-Abkommen", deren Verhandlungen zunächst mit Polen, Ungarn und der ČSFR ab Dezember 1990 aufgenommen wurden, ein guter Ansatz für die gesteckten Ziele gefunden. Den Assoziierungsländern wurde die Möglichkeit einer späteren Vollmitgliedschaft in Aussicht gestellt und der Zeitraum von zehn Jahren zur Schaffung einer Freihandelszone nicht, wie üblich, zweigeteilt. Das mittelfristige Ziel eines wirtschaftlichen Aufschwunges soll durch die Kombination von Handels- und Hilfsmaßnahmen sowie Einräumung der vier Freiheiten erreicht werden. Die Schaffung einer Freihandelszone erfolgt asymmetrisch, die EU baut ihre Zölle und Einfuhrbeschränkungen rascher ab. Der erforderliche „politische Dialog" wird durch einen intensivierten Informationsaustausch mit der EPZ ermöglicht und durch gemeinsame Beratungsorgane und parlamentarische Gremien unter Einschaltung des Europäischen Parlaments sichergestellt. „Neben all diesem Zuckerbrot enthalten die Vorschläge jedoch auch die Peitsche der Konditionalität"[18]), die alle Vorteile vom wirtschaftlichen Fortschritt in Mittel- und Osteuropa abhängig macht. Trotz der inzwischen abgeschlossenen Assoziierungsabkommen mit Polen, Ungarn, mit der Tschechischen und der Slowakischen Republik, mit Rumänien und Bulgarien sowie der Fertigstellung der Handels- und Kooperationsabkommen mit den baltischen Staaten, mit Albanien und Slowenien[19]) bleiben erhebliche Schwachstellen in den Handels- und Assoziierungsbeziehungen bestehen. Sie betreffen vor allem den Agrarsektor, aber auch andere „sensitive" EU-Bereiche wie Stahl, Eisen, Kohle und Textilien. Auch besteht eine gewisse defensive Haltung seitens der EU gegenüber den auf möglichst rasche Mitgliedschaft drängenden „jungen Demokratien". Notwendig erscheint eine „evolutive Assoziation", bei der die Entwicklung intraregionaler Bezie-

---

[18]) *J. M. C. Rollo/Helen Wallace,* Neue Formen der Partnerschaft, in: ebd. 55.
[19]) Bericht über die Tagung des Europäischen Rats in Lissabon, in: Bulletin (wie Anm. 10), Nr. 71, 1. 7. 1992, 673 ff.

hungen gefördert werden sollte, indem beispielsweise ein Teil der EG-Finanzhilfe für multilaterale Projekte bereitgestellt würde.[20]) In den Augen der Kommission sollte die regionale und interregionale Zusammenarbeit „letztendlich so etwas wie eine paneuropäische Freihandelszone schaffen".[21]) Die Assoziationsabkommen können somit nur als ein erster Schritt zur Reintegration in ein gemeinsames Europa verstanden werden, wenn die GASP, wie die Kommission in ihrem Bericht an den Europäischen Rat in Lissabon unterstreicht, wirklich einen „qualitativen Sprung" bedeuten soll.[22])

Die Union sieht sich auf regionaler Ebene nicht nur mit dem Beitritt von drei neuen Mitgliedsländern und der Existenz eines Europäischen Wirtschaftsraumes mit den Rest-EFTA-Staaten sowie evolutiven Assoziationsabkommen mit den ost- und mitteleuropäischen Staaten konfrontiert. Angesichts des völligen Umbruchs in den Ost-West-Beziehungen muß die EU auch neue Strategien für ihre externen Aktionen gegenüber *Rußland* und den anderen *GUS-Republiken* entwickeln. In Frage kommen vor allem die Stärkung der bestehenden Kooperations- und Handelsstrukturen zwischen der EU und den neuen Staaten sowie zwischen diesen selbst, Sanierung ihrer Währungen, technische und personelle Unterstützung, Verbesserung der Sicherheit von Kernkraftwerken. Zudem sind exploratorische Gespräche mit Rußland, Weißrußland, der Ukraine und Kasachstan im Hinblick auf Partnerschafts- und Kooperationsabkommen aufgenommen und großteils abgeschlossen worden. Diese sollen keine Beitrittsperspektiven enthalten, aber einen institutionalisierten politischen Dialog vorsehen. Die wirtschaftliche, finanzielle und politische Unterstützung der Reformen in diesen Ländern stellt für die Union eine enorme Aufgabe dar.

Es besteht auch ein erheblicher politischer Druck seitens südeuropäischer Länder wie Malta, Zypern und der Türkei, die Beitrittsanträge gestellt haben. Weitere Beitrittsabsichten liegen vor.

Gemäß Artikel 237 des Vertrages von Rom kann jeder europäische Staat einen Antrag stellen. Aber wie weit reicht Europa? Nach Meinung der Kommission umfaßt Europa „geographische, historische und kulturelle Elemente". Doch scheint es „weder möglich noch zweckmäßig, jetzt ein für allemal die Grenzen der Europäischen Union festzulegen".[23]) Was vorläufig zählt, ist die Funktionsfähigkeit der Gemeinschaft zu bewahren, denn „die Gemeinschaft ist attraktiv, weil sie als effizient gilt".[24]) Will sie

---

[20]) Die EG und die jungen Demokratien (wie Anm. 17), 72.
[21]) Bulletin (wie Anm. 10), Nr. 71, 1. 7. 1992, 688.
[22]) Ebd. 679.
[23]) Ebd. 685.
[24]) Ebd. 686.

es bleiben, kann sie sowohl im Ausbau weiterer Zusammenarbeit als auch in Fragen der Erweiterung nur stufenweise vorgehen.

2. Internationale Aspekte

Die *Vereinigten Staaten* waren einer der wichtigsten Initiatoren europäischer Integration. Ohne Marshallplan und OEEC wäre eine effektive europäische Zusammenarbeit wohl kaum in Gang gekommen. Für die USA galt es nach dem Zweiten Weltkrieg die Fehler der zwanziger Jahre zu vermeiden und aktiv am Aufbau eines wirtschaftlich und politisch demokratisch gesunden Europas mitzuwirken. Die Einbindung Deutschlands in diesen Prozeß spielte dabei eine bedeutende Rolle. Fernziel war die Errichtung der Vereinigten Staaten von Europa als Juniorpartner einer *Pax Americana*.

Der „funktionalistische" Ansatz stieß zuerst auf keine große Resonanz. Es bedurfte des Einsatzes von Männern wie Jean Monnet, Robert Schuman, Robert Bowie, John McCloy, John Foster Dulles und anderer Persönlichkeiten, um die Europäische Gemeinschaft für Kohle und Stahl (EGKS), die Europäische Verteidigungsgemeinschaft (EVG) und schließlich die Europäische Wirtschaftsgemeinschaft (EWG) und Euratom (EA) als Stationen auf diesem Wege zu akzeptieren.[25]) Die USA haben in diesem Einigungsprozeß, der zuerst nur in Westeuropa möglich war, aber auf Gesamteuropa abzielte, „eine zugleich fördernde wie komplizierende Rolle gespielt".[26])

Die Friktionen zwischen der EWG und den USA begannen sich in den sechziger Jahren zu häufen, als die Gemeinsame Agrarpolitik die Interessen amerikanischer Farmer zu beeinträchtigen begann, als de Gaulle den Beitritt Großbritanniens blockierte und der „Hähnchenkrieg" nur mit Hilfe des GATT beendet werden konnte (Dillon-Kennedy-Runden). Das Klima wurde auch nicht durch Nixons und Kissingers pentagonale Politik verbessert. Die Maßnahmen John Connallys, Chef des amerikanischen Finanzdepartements, zur Beendigung der Dollarkonvertibilität und scharfe Restriktionen für ausländische Importe, die das Ende des nach dem Zweiten Weltkrieg geschaffenen Bretton-Woods-Systems einleiteten (1971), schädigten die transatlantischen Beziehungen erheblich, obwohl das ame-

---

[25]) *Roger Morgan*, The Transatlantic Relationship, in: Twitchett (Ed.), Europe and the World (wie Anm. 3), 35–56; *Schwok*, Les relations USA-CE (wie Anm. 1), 7–45; *Manfred Holthus/Diana Winkler*, EG – USA – Probleme der Atlantischen Partnerschaft, in: Hasenpflug (Hrsg.), EG-Außenbeziehungen (wie Anm. 3), 119–162; *Roy H. Ginsberg*, EC-US Political/Institutional Relations, in: Hurwitz/Lequesne (Eds.), State of the European Community (wie Anm. 12), 387–403; *Desmond Dinan*, European Political Cooperation, in: ebd. 410.

[26]) *Günther van Well*, Die europäische Einigung und die USA, in: EA 46, 1991, 527–536, hier 527.

rikanische Defizit im wesentlichen auf der negativen Handelsbilanz mit
Japan und dem Krieg in Vietnam beruhte.

Seit der Ölkrise 1973 drifteten die amerikanischen und westeuropäischen Politiken immer weiter auseinander. Genausowenig wie Präsident
Kennedys Vorschlag einer „Atlantischen Partnerschaft" führte Kissingers
Vorstoß einer neuen Atlantikcharta, in welcher unmißverständlich Amerikas globale und Europas regionale Interessen festgestellt wurden, zu einer
weiteren Institutionalisierung der transatlantischen Beziehungen, außer
der bereits existenten des atlantischen Bündnisses. Es kam lediglich 1974
zu dem sogenannten „Gentlemen's Agreement" von Gymnich, das eine
laufende informelle Unterrichtung der USA seitens der EPZ über rele-
vante Diskussionen in ihrem Rahmen zusicherte.

Nach der EG-Gipfelerklärung von Venedig im Juni 1980 über den Mittleren Osten, in welcher erstmals die Selbstbestimmungsrechte der Palästi-
nenser Erwähnung fanden, nach dem Streit über die Lieferungen für die
sibirische Gasleitung, in dem sich die Gemeinschaft in Gegensatz zur offiziellen amerikanischen Politik stellte, wurde zur Vermeidung weiterer
Konflikte das Konsultationsniveau zwischen der EG und den USA auf
eine höhere Ebene gehoben und weiter vertieft, ohne jedoch den Vereinigten Staaten ein „droit de regard" in gemeinschaftliche oder EPZ-Politiken
zu gewähren. Zu Beginn der achtziger Jahre intensivierte sich in den EG-
Staaten der Wunsch nach größerer Gemeinsamkeit in sicherheitspolitischen Fragen im Rahmen der EPZ. Eine von dem deutschen und dem italienischen Außenminister eingebrachte Initiative wurde durch andere EG-
Länder verwässert. Die „Stuttgarter Erklärung" des Europäischen Rates
von 1983 mußte sich daher auf die politischen und wirtschaftlichen
Aspekte der Sicherheit beschränken, eine Formel, die dann in der Einheitlichen Europäischen Akte fast unverändert Eingang fand (Artikel 30, 6a,
6c) und damit erstmals völkerrechtlich abgesichert wurde. Schließlich
wurde die WEU als Ausdruck europäischen Verteidigungsinteresses reak-
tiviert.[27]) Die Reagan-Administration zeigte sich gegenüber diesem
Wunsch einer zunehmenden europäischen Emanzipation im sicherheitspolitischen Bereich ziemlich abweisend.

Die sich überstürzenden Ereignisse der Jahre 1989–1991 zwangen die
transatlantischen Partner zu einer Reevaluierung ihrer Positionen. Es war
Kommissionspräsident Jacques Delors, der am 22. September 1989 in
einer Rede in der Harvard Universität – dort, wo einst George Marshall

---

[27]) *Michèle Bacot/Marie-Claude Plantin,* La réactivation de l'UEO: éléments d'un
rééquilibrage dans les rapports Communauté européenne – Etats-Unis, in: Jacques
Bourrinet (Ed.), Les relations Communauté européenne – Etats-Unis. Paris 1987,
579–592; Union de l'Europe Occidentale, Plate-forme sur les intérets européens en
matière de sécurité. Den Haag, 27. 10. 1987.

den Plan lancierte, der seinen Namen tragen sollte – zu neuen Dimensionen in der gemeinsamen Zusammenarbeit in ihren internationalen Verpflichtungen aufrief. Er erwähnte hierfür vier Gebiete: multilateraler Welthandel und die GATT-(Uruguay-)Runde, Hilfe für die Entwicklungsländer, Umweltprobleme und Ost-West-Beziehungen.[28]

Inzwischen hatte die neue amerikanische Präsidentschaft ihrerseits begonnen, eine neue EG-Strategie zu entwickeln. George Bush hatte von Anfang an dafür plädiert, Konflikte mit der Gemeinschaft über Quisquilien wie Hormone und Teigwaren zu vermeiden.[29] Die Polemiken gegen die „Festung Europa", welche die Vorbereitungen zum europäischen Binnenmarkt für 1993 begleitet hatten, wurden in den Hintergrund gedrängt angesichts der vier Funktionen, welche die Gemeinschaft im beiderseitigen Interesse übernehmen sollte: 1) Hilfe zur Anbindung Ost- und Mitteleuropas an den Westen; 2) Unterstützung der deutschen Wiedervereinigung; 3) Teilung der finanziellen Bürde mit den Vereinigten Staaten; 4) Unterstützung der Atlantischen Allianz.[30]

Nach Kennedys Aufforderung zu einer Atlantischen Partnerschaft und Kissingers „Europäischem Jahr" und dem Vorschlag einer neuen Atlantikcharta wurde nun ein erneuter Versuch unternommen, institutionelle, über die NATO hinausgehende Bande mit Europa in Gestalt der EG zu schaffen. In seiner Grundsatzrede am 12. Dezember 1989 in Berlin prägte der amerikanische Außenminister James A. Baker den Begriff des neuen „Atlantizismus". Die Überschneidungen zwischen den neuen europäischen Institutionen und der NATO müßten zu einer Synergie und nicht zu Spannungen führen. Daher sollten die Antworten für die gemeinsame Sache gemeinsam erarbeitet werden.[31] Es sollte fast noch ein Jahr dauern, bis es zu einer gemeinsamen USA–EG-Erklärung kam. Sie wurde am 23. November 1990 verabschiedet und sah vor, daß beide Seiten sich in allen Fragen gemeinsamen Interesses, sowohl politischer wie wirtschaftlicher Natur, unterrichten und konsultieren, um ihre Positionen soweit wie möglich anzunähern. Ein genauer Tagungskalender von der Gipfel- bis

---

[28] *Jacques Delors,* Europe 1992 and Its Meaning for America. Statement delivered at Harvard University (September 22, 1989), 7 f., zit. nach *Ginsberg,* EC-US Political/Institutional Relations (wie Anm. 25), 388 f., 400.

[29] *George Bush,* Remarks at the Boston University Commencement Ceremony, 21 mai 1989, in: Beyond Containment. Selected Speeches by the President George Bush. Ed. by the United States Information Agency. Washington, D.C. 1989, 13.

[30] *Schwok,* Les relations USA-CE (wie Anm. 1), 180; für die Haltung gegenüber dem Binnenmarkt und den GATT-Verhandlungen s. *Andreas Falke,* Veränderte amerikanische Einstellungen zur EG. Der Binnenmarkt und die GATT-Verhandlungen, in: EA 46, 1991, 190–200.

[31] EA 45, 1990, D 77–79.

zur Arbeitsebene wurde vorgesehen.[32]) Eine besondere Bedeutung kommt der Festschreibung der jährlichen Gipfelkonferenzen unter Einbeziehung des Kommissionspräsidenten zu.

Trotz reger Konsultationen und Abstimmungsversuche bestehen nach wie vor insbesondere hinsichtlich der handels- und sicherheitspolitischen Belange erhebliche transatlantische Friktionen und Schwierigkeiten. Im Bereich von Wirtschafts- und Finanzpolitik gibt es gute Ausgleichsmechanismen auf der Ebene der G-7-Wirtschaftsgipfel, Ministerkonsultationen zwischen EG und Vereinigten Staaten, zwischen den zuständigen Stellen in Brüssel und Washington. Aber in der welthandelspolitischen Schlüsselfrage der Uruguay-Runde-Abkommen erweist sich eine Verständigung trotz des Abschlusses eines neuen Welthandelsabkommens durch die 117 Mitgliedsstaaten des GATT am 15. Dezember 1993 in Genf als bedeutend schwieriger.[33])

Auf sicherheitspolitischem Gebiet hat der Golfkrieg die Grenzen des Atlantischen Bündnisses klar sichtbar gemacht für Einsätze „out of area". Hier leistete die Westeuropäische Union (WEU) gute Dienste, wenn auch – aus den verschiedensten Gründen – nur ein Teil ihrer Mitglieder sich an der von den Vereinten Nationen mandatierten Operation „Desert Storm" beteiligte.

Eine eng strukturierte Verbindung von WEU und politischer Union würde dem Anliegen einer eigenen europäischen Sicherheitskomponente mit eigener Identität und Beschlußfassung des Europäischen Rats der Staats- und Regierungschefs der EG-Mitgliedsländer entsprechen. Ihre Entschlüsse könnten dann in die NATO-Konsultationen eingeführt werden. Die Jugoslawienkrise, in der die Vereinigten Staaten der EG den Vortritt zu ihrer Lösung überließen, hat überdeutlich gemacht, daß der „Europäische Pfeiler" der NATO mangels eigener militärischer Mittel weiterhin nichts als eine Worthülse ist und Europa in Konfliktfällen auf die Vereinigten Nationen oder auf Einzelaktionen von EG-Mitgliedsländern zur Unterstützung humanitärer Aktionen angewiesen bleibt.

Was die globale Strategie der von Präsident Bush proklamierten „neuen Weltordnung" anbelangt und den amerikanischen Wunsch, sie auf einer trilateralen Basis aufzubauen, so stößt sie seitens der EG auf wenig Interesse, da die Beziehungen zwischen ihr und Japan schwach oder eher schlecht sind.[34])

---

[32]) EA 46, 1991, D 18–20.

[33]) *Bernhard May,* Der erfolgreiche GATT-Abschluß – ein Pyrrhussieg?, in: EA 49, 1994, 33–34.

[34]) *Marlis G. Steinert,* Le Japon en quête d'une politique étrangère. (Centre asiatique, Institut universitaire de hautes études internationales, Série études aisatiques, No. 3.) Genf 1981, 125–134; *dies.,* Japan and the European Community: An

Insgesamt gesehen bestünde für die neunziger Jahre die Chance, die wirtschafts- und finanzpolitische Schwäche der Vereinigten Staaten und ihre militärische Stärke mit den umgekehrten Stärken und Schwächen der Europäischen Gemeinschaft zu einer mehr ausbalancierten Partnerschaft zu verbinden, als dies bisher der Fall war. Eine solche Ausbalancierung wäre auch im weltpolitischen Rahmen erforderlich. Das der EG von Amerika zugewiesene Mandat bleibt, mit Ausnahme des Wunsches besserer Beziehungen zu Japan, nach wie vor auf regionale Interessen abgestellt. Seit ihrem Bestehen hat die EWG jedoch weit über den europäischen Kontinent hinaus ihre Interessen angemeldet und wahrgenommen. Die Aufrechterhaltung ihres Einflusses in den früheren oder sich erst ablösenden Kolonialgebieten ist für Belgien, Frankreich, Italien, die Niederlande und seit ihrem Beitritt für Großbritannien, Spanien und Portugal ein wichtiges Anliegen geblieben. Die Gemeinschaft hat daher früh, als Ergänzung der entsprechenden Politik der Mitgliedsstaaten, eine *Entwicklungspolitik*[35]) entwickelt und in dem sich seit den sechziger Jahren anbahnenden Nord-Süd-Konflikt eine immer stärkere vermittelnde Rolle gespielt.

Uneasy Relationship, in: Robert S. Ozaki/Walter Arnold (Eds.), Japan's Foreign Relations. A Global Search for Economic Security. London 1985, 33–46; *Jacques Delors*, Europe's Ambitions, in: Foreign Policy, Nr. 80, Autumn 1990, 16; *Roland Freudenstein*, Japan und das neue Europa. Die Beziehungen am Ende der Ost-West-Konfrontation und vor der Vollendung des Binnenmarktes, in: EA 45, 1990, 639–650.
[35]) Office des publications officielles des Communautés Européennes, L'aide au développement. Fresques de l'action communautaire demain. (Bulletin CEE, Supplément 8/74.) Luxemburg 1974; *Wolfgang Hager/Michael Noelke*, Communauté – Tiers Monde: le défi de l'indépendance. (Bulletin des renseignements documentaires.) Brüssel 1980; *Christopher Stevens* (Ed.), E. E. C. and the Third World: A Survey. London 1981; *Ellen Frey-Wouters*, The European Community and the Third World. Eastbourne 1981; *Carol Cosgrove-Twitchett*, From Association to Partnership, in: Twitchett (Hrsg.), Europe and the World (wie Anm. 3), 121–150; *dies.*, Towards a Community Development Policy, in: ebd. 151–174; *Klaus Meyer*, Die Politik der Europäischen Gemeinschaft gegenüber der Dritten Welt. Ein Überblick, in: Hasenpflug (Hrsg.), EG-Außenbeziehungen (wie Anm. 3), 233–254; *Hajo Hasenpflug*, Das Abkommen von Lomé – Neuland in den Beziehungen EG–AKP, in: ebd. 255–288; *Wolfgang Vogel*, Die Maghreb- und Maschrek-Staaten im Rahmen der europäischen Mittelmeerpolitik, in: ebd. 289–304; *Catherine Flaesch-Mougin/Jean Raux*, From Lomé III to Lomé IV: EC-ACP Relations, in: Hurwitz/Lequesne (Eds.), State of the European Community (wie Anm. 12), 343–358; *Gerd Langguth*, Außenpolitische Chancen der Europäischen Integration. Die Europäische Gemeinschaft und die Dritte Welt, in: EA 47, 1992, 222–230; *Martin Rudner*, European Community Development Assistance to Asia: Policies, Programs and Performance, in: Modern Asian Studies 26, 1992, Nr. 1, 1–19.

Bis zu den Gipfelbeschlüssen von Maastricht verfügte die EG jedoch über keine eigenen Kompetenzen auf diesem Gebiet und mußte sich auf ihre Zuständigkeit im Handels- und Agrarbereich auf die Artikel 113 und 43 des EWG-Vertrages sowie auf die allgemeine Handlungsermächtigung des Artikels 235 und für die Assoziierung auf Artikel 238 stützen. In dem Vertrag über die Europäische Union erscheint die Entwicklungszusammenarbeit unter einem eigenen Titel (XVII). Die früheste Maßnahme auf diesem Gebiet bestand 1958 in der Gründung eines Entwicklungsfonds zur Förderung des wirtschaftlichen und sozialen Fortschritts in den mit der Gemeinschaft assoziierten und in den überseeischen Gebieten der Mitgliedsstaaten. 1963 folgte dann das erste Kooperationsabkommen mit 18 afrikanischen Staaten in Jaunde. 1969 wurde Jaunde II abgeschlossen. Infolge der ersten Erweiterungsrunde der EG wurden nun, über die französischsprachigen Staaten in Afrika und Madagaskar hinaus, Abkommen auf weltweiter Basis geschlossen mit den sogenannten AKP-Staaten (Afrika, Karibik, Pazifik). Sie starteten 1975 mit dem Lomé-I-Abkommen, gefolgt 1979 von Lomé II, 1984 von Lomé III und 1990 von Lomé IV, das 69 Länder betrifft. Insgesamt bestehen Verträge mit 107 Entwicklungsländern in aller Welt; die meisten weisen lange Laufzeiten auf.

In den siebziger Jahren wurden mit den südlichen Mittelmeerländern, den Maghreb-Staaten Algerien, Marokko, Tunesien und den Maschrek-Staaten Ägypten, Jordanien, Libanon, Syrien, die sogenannten *Mittelmeerabkommen* geschlossen. Sie verfolgten dieselbe Zielsetzung wie die Lomé-Verträge, indem sie handelspolitische mit finanzieller Zusammenarbeit verbanden. Wichtig in diesem Zusammenhang ist die Tatsache, daß die Europäische Gemeinschaft als erste ein System von Allgemeinen Zollpräferenzen zugunsten bestimmter Produkte und Waren eingeführt hat sowie das System zur Stabilisierung der Exporteinnahmen (STABEX). Seit Ende der siebziger, Anfang der achtziger Jahre sind auch Asien und Lateinamerika (ALA) in dieses Netz miteinbezogen worden. Wie die Entwicklungspolitik der Vereinten Nationen und der EG-Mitgliedsländer ist diejenige der Gemeinschaft harter Kritik unterworfen worden, was zu einer bedeutsamen Korrektur führte.

In dem sogenannten „Pisani-Memorandum"[36]) von 1982 wurden sechs Schwerpunkte der EG-Entwicklungspolitik herausgestellt: Unterstützung der Eigenanstrengungen der Entwicklungsländer, ihrer Ernährungsautonomie, Entwicklung ihrer menschlichen Ressourcen unter Berücksichtigung der kulturellen Dimension und ihrer Eigenkapazitäten in der Forschung, Nutzung ihrer natürlichen Ressourcen und Wiederherstellung

---

[36]) Edgar Pisani, Kommissionsmitglied, s. *Langguth*, Außenpolitische Chancen (wie Anm. 35), 222.

und Erhaltung des ökologischen Gleichgewichts. Schließlich kam noch eine Garantie für den Abbau gewisser Mineralien hinzu (Kupfer, Kobalt, Magnesium, Bauxit, Aluminium, Zinn, Eisen, Erz) mit Sonderbestimmungen für Gold und Uranium (SYSMIN).

Die Entwicklungspolitik der Gemeinschaft umfaßt sowohl technische als auch handelspolitische, finanzielle und humanitäre Maßnahmen. Die Gelder für die Entwicklungspolitik bildeten 1991 den viertgrößten Posten der Gemeinschaftsausgaben (3,6% des EG-Haushaltes – gegen 57,2% für den Agrarsektor!). Mitgliedsstaaten und Gemeinschaftshilfe machen 36% der Welthilfe aus. Damit liegen sie weit vor den USA und Japan.[37]) Trotzdem gibt es auch hier noch bedeutende Schwachstellen und Unzulänglichkeiten, insbesondere auf dem Gebiet der humanitären Soforthilfe. Dies lag zum Teil an der Zersplitterung der zuständigen Stellen: drei Generaldirektionen der Kommission mit sechs verschiedenen Dienststellen. Diesem Ämterwirrwarr ist nun durch ein „Europäisches Amt für Sonderhilfe" ein Ende bereitet worden.

Die Perspektive des Binnenmarktes, die Veränderungen in Ost- und Mitteleuropa, der Zusammenbruch der Sowjetunion haben Befürchtungen aufkommen lassen, daß das Interesse der EU an der Entwicklungshilfe abnehmen und regionale europäische Projekte Bevorzugung erfahren werden. Angesichts der notwendigen wirtschaftlichen und politischen Umstrukturierungen zur Errichtung einer neuen europäischen Architektur und der damit verbundenen finanziellen Lasten in einer Zeit abnehmender wirtschaftlicher Konjunktur, mit ihren Begleiterscheinungen von Arbeitslosigkeit und Inflation, scheint eine gewisse Umpolung der Gemeinschaftsmittel unumgänglich, zumal auch die Konkurrenz zu einem sozialistischen Entwicklungsmodell weggefallen ist. Wirtschaftliche, geopolitische, demographische und weltpolitische Faktoren erfordern jedoch nicht nur die erste Aufrechterhaltung, sondern einen neuen verstärkten Ansatz für die Entwicklungspolitik in bestimmten Regionen.

Eine solche Reorientierung betrifft vor allem die *Globale Mittelmeerpolitik* der Gemeinschaft.[38]) Die zweite und dritte Erweiterung der EG (Griechenland, Spanien und Portugal) haben die Exportmöglichkeiten südlicher Drittländer für Wein, Früchte, Öl, aber auch Textilien, Lederprodukte, Fußbekleidung und andere Waren erheblich gemindert. Die Folge der heimischen verschlechterten wirtschaftlichen Situation war ein steigender Zustrom von Gastarbeitern, die vor allem in Frankreich und in der

---

[37]) Ebd. 224.
[38]) *Franco Zallio,* Regional Integration and Economic Prospects of the Developing Countries to the South of the Mediterranean, in: The International Spectator 27, 1992, Nr. 2, 55–66; *Birol Ali Yesilada,* The EC's Mediterranean Policy, in: Hurwitz/ Lequesne (Eds.), State of the European Community (wie Anm. 12), 359–372.

Bundesrepublik wachsende politische und soziale Schwierigkeiten hervorrufen. Der Druck wird sich in Zukunft infolge der Bevölkerungsexplosion
in diesen Regionen noch erheblich verstärken. Als ein markantes Beispiel
sei hier nur der türkische Fall erwähnt. Laut des Assoziationsabkommens
von 1964 sollte die Türkei bis 1986 eine Zollunion und die Freizügigkeit
für den Zuzug von Arbeitern erreichen. Dazu ist es aufgrund wirtschaftlicher und politischer Ereignisse nicht gekommen. Aber 1980 gab es
bereits 714 000 Gastarbeiter in der EG, davon 591 000 in der Bundesrepublik. Mit ihren Angehörigen beträgt ihre Zahl inzwischen 1,5 Millionen.[39])
Da ihre Ausweisung gegen ethische und humanitäre Prinzipien der europäischen Staaten verstößt, bietet man ihnen attraktive finanzielle Bedingungen zum Verlassen ihrer Gastländer an.

Die Türkei stellte nicht nur vom wirtschaftlichen und sozialen Gesichtspunkt ein Problem für die EG dar, sondern auch vom politischen. Ihre
Spannungen mit Griechenland wegen des Ägäischen Luftraumes und Ter-
ritorialsockels und wegen Zyperns haben neben Bedenken anderer EG-
Länder hinsichtlich ihres Demokratiedefizits ihren seit dreißig Jahren anstehenden Beitritt immer wieder hinausgeschoben. 1989 hat dann die
Kommission in ihrem Avis den türkischen Antrag aufgrund mangelnder
wirtschaftlicher und sozialer Bedingungen für nicht annehmbar erklärt.
Das türkische Assoziationsabkommen mit der EG läuft 1996 aus. Seine
volle Ausschöpfung und substantielle Verbesserung erscheint unerläßlich
im Hinblick auf die bedeutende geopolitische und strategische Lage der
Türkei, zum einen als Eckpfeiler des atlantischen Verteidigungssystems,
zum anderen durch seinen wachsenden Einfluß in den zentralasiatischen
Republiken der früheren Sowjetunion (Aserbeidschan, Usbekistan, Kirgi-
stan, Kasachstan, Tadschikistan und Turkmenistan), mit denen es sprachliche und kulturelle Gemeinsamkeiten hat. Es liegt im Interesse der Europäischen Union, diese neuen außenpolitischen Tendenzen und die Brük-
kenfunktion der Türkei zu stärken und damit dem Einfluß extrem-funda-
mentalistischer Kräfte den Boden zu entziehen. Schließlich besteht auch
Interesse, sich die Türkei nicht zu entfremden, aufgrund ihrer Rolle im
Golfkrieg, trotz der Verwicklung in die Kurdenfrage (die zu einer Verschlechterung der deutsch-türkischen Beziehungen führte) und nicht zuletzt wegen ihrer Beziehungen zu den Muslimgemeinden in Bulgarien und
Bosnien-Herzegowina.[40])

Ein weiterer Grund für eine Neuorientierung der EU-Mittelmeerpolitik
ist weltpolitischer Art. Der Golfkrieg hat in dramatischer Form die Abhängigkeit des Westens und insbesondere Europas von den Energiequel-

---

[39]) *Yesilada,* The EC's Mediterranean Policy (wie Anm. 38), 363.
[40]) *Anna Michalski/Helen Wallace,* The European Community: The Challenge of
Enlargement. London 1992, 31, 50.

len dieser Region ins Bewußtsein zurückgerufen. Er hat auch erneut die hervorragende Rolle der Vereinigten Staaten bestätigt. Und dies gilt für die Mittelmeerregion nicht nur auf militärischem, sondern auch auf technologischem Gebiet. Der Wirtschafts- und Sozialausschuß der EG hatte bereits am 25. Januar 1989 ein Dokument über die Mittelmeerpolitik der Gemeinschaft unterbreitet[41]), in dem er auf die technologische Durchdringung und „Kolonisierung" durch die USA und Japan in diesem Raum hinwies. Eine „Synergie" hinsichtlich der wirtschaftlichen Integration sowie Priorität für eine strategische Expansion zu einer „neuen Grenze" für Europa wurden gefordert.

Das Kommissionsmitglied Frans H. J. J. Andriessen betonte dann auch am 25. April 1990 den wachsenden Mittelmeercharakter der Gemeinschaft. Die Bedeutung der Region wurde auch vom Kommissionsmitglied Abel Matutes unterstrichen, mit dem Hinweis, daß die Mittelmeeranrainer-Staaten der drittgrößte Kunde und viertgrößte Lieferant der Gemeinschaft seien und 20% ihres Energiebedarfs deckten.[42]) Die marginale Rolle der Zwölfergemeinschaft für die Friedensbemühungen in Nahost unterstreicht die Notwendigkeit einer aktiveren Südpolitik, die auch durch die anstehende Norderweiterung der EU mit dem Beitritt der skandinavischen Länder nicht aus dem Blickfeld geraten sollte.

III. Schlußbetrachtung

Der Wirkungsbereich der EG ist angesiedelt „in einem Mittelfeld zwischen zwei *Trugbildern:* demjenigen eines in Entstehung begriffenen Megastaates und dem Mythos des auf sich selbst zurückgezogenen, abgeschiedenen Nationalstaates ...".[43]) Ein solches Spannungsverhältnis kann sowohl zu weiterer erheblicher Dynamik wie zu einer neuen Phase von „Eurosklerose" führen. Die zwölf- bzw. zehnmonatige Verzögerung beim Inkrafttreten von EWR bzw. EU sowie der steinige Weg zur Ratifizierung der Verträge in einzelnen Ländern hob dieses Spannungsverhältnis nicht auf, sondern perpetuierte es eher. Zu welcher Seite das Pendel künftig ausschlagen wird, bleibt offen.

Die doppelspurig angelegten Außenbeziehungen der Gemeinschaft sind Ausdruck des Wachstumsprozesses einer ursprünglich nach innen gerichteten Friedens- und Wohlstandspolitik, deren rasanter Erfolg einen wachsenden Sog auf regionaler Ebene und zunehmende Ansprüche außerregionaler Staaten zeitigte. Sukzessive Erweiterungen brachten Anforderungen

---

[41]) *Yesilada,* The EC's Mediterranean Policy (wie Anm. 38), 366 f.
[42]) Ebd. 359 f.
[43]) *Daniel Thürer,* Die EG als Gemeinschaft neuer Dimension. Zwischen Illusion und Wirklichkeit, in: Neue Zürcher Zeitung, Nr. 144, 22./23. 8. 1992, 21.

mit sich, die weit über die anfänglich beabsichtigten Wirtschaftsaußenbeziehungen hinausgingen und die Einbeziehung rein außenpolitischer Aspekte erforderlich machten. Aus einem ursprünglich getrennten und sich allmählich annähernden dualen System entstand mittels einer sich in der Praxis verfestigenden Zusammenarbeit zwischen Vertretern der Gemeinschaft und der Mitgliedsstaaten ein neuartiges Instrument zur Wahrnehmung und Ausübung der EG-Außenpolitiken: die *„Gruppendiplomatie"*.[44]) Ihre bevorzugten Aktionsfelder sind internationale und regionale Organisationen, aber auch die Zentren der EU, Brüssel, Luxemburg, Straßburg und andere Hauptstädte. Je nach der behandelten Materie tritt hier die EU unter der Ägide der Kommission, derjenigen des Ministerrats unter der Präsidentschaft des jeweils führenden Mitgliedsstaates oder auch in bizephaler Form EU/EPZ – sozusagen im gemischten Doppel – auf. Dies entspricht dem dreigeteilten Aufgabengebiet dieser „Gemeinschaft neuer Dimension".[45])

---

[44]) *Marlis G. Steinert,* Un exemple de diplomatie de groupe: les activités de la Communauté économique européenne à Genève, in: Relations internationales, Nr. 32, Winter 1982, 543–560.
[45]) S. Anm. 43.

Zur Einführung

Von

Klaus Schwabe

Vierzig Jahre nach der Unterzeichnung des Schuman-Planes wurde mit der Vereinigung Deutschlands Wirklichkeit, was den „Europäern" unter den Gründervätern der Bundesrepublik – voran Adenauer – als optimales Fernziel ihrer Außenpolitik vor Augen gestanden hatte: Ein geeintes Deutschland war wiedererstanden, das gleichzeitig integraler Bestandteil der westlichen Welt blieb – als Bündnispartner im atlantischen Verteidigungssystem und als Mitglied der europäischen wirtschaftlichen und politischen Gemeinschaft. Aus der Sicht der europäischen Gründerjahre war die europäische Entwicklung freilich unerwarteter- und paradoxerweise hinter der deutschen hinterhergehinkt. In den fünfziger Jahren konnte man sich ein verselbständigtes und international gleichberechtigtes Deutschland – gleichgültig, ob nun ein Gesamtdeutschland oder nur die Bundesrepublik – lediglich in einer *supranational* strukturierten europäischen Völkergemeinschaft eingerahmt und eingedämmt vorstellen. Durch das Scheitern des visionären Vorhabens einer Europäischen Verteidigungsgemeinschaft im August 1954 ist es dazu nicht gekommen, und die Frage der künftigen Struktur der EU zwischen den Alternativen supranationaler Föderation und einem im Prinzip weiter national strukturierten Staatenbund steht weiter zur Diskussion.

Aus dieser Problematik ergeben sich überraschende Parallelen zwischen der Europadebatte der fünfziger Jahre und der gegenwärtigen Auseinandersetzung um den Maastrichter Vertrag. Heute wie damals geht es um die Alternative einer „Erweiterung" oder aber einer „Vertiefung" der EU, heute wie damals stehen sich Großbritannien einerseits und Frankreich andererseits als Protagonisten der staatenbündischen bzw. der supranationalen Alternative für die Weiterführung der Einigung Europas gegenüber – mit dem einen Vorbehalt, daß Großbritannien sich seit seinem Beitritt zur EWG zur Anerkennung sektoraler supranationaler Organisationsformen im Bereich der Wirtschaft durchgerungen hat.

Diese säkulare Entscheidung Großbritanniens kam freilich viel zu spät, um die Pläne für eine militärische und politische Einigung Euro-

pas in einer supranationalen Organisationsform wiedererwecken zu können, die, gewiß auch weil es sich von ihnen ferngehalten hatte, gescheitert
waren.

Für die Bundesrepublik beendete der Beitritt Großbritanniens zur
EWG (1972) endgültig den internen Disput zwischen „Freihändlern" und
„Europäern". In den fünfziger Jahren verkörperte die freihändlerische
Option Wirtschaftsminister Ludwig Erhard, der protektionistische Tendenzen eines gemeinsamen europäischen Marktes befürchtete. Die europäische Option vertrat Adenauer, der im Namen der Priorität der politischen Interessen der Bundesrepublik das Projekt einer EWG vorantrieb,
auch wenn diese sich handelspolitisch für Westdeutschland unter Umständen nachteilig auswirken mochte.

Großbritannien als maßgebender integraler Bestandteil einer europäischen Wirtschaftsgemeinschaft erfüllte seinerseits endlich die Rolle, welche die Vereinigten Staaten ihm seit den Tagen des Marshall-Planes zugedacht hatten, eine Rolle, der sich die britische Politik in den ersten rund
15 Jahren nach dem Ende des Zweiten Weltkrieges konsequent entzogen
hatte, obwohl sie dabei bisweilen Trübungen in den britisch-amerikani-
schen Beziehungen in Kauf nehmen mußte.

Man könnte den Disput über den mehr oder weniger supranationalen
Charakter einer europäischen Gemeinschaft als bloße „Scholastik" abtun
– und damit auch die Frage, wo in der bisherigen Geschichte der europäischen Gemeinschaften die Ideologen saßen: im „supranationalen" oder
im „nationalstaatlichen" Lager. Doch geht es dabei wahrlich nicht nur um
juristische Formeln, sondern um die Frage, ob Europa fähig und bereit ist,
bestimmte wesentliche gemeinsame – auch außerwirtschaftliche – Interessen zu definieren und nach außen zu vertreten, oder nicht. Insbesondere
im sicherheitspolitischen Sektor ist es nach dem Umbruch in Osteuropa
von diesem Ziel weiter entfernt denn je. Daß eine supranationale Organisation Europas auf die Dauer nur auf demokratischer und parlamentari-
scher Grundlage konsensfähig ist, erscheint unzweifelhaft. Auch hier kann
auf die Geschichte zurückgegriffen werden, bildeten doch Bestimmungen
für die „Demokratisierung" einer europäischen politischen Gemeinschaft
(EPG) schon einen Bestandteil der 1952/53 für eine solche ausgearbeite-
ten Verfassung.

Die vier im folgenden abgedruckten Beiträge gehören thematisch alle zu
der soeben skizzierten Grundproblematik. Mit unterschiedlicher Akzent-
setzung behandeln sie sie zum Teil unter der Perspektive der internationalen Beziehungen oder aber als Gegenstände der außenpolitischen Willens-
bildung in den verschiedenen Einzelstaaten. Bis auf den ersten gehen sie
auf Referate zurück, die auf dem vom 23. bis 26.9.1992 in Hannover abge-
haltenen 39. deutschen Historikertag im zweiten Teil der Doppelsektion

„Europäische Integration nach 1945" vorgetragen und diskutiert worden sind.

Der Verfasser dieser Einleitung ist in seinem Beitrag der Europapolitik der Vereinigten Staaten nachgegangen, die die Konzipierung und Verwirklichung des Marshallplans begleitet hat. Er kann zeigen, daß die Alternative „Erweiterung" oder „Vertiefung" eines zu integrierenden Europas schon zum damaligen Zeitpunkt im Mittelpunkt der Europadiskussion der amerikanischen Regierung gestanden hat.

Die Diskussion um eine supranationale Struktur für ein geeintes Europa liefert den Ausgangspunkt für den Beitrag von *Wilfried Loth,* der die innerfranzösische Diskussion über die europäische Verteidigungsgemeinschaft (EVG) zum Gegenstand hat. Er zeigt, daß Kritiker der EVG, die dieser das Fehlen eines politischen Unterbaus vorwarfen, nicht nur in den Reihen der Sozialistischen Partei zu finden waren, sondern auch bei den Gaullisten. Im weiteren befaßt sich Loth mit den außer- und innerfranzösischen Gründen, die zur Ablehnung der EVG durch die französische Nationalversammlung führten.

Das Scheitern der EVG und die Bildung einer europäischen Wirtschaftsgemeinschaft (EWG) lösten in der Bundesrepublik die Diskussion um Formen und Grenzen der deutschen Mitarbeit an einer solchen europäischen Organisation aus. An diese Frage knüpft der Beitrag von *Hanns Jürgen Küsters* an. Er verfolgt die innerdeutsche Diskussion um die Haltung der Bundesrepublik zu der von Großbritannien als Alternative zur EWG lancierten europäischen Freihandelszone (EFTA) und die vermittelnde Politik der Regierung Adenauers zwischen EWG und EFTA bis zu dem Zeitpunkt, als dieser Kurs angesichts deutsch-britischer Spannungen in der Deutschlandfrage und der strikten Abgrenzung des gaullistischen Frankreichs von der EFTA nicht mehr durchzuhalten war. Die Bundesrepublik mußte jetzt für die EWG optieren und konnte auch dem französischen Veto gegen einen britischen Beitritt zu ihr (1961) nicht mehr entgegenwirken.

Von der französisch-britischen Problematik der sechziger Jahre schlägt *Hans Boldt,* der letzte Autor, den Bogen zum Maastrichter Vertrag. Seine Ausführungen gehen von dem Gegensatz zwischen „Institutionalisten" und „Funktionalisten" aus. Er meint damit den Gegensatz zwischen Fürsprechern eines Verfassungsaktes zur Konstituierung eines europäischen Bundesstaates und Befürwortern eines eher schrittweisen Vorgehens, in dem die einzelnen Kompetenzen der bereits bestehenden europäischen Institutionen allmählich in den poltitischen Bereich hinein ausgedehnt würden. Nach einem Rückblick auf die im Vorfeld des Maastrichter Vertrages geführte Diskussion spricht er sich für eine funktionsorientierte abgestufte Fortsetzung der europäischen Einigung aus. Insgesamt legen die vier hier veröffentlichten Aufsätze ein eindrückliches Zeugnis ab für die Kontinuität der internationalen Europadebatte – von den Tagen des Marshallplanes bis hin in unsere im Zeichen der Auseinandersetzung um den Maastrichter Vertrag stehende Gegenwart.

Der Marshall-Plan und Europa*

Von

Klaus Schwabe

I.

„Die Symbole des Nationalismus in Frankreich, Italien und Deutschland sind letztlich bankrott. Sie laufen Gefahr, von reaktionären oder neofaschistischen politischen Elementen in Beschlag genommen zu werden – Elementen, die wir nicht unterstützen wollen. Es ist ein überragendes Bedürfnis, daß dieser Nationalismus überwunden und das supranationale Ideal der europäischen Einheit entwickelt wird." Mit diesen Worten umschrieben Charles Kindleberger und einige andere Sachverständige des amerikanischen Außenministeriums (State Department) wenige Tage nach der Ankündigung des Marshall-Planes ihre Wunschvorstellung von einem geeinten Europa – nicht ohne hinzuzusetzen, Amerika müsse dieses Ziel zu verwirklichen suchen, indem es seine finanziellen Druckmittel gegenüber den Europäern einsetze.[1] Der Wunsch nach einer wie immer gearteten europäischen Einigung erscheint, obschon vielleicht nicht ganz so präzise, auch in den meisten übrigen Memoranden, welche die Rede von Außenminister George Marshall gedanklich vorbereiteten. George F. Kennan, 1947 Direktor des Planungsstabes im State Department und einer der Väter des Marshall-Planes, nannte eine „regionale politische Organisation" als Ziel eines Zusammenrückens der europäischen Völker.[2] Der Diplomat Charles Bohlen hielt auf jeden Fall eine wirtschaftliche europäische Föderation in einem Zeitraum von drei oder vier Jahren für möglich.[3]

---

* Überarbeitete und auf den neuesten Stand gebrachte Fassung meines Beitrages mit gleichem Titel in: *Raymond Poidevin* (Ed.), Histoire des débuts de la construction européenne. (Groupe de liaison des historiens auprès des communautés, 1.) Brüssel 1986, 47–70.

[1] H. B. van Cleveland, Charles Kindleberger u.a., Memorandum, 12.6.1947, Papers of J. Jones, Truman Library; *Michael J. Hogan,* The Search for a 'Creative Peace': The United States, European Unity, and the Origins of the Marshall Plan, in: Diplomatic History 6, 1982, 278.

[2] Foreign Relations of the United States (= FRUS), 1947/3, 221 (Kennan, Memorandum, 16.5.1947).

[3] *Hogan,* Search (wie Anm. 1), 281.

Zwei Jahre später – 1949, als der wirtschaftliche Erfolg des Marshall-Planes bereits unübersehbar geworden war, hatte es auf dem Wege zur Einigung seiner westeuropäischen Empfängerländer noch keine sensationellen Fortschritte gegeben. Gewiß, es gab seit dem 5. Mai 1949 den Europarat; es gab die OEEC als Organ zur Koordinierung der ERP-Hilfe; jedoch der Gedanke einer Einigung Europas durch die Einsetzung supranationaler Entscheidungsgremien war, wie Alan Milward gezeigt hat[4]), weder im politischen noch im wirtschaftlichen Bereich auch nur einen Schritt weitergekommen, und die schon im Frühjahr 1948 von amerikanischer Seite lancierte Anregung, doch die gesamte westeuropäische Schwerindustrie einer supranationalen Kontrolle zu unterstellen, war bei den Europäern auf eisige Ablehnung gestoßen.[5])

Daß die Europäer in dieser Hinsicht, gemessen an den Hoffnungen einiger Mitarbeiter des State Departments, so geringe Fortschritte gemacht hatten, lag natürlich nicht zuletzt an ihnen selbst. Doch war ein gewisses Maß an Mitverantwortung für die Stagnation in der europäischen Einigung nicht auch in Washington zu suchen? Unter diesem Gesichtspunkt soll an dieser Stelle noch einmal die bereits viel erörterte Frage nach dem Zusammenhang zwischen der Marshall-Plan-Konzeption und der ersten Phase seiner Verwirklichung einerseits und dem Fortgang bzw. dem Stagnieren der europäischen Einigungsbestrebungen andererseits untersucht werden.[6])

War die US-Regierung vielleicht mitverantwortlich für die geringen Fortschritte in der europäischen Einigung, weil sie es – so lautet unsere *erste* Frage – selbst unterlassen hatte, sich und die amerikanische Öffentlichkeit auf diese Problematik vorzubereiten? Hatte sie es versäumt – fragen wir an *zweiter* Stelle –, sich über die Struktur eines wirtschaftlich und politisch geeinten Europas Klarheit zu verschaffen – Klarheit nicht zuletzt über die Gebotenheit und die Form supranationaler Verwaltungs- und Regierungsorgane für ein integriertes Europa? Oder – *dritte* Frage! – bestand in der amerikanischen Regierung Unklarheit über die äußere Gestalt einer

---

[4]) *Alan S. Milward,* The Reconstruction of Western Europe, 1945–51. London 1984, 210f., 282, 296ff.; allgemein dazu auch: *Pierre Mélandri,* Les États-Unis face à l'unification de l'Europe. Paris 1980.
[5]) *Pierre Mélandri,* Le rôle de l'unification européenne dans la politique extérieure des États-Unis 1948–1950, in: Poidevin (Ed.), Histoire (wie Anm. *), 36f.
[6]) Vgl. dazu auch: *Armin Rappaport,* The United States and European Integration, in: Diplomatic History 5, 1981, 121–149; *Werner Link,* Die Rolle der USA im westeuropäischen Integrationsprozeß, in: PolZG B 14, 1972, 3–13. Weitere ältere Literatur in: *Hans-Jürgen Schröder* (Hrsg.), Marshallplan und westdeutscher Wiederaufstieg. Positionen – Kontroversen. Stuttgart 1990; vgl. ferner: *Ludolf Herbst,* Option für den Westen. Vom Marshallplan bis zum deutsch-französischen Vertrag. München 1989.

europäischen Gemeinschaft, das heißt über den Kreis ihrer Mitglieder? Unklarheit in dieser Hinsicht, das braucht nicht besonders hervorgehoben zu werden, mußte auch Unsicherheiten in der Frage der inneren Struktur eines geeinten Europas nach sich ziehen. Nur kursorisch sollen abschließend noch zwei weitere Fragen aufgeworden werden. Zum einen: Kam die europäische Einigung vielleicht deshalb nicht voran, weil die amerikanische Regierung selbst dieses Ziel den Europäern gegenüber nicht mit dem nötigen Nachdruck vertrat? Trifft diese Vermutung zu, so drängt sich sogleich die ergänzende Frage nach den Motiven für eine solche Zurückhaltung auf amerikanischer Seite auf. Zum anderen muß auch an dieser Stelle die Frage gestellt werden, welche Funktion und welchen Rang der Gedanke der europäischen Einigung in der Konzeption des Marshall-Planes überhaupt eingenommen hat.

II.

Es traf die amerikanische Öffentlichkeit keineswegs unvorbereitet, als Außenminister Marshall bei der Bekanntgabe des nach ihm benannten Planes am 5. Juni 1947 in vorsichtig umschreibender, gleichzeitig aber unüberhörbarer Weise das Ziel eines festeren Zusammenschlusses der Europäer anklingen ließ: Im Grunde stellte er nur eine Bedingung für die Gewährung einer umfassenden amerikanischen Wirtschaftshilfe – die Bedingung nämlich, daß die Empfängerländer sich über ihren Bedarf einigen und ein ihnen allen gemeinsames Hilfsprogramm ausarbeiten müßten.[7]) Zur Form der geforderten gemeinsamen Anstrengung der Europäer war damit noch nichts gesagt. Dabei hatten einige einflußreiche amerikanische Politiker und Publizisten durchaus schon sehr konkrete Vorstellungen von einer europäischen Einigung entwickelt. Als Vertreter der protestantischen Kirchen Amerikas war kein anderer als John Foster Dulles schon auf dem Höhepunkt des Zweiten Weltkrieges (1941) für die Bildung eines nach amerikanischem Vorbild föderierten Europas eingetreten, in das auch Deutschland nach der Besiegung Hitlers integriert werden sollte.[8]) Unter Vermeidung der Fehler des Versailler Vertrages sollten die Siegermächte den Frieden in Europa in einer Weise organisieren, der ein dezentralisiertes Deutschland in die Lage versetzte, seinen Beitrag zum wirtschaftlichen Wohlstand Europas zu leisten, ohne dabei erneut eine Vormachtstellung auf dem europäischen Kontinent zu gewinnen.[9])

[7]) FRUS, 1947/3, 239.
[8]) *Ronald Pruessen,* John Foster Dulles. The Road to Power. New York 1982, 190 ff., 311.
[9]) Ebd. 194, 216, 308 ff.

Bald nach dem Ende des Zweiten Weltkrieges, unter dem Eindruck der sich verfestigenden sowjetischen Vormachtstellung in Osteuropa, hatte Dulles diese Grundvorstellungen insofern revidiert, als er eine gesamteuropäische Einigung für immer unwahrscheinlicher hielt und statt dessen eine Teileinigung Westeuropas bevorzugte.[10]) An dieser Zielvorstellung hielt er aber in der Folgezeit hartnäckig fest. Am 17. Januar 1947 trat er noch einmal mit seiner Konzeption einer europäischen Einigung an die Öffentlichkeit.[11]) Er stand jetzt ganz unter dem Eindruck des wachsenden Einflusses der UdSSR und ihrer kommunistischen Parteigänger auf dem europäischen Kontinent. Doch die Einigung Europas sollte nicht nur ein Gegengewicht gegen die Macht der UdSSR darstellen; sie sollte zugleich eine Lösung der Deutschlandfrage ermöglichen. Nie, so bekannte er in Übereinstimmung mit seinen französischen Freunden, sollte Deutschland wieder die ausschließliche Kontrolle über das Industriegebiet an Rhein und Ruhr erhalten. Das westdeutsche Industrierevier sollte vielmehr internationalisiert werden und als internationale Enklave – wie er an anderer Stelle ergänzte – die Keimzelle einer europäischen Föderation abgeben.

Wie er in seiner Rede vom 17. Januar 1947 weiter ausführte (und damit Vorstellungen vorwegnahm, zu denen sich auch das State Department bald bekennen sollte), hielt er die Einigung Europas prinzipiell vor allem aus zwei Gründen für unerläßlich: Sie sollte zum einen eine rationelle Nutzung des europäischen Wirtschaftspotentials ermöglichen und zum anderen eine die Europäer begeisternde zukunftsweisende Alternative zur kommunistischen Propaganda liefern.[12])

Das Echo von Dulles' Rede in der amerikanischen Öffentlichkeit „überstieg alle Erwartungen". Sein Ruf nach einem geeinigten Europa erhielt zusätzliches Gewicht, weil er seine Rede im voraus mit der Führung der Republikanischen Partei abgesprochen hatte, die seit den Wahlen von 1946 wieder die stärkste Fraktion im amerikanischen Kongreß stellte.[13]) Walter Lippmann lieh Dulles publizistische Hilfe und warf dabei den Gedanken einer massiven Kapitalhilfe für Europa in die Debatte.[14]) Schließlich schaltete sich auch der Kongreß selbst in diese Diskussion mit ein: Auf Antrag des Senators William Fulbright und des Abgeordneten Boggs verabschiedeten der Senat bzw. das Repräsentantenhaus im März 1947 Resolutionen, die sich für die „Schaffung von Vereinigten Staaten von

---

[10]) Ebd. 318.
[11]) Ebd. 325 ff.
[12]) Ebd. 327, 336.
[13]) Ebd. 327, und *Walter Lipgens*, Die Anfänge der europäischen Einigungspolitik, 1945–1950. T. 1. Stuttgart 1977, 472.
[14]) *Ronald Steel*, Walter Lippmann and the American Century. Boston 1980, 440 ff.; *Mélandri*, Les Etats-Unis (wie Anm. 4), 88.

Europa im Rahmen der Vereinten Nationen" aussprachen.[15]) Der Einfluß von Dulles und Lippmann reichte bis in die amerikanische Regierung, die beide in den Vorbesprechungen über den Marshall-Plan konsultierte. Als Mitglied der amerikanischen Delegation auf der Moskauer Viermächtekonferenz im März/April 1947 hatte Dulles zudem ständigen Kontakt mit Marshall selbst.[16])

Die amerikanische Regierung hatte, im Unterschied zu Dulles, während des Zweiten Weltkrieges zu dem Gedanken einer Einigung Europas eine ambivalente Haltung eingenommen. In der Hoffnung auf eine weltumfassende Friedensorganisation konnte sie regionale Zusammenschlüsse nicht ohne weiteres billigen. Wie in vielem, so war Roosevelt freilich auch hier nicht ganz konsequent und näherte sich mit seinem Konzept der „vier Weltpolizisten" durchaus regionalen Einigungsvorstellungen. In Jalta soll er die Schaffung von Vereinigten Staaten von Europa sogar einmal ausdrücklich als wünschenswert bezeichnet haben.[17])

Im State Department setzte sich im Laufe des Jahres 1946 die Ansicht durch, daß eine gemeinschaftliche Anstrengung aller europäischen Völker nötig sei, um die Aufgabe des Wiederaufbaus zu bewältigen. Diese Überzeugung stand hinter der amerikanischen Initiative zur Bildung einer europäischen Wirtschaftskommission im Rahmen der UN (ECE), die im März 1947 auch tatsächlich zum Erfolg führte.[18]) Diese Initiative stand freilich noch ganz im Banne der Rooseveltschen Hoffnungen auf ein einträchtiges Nebeneinander der beiden Hauptsiegermächte nach der Niederwerfung Hitlers und glaubte, mit der anvisierten europäischen Einigung auch Deutschland wiedervereinigen zu können.[19])

Gesamteuropäisch ist, wie noch zu zeigen sein wird, auch der Marshall-Plan in seiner Urform angelegt gewesen, obwohl die amerikanische Öffentlichkeit sich mehr und mehr mit dem Gedanken einer westeuropäischen Einigung unter antikommunistischem Vorzeichen abzufinden begann.[20]) Auf jeden Fall: Unvorbereitet gingen weder die amerikanische

---

[15]) *Mélandri*, Les Etats-Unis (wie Anm. 4), 79 f.

[16]) *Steel*, Walter Lippmann (wie Anm. 13), 441 ff.; *Pruessen*, Dulles (wie Anm. 8), 338–346.

[17]) *Mélandri*, Les Etats-Unis (wie Anm. 4), 15; *Lipgens*, Anfänge (wie Anm. 13), 71 ff.

[18]) *Charles P. Kindleberger*, Zur Entstehung des Marshall-Plans: Erinnerungen an die Politischen Entwicklungen in Deutschland, 1945–47, in: Charles S. Maier/Günter Bischof (Hrsg.), Deutschland und der Marshall-Plan. Baden-Baden 1992, 89–138, hier 107 ff.; auch: *Mélandri*, Les Etats-Unis (wie Anm. 4), 42 f., 59 ff.

[19]) Porter, Memorandum, 14.1.1948, in: *Hogan*, Search (wie Anm. 1), 274; vgl. auch: *Scott Jackson*, Prologue to the Marshall Plan: The Origins of the American Commitment for a European Recovery Program, in: JAmH 65, 1979, 1043–1068.

[20]) *Mélandri*, Les Etats-Unis (wie Anm. 4), 88 ff.; FRUS, 1947/3, 205 ff.

Öffentlichkeit noch die US-Regierung in die Debatte um eine künftige europäische Union.

III.

Bei aller Europabegeisterung blieb die amerikanische Öffentlichkeit in einem Punkt unsicher und unentschieden: der Frage nach der konkreten institutionellen Struktur der europäischen Einigung. Daß dies auch für die amerikanische Regierung und nicht zuletzt für das State Department galt – und wir kommen damit zu der *zweiten* eingangs aufgeworfenen Frage –, zeigt ein Blick in die Schlüsseldokumente, die der Vorbereitung von Marshalls Rede vom 5. Juni 1947 dienten. Wenn wir dort konkrete Vorstellungen über den Aufbau eines geeinten Europa weitgehend vermissen, so lag dies an einer Vorentscheidung, welche die amerikanische Regierung gleichzeitig mit der Bekanntgabe des Marshall-Planes gefällt hatte. Danach war dieser Hilfsplan ausdrücklich als Sofortmaßnahme gedacht und ließ deshalb die Entwicklung längerfristiger Zielvorstellungen als verfrüht erscheinen.[21]) Dies war der Grund, weshalb die „Europäer" im State Department (unter ihnen Charles Kindleberger und George Kennan) vorerst noch nicht zum Zuge kamen. Auf höchster Ebene wurden supranationale Strukturen eines geeinten Europas sogar abgelehnt und eine europäische Zoll- und Währungsunion lediglich als Fernziel begrüßt.[22])

Die Nahziele, welche die US-Regierung zu erreichen suchte, stellten sich in den Wochen nach der Rede Marshalls – zur Erleichterung mancher Europäer – als viel bescheidener heraus: Sie waren in erster Linie wirtschaftlicher Art und sahen die Ausarbeitung eines gemeinsamen Hilfsprogramms vor, mit dem ein Abbau der innereuropäischen Zollschranken, eine Liberalisierung des Geldverkehrs und die Schaffung einer auf längere Dauer angelegten Organisation zur Verwaltung der Wirtschaftshilfe (die sogenannte „continuing organization") Hand in Hand gehen sollten.[23])

Anders als bei Dulles und einer starken Strömung in der amerikanischen Öffentlichkeit stand damit bei der amerikanischen Regierung, nicht zuletzt bei Präsident Truman selbst, der pragmatische Aspekt der amerikanischen Wirtschaftshilfe, das heißt der Wunsch nach einer möglichst ratio-

---

[21]) Lovett an US Botschaft, Paris, 26.8.1947, in: FRUS, 1947/2, 386; M. Manful, ERP Committee, Memorandum, 8.9.1947, record group (= r.g.) 353, box 28, National Archives, Washington D.C. (= NA).
[22]) Committee on European Recovery (= ERP Committee), Meeting, 25.6.1947, r.g. 353, b. 26, NA.
[23]) Lovett an US-Botschaft, Paris, 26.8.1947, in: FRUS, 1947/3, 385; Kennan an Lovett, 30.6.1947, Policy Planning Staff (= PPS), r.g. 59, b. 33, NA.

nellen Verwendung der amerikanischen Hilfeleistungen, ganz im Vordergrund.[24]) Das State Department ist darüber hinausgehenden Wünschen des Kongresses, die bis zur Forderung eines politische geeinten Europas reichten, entgegengetreten.[25]) Wie begrenzt die amerikanischen Zielvorstellungen für die Organisationsform eines geeinten Europas gewesen sind, wie beinahe ängstlich die amerikanische Diplomatie, wenigstens in der Anlaufphase des Marshall-Planes, es vermied, die Europäer unter Druck zu setzen, um sie zur Annahme irgendwelcher amerikanischer Wunschvorstellungen für ein geeintes Europa zu bewegen, erhellt sich aus den im März/April 1948 geführten Verhandlungen über die Bildung der „continuing organization", die am 16. April 1948 mit der Gründung der OEEC endeten. Die USA waren an diesen Verhandlungen formell nicht unmittelbar beteiligt, ließen aber die europäischen Mitgliedsstaaten der künftigen OEEC über ihre Ansichten über die wünschenswerte Struktur dieser gesamteuropäischen Organisation nicht im unklaren.[26]) Danach sollte die OEEC, in der auch Westdeutschland durch die Bizone bzw. die französische Zone vertreten sein sollte, über genügend Kompetenzen verfügen, um die optimale Verwendung der amerikanischen Hilfslieferungen durch die Empfängerländer sicherstellen zu können. Entscheidungsbefugnisse („executive powers") sollte die OEEC freilich nicht haben, weil sich dies nicht mit der Stellung der USA (Mitglied der OEEC als Vertreterin der Bizone) als Besatzungsmacht in Deutschland vertrug; ihre Beschlüsse sollten vielmehr in jedem Fall nur empfehlenden Charakter besitzen. In Verfahrensfragen sollte mit einfacher Mehrheit abgestimmt, in wesentlichen Fragen dagegen tunlichst Einstimmigkeit erzielt werden, hier allerdings mit der Möglichkeit einer Stimmenthaltung. Der Schwerpunkt der Organisation sollte im Generalsekretariat liegen, das, finanziell selbständig und von den Einzelregierungen her nicht weisungsgebunden, die eigentliche Kontrolle über die sachgemäße Verwendung der amerikanischen Hilfe ausüben sollte. Alles in allem sollte die OEEC den multilateralen Charakter der wirtschaftlichen Zusammenarbeit Europas sicherstellen

---

[24]) Lovett an Clayton, Caffery, 26.8.1947, in: FRUS, 1947/3, 383–398; Lovett an diplomatic representatives, 7.9.1947, in: ebd. 412–425; *Harry S. Truman*, Memoirs. 2. Aufl. New York 1956, 137.
[25]) ERP Committee, Memorandum, 3.3.1948, r.g. 353, b. 31, NA; *Rappaport*, United States (wie Anm. 6), 128.
[26]) Marshall, Circular telegram, 29.2.1948, in: FRUS, 1948/3, 383; Marshall an Douglas (U.S. Botschafter in London), 29.2.1948, ebd. 384f., auch ebd. 395, Anm. 1. Darstellung mit Akzent auf britischer Perspektive bei *Milward*, Reconstruction (wie Anm. 4), 172ff. Vgl. auch *Ernst H. van der Beugel*, From Marshall's Aid to Atlantic Partnership. New York 1966, 120ff.

und bilaterale Vereinbarungen mehr und mehr überflüssig machen.[27]) Das waren bestenfalls Ansätze für eine supranationale Organisation; doch schon diese gingen Großbritannien zu weit.[28]) Die weiteren Verhandlungen erwiesen, daß die britische Seite den supranationalen Zielvorstellungen der USA und daneben Frankreichs und Belgiens, so zaghaft, wie sie auch sein mochten, nur insofern entgegenzukommen bereit war, als sie einer Organisationsform für die OEEC zustimmte, die eine spätere Entwicklung in supranationaler Richtung wenigstens nicht ausschloß.[29]) Wirft man einen Blick auf die Arbeitsvorlagen, aus denen das endgültige OEEC-Statut dann hervorging, so stellt man fest, daß sich in ihnen die Gegner supranationaler Vorstellungen (in erster Linie also die britische Regierung) weitgehend durchgesetzt hatten. Konnte jetzt doch ein Einzelmitglied sein Veto gegen Entscheidungen der OEEC einlegen, sobald diese einen Gegenstand des eigenen, nationalen Interesses betrafen.[30]) Auch das Sekretariat besaß nicht mehr die Kompetenzen, welche die USA ihm ursprünglich zugedacht hatten.

Bezeichnend war, daß die Regierung in Washington sich mit diesem Gang der Verhandlungen über das Statut der OEEC abfand – ja dieses sogar ausdrücklich als „zureichend" guthieß.[31]) Dieser Stellungnahme waren intensive interne Diskussionen im State Department vorausgegangen, die dazu führten, daß die amerikanische Regierung die Verwirklichung supranationaler Vorstellungen vorerst zurückstellte. Zweierlei wurde bei diesen Diskussionen offenbar: Im State Department selbst bestand eine sehr weitgehende Unsicherheit, ob die USA sich zum Fürsprecher einer supranationalen Integration Westeuropas machen sollten oder nicht.[32]) Davon abgesehen, rangen sich die Sachverständigen des State Departments und der amerikanischen Verwaltungsorganisation des Marshall-Plans (ECA)

[27]) Marshall, Circular telegram, 10.3.1948, r.g. 59, b. 532, NA; dazu ERP Committee, 10.3.1948, r.g. 353, b. 31, NA.

[28]) Caffery an Marshall, 9.3.1948, r.g. 59, b. 532, NA; Gallman an Marshall, 12.3.1948, in: FRUS, 1948/3, 391.

[29]) Caffery an Marshall, 18.3.1948, r.g. 59, b. 532, NA; Caffery an Marshall, 20.3.1948, in: FRUS, 1948/3, 395ff. England wollte anfangs die OEEC nach Abwicklung des Marshall-Planes wieder auflösen.

[30]) Caffery an Marshall, 27.3.1948, r.g. 59, b. 5655, Tel. Nr. RECE 42 u. 43; dazu die Weisung des State Departments: Marshall an Caffery, 30.3.1948, r.g. 59, b. 532, NA.

[31]) Lovett an Caffery, 8.4.1948, in: FRUS, 1948/3, 414ff.; bes. 417 („adequate basis").

[32]) ERP Committee, Memorandum, 26.3.1948, r.g. 353, b. 34, NA; Weaver, Memorandum, 29.3.1948, r.g. 353, b. 31, NA. Zu dem amerikanischerseits bewußt weitgefaßten Begriff „integration" vgl. *Ludolf Herbst*, Die zeitgenössische Integrationstheorie und die Anfänge der europäischen Einigung, in: VfZG 34, 1986, 161–205, hier 172ff., 183, 187.

zu der resignierenden Anerkennung der Tatsache durch, daß die britischen Bedenken gegenüber supranationalen Organisationsformen schlechterdings unüberwindbar waren und die USA sich mit einer Struktur der OEEC zufriedengeben mußten, die lediglich sicherstellte, daß das Vereinigte Königreich die OEEC ehrlich unterstützen konnte, dabei aber in der Vertretung seiner nicht-europäischen Interessen seine Handlungsfreiheit wahrte.[33])

Die amerikanische Regierung hatte auf die Durchsetzung ihrer Vorstellungen für die Organisationsstruktur der OEEC weitgehend verzichtet, weil sie an der Überzeugung festhielt, daß in dieser Frage wie überhaupt bei der Verwirklichung des Marshall-Planes die Europäer selbst in letzter Instanz kompetent seien.[34]) Die Zurückhaltung der US-Regierung hing aber auch mit ihrer Konzeption der äußeren Gestalt des von den USA unterstützten Europas zusammen, das heißt mit ihren Vorstellungen über den Kreis der Empfängerländer. Wir nähern uns damit dem *dritten* eingangs aufgeworfenen und zugleich wichtigsten Einzelproblem, das an dieser Stelle erörtert werden soll.

IV.

Anders als in der Frage der inneren Struktur der Gemeinschaft der europäischen Empfängerländer des Marshall-Planes besaß die amerikanische Regierung über den Umfang der Staatengruppe, die unterstützt werden sollte, von Anfang an sehr bestimmte Vorstellungen. Diese lassen sich auf die einfache Formel „je mehr, desto besser" bringen. Eben weil die USA mit ihrer Hilfe eine maximale Anzahl europäischer Staaten erreichen wollten, waren sie in der Frage der organisatorischen Form der erhofften europischen Zusammenarbeit zu Konzessionen bereit und zogen lockere Organisationsformen vor, sobald sich zeigte, daß straffere Formen bestimmte Länder von der Beteiligung am Marshall-Plan abschrecken würden.[35]) Die amerikanische Konzessionsbereitschaft kannte nur eine Grenze: Die zweckentsprechende und wirkungsvolle Verwendung der amerikanischen Hilfe mußte gesichert sein, was ohne eine Überprüfung der Finanzpolitik

---

[33]) Lovett an Caffery, 8.4.1948, in: FRUS, 1948/3, 417. Monnet hatte versucht, die USA zu veranlassen, auf England Druck auszuüben, um es von seinem Standpunkt abzubringen – ein Ansinnen, das das State Department mit Schweigen überging; Caffery an Marshall, 18.3.1948, r.g. 59, b. 532, NA.
[34]) So ERP Committee, Memorandum, 3.3.1948, r.g. 353, b. 31, NA.
[35]) Charakteristisch: ERP Committee, Memorandum, 3.3.1948, r.g. 353, b. 31, NA.

der Empfängerländer durch amerikanische Regierungsvertreter nicht
möglich war.[36])

Im Prinzip boten die USA den Marshall-Plan jedenfalls allen europäischen Staaten an, auch der UdSSR und den osteuropäischen Ländern.
Wie keine andere Frage ist freilich gerade die Einbeziehung der *UdSSR* in
den Marshall-Plan im State Department umstritten gewesen, ging es hier
doch um die Entscheidung, ob die universal konzipierte Europapolitik
Roosevelts fortzuführen sei oder aber ob die USA zu einem unübersehbar
gegen die UdSSR gerichteten westeuropäischen Regionalismus übergehen
sollten.[37]) Die Einladung an die UdSSR zur Beteiligung am Marshall-Plan
wurde schließlich beschlossen, freilich bei einigen Mitarbeitern des State
Departments mit dem Vorbehalt und in der Hoffnung, daß die Sowjetunion die Einladung am Ende ohnehin ablehnen würde. Die Möglichkeit,
daß die UdSSR die USA beim Wort nehmen und sich am Marshall-Plan
beteiligen würde, erschien in Washington immerhin als kalkuliertes Ri-
siko, hätte doch die Beteiligung der UdSSR das Volumen der notwendigen Hilfe derart aufgebläht, daß der Kongreß die Bewilligung der dann
notwendigen Gelder wahrscheinlich abgelehnt hätte. Als Empfängerland
amerikanischer Marshall-Plan-Lieferungen hätte die Sowjetunion zudem
jede beliebige Obstruktion betreiben können.[38])

Die amerikanische Regierung, nicht zuletzt Marshall selbst, ist diese Risiken dennoch eingegangen, weil sie vor der europäischen Öffentlichkeit
nicht als der für die Spaltung der Alten Welt Verantwortliche dastehen
wollte, sondern es vorzog, dieses Odium den Sowjets zu überlassen, die
sich mit ihrem Nein aus der europäischen Zusammenarbeit selbst ausgeschlossen hätten. Dieses Verhalten erklärt sich vor allem aus der Rücksicht auf die gemäßigte europäische Linke, die sich selbst in der Tat an
die Illusion eines für ganz Europa geltenden amerikanischen Hilfsprogrammes klammerte und auf deren Zustimmung zum Marshall-Plan die
USA nicht verzichten zu können glaubten.[39])

---

[36]) Für die französische Seite dazu jetzt: *Gérard Bossuat,* La France, l'aide américaine et la construction européenne 1944–1954. 2 Vols. Paris 1992, hier Vol. 1,
253 ff.

[37]) Einzelbelege dazu in der von mir vorbereiteten Monographie über die amerikanische Europapolitik 1947–1955.

[38]) *Daniel Yergin,* Shattered Peace. The Origins of the Cold War and the National
Security State. Boston 1977, 314 f.; *Hogan,* Search (wie Anm. 1), 281 f.; *Dean Acheson,* Present at the Creation. My Years in the State Department. New York 1970,
232; *George F. Kennan,* Memoiren eines Diplomaten. Bd. 2. München 1971, 342 ff.

[39]) *Klaus Schwabe,* Das Echo Westdeutschlands auf den Marshall-Plan 1947–49, in:
Maier/Bischof (Hrsg.), Deutschland und der Marshall-Plan (wie Anm. 18), 261–
320, hier 266; *Wilfried Loth,* Die französischen Sozialisten und der Marshall-Plan,

Sollte die UdSSR ihre Mitarbeit verweigern, so hoffte das State Department, daß dessenungeachtet vielleicht doch die Mitarbeit einiger osteuropäischer Staaten möglich sein würde – wenn nicht sofort, so vielleicht doch auf lange Sicht. Einige Mitarbeiter des State Department haben diese osteuropäische Perspektive des Marshall-Planes sehr ernst genommen, an erster Stelle der bewährte Rußlandkenner George F. Kennan.[40]) In der amerikanischen Öffentlichkeit war es Lippmann, der mit wachsendem Nachdruck für eine Öffnung des Marshall-Planes nach Osten warb und durch eine der UdSSR zu gewährende massive Wirtschaftshilfe deren Zustimmung zur Einbeziehung osteuropäischer Staaten in den Marshall-Plan erkaufen zu können hoffte.[41]) Die abrupte Absage einer sowjetischen Beteiligung am Marshall-Plan durch Molotow auf der Pariser Außenministerkonferenz vom 2. Juli 1947 enthob Amerika jeder weiteren Verlegenheit.[42]) Da auch die unter sowjetischem Einfluß stehenden Staaten Osteuropas sich der sowjetischen Absage anschließen mußten, galt das amerikanische Hilfsangebot zunächst nur Westeuropa und dessen „Randstaaten" (wie zum Beispiel den skandinavischen Ländern).

Molotow hatte seine Ablehnung des Marshall-Planes unter anderem damit begründet, daß dieser offenbar Deutschland einbeschloß, ohne die vorrangigen Interessen der vier Siegermächte – zum Beispiel an Reparationen – zu berücksichtigen.[43]) Er hatte damit auf den Faktor angespielt, der einen der Hauptgründe für die Konzipierung des Marshall-Planes abgegeben hatte: Die Initiatoren dieses Hilfsprogramms hatten eine Einbeziehung *Deutschlands* – oder doch auf jeden Fall der drei westlichen Besatzungszonen – in den Kreis der europäischen Empfängerländer von Anfang an im Prinzip ins Auge gefaßt. Wie John Gimbel gezeigt hat, bildete die Stagnation der Viermächte-Verhandlungen über das Deutschlandproblem, insbesondere der Fehlschlag der Moskauer Außenministerkonferenz vom März/April 1947, sogar ein entscheidendes Element, das den amerikanischen Entschluß zur Konzipierung des Marshall-Planes auslöste.[44]) Es bestand auf der amerikanischen Seite schon zu diesem Zeitpunkt nicht mehr der geringste Zweifel, daß auf Deutschland und seinen Beitrag zum Wiederaufbau der Wirtschaft Europas gar nicht verzichtet werden konnte. Zudem erhoffte sich die Truman-Regierung bei einer Eingliederung Deutschlands in ein liberales Handelssystem eine politisch erzieheri-

in: Othmar N. Haberl/Lutz Niethammer (Hrsg.), Der Marshall-Plan und die europäische Linke. Frankfurt am Main 1986, 359–380, hier 362 f.
[40]) *Kennan*, Memoiren (wie Anm. 38), Bd. 2, 344 ff.
[41]) *Steel,* Walter Lippmann (wie Anm. 14), 441 ff.
[42]) *Yergin,* Shattered Peace (wie Anm. 38), 315; FRUS, 1947/3, 297 ff.
[43]) FRUS, 1947/3, 303 f.
[44]) *John Gimbel,* The Origins of the Marshall Plan. Stanford 1976, 15 f., 179 f.

sche Wirkung auf die Deutschen im Sinne einer neuen Liberalität und Weltoffenheit.[45]) Strittig war also nicht, ob der ehemalige Kriegsgegner an dem Hilfsprogramm beteiligt werden sollte, strittig – vor allem mit Rücksicht auf Frankreich – war vielmehr nur die Form, in der dies geschehen sollte. Konnte man, so lautete eine Frage im State Department, überhaupt mit einer vorbehaltlosen Mitarbeit der Deutschen rechnen, solange diese unter der Kuratel der Militärregierungen standen und versucht sein mußten, den Marshall-Plan nur als ein weiteres Mittel zur Ausbeutung des deutschen Wirtschaftspotentials zugunsten der Siegermächte anzusehen? Kennan plädierte deshalb für eine Beseitigung der Militärregierungen bis zum Ende des Jahres 1947 und die Wiederherstellung einer weitgehenden politischen Selbstverantwortung der Deutschen in den Westzonen.[46]) Daß das am Marshall-Plan beteiligte Deutschland bald mindestens eine provisorische Regierung benötigte, wurde der offizielle Standpunkt der US-Regierung.[47]) Zum Fürsprecher westdeutscher Wirtschaftsinteressen wurde überraschenderweise auch die amerikanische Militärregierung, die die Unterordnung dieser Interessen unter gesamtwesteuropäische Belange zunächst nicht hinnehmen wollte und sich viel zuwenig um eine Liberalisierung der deutschen Handelspolitik kümmerte, während State Department und ECA Westdeutschland gerade eine Vorreiterrolle auf dem Wege der Liberalisierung des europäischen Handels zugedacht hatten.[48])

Gewonnen werden mußte auch *Frankreich* für eine schließlich gleichberechtigte westdeutsche Beteiligung am Marshall-Plan. Dem stand die bisherige Deutschlandpolitik Frankreichs im Wege. Diese war einerseits von der Furcht vor einem Wiederaufstieg eines neuen übermächtigen Deutschlands gekennzeichnet, auf der anderen Seite aber auch von der Hoffnung

[45]) *Michael J. Hogan,* Europäische Integration und deutsche Reintegration: Die Marshall-Planer und die Suche nach Wiederaufbau und Sicherheit in Westeuropa, in: Maier/Bischof (Hrsg.), Deutschland und der Marshall-Plan (wie Anm. 18), 139–200, hier 167; *Hans-Jürgen Schröder,* Die amerikanische Deutschlandpolitik und das Problem der westeuropäischen Kooperation 1947/48–1950, in: Poidevin (Ed.), Histoire des débuts (wie Anm. *), 71–92, hier 78.
[46]) Kennan an Lovett, 30.6.1947, r.g. 59, PPS, b. 33, NA.
[47]) Hogan, Europoäische Integration (wie Anm. 45), 169; *Manfred Knapp,* Deutschland und der Marshallplan, in: Schröder (Hrsg.), Marshallplan und westdeutscher Wiederaufstieg (wie Anm. 6), 35–59, hier 37.
[48]) FRUS, 1947/3, 388; *Charles S. Maier,* Einleitung. „Es geht um die Zukunft Deutschlands und damit um die Zukunft Europas", in: ders./Bischof (Hrsg.), Deutschland und der Marshall-Plan (wie Anm. 18), 13–52, hier 45; *Thomas A. Schwartz,* Europäische Integration und „Special Relationship" – zur Durchführung des Marshall-Planes in der Bundesrepublik Deutschland, 1948–1951, in: ebd. 201–250, hier 221; *Milward,* Reconstruction (wie Anm. 4), 155; *Mélandri,* Les Etats-Unis (wie Anm. 4), 146; *Manfred Knapp,* Der Einfluß des Marshallplans auf die Entwicklung der westdeutschen Außenbeziehungen, in: Schröder (Hrsg.), Marshallplan und westdeutscher Wiederaufstieg (wie Anm. 6), 209–238, hier 221.

beflügelt, durch eine zügige Modernisierung der eigenen Industrie – wo möglich auf deutsche Kosten – Deutschland den Rang als der ersten Industriemacht Europas ablaufen zu können.

Dazu erschien es nötig, zunächst die deutsche Industrieproduktion einzuschränken und dann auf längere Sicht das Ruhrgebiet einem internationalen Kontrollregime zu unterstellen.[49]

Nach der Bekanntgabe des Marshall-Planes verbreitete sich in Paris die Befürchtung, daß Westdeutschland vorrangig vor Frankreich wiederaufgebaut würde.[50] Mit aus diesem Grunde verweigerte Frankreich mit Erfolg die unmittelbare Beteiligung deutscher Vertreter an den Beratungen der OEEC.[51] Auf der anderen Seite konnten sich weiterblickende französische Politiker wie Jean Monnet nicht der Tatsache verschließen, daß nur ein Gesamtprogramm für den Wiederaufbau Europas, das Deutschland mit einschloß, die Aussicht hatte, vom amerikanischen Kongreß angenommen zu werden, daß Frankreich also um Konzessionen an die angelsächsische Deutschlandpolitik gar nicht herumkam.[52]

Das Problem einer wirtschaftlichen Integration stellte sich für Frankreich im kleinen nicht zuletzt in Westdeutschland selbst, da dort die französische Besatzungszone zunächst noch eine wirtschaftlich nach außen völlig isolierte Sonderstellung einnahm.[53] Marshall sah dagegen gerade in der Eingliederung dieser Zone in die anglo-amerikanische Bizone einen wesentlichen Schritt in Richtung auf eine wirtschaftliche Integration ganz Westeuropas.[54]

Deutschlands erwarteter Beitrag zum Marshall-Plan warf auch noch einmal die Frage der deutschen Wiedervereinigung auf. Angesichts des sowjetischen Neins zum Marshall-Plan stellte das State Department seine Planungen allgemein nur auf Westdeutschland als Empfänger amerikanischer Hilfslieferungen ab. Immerhin gab es dort auch eine Richtung, die vor allem Kennan verkörperte und die selbst angesichts der Zuspitzung des Ost-West-Konflikts um Deutschland im Jahre 1948 Möglichkeiten einer deutschen Wiedervereinigung mit Hilfe eines Teilabzuges der Besatzungsmächte zur Diskussion stellte (Kennans „Plan A" vom 12. Novem-

---

[49] *Bossuat*, La France (wie Anm. 36), Vol. 1, 61.

[50] Ebd. Vol. 1, 73 ff.; *John Gillingham*, Coal, Steel, and the Rebirth of Europe, 1945–1955. The Germans and French from Ruhr Conflict to Economic Community. Cambridge 1991.

[51] *Raymond Poidevin*, Frankreich, der Marshall-Plan und das deutsche Problem, 1947–1948, in: Maier/Bischof (Hrsg.), Deutschland und der Marshall-Plan (wie Anm. 18), 371–400, hier 395.

[52] Ebd. 387, 400.

[53] *Gimbel*, Origins (wie Anm. 44), 226 ff.

[54] *Hogan*, Europäische Integration (wie Anm. 45), 169.

ber 1948).[55]) Kennan bestand allerdings darauf, daß auch ein mit sowjetischer Zustimmung wiedervereinigtes Deutschland im Verbunde der Empfängerländer der Marshall-Plan-Hilfe blieb.[56]) Natürlich hätte dies vorausgesetzt, daß die Organisation dieser Empfängerländer einen lockeren und unpolitischen Charakter bewahrte.

Genau umgekehrt verhielten sich die Dinge, wenn nur Westdeutschland in den Kreis der von der amerikanischen Hilfe begünstigten Länder aufgenommen worden wäre. In diesem – wahrscheinlicheren – Falle galt es, ein Gleichgewicht zwischen dem sich seit 1948 rasch erholenden westdeutschen Wirtschaftskoloß und dem übrigen Westeuropa zu finden, wie dies vor allem Frankreich forderte. Festere Formen der wirtschaftlichen Zusammenarbeit der Marshall-Plan-Empfängerländer bildeten eine Möglichkeit, das wirtschaftliche Übergewicht Westdeutschlands zu neutralisieren. Je akuter die Frage der selbständigen westdeutschen Mitwirkung am Marshall-Plan wurde, desto dringlicher erschien deshalb dem State Department, wie noch genauer zu zeigen sein wird, die Schaffung einer festeren Organisation der Marshall-Plan-Länder, auch unter Einbeziehung supranationaler Elemente. Die Frage der inneren Struktur der Organisation wirtschaftlicher Zusammenarbeit in Westeuropa hing also aufs engste mit den besonderen Problemen zusammen, welche die Mitgliedschaft eines einzelnen Empfängerlandes jeweils nach sich zog.

Einen Sonderfaktor bildete hier von Anfang an, wie schon angedeutet, die Beteiligung _Großbritanniens_. Die Planer des State Departments sind sich dessen von vornherein bewußt gewesen und haben deshalb zunächst sogar ein gesondertes Hilfsprogramm für den angelsächsischen Weltkriegsverbündeten erwogen.[57]) Marshall hat sich über derartige Überlegungen hinweggesetzt: In seiner Rede vom 5. Juni 1947 bot er Großbritannien keine Sonderstellung innerhalb des amerikanischen Hilfsprogrammes an. Schon das besondere britische Bemühen, mit Hilfe von Marshall-Plan-Geldern Englands eigene Dollarverpflichtungen innerhalb des Commonwealth abzutragen, wurden in Washington dann später mit Mißfallen verfolgt.[58])

[55]) G. F. Kennan, A Program for Germany, 12.11.1948, in: FRUS, 1948/2, 1325 ff.; ders., Memorandum, 20.5.1949, in: FRUS, 1949/3, 888 ff.
[56]) Kennan, A Program (wie Anm. 55), 1330: „We would … accept no arrangements which would inhibit the Germans from participating in ERP. To do so would place Germany at the mercy of Russia and would defeat the purposes of this program …"
[57]) Kennan an Lovett, 30.6.1947, r.g. 59, b. 33, PPS, NA; ERP Committee, Meeting, 10.7.1947, r.g. 353, b. 26, NA.
[58]) _Charles S. Maier_, Einleitung (wie Anm. 48), 27; _Michael Hogan_, Europäische Integration (wie Anm. 45), 156, 163.

Aber es gab noch erheblich gewichtigere Schwierigkeiten mit dem einstigen Kriegsverbündeten. Wie sich alsbald herausstellte, trug die britische Regierung sogar Bedenken, sich dem im August 1947 entwickelten amerikanischen Minimalprogramm für eine verbesserte wirtschaftliche Zusammenarbeit der Europäer anzuschließen.

Diese Bedenken bezogen sich nicht nur auf die von Amerika gewünschte Liberalisierung des europäischen Handels, sondern in gleicher Weise auch auf das aus amerikanischer Sicht vielleicht wichtigste Instrument zur Erreichung dieses Ziels – die Bildung einer „continuing organization", welche die wirtschaftliche Zusammenarbeit der westeuropäischen Staaten institutionalisieren sollte. England stimmte, wie wir sahen, dem Statut der OEEC im April 1948 erst zu, als dieses von allen supranationalen Elementen gereinigt worden war.[59]

Diese Gegensätze zwischen den USA und dem Vereinigten Königreich waren im Jahre 1948 und in den ersten Monaten von 1949 noch von den gleichzeitigen Verhandlungen über ein atlantisches Verteidigungsbündnis überlagert worden. Die Initiative dazu war Anfang 1948 von der britischen Regierung ausgegangen, die die Schaffung einer „westlichen Union" anregte, die nach Abschluß eines Verteidigungsbündnisses im engeren Sinne auch zu einem politischen und wirtschaftlichen Zusammenschluß der atlantischen Staaten führen sollte.[60] Unter dem Eindruck des verschärften „Kalten Krieges" griffen die USA diese Anregung auf, obwohl gewichtige Stimmen – Kennan und Dulles – darauf drängten, den Abschluß eines Militärbündnisses einem wirtschaftlichen und politischen Zusammenrücken der westlichen Staaten nicht vorausgehen, sondern folgen zu lassen, weil sie befürchteten, daß die Westeuropäer nach dem Abschluß eines Verteidigungsbündnisses mit den USA das Interesse an einem wirtschaftlichen und politischen Zusammenschluß verlieren könnten.[61] Die Zuspitzung des amerikanisch-sowjetischen Konflikts in Europa, wie sie vor allem in der Blockade Berlins im Sommer 1948 zum Ausdruck kam, ließ die militärische Sicherung des Westens aus der Sicht der amerikanischen Regierung jedoch als vorrangig erscheinen. Die Verhandlungen über ein atlantisches Verteidigungsbündnis nahmen ihren Lauf, ohne daß die Einigung Europas die von Amerika gewünschten entscheidenden Fortschritte machte. Die amerikanische Europapolitik geriet damit in eine Krise: Auf der einen Seite tendierten die Vereinigten Staaten dazu, in ihren Forderungen für eine institutionelle Verankerung der europäischen Einigung jetzt weiter zu gehen als noch zur Zeit, als das OEEC-

---

[59] *Milward,* Reconstruction (wie Anm. 4), 172 ff.

[60] *Mélandri,* Les Etats-Unis (wie Anm. 4), 160 ff.; *Rappaport,* United States (wie Anm. 6), 129.

[61] *Kennan,* Memoiren (wie Anm. 39), Bd. 2, 399 ff.; *Mélandri,* Les Etats-Unis (wie Anm. 4); 146, 168; *Rappaport,* United States (wie Anm. 6), 129.

Statut ausgehandelt wurde. Eine interne Denkschrift des State Departments vom März 1949 sprach sogar von „erheblichen Kompetenzen einer zentralen Autorität" für ein integriertes Westeuropa. Dasselbe Papier legte auch den Grund bloß, weshalb die amerikanischen Wünsche jetzt eindeutiger in Richtung auf die Schaffung wirklich supranationaler Organisationsformen im nichtkommunistischen Europa wiesen. Dieser lag nicht mehr allein in der Bedrohung, die von der UdSSR ausging, sondern mindestens ebenso in dem Streben der USA, den Teil Deutschlands, den der Westen kontrollierte, auf lange Sicht so fest wie möglich an den Westen zu binden. Es ging den USA also ebensosehr um ein Containment der UdSSR wie um ein Containment des deutschen wirtschaftlichen und politischen Machtpotentials, das im Westen, wie vorauszusehen war, in naher Zukunft eine staatliche Organisation erhalten würde. Dieser neue westdeutsche Staat durfte gar nicht erst in die Versuchung geraten, sich mit dem Osten zu arrangieren, den Osten gegen den Westen auszuspielen oder nach einer neuen Vorherrschaft in Europa zu streben. Vermieden werden konnte dies nur, so schloß die Denkschrift, durch eine straffe Integration eines Westeuropas, dem eine ausreichende Anzahl von Staaten angehören mußten, um ein Gegengewicht gegenüber Westdeutschland bilden zu können.[62]

Die Chancen für die Schaffung eines derart integrierten Europa hatten sich auf der anderen Seite aber gleichzeitig, wie man im State Department anerkannte, deutlich verschlechtert; denn indem die USA die europäischen Wünsche nach Abschluß eines atlantischen Verteidigungsbündnisses erfüllten, gaben sie das wichtigste Druckmittel aus der Hand, mit dem sie zum Beispiel Großbritannien zum Anschluß an ein integriertes Europa hätten bewegen können. Und Großbritannien, darin bestand im Frühjahr 1949 im State Department noch kein Zweifel, bildete nicht nur einen unverzichtbaren Bestandteil, sondern zugleich die prädestinierte Führungsmacht eines geeinten Europa.[63]

Die Schwierigkeiten, in welche die amerikanische Europapolitik geraten war, blieben natürlich auch den Briten nicht verborgen, die offenbar das beunruhigende Gefühl beschlich, daß sie sich selbst schon allzusehr in kontinentaleuropäische Angelegenheiten vorgewagt hatten.[64] Um so wichtiger erschien ihnen eine Klärung der Absichten des großen amerika-

---

[62]) Paper prepared in the Department of State, Anlage zu R. Murphy, Memorandum, 23.3.1949, in: FRUS, 1949/3, 131 ff., bes. 135; ferner Memorandum, 18.10.1948, r.g. 59, b. 33, NA.
[63]) Anlage zu Memorandum, 23.3.1949, in: FRUS, 1949/3, 134; ähnlich Clayton an Lovett, 17.9.1948, r.g. 59, b. 27, PPS, NA; PPS, Meeting, Staff, 25.5.1949, r.g. 59, b. 27, PPS, NA.
[64]) PPS, outline: Study of U.S. Stance toward Question of European Union (= PPS, Nr. 55), r.g. 59, b. 27, NA.

nischen Verbündeten – die Klärung der Frage, welche Form einer europäischen Einigung dieser nun eigentlich wünschte. Eine entsprechende Verdeutlichung der amerikanischen Europapolitik gegenüber Großbritannien hat dann im Sommer und Spätherbst des Jahres 1949 tatsächlich stattgefunden. Ihre Wichtigkeit kann nicht unterschätzt werden; bereitete sie doch auf amerikanischer Seite den Boden für die Bereitschaft, eine europäische Einigung unter Ausschluß Großbritanniens zu unterstützen.

Die Initiative für diese Abklärung der europapolitischen Absichten der USA ging von England aus, und zwar auf streng vertraulichem Wege: Gladwyn Jebb, ein Mitglied der britischen Botschaft in Washington, trat an Kennan mit der Bitte um Gespräche über das Problem einer europäischen Einigung heran. Folgende Fragen sollten erörtert werden: Wieweit ist eine politische Vereinigung Westeuropas innerhalb der nächsten fünf Jahre möglich? Wieweit soll England sich mit einem geeinten Westeuropa assoziieren? Welche Rolle soll Deutschland in diesem Westeuropa spielen? Impliziert die Schaffung eines geeinten Westeuropa – mit oder ohne England – die Bildung einer dritten Weltmacht etwa von der Stärke der USA bzw. der UdSSR?[65])

Wie Kennan richtig erkannte, hatte England damit ein Problem der Grundorientierung der amerikanischen Außenpolitik aufgeworfen und gleichzeitig seinen Finger auf einen wunden Punkt gelegt – den Mangel einer klaren Option der amerikanischen Europapolitik zwischen den Alternativen bloßer Bündnisbestrebungen oder einer echten Integration, zugleich auf den Mangel einer definitiven Entscheidung zwischen einem westlichen Teileuropa oder einem Gesamteuropa nach dem Verständnis der Vorkriegszeit als außenpolitischem Orientierungspunkt.[66])

Die britische Initiative gab zunächst den Anstoß für intensivierte Beratungen im Policy Planning Staff, zu denen auch renommierte Wissenschaftler wie Robert Oppenheimer, Hans Morgenthau, Arnold Wolfers und Reinhold Niebuhr herangezogen wurden.[67]) Das Grundproblem, das diese Diskussionen im Mai/Juni 1949 beherrschte, war die Eindämmung

---

[65]) Webb an Kennan, 7.4.1949, r.g. 59, b. 33, PPS, NA; dazu rückblickend: Kennan an Bohlen, 12.10.1949, r.g. 59, b. 27, PPS, NA.

[66]) Kennan, Memorandum für Acheson u.a., 14.4.1949, r.g. 59, b. 33, PPS, NA.

[67]) Das Folgende ist eine überaus knappe Zusammenfassung einer im Wortprotokoll festgehaltenen Diskussion im Rahmen des Policy Planning Staff, 20.5.– 14.6.1949, alles r.g. 59, b. 32, NA. Dazu auch: *Kennan,* Memoiren (wie Anm. 39), Bd. 2, 449ff. Dort nimmt Kennan die Initiative für den Meinungsaustausch mit der britischen Regierung für sich in Anspruch. Tatsächlich ging zunächst eine Anregung von ihm aus, doch erhielt der Meinungsaustausch erst seine inhaltliche Spannweite durch die Fragen, welche die britische Seite an Kennan und den Policy Planning Staff richtete. Dazu im Rückblick auch: Kennan an Bohlen, 12.10.1949, r.g. 59, b. 27, NA. Vgl. auch *Hogan,* European Integration (wie Anm. 45), 191ff.

Deutschlands – ob geteilt oder wiedervereint: eines Deutschlands, das sich
auf dem besten Wege zu befinden schien, die dynamischste Wirtschafts-
kraft auf dem europäischen Kontinent zu werden, und das gleichzeitig beunruhigende Anzeichen eines wiedererwachenden Nationalismus aufwies.
War die Idee einer europäischen Einigung in der Lage, ein neues suprana-
tionales Loyalitätsgefühl bei den Deutschen zu erzeugen und damit Tendenzen nationalistischer Abkapselung bei ihnen zurückzudrängen? Doch
bestand nicht die Gefahr, daß auch europäisch denkende Deutsche einfach wegen des Gewichtes des deutschen Wirtschaftspotentials die Führung in einem geeinten Europa – vor allem einem Europa ohne England –
an sich reißen würden? Oder würden die Deutschen erneut Anlehnung an
Rußland suchen und ihre technischen Fähigkeiten mit den Ressourcen
Rußlands verbinden? Kennans Gesprächsrunde war sich darin einig, daß
das eine wie das andere um jeden Preis vermieden werden mußte. Dazu
aber war ein starkes geeintes Europa nötig, das die Kräfte Deutschlands
band. Wie Kennan es ausdrückte: „Wenn es keinen Grund für die Vereinigung Europas gäbe, Europa würde sie dennoch benötigen, um mit dem
deutschen Problem fertig zu werden."[68])
    Stark konnte ein solches Europa, so wurde im Policy Planning Staff im-
mer wieder betont, aber nur sein, wenn es politisch integriert war und
wenn ihm England angehörte. England aber war zu jeder Art supranationaler Integration nicht bereit; es würde auch jeder Ausweitung einer europäischen Gemeinschaft nach Osten – und damit einer Stärkung des nicht-
deutschen Elementes in einem solchen Europa – entgegentreten. Das Stagnieren der europäischen Einigung erschien um so ominöser, als in abseh-
barer Zeit auch das Akutwerden des Problems eines deutschen Beitrages
zur westlichen Verteidigung und eine Verlangsamung des Wirtschafts-
wachstums in Europa zu erwarten war. Beide Probleme hätten in einer
europäischen Gemeinschaft gelöst werden können. Doch wie war es möglich, die Hoffnungen auf eine Einigung Europas, die der Marshall-Plan
erweckt hatte, in der widerspruchsvollen politischen Wirklichkeit zu erfüllen?
    Kennan und seine Mitarbeiter im Policy Planning Staff bemühten sich
um einen Ausweg aus diesem mehrfachen Dilemma in einer Denkschrift,
die zur internen Klärung und als Grundlage für die geplanten Verhandlungen Kennans mit dem Foreign Office in London dienen sollte.[69]) Das
Lösungsmodell, das sie anbot, war kompliziert: Die Idee eines Europa als

---

[68]) PPS meeting, 13.6.1949, r.g. 59, b. 32, NA. An gleicher Stelle sagte Kennan:
„The danger lies in a happy marriage between Germany and Russia. If that ever
happens we might as well fold up ..."
[69]) Policy Planning Staff, Outline: Study of U.S. Stance toward Question of European Union, 7.7.1949, r.g. 59, b. 27, PPS, NA.

dritter Kraft in der Welt verwarf sie. Zur Eindämmung der UdSSR und Deutschlands mußte der militärische Verbund der Atlantikpaktmächte aufrechterhalten, ja verstärkt werden. Wirtschaftlich indessen sollte Großbritannien in einen engeren Verbund mit den USA und Kanada eingruppiert werden. Dafür schienen alle Wirtschaftsinteressen Großbritanniens und des Commonwealth zu sprechen; dafür sprach auch der Vorteil, daß Großbritannien aus den wirtschaftlichen und politischen Einigungsbemühungen der Kontinentaleuropäer ausgegliedert würde und diese dann selbst in die Lage versetzt würden, zur Schaffung übernationaler Institutionen zu schreiten, an denen sich England nun einmal nicht beteiligen wollte. Unter dem Dach der amerikanischen Militärmacht sollten die Kontinentaleuropäer langfristig versuchen, mehr zusammenzurücken. Als eine Grundvoraussetzung dieses in eine ferne Zukunft reichenden Prozesses erachtete die Denkschrift eine engere Verständigung zwischen Deutschland und Frankreich, „so daß eines Tages Deutschland möglicherweise in einer größeren europäischen Völkerfamilie absorbiert werden kann, ohne sie zu dominieren oder zu demoralisieren ... Eine bessere französisch-deutsche Verständigung ist der Schlüssel der gesamten Situation. Die Engländer und wir sollten dies zu einem vorrangigen Ziel machen ..." Das gesamte Arrangement sollte als nicht mehr als nur ein Provisorium betrachtet werden, um die Tür für einen Beitritt osteuropäischer Staaten zum vereinten Kontinentaleuropa offenzuhalten.

Die nachfolgenden Gespräche Kennans in London erweckten für dessen Vorschlag einer engeren Assoziation der atlantischen Mächte: USA, Kanada und Großbritannien, ein vielfach positives Echo. Eine politische Notwendigkeit für eine Einigung Kontinentaleuropas schien erst gegeben zu sein, wenn die Nachkriegsteilung Europas wieder rückgängig gemacht worden sei. Bis dahin sollte die NATO das eigentliche Rückgrat einer europäischen Union bilden, der sich England in gleicher Weise verpflichtet fühlte wie die USA und Kanada. Gegen den Europarat war nichts zu sagen, solange er England nicht Verpflichtungen auferlegte, die im Widerspruch zu seinen Bindungen an das Commonwealth und die USA standen.[70])

Die Klärung der amerikanischen Europapolitik zu dem Zeitpunkt, als der Marshall-Plan seine ersten durchschlagenden Erfolge errang, hatte ein Nachspiel von entscheidender Bedeutung: Die bald danach von England und den USA durchgeführte Abwertung des Pfundes im September 1949 erscheint auch nachträglich wie eine Bestätigung der Politik einer angelsächsischen Solidarität, wie sie Kennan zuvor befürwortet hatte. Denselben Eindruck hatten die Vertreter Frankreichs, die auch einiges von den

[70]) Kennan an Acheson, 22.8.1949, r.g. 59, b. 27, PPS, NA.

geheimen Besprechungen Kennans in London erfahren hatten. Die Wirkung, die solche Informationen in Paris nach sich ziehen würden, hielt die amerikanische Botschaft für so gefährlich, daß sie Kennan alsbald eine Warnung zugehen ließ: Mit den Deutschen auf dem Kontinent alleingelassen, so schrieb Bohlen an Kennan[71]), würden die Franzosen in nicht allzu ferner Zukunft eine neutralistische Position im Ost-West-Konflikt suchen.

Kennan reagierte mit einer Bekräftigung des amerikanischen Interesses an einer echten kontinentaleuropäischen Einigung, die eines Tages die Westdeutschen auch militärisch mit einbeziehen müßte, ehe es psychologisch dazu bei ihnen zu spät sei. Amerikas Verpflichtung zur Verteidigung Europas im Namen der NATO sei zum Teil dazu gedacht gewesen, Frankreich mehr Selbstvertrauen zu einem kontinentaleuropäischen Zusammenschluß unter Einbeziehung der Deutschen einzuflößen.[72]) Kennan war überzeugt, daß die USA durch ihre militärische Präsenz in Europa Frankreich die Chance boten, mit etwas Energie und Mut ein europäisches Arrangement mit Deutschland zu finden. Verfehlte Frankreich diese Chance, dann war mit einer Rückkehr Deutschlands in seine Führungsstellung in Europa zu rechnen.[73])

Der neue amerikanische Außenminister Dean Acheson, der Nachfolger Marshalls, machte sich die Option für eine kontinentaleuropäische Einigung unter der Führung Frankreichs, die sich als Ergebnis der Besprechungen im Policy Planning Staff herauskristallisiert hatte, voll zu eigen. „Der Schlüssel zur Integration Europas", so instruierte er den amerikanischen Botschafter in Paris am 19.10.1949, „liegt in den Händen Frankreichs ... Selbst bei den engstmöglichen Banden der USA und Englands mit dem Kontinent kann Frankreich und nur Frankreich die entscheidende Initiative zur Integration Westdeutschlands in Westeuropa ergreifen."[74]) Acheson hielt diese Frage für wichtig und dringend genug, um sie zum Gegenstand einer Beratungsrunde der wichtigsten amerikanischen Botschafter in Europa zu machen, die für Ende Oktober 1949 in Paris anberaumt wurde.[75])

Seine (und Kennans) Vorstellungen von der Vordringlichkeit einer kontinentaleuropäischen Einigung erregten unter den versammelten amerikanischen Diplomaten einen wahren Proteststurm; denn für diese blieb eine europäische Einigung ohne England undenkbar: Nur mit britischer Rückendeckung könne Frankreich die Führungsrolle in der Einigung Europas übernehmen, die Amerika ihm zugedacht habe.

---

[71]) Bohlen an Kennan, 6.10.1949, r.g. 59, b. 27, PPS, NA.
[72]) Kennan an Bohlen, 12.10.1949, r.g. 59, b. 27, PPS, NA.
[73]) Policy Planning Staff, Meeting mit Acheson, 18.10.1949, r.g. 59, b. 27, PPS, NA.
[74]) Acheson an US-Botschaft, Paris, 19.10.1949, in: FRUS, 1949/4, 470.
[75]) Policy Planning Staff, Meeting, 18.10.1949, r.g. 59, b. 27, PPS, NA.

Wie die Folgezeit deutlich machte, blieb Acheson dennoch für den Gedanken einer zunächst kontinentaleuropäischen Einigung unter Ausschluß Englands weiterhin offen. Zwei Voraussetzungen mußten dabei
freilich erfüllt werden: Frankreich mußte bei einer solchen Einigung die
Führung übernehmen, und die Einigung selbst mußte auf einer Aussöhnung zwischen Deutschland und Frankreich beruhen. Sehr zur Enttäuschung des State Departments schien Frankreich auf dieses Ansinnen
nicht einzugehen. Erst nach einer längeren Bedenkzeit ergriff es mit dem
Schuman-Plan die Initiative in der von den USA gewünschten Richtung.[76])

V.

Wie bereits eingangs angedeutet, wirft die amerikanische Diskussion über
die Einigung Europas, die durch den Marshall-Plan in Gang gebracht
worden war, zwei abschließende Fragen auf: Erstens: Warum hat sich die
amerikanische Regierung nicht rechtzeitig und stärker zugunsten des Gedankens einer supranationalen europäischen Einigung engagiert – zu einem Zeitpunkt, zu dem die wirtschaftliche und militärische Schwäche der
europäischen Westmächte deren Nachgeben wahrscheinlicher gemacht
hätte? Und zweitens: Welche Funktion nahm die Idee der europäischen
Einigung in der Konzeption des Marshall-Planes ein?
Die erste Frage haben amerikanische Diplomaten selbst beantwortet:
Marshall selbst hatte die Verwirklichung der Einigung Europas immer
wieder als Angelegenheit der Europäer selbst bezeichnet.[77]) Amerika
fühlte sich an dieser Stelle nicht nur nicht kompetent; es lehnte es auch ab,
hier – vor allem im Sinne einer politischen Einigung Europas – auf die Europäer Druck auszuüben. Howard Bruce, der Stellvertreter Hoffmans in
der ECA, erklärte, warum: „Die Einigung Europas zur Bedingung für
weitere Hilfszahlungen zu machen, ist kurzsichtig und kann sich nur wie
ein Bumerang auswirken; denn ein solches Verhalten würde die Hochach-
tung der Europäer gegenüber den USA erschüttern und Wasser auf die
Mühlen der sowjetischen Propaganda führen, die behauptet, Amerika

---

[76]) *Klaus Schwabe,* Ein Akt konstruktiver Staatskunst – die USA und die Anfänge
des Schuman-Plans, in: ders. (Hrsg.), Die Anfänge des Schuman-Plans 1950/51.
(Veröffentlichungen der Historikerverbindungsgruppe bei der Kommission der
europäischen Gemeinschaften, 2.) Baden-Baden 1988, 211–239, hier 215 ff. Kennan
an Acheson, 27.12.1949, r.g. 59, b. 27, PPS, NA; *Mélandri,* Les Etats-Unis (wie
Anm. 4), 227.
[77]) *Forest Pogue,* Marshall und der Marshall-Plan, in: Maier/Bischof (Hrsg.),
Deutschland und der Marshall-Plan (wie Anm. 18), 54–88, hier 65.

setze sein Geld nur ein, um seine eigenen Interessen zu wahren."[78]) Wie auch Pierre Mélandri gezeigt hat, wollten sich die USA nicht dem Vorwurf imperialen Verhaltens aussetzen.[79]) Der andere Grund für die amerikanische Zurückhaltung in der Europafrage wurde schon genannt: Die amerikanische Regierung wollte einen möglichst weiten Kreis von Empfängern gewinnen; jede Spezifizierung der amerikanischen Wünsche für eine europäische Einigung hätte aber dieser Politik widersprochen.[80]) Die amerikanische Regierung scheute darüber hinaus offenbar davor zurück, sich für unbestimmt-weitgreifende Europaprojekte einzusetzen und damit bei deren Scheitern möglicherweise empfindliche Prestigeverluste zu riskieren.[81])

Wenn es um erste kleine Schritte ging, die aus amerikanischer Sicht einer späteren europäischen Integration den Weg bahnten, dann ließ sie mitunter auch ihre Zurückhaltung fallen. So setzte sie Frankreich unter massiven Druck, um es zum Anschluß seiner Besatzungszone an die angloamerikanische Bizone in Westdeutschland zu bewegen, indem sie die Einbeziehung der französischen Zone in den Marshall-Plan von einem solchen „Anschluß" abhängig machte.[82])

Warum aber, so lautete unsere letzte Frage, hatte die amerikanische Regierung überhaupt den Europagedanken mit dem Marshall-Plan in Verbindung gebracht? Welchen Stellenwert besaß das Projekt einer europäischen Einigung in der amerikanischen Außenpolitik? Zu dieser letzten Frage muß zunächst festgestellt werden, daß die europapolitische Zielsetzung für die amerikanische Regierung nie ein Selbstzweck gewesen ist, sondern immer mindestens teilweise einen instrumentalen Charakter getragen hat. Die Begeisterung der amerikanischen Öffentlichkeit für den Europagedanken ging, wie wir sahen, dem Marshall-Plan voraus. Es lag nahe, sich diese Strömung zunutze zu machen, um die Unterstützung des Marshall-Planes durch den amerikanischen Kongreß sicherzustellen.[83]) Die Einigung Europas sollte ferner dazu dienen, politisch abzusichern, was der Marshall-Plan wirtschaftlich angestrebt hatte: die Integration Westdeutschlands in das nicht-kommunistische Europa.

Bei alledem und unterhalb der gegen den Kommunismus in Europa gerichteten Stoßrichtung war für die amerikanische Regierung der unmittelbar wirtschaftliche Zweck des Marshall-Plans das Primäre: Zuallererst ging es den USA um einen Erfolg des Hilfsprogramms und um das wirt-

---

[78]) *Rappaport*, United States (wie Anm. 6), 137.
[79]) *Mélandri*, Les Etats-Unis (wie Anm. 6), 8, 123 f.
[80]) ERP Committee, Memorandum, 3.3.1948, r.g. 353, b. 31, NA.
[81]) ERP Committee, 25.6.1947, r.g. 353, b. 26, NA.
[82]) Marshall an Douglas, 2.3.1948, r.g. 59, b. 532, NA; Marshall an Douglas, 6.5.1948, r.g. 59, b. 533, NA; *Poidevin,* Frankreich und der Marshall-Plan (wie Anm. 51), 397.
[83]) *Mélandri,* Les Etats-Unis (wie Anm. 4), 80 ff.

schaftliche Instrumentarium – zum Beispiel die Wiederherstellung des innereuropäischen Warenaustausches –, das diesen Erfolg gewährleisten sollte. Sobald die Schaffung und der Einsatz dieses Instrumentariums auf dem Spiel standen, übten die USA auch den schärfsten Druck aus.[84]) Erst in einer späteren Phase – der zweiten Hälfte des Jahres 1949 – traten sicherheitspolitisch-militärische Erwägungen in den Vordergrund und veränderten damit auch die amerikanischen Prioritäten.

Jenseits aller wirtschaftlich-politischen Erwägungen besaß der Gedanke einer europäischen Einigung bei den Amerikanern, die den Marshall-Plan konzipiert hatten, jedoch noch einen spezifischen Eigenwert. Nachdem sich die Erschaffung der „einen Welt", von der Roosevelt und seine Zeitgenossen geträumt hatten, als unmöglich erwiesen hatte, erweckte der Marshall-Plan die Hoffnung, daß diese „eine Welt" mindestens im europäischen Rahmen verwirklicht werden könnte, eine aufgeklärt-liberale Welt, zu der sich die USA voll zugehörig fühlen konnten. Kennan hat diese Einstellung im Sommer 1949 in die Worte gefaßt: „Wir hier in Amerika brauchen Europa in einem tieferen Sinne, als uns das bewußt ist. Wenn die Europäer nicht mehr dieselben alten, kultivierten, müden Völker sind wie jetzt, dann wären wir eine einsame Nation in der Welt in dem Sinne, daß wir eine Minderheit wären, und zwar nicht nur, was die Weltressourcen anbeträfe, sondern auch die Philosophie und die Weltanschauung. Ich weiß nicht, was aus unserer inneren Entwicklung [hier in Amerika] würde, wenn es die Europäer als Kraft in der Welt nicht gäbe ... Es sollte, meine ich, ein Ziel unserer Außenpolitik sein, Europa als das zu erhalten, was es in den letzten Jahrhunderten gewesen ist, es davor zu bewahren, daß es noch einmal von einer Macht überflutet wird, die ihm fremd ist, es lebendig zu erhalten als einen Weltfaktor."[85])

[84]) *Harry B. Price,* The Marshall Plan and Its Meaning. Ithaca 1955, 104f., 314f.
[85]) *Kennan,* Memoiren (wie Anm. 39), Bd. 2, 357; Zitat aus Policy Planning Staff, Meeting, 13.6.1949, r.g. 59, b. 27, PPS, NA.

Die EVG und das Projekt der Europäischen Politischen Gemeinschaft

Von

Wilfried Loth

Die Europäische Verteidigungsgemeinschaft gilt in der kollektiven Erinnerung und vielfach auch in der einschlägigen Spezialliteratur als ein allzu ehrgeiziges Projekt, seiner Zeit weit voraus, ja: ein Wunschprodukt unbedarfter Europa-Idealisten, das vor der harten Wirklichkeit der nationalstaatlichen Interessen und der nationalen Empfindungen nicht bestehen konnte. Gescheitert, so heißt es, sei sie an ihrem supranationalen Anspruch, der mit dem Bewußtseinsstand der beteiligten Nationen noch nicht – oder nach dem Tode Stalins und dem darauf folgenden Abklingen der Angst vor einer sowjetischen Aggression nicht mehr – in Einklang zu bringen war. Seit bekanntgeworden ist, daß selbst der französische Generalstab nichts von der Europa-Armee hielt, die seine Regierung vorgeschlagen hatte[1]), hat sich dieser Eindruck noch verstärkt; die EVG gilt als ein von vornherein totgeborenes Kind, und das Projekt der Europäischen Politischen Gemeinschaft (EPG), das mit ihr verbunden war, wird allenfalls noch in Fußnoten erwähnt.[2])

Ich möchte die EPG aus diesem Fußnotendasein herausholen – nicht nur, weil das Problem der Politischen Gemeinschaft seit den Maastricht-Verträgen wieder auf der europapolitischen Tagesordnung steht; sondern auch, weil es nach meiner Überzeugung für ein Verständnis der Entscheidungsprozesse um das Projekt der Europäischen Verteidigungsgemeinschaft zentral ist. Tatsächlich, so meine These, ist die EVG nicht an einem Zuviel an Supranationalität gescheitert, sondern eher an einem Zuwenig – genauer gesagt: an der mangelnden politischen Überwölbung der militärischen Konstruktion.

[1]) *Pierre Guillen,* Die französische Generalität, die Aufrüstung der Bundesrepublik und die EVG 1950–1954, in: Hans Erich Volkmann/Walter Schwengler (Hrsg.), Die Europäische Verteidigungsgemeinschaft. Stand und Probleme der Forschung. Boppard 1985, 125–157.
[2]) Das gilt etwa für das ansonsten sehr bemerkenswerte Grundlagenwerk des Militärgeschichtlichen Forschungsamtes: Anfänge westdeutscher Sicherheitspolitik 1945–1956. Bd. 2: Die EVG-Phase. München 1990.

I.

Daß eine supranational organisierte Sicherheitsgemeinschaft auch einer supranationalen politischen Führung bedarf, ist eigentlich eine Binsenweisheit; ohne eine solche Führung funktioniert sie entweder nicht oder sie kaschiert de facto nur die Hegemonie eines oder mehrerer Gemeinschaftsmitglieder. Den französischen Planern um Jean Monnet und andere, die seit dem Sommer 1948 das Projekt einer westeuropäischen Föderation betrieben, war dieser Zusammenhang auch bewußt. Eines ihrer wesentlichen Motive war die Einsicht, daß man früher oder später nicht um einen westdeutschen Verteidigungsbeitrag herumkommen würde, und daß dessen Problematik noch am ehesten aufgefangen werden könnte, wenn man zuvor eine Politische Gemeinschaft schuf, die mit der Nutzung des deutschen Verteidigungspotentials zugleich auch die Sicherheit vor Deutschland garantierte. Wegen der Emotionen, die jeder Gedanke an eine deutsche Wiederbewaffnung in der Öffentlichkeit auslöste, konnte man diese Zielperspektive allerdings nicht offen ansprechen. Die französischen Verantwortlichen hofften, die politische Integration bis zu dem Zeitpunkt, an dem sich die Frage nach dem deutschen Verteidigungsbeitrag unabweisbar stellte, soweit vorangetrieben zu haben, daß sie dann einer supranationalen Lösung zugeführt werden konnte.[3]

Der Koreakrieg und der amerikanische Kurswechsel in der Frage der deutschen Wiederbewaffnung, der daraus folgte, machten dieses klug vorausblickende Kalkül zunichte. Jetzt wurde die Aufstellung deutscher Truppen unausweichlich, ohne daß die politische Föderation bereits realisiert war. Mehr noch: Die Verbesserung der strategischen Stellung der Bundesrepublik, die sich aus dem Bedarf an deutschen Truppen ergab, gefährdete den Ansatz zur politischen Integration, den man mit dem Schuman-Plan eben erst auf den Weg gebracht hatte. Die französischen Verantwortlichen registrierten mit großer Sorge, wie sich die deutsche Position in den Schumanplan-Verhandlungen verhärtete und der innenpolitische Spielraum Adenauers zusehends enger wurde. In dieser Situation blieb ihnen, wenn sie nicht einen Scherbenhaufen ihrer bisherigen Deutschland- und Europapolitik riskieren wollten, gar nichts anderes übrig, als die Entwicklung zu einem politischen Europa mit militärischer Dimension zu forcieren. „Die Umstände zwangen uns", berichtet Jean Monnet, „die Zelte hinter uns abzubrechen: Die europäische Föderation wurde zu einem Nahziel." Um den Schuman-Plan zu retten, bestürmte er Schuman, ihn zu erweitern: „Die Armee, die Waffen und die Basisproduktionen mußten

[3] Zusammenfassend zur französischen Motivlage beim Schuman-Plan *Wilfried Loth,* Der Weg nach Europa. Geschichte der europäischen Integration 1939–1957. 2. Aufl. Göttingen 1991, 80–83.

unter eine gemeinsame Souveränität gestellt werden. Wir konnten nicht, wie wir es vorgesehen hatten, darauf warten, daß Europa eines Tages eine wachsende Konstruktion krönte, denn eine gemeinsame Verteidigung konnte von Anfang an nur unter einer gemeinsamen Oberhoheit konzipiert werden."[4]) Diese Einsicht durchzusetzen, fiel allerdings schon im französischen Kabinett schwer. René Pleven sprach in seiner Regierungserklärung vom 24. Oktober 1950 nur ganz vage davon, daß die Europa-Armee „mit den politischen Institutionen des geeinten Europas verbunden" sein sollte. Als politisches Lenkungsorgan der integrierten Europa-Armee wurde ein „europäischer Verteidigungsminister" vorgeschlagen, der „auf der Basis von Direktiven, die er vom Ministerrat empfängt", die „bestehenden internationalen Verpflichtungen" (d. h. die Vorgaben der NATO) „zu erfüllen" hatte. Präzise Aussagen über das Verhältnis von NATO-Strukturen und europäischer Armee fehlten, ebenso Aussagen über die Entscheidungsmechanismen des Ministerrats und die Kompetenzen einer ebenfalls als Kontrollorgan genannten parlamentarischen Versammlung. Statt dessen wurde ausgeführt, daß Mitgliedsstaaten, die bereits über eine nationale Armee verfügten, diese nur schrittweise dem gemeinsamen Kommando unterstellen sollten und auch nur soweit, wie sie nicht „anderen Bedürfnissen als denen der gemeinsamen Verteidigung Rechnung zu tragen" hätten.[5])

Was in diesem Entwurf immerhin noch als Möglichkeit supranationaler Gemeinschaftsbildung angelegt schien, ging dann in den Verhandlungen mit den Partnern weitgehend verloren. An die Stelle des europäischen Verteidigungsministers trat ein neunköpfiges Kommissariat, das nur in den laufenden Geschäften der Ausrüstung und Versorgung selbständig operieren konnte. Fast alle wesentlichen Entscheidungen, vom Erlaß von Dienstvorschriften bis zur Aufstellung des Budgets, wurden von einstimmigen Voten des Ministerrats abhängig gemacht. In operativer Hinsicht wurden die Truppenführungsstäbe dem NATO-Hauptquartier für Europa unterstellt; der alliierte Oberbefehlshaber erhielt weitgehende Inspektionsrechte und sollte im Krisenfall vom Ministerrat auch mit dem Oberbefehl über die EVG-Truppen betraut werden.[6]) Hinzu kam, daß die britische

---

[4]) *Jean Monnet,* Erinnerungen eines Europäers. München/Wien 1978, 433.
[5]) Text der Erklärung in: Europa. Dokumente zur Frage der europäischen Einigung. Bd. 2. München 1962, 813–815. Zur Entstehung des Pleven-Plans s. *Wilfried Loth,* Sozialismus und Internationalismus. Die französischen Sozialisten und die Nachkriegsordnung Europas 1940–1950. Stuttgart 1977, 282–284; ergänzend die Informationen bei *Monnet,* Erinnerungen (wie Anm. 4), 425–440.
[6]) Text des EVG-Vertrags in: Europa. Dokumente (wie Anm. 5), Bd. 2, 836–886; zur militärischen Struktur auch *Wilhelm Meier-Dörnberg,* Die Planungen des Verteidi-

Regierung die Beistandsverpflichtungen, die sie im Brüsseler Pakt eingegangen war, in bilateralen Verträgen auch auf die Bundesrepublik und
Italien ausdehnte, und Briten und Amerikaner einer Dreimächte-Erklä-
rung zustimmten, in denen die Alliierten ihre Absicht erklärten, Truppen
auf dem europäischen Kontinent zu unterhalten und jede Verletzung der
Integrität der EVG als Bedrohung der eigenen Sicherheit zu betrachten.[7])
Damit war genau besehen die NATO das eigentliche Kontrollorgan der
deutschen Aufrüstung. Europäische Eigenständigkeit konnten die EVG-
Minister vorerst nur demonstrieren, wenn sie Dislozierungsanordnungen
des amerikanischen Oberkommandierenden einstimmig widersprachen.

II.

Genau an diesem Punkt: der mangelnden Eigenständigkeit und Supranationalität des EVG-Vertragswerks setzte die Kritik derjenigen ein, deren
ablehnende Haltung dann für das Scheitern des Vertrages in der französischen Nationalversammlung ausschlaggebend werden sollte. Anders als
eine weitverbreitete Legende bis heute behauptet, kritisierte de Gaulle an
dem Vorhaben nicht etwa die Eingriffe in die nationale Souveränität, sondern im Gegenteil den Mangel an föderalistischer Durchgestaltung und
wirklich europäischer Qualität.[8]) Bereits im Juli 1950 (also noch bevor sich
die französische Regierung auf den Pleven-Plan festgelegt hatte) verlangte
er, eine „europäische Föderation" zu organisieren, „damit die Westdeutschen ihre eigene Verteidigung vorbereiten können, ohne das freie Europa
zu alarmieren."[9]) Unter der Voraussetzung einer solchen politischen Gemeinschaftsbildung war er sogar bereit, den Deutschen wie allen anderen
Mitgliedern auch eine nationale Armee zuzugestehen; die Integration der
nationalen Armeen schien ihm als militärischem Experten nur auf der
Kommandoebene möglich.[10]) Als die gaullistische Parlamentsfraktion
nach dem Sturz der Regierung Pinay im Dezember 1952 mit René Mayer
über eine Unterstützung des neuen Kabinetts verhandelte, machte sie ihre
Beteiligung an der neuen Regierungsmehrheit nicht nur von der Aushandlung von Zusatzprotokollen zum EVG-Vertrag abhängig, die die organi-

---

gungsbeitrages der Bundesrepublik Deutschland im Rahmen der EVG, in: Anfänge
westdeutscher Sicherheitspolitik (wie Anm. 2), Bd. 2, 605–756, hier 630–670.
[7]) Text in: FRUS 1952–54/5, T. 1, 686ff.
[8]) Vgl. hierzu und zum folgenden *Wilfried Loth,* De Gaulle und Europa. Eine Revision, in: HZ 253, 1991, 629–660.
[9]) Interview vom 10.7.1950, in: *Charles de Gaulle,* Discours et messages. Vol. 2.
Paris 1970, 374–378, Zit. 377.
[10]) Vgl. seine Pressekonferenz vom 21.12.1951, ebd. 480–493.

sche Einheit der französischen Armee sichern sollten, sondern auch von der Unterordnung der europäischen Armee unter eine Politische Gemeinschaft.[11])

Wie substantiell diese Forderung nach einer Politischen Gemeinschaft war, wird aus dem Entwurf für einen „Pakt für eine Union europäischer Staaten" deutlich, den Michel Debré im Januar 1953 in der Ad-hoc-Versammlung zur Ausarbeitung eines Entwurfs für die EPG vorlegte. Danach sollte die Union über die Kompetenzen für die Verteidigung, das Gesundheitswesen, die Herstellung eines freien Marktes, die Vereinheitlichung des Verwaltungsrechts und die Koordinierung der Außenpolitik verfügen; über alle diese Dinge sollte ein „Politischer Rat" aus den Regierungschefs der Mitgliedsstaaten einmal im Monat mit Stimmenmehrheit befinden; bei Einsprüchen überstimmter Staaten sollte eine parlamentarische Versammlung in letzter Instanz entscheiden.[12]) Das war weit mehr, als die übrigen Kommissionsmitglieder zuzugestehen bereit waren: Der definitive Entwurf des Ad-hoc-Ausschusses beschränkte die Kompetenzen des Exekutivrates im wesentlichen auf die Summe der Kompetenzen der Montanbehörde und des EVG-Kommissariats; Umfang und Finanzierung des Haushalts der Gemeinschaft blieben von einstimmigen Voten des Ministerrats abhängig, ebenso jede Ausweitung ihrer Kompetenzen im außen- und wirtschaftspolitischen Bereich.[13])

Ähnlich wie die Gaullisten argumentierte auch jener Teil der französischen Sozialisten, der sich im Zuge einer leidenschaftlichen innerparteilichen Debatte gegen den Kurs des Generalsekretärs Guy Mollet auf ein Nein zu dem EVG-Vertrag festlegte – so Daniel Mayer, Jules Moch, Pierre-Olivier Lapie und Staatspräsident Vincent Auriol. Den Pleven-Plan hatte die sozialistische Fraktion noch geschlossen unterstützt und ihm damit überhaupt erst die notwendige parlamentarische Mehrheit gesichert. Seit aber im Frühjahr 1952 die definitiven Konturen des Vertragswerks bekannt wurden, gingen immer mehr Sozialisten zur Opposition über; dabei bemängelten sie zumeist das Fehlen einer Politischen Autorität und den Mangel an Eigenständigkeit im Sinne einer europäischen „Dritten Kraft". Zum Schluß sprach sich die Hälfte der SFIO-Abgeordneten gegen die Ratifizierung des Vertrages aus; damit wurde ausgerechnet die Partei, die

---

[11]) Vgl. *Georges-Henri Soutou,* France and the German Rearmament Problem, in: Rolf Ahmann/Adolf M. Birke/Michael Howard (Eds.), The Quest for Stability. Problems of West European Security 1918–1957. Oxford 1993, 487–512.
[12]) Text in: *Walter Lipgens* (Hrsg.), 45 Jahre Ringen um die Europäische Verfassung. Bonn 1986, 329–334.
[13]) Ebd. 335–360.

sich in den ersten Nachkriegsjahren am stärksten für das Projekt der europäischen Integration engagiert hatte, zum Totengräber der EVG.[14])
Gewiß spielten bei beiden, Gaullisten wie Sozialisten, auch antideutsche Emotionen eine Rolle; von de Gaulle wurden sie sogar, seit er sich im Frühjahr 1953 auf ein Nein zu dem Vertragswerk festgelegt hatte, bewußt geschürt.[15]) Dennoch kann kein Zweifel daran sein, daß die Vorschaltung einer Politischen Gemeinschaft der EVG eine solide parlamentarische Mehrheit in Frankreich gesichert hätte. Wirklich unüberwindlich war der Widerstand gegen die deutsche Wiederbewaffnung nur bei einer kleinen Minderheit der EVG-Gegner. Der Mehrheit darf man schon trauen, daß sie im Ernstfall (d.h. bei einem Eingehen auf ihre Forderung nach einer Politischen Autorität) ihrer eigenen Argumentation Folge geleistet hätte.

Die proeuropäische Fundierung eines wesentlichen Teils der EVG-Opposition in Frankreich wird noch deutlicher, wenn man sich die Meinungsumfragen jener Zeit anschaut. Allein in der Woche vor der Parlamentsabstimmung am 30. August 1954 sprachen sich mehr Franzosen gegen als für den Vertrag aus (36 gegen 31 Prozent) – offensichtlich unter dem Eindruck der Mobilisierung nationaler Ressentiments durch die EVG-Gegner. Eine Woche später war der Anteil der Befürworter schon wieder größer (34 gegen 33 Prozent) – wie während der gesamten Zeit der öffentlichen Auseinandersetzung um den Vertrag zuvor! Die grundsätzliche Mehrheit für ein Vereintes Europa, die sich im Mai 1953 auf 70 Prozent belaufen hatte, bewegte sich im Frühjahr 1955 immer noch zwischen 55 und 64 Prozent.[16]) Der Spielraum, den die politische Klasse bei der Durchsetzung supranationaler Strukturen hatte, war danach deutlich größer, als den Abgeordneten bewußt war; sie handelten keineswegs unter dem Druck einer festgefahrenen öffentlichen Meinung, die sich auf die Rettung des Nationalstaates vor supranationaler Überfremdung kapriziert hätte.

---

[14]) Vgl. *Wilfried Loth,* The French Socialist Party, 1947–1954, in: Richard T. Griffiths (Hrsg.), Socialist Parties and the Question of Europe in the 1950's. Leiden/New York/Köln 1993, 25–42; die Debatten im Comité directeur der SFIO näherhin referiert bei *Roger Quilliot,* La S.F.I.O. et l'exercice du pouvoir, 1944–1958. Paris 1972, 475–502.
[15]) Vgl. etwa seine Pressekonferenzen vom 25.2.1953 u. 7.4.1954, *de Gaulle,* Discours et messages (wie Anm. 9), Vol. 2, 564–575 u. 604–618.
[16]) Vgl. *Jean-Pierre Rioux,* Französische öffentliche Meinung und EVG-Parteienstreit oder Schlacht der Erinnerungen?, in: Volkmann/Schwengler (Hrsg.), Europäische Verteidigungsgemeinschaft (wie Anm. 1), 159–176, hier 168–170. Rioux' These, die EVG sei „unter Außerachtlassung der Volksstimmung konzipiert" worden und habe scheitern müssen, weil sie das deutsche Trauma wiederaufrührte (ebd. 175f.), findet in den beigebrachten Daten gerade keinen Beleg!

III.

Warum aber ist die Politische Gemeinschaft, die die EVG hätte retten können, nicht zustande gekommen? Es lassen sich zwei wesentliche Gründe nennen, zu denen noch ein dritter kommt, der allerdings über die Erörterung der Dimensionen europäischer Gemeinschaftsbildung hinausführt.

Der erste Grund ist darin zu sehen, daß diejenigen französischen Politiker, die nur zu gerne auch Großbritannien als Mitglied der europäischen Gemeinschaft gesehen hätten (dazu zählten insbesondere die Sozialisten), häufig nicht rechtzeitig genug Prioritäten zu setzen wußten. Die Rücksichtnahme auf die Briten, die man mit einer dilatorischen, die Frage der Supranationalität bewußt verschiebenden Politik doch noch für das Gemeinschaftsprojekt zu gewinnen hoffte, hatte schon in der Zeit der Konzentration auf den Europarat 1948/49 eine große Rolle gespielt.[17]) Sie war ebenfalls mit dafür verantwortlich, daß bei der Formulierung des Pleven-Plans so wenig von der Politischen Gemeinschaft deutlich wurde, die Monnet ursprünglich im Blick gehabt hatte. Und sie sorgte dafür, daß es auch dann noch bei dieser Zurückhaltung der französischen Regierung blieb, als in den Vertragsverhandlungen die Notwendigkeit einer Politischen Autorität immer deutlicher wurde.

Robert Schuman, dem die Notwendigkeit einer Flucht nach vorn in die Politische Gemeinschaft schon seit September 1950 bewußt war, unternahm wohl noch einmal einen Versuch zu ihrer Verwirklichung. Nachdem die Sozialisten nach den Wahlen vom 17. Juni 1951 aus der Regierung ausgeschieden waren, kündigte er Mitte September an, Frankreich werde jetzt nach Montanunion und EVG in einem dritten Schritt die Schaffung einer supranationalen politischen Autorität in Europa anstreben.[18]) Der angekündigte „zweite Schuman-Plan", über den die Presse in den kommenden Wochen schon spekulierte, blieb jedoch aus. Verantwortlich dafür waren die Zustimmung der britischen Regierung zu einer Drei-Mächte-Erklärung, die die EVG als wesentlichen Schritt zur Einheit Europas begrüßte, und mehr noch der Sieg der Konservativen in den Unterhauswahlen vom 25. Oktober 1951. Beides zusammen weckte in Frankreich ebenso wie in den Benelux-Staaten neue Hoffnungen auf eine britische Beteiligung an dem Einigungsprojekt und schränkte damit Schumans Handlungsspiel-

---

[17]) Vgl. *Wilfried Loth,* Die Europa-Diskussion in Frankreich, in: ders. (Hrsg.), Die Anfänge der europäischen Integration 1945–1950. Bonn 1990, 27–49, hier 40 f.

[18]) *Heinrich von Siegler* (Hrsg.), Europäische politische Einigung 1949–1968. Dokumentation von Vorschlägen und Stellungnahmen. Bonn/Wien/Zürich 1968, 9; eine ähnliche Ankündigung erfolgte auch schon während der Washingtoner Außenministerkonferenz vom 10.–14. 9. 1951 lt. FRUS 1951/3, Teil 1, 1256 f.

raum wieder ein. Auf der ersten Außenministerkonferenz der sechs EVG-Verhandlungspartner am 11. Dezember 1951 in Straßburg plädierte daraufhin allein de Gasperi für die Aufnahme von Verhandlungen über die Schaffung einer Politischen Gemeinschaft. Schuman blieb, die schwankende Mehrheit im eigenen Land und die Aversion der Benelux-Vertreter im Blick, um Vermittlung bemüht; und auch Adenauer, dem Gleichberechtigung und rasche Westintegration wichtiger waren, auch wenn er die Politische Gemeinschaft grundsätzlich begrüßte, hielt sich zurück. Mehr als der spätere Artikel 38 des EVG-Vertrags, der die Prüfung des EPG-Projekts vorschrieb, war unter diesen Umständen nicht konsensfähig.[19])

Das zweite Hindernis ergab sich daraus, daß die niederländische Regierung das Projekt der Politischen Gemeinschaft zwingend mit der Forderung nach einer Wirtschaftsgemeinschaft verband. In Den Haag hatte man keinerlei Interesse an einer europäischen Sicherheitsgemeinschaft, die die NATO verwässerte, dafür aber um so mehr an einer europäischen Zollunion, die den eigenen Exportbedürfnissen Rechnung trug. Nachdem man über zwei Jahre vergeblich versucht hatte, dieses Projekt im Rahmen der OEEC durchzusetzen, kam man im Sommer 1952 auf die Idee, die Verhandlungen über die Erweiterung der EVG dazu zu nutzen, die wirtschaftliche Integration nun wenigstens im Bereich der Sechs voranzubringen. Außenminister Johan Willem Beyen, dem diese Idee im wesentlichen zu verdanken ist, bestand daher darauf, daß mit der Frage der Politischen Gemeinschaft auch die Möglichkeiten wirtschaftlicher Integration geprüft würden; und als die Partner in den Verhandlungen der Ad-hoc-Kommission nicht recht mitzogen, machte er im Februar 1952 deutlich, daß die EPG ohne eine verbindliche Regelung der wirtschaftlichen Integration – er dachte insbesondere an die Schaffung einer Zollunion in einem Zeitraum von zehn Jahren – weder in der niederländischen Regierung noch im niederländischen Parlament eine Chance hatte.[20])

Auf eine solche Festlegung wollte sich nun aber die französische Regierung nicht einlassen. In Frankreich hatten die Preissteigerungen im Gefolge des allgemeinen Aufrüstungsbooms gerade zu einer dramatischen Verschlechterung der Handelsbilanz geführt. Das bekräftigte die Auffassung, daß sich Frankreich vorerst nur auf eine kontrollierte, schrittweise und langfristig angelegte Marktintegration einlassen konnte. Für eine wei-

---

[19]) Protokolle der Konferenz vom 11.12.1951 bei *Walter Lipgens,* EVG und politische Föderation. Protokolle der Konferenz der Außenminister der an den Verhandlungen über eine europäische Verteidigungsgemeinschaft beteiligten Länder am 11. Dezember 1951, in: VfZG 32, 1984, 637–688.
[20]) Vgl. *Richard T. Griffith/Alan S. Milward,* The Beyen Plan and the European Political Community, in: Werner Maihofer (Hrsg.), Noi si mura. Florenz 1986, 596–621.

tere Flucht nach vorn, nun auch noch in die wirtschaftliche Supranationalität, hielt man die französische Volkswirtschaft noch für zu schwach.[21]) Bidault, der zum Jahresbeginn den wegen des EVG-Vertrages unter Beschuß geratenen Schuman als Außenminister abgelöst hatte[22]), beharrte daher gegenüber Beyen darauf, daß die Regelung der wirtschaftlichen Integration einem Sondervertrag vorbehalten bleiben sollte. Damit war auch der Weg zur Annahme des EPG-Entwurfs der Ad-hoc-Versammlung blokkiert.[23])

Nachdem diese beiden Gründe schon genügten, um alle Ansätze zu einer politischen Ergänzung des EVG-Vertrags zu vereiteln, führte dann noch eine dritte Entwicklung dazu, daß die nationalstaatliche Organisation westeuropäischer Sicherheit wieder neue Attraktivität gewann. Gemeint ist der „New Look" in der amerikanischen Verteidigungskonzeption, d.h. die Einbeziehung von Nuklearwaffen in die strategische Planung der USA für Europa, die vom Herbst 1953 an immer offener diskutiert wurde.[24]) Sie verstärkte die Abneigung gegen die Europäisierung des französischen Verteidigungsbeitrags in doppelter Weise: Zum einen ließ die offenkundige Neigung der USA, ihre Präsenz in Europa zu verringern, die Verantwortlichen in Paris davor zurückschrecken, dem gefürchteten Disengagement auch noch durch die Schaffung der Europa-Armee Vorschub zu leisten. Zum andern und vor allem weckte der verstärkte Rückgriff der amerikanischen Verbündeten auf die Atomwaffen in Paris das Bedürfnis, selbst Atommacht zu werden: Das versprach nicht nur die quälende Unzulänglichkeit der eigenen Rüstung zu kompensieren, sondern war bei genauerer Betrachtung auch das einzige Mittel, um sicherheitspolitisch nicht vollständig in die Abhängigkeit von den USA zu geraten. Da

---

[21]) Vgl. *Gérard Bossuat,* La vraie nature de la politique européenne de la France (1950–1957), in: Gilbert Trausch (Hrsg.), Die Europäische Integration vom Schuman-Plan bis zu den Verträgen von Rom. Pläne und Initiativen, Enttäuschungen und Mißerfolge. Baden-Baden 1993, 191–230.

[22]) Vgl. *Raymond Poidevin,* Robert Schuman. Homme d'Etat 1886–1963. Paris 1986, 363–365.

[23]) Zum Gang der Verhandlungen über das EPG-Projekt vgl. *Rita Cardozo,* The Project for a Political Community (1952–54), in: Roy Price (Ed.), The Dynamics of European Union. London/New York/Sydney 1987, 49–77; sowie *Peter Fischer,* Die Bundesrepublik und das Projekt einer Europäischen Politischen Gemeinschaft, in: Ludolf Herbst/Werner Bührer/Hanno Sowade (Hrsg.), Vom Marshallplan zur EWG. Die Eingliederung der Bundesrepublik Deutschland in die westliche Welt. München 1990, 279–299.

[24]) Vgl. *David A. Rosenberg,* The Origins of Overkill. Nuclear Weapons and American Strategy, 1945–1960, in: Strategy and Nuclear Deterrence. An International Security Reader. Princeton 1984, 131–181; *Thomas Peter,* Abschrecken und Überleben im Nuklearzeitalter. Präsident Eisenhowers Sicherheitspolitik des „New Look". Chur 1990.

sich niemand ernsthaft vorstellen konnte, die Verantwortung für die
Atomwaffe mit den Deutschen zu teilen, führten diese Überlegungen notwendigerweise zum Wunsch nach einer nationalen Atomstreitmacht; und
in dieser Perspektive erschien die EVG dann geradezu als ein Instrument
der amerikanischen Hegemonie.[25])
Ein weiteres kam hinzu: Wenn Frankreich Atommacht werden würde,
der Bundesrepublik aber weiterhin die Beschränkungen auferlegt blieben,
die sie im Generalvertrag hatte akzeptieren müssen, dann war damit ein
Sicherheitsvorsprung vor dem deutschen Nachbarn gegeben, der die supranationale Ausrichtung des Sicherheitssystems zumindest in dieser Hinsicht überflüssig machte. Infolgedessen erschien nun nicht nur den französischen Militärs, sondern auch einer rasch wachsenden Minderheit der
politischen Öffentlichkeit die direkte Integration der Bundesrepublik in
die NATO, die man zunächst so vehement abgelehnt hatte, als das gerin-
gere Übel. Mendès France war sich dieses Zusammenhangs bewußt, als er
nach der Ablehnung seiner Nachverhandlungs-Forderungen Mitte August
1954 die Liquidierung des nicht mehrheitsfähigen Vertragswerks ansteu-
erte. Er durfte hoffen, daß er mit der NATO-Version der Westintegration
der Bundesrepublik, wie sie dann in den Pariser Verträgen ausgehandelt
wurde, im Parlament eher durchkommen würde.[26])

IV.

Mit dieser Lösung blieb freilich die sicherheitspolitische Eigenständigkeit
der Westeuropäer definitiv auf der Strecke. Das ist von manchem der Ak-
teure nicht recht bedacht worden. Insofern wird man in letzter Instanz
von ihrer Überforderung durch das Tempo der sicherheitspolitischen Entwicklungen sprechen müssen: Sie mußten nicht nur in kurzer Frist in der
deutschen Frage völlig umdenken, sondern sich dann auch noch in der
völlig neuen und ziemlich komplizierten Welt der atomaren Abschrek-

[25]) Vgl. Bidaults besorgte Äußerungen auf der Bermuda-Konferenz, 4.–8.12.1953,
FRUS 1952–54/5, T. 2, 1799f.; *Guillen,* Französische Generalität (wie Anm. 1),
155f.; *Aline Coutrot,* La politique atomique sous le gouvernement de Mendès
France, in: François Bédarida/Jean-Pierre Rioux (Eds.), Pierre Mendès France et
le Mendésisme. Paris 1985, 309–316.
[26]) Zum Entscheidungsprozeß des Sommers 1954 vgl. *Klaus A. Maier,* Die internationalen Auseinandersetzungen um die Westintegration der Bundesrepublik
Deutschland und um ihre Bewaffnung im Rahmen der Europäischen Verteidigungsgemeinschaft, in: Anfänge westdeutscher Sicherheitspolitik (wie Anm. 2), Bd.
2, 1–234, hier 190–230; *René Girault,* La France dans les rapports Est-Ouest au
temps de la présidence de Pierre Mendès France, in: Bédarida/Rioux (Eds.), Mendès France (wie Anm. 25), 251–260; *Georges-Henri Soutou,* La France, l'Allemagne
et les accords de Paris, in: Relations internationales 52, 1987, 451–470; Documents
Diplomatiques Français, 1954 (21 juillet – 31 décembre). Paris 1987.

kung zurechtfinden. Daß ihnen das nicht in der optimalsten Weise gelang, ist nicht weiter verwunderlich. Eher sollte zu denken geben, daß ein großer Teil der politischen Kräfte auch in Frankreich gleichwohl so lange an dem Projekt einer europäischen Verteidigungsgemeinschaft festhielt: Das deutet an, daß die Bereitschaft, am Europa der Sechs weiterzuarbeiten, grundsätzlich doch recht groß war – auch wenn es nicht den Idealvorstellungen entsprach, die sich viele von einem Vereinten Europa gemacht hatten.[27])

Der Schaden, den das Scheitern der EVG anrichtete, war darum genau besehen auch gar nicht so gravierend, wie bestürzte EVG-Anhänger im ersten Entsetzen meinten: Gewiß wurde die militärische Schutzfunktion gegenüber den Deutschen nun definitiv von der NATO übernommen. Die Bündelung sicherheitspolitischer Interessen der westlichen Europäer wurde noch schwieriger als sie ohnehin schon war. Und nicht nur in Frankreich nahm die Neigung wieder zu, nach nationalen Wegen zur Sicherung der Unabhängigkeit zu suchen. Aber das Gefühl für das Ungenügen solcher Lösungen blieb doch ziemlich lebendig, ebenso das Verständnis für die Probleme der europäischen Partner, das im Laufe der langwierigen EVG-Verhandlungen doch allenthalben gewachsen war. Vor allem aber stellte die Konsolidierung des westlichen Bündnisses, die sich aus der Überwindung der EVG-Krise ergab[28]), eine solide Grundlage dar, auf der das Projekt der europäischen Einigung fortgeführt werden konnte.

---

[27]) Zur Ambivalenz der Einstellungen nach dem Scheitern der EVG vgl. *Pierre Guillen,* Frankreichs Europapolitik vom Scheitern der EVG zur Ratifikation der Verträge von Rom, in: VfZG 28, 1980, 1–19; *Wilfried Loth,* Deutsche Europa-Konzeptionen in der Gründungsphase der EWG, in: Enrico Serra (Ed.), Il rilancio dell'Europa e i Trattati di Roma. Mailand 1989, 585–602.
[28]) Vgl. *Wilfried Loth,* Blockbildung und Entspannung. Strukturen des Ost-West-Konflikts 1953–1956, in: Bruno Thoß/Hans-Erich Volkmann (Hrsg.), Zwischen Kaltem Krieg und Entspannung. Sicherheits- und Deutschlandpolitik der Bundesrepublik im Mächtesystem der Jahre 1953–1956. Boppard 1988, 9–23.

Die Europapolitik
der Bundesrepublik Deutschland
im Spannungsfeld von EWG-
und EFTA-Gründung 1956–1958

Von

Hanns Jürgen Küsters

Die Europapolitik der Regierung Adenauer gehörte neben der Deutschland- und Ostpolitik zu den umstrittensten Bereichen bundesdeutscher Außenpolitik. Soweit Studien zur europäischen Integration in den fünfziger Jahren vorliegen, fällt im Schrifttum das Urteil über die Haltung der Bundesregierung und der im Deutschen Bundestag vertretenen Parteien ziemlich einheitlich aus.[1] Adenauer[2]) und die CDU/CSU unterstützten mehr oder weniger vorbehaltlos den Einigungskurs, während Sozialdemokraten[3]) und Freie Demokraten[4]) sich wegen nationalpolitischer Einwände recht zögerlich verhielten. Mit der Freigabe einschlägiger Akten der Bundesregierung seit Mitte der achtziger Jahre konzentrierten sich

---

[1]) Überblick über den Forschungsstand: *Ludolf Herbst/Werner Bührer/Hanno Sowade* (Hrsg.), Vom Marshallplan zur EWG. Die Eingliederung der Bundesrepublik Deutschland in die westliche Welt. München 1990, Auswahlbibliographie 615–639; *Ludolf Herbst,* Option für den Westen. Vom Marshallplan bis zum deutsch-französischen Vertrag. München 1989, 240–253; *ders.* (Hrsg.), Westdeutschland 1945–1955. Unterwerfung, Kontrolle, Integration. München 1986. Bisher einzige Gesamtdarstellung aus der Perspektive der Bundesregierung: *Herbert Müller-Roschach,* Die deutsche Europapolitik 1949–1977. Eine politische Chronik. Bonn 1980.
[2]) *Hans-Peter Schwarz,* Das außenpolitische Konzept Konrad Adenauers, in: Rudolf Morsey/Konrad Repgen (Hrsg.), Adenauer-Studien. Bd. 1. Mainz 1971, 71–108; *ders.,* Adenauer und Europa, in: VfZG 27, 1979, 471–523; *Werner Weidenfeld,* Konrad Adenauer und Europa. Die geistigen Grundlagen der westeuropäischen Integrationspolitik des ersten Bonner Bundeskanzlers. Bonn 1976.
[3]) *Rudolf Hrbek,* Die SPD – Deutschland und Europa. Die Haltung der Sozialdemokratie zum Verhältnis von Deutschland-Politik und Westintegration (1945–1957). Bonn 1972; *William E. Paterson,* The SPD and European Integration. Westmead 1974; *Kurt Thomas Schmitz,* Deutsche Einheit und Europäische Integration. Der sozialdemokratische Beitrag zur Außenpolitik der Bundesrepublik Deutschland unter besonderer Berücksichtigung des programmatischen Wandels einer Oppositionspartei. Bonn 1978.
[4]) *Peter Jeutter,* EWG – Kein Weg nach Europa. Die Haltung der Freien Demokratischen Partei zu den Römischen Verträgen 1957. Bonn 1985.

deutsche Zeitgeschichtsforschungen zur Europapolitik vornehmlich auf das Zustandekommen des Marshall-Plans[5]) und die Gründung von Montanunion[6]), Europäischer Wirtschaftsgemeinschaft[7]) und Euratom.[8]) Hauptaugenmerk galt den diplomatischen Vorgängen bei den Regierungsverhandlungen, den bürokratisch-politischen Entscheidungsprozessen innerhalb der Bundesregierung sowie den Konzeptionen und Perzeptionen von Europa.[9]) Das in den frühen fünfziger und sechziger Jahren entstandene Bild einer homogenen deutschen Europapolitik wich einer zunehmend kritischen Aufarbeitung der ausgefochtenen Kontroversen. Für Konfliktstoff sorgte hauptsächlich die Diskussion um das methodische Vorgehen bei der Integration und die Reaktion auf die Entscheidung Großbritanniens, der Montanunion im Jahre 1950 fernzubleiben.[10])

Letzteres stellte eines der schwierigsten Probleme dar, mit denen sich die westeuropäische Diplomatie in der Nachkriegszeit auseinanderzusetzen hatte. Die sogenannte „Englandfrage" verschärfte sich bekanntlich, als die britische Regierung im November 1955 ihren Vertreter von den Brüsseler Expertengesprächen über die Fortsetzung des Einigungsprozesses zurückzog.[11]) Die EGKS-Staaten reagierten auf den Mitte 1956 von

---

[5]) *Charles Maier/Günter Bischof* (Hrsg.), Deutschland und der Marshall-Plan. Baden-Baden 1992 [engl. Ausgabe: The Marshall Plan and Germany. Oxford/Hamburg/New York 1991]; *Hans-Jürgen Schröder* (Hrsg.), Marshallplan und westdeutscher Wiederaufstieg. Positionen – Kontroversen. Stuttgart 1990.

[6]) *John Gillingham,* Coal, Steel, and the Rebirth of Europe, 1945–1955. The Germans and French from Ruhr Conflict to Economic Community. Cambridge 1991; *Klaus Schwabe* (Hrsg.), Die Anfänge des Schuman-Plans 1950/51. The Beginnings of the Schuman-Plan. Beiträge des Kolloquiums in Aachen, 28.–30. Mai 1986. Baden-Baden/Mailand/Paris/Brüssel 1988.

[7]) *Enrico Serra* (Ed.), Il Rilancio dell'Europa e i Trattati di Roma. La Relance Européenne et les Traités de Rome. The Relaunching of Europe and the Treaties of Rome. Actes du Colloque de Rome 25–28 Mars 1987. Brüssel/Mailand/Paris/Baden-Baden 1989; *Hanns Jürgen Küsters, * Die Gründung der Europäischen Wirtschaftsgemeinschaft. Baden-Baden 1982 (aktual. u. überarb. Fassung: Fondements de la Communauté Économique Européenne. Luxemburg/Brüssel 1990).

[8]) *Peter Weilemann,* Die Anfänge der Europäischen Atomgemeinschaft. Zur Gründungsgeschichte von EURATOM 1955–1957. Baden-Baden 1983; *Michael Eckert,* Die Anfänge der Atompolitik in der Bundesrepublik Deutschland, in: VfZG 37, 1989, 115–143.

[9]) *Wilfried Loth,* Deutsche Europa-Konzeptionen in der Gründungsphase der EWG, in: Serra (Ed.), Il Rilancio (wie Anm. 7), 585–602.

[10]) Documents on British Policy Overseas. Series 2, Vol. 1: The Schuman Plan, the Council of Europe and Western European Integration, May 1950 – December 1952. London 1986, 1–155. Aus deutscher Sicht *Ulrich Sahm,* Großbritanniens Haltung zum Schuman-Plan, in: Walter Hallstein/Hans-Jürgen Schlochauer (Hrsg.), Zur Integration Europas. Festschrift für Carl Friedrich Ophüls aus Anlaß seines siebzigsten Geburtstages. Karlsruhe 1965, 153–165.

[11]) *Roger Bullen,* Britain and ‚Europe', 1950–1957, in: Serra (Ed.), Il Rilancio (wie

britischer Seite lancierten Vorschlag einer Europäischen Freihandelszone mehr mit Skepsis denn mit Wohlwollen. Nach Unterzeichnung der Römischen Verträge im März 1957 nahmen die sechs EWG-Staaten und die übrigen OEEC-Mitglieder Verhandlungen über eine Freihandelszone[12]) auf, die im November 1958 von der französischen Regierung abgebrochen wurden. Premierminister Macmillan forcierte bis Anfang 1960 die Gründung der EFTA. Westeuropa zerfiel in zwei handelspolitische Blöcke[13]), und Großbritannien blieb bis 1973 den Europäischen Gemeinschaften fern[14]).

Über den Gang dieser Freihandelszonen-Beratungen und die Rolle, die Bonn dabei spielte, ist bislang wenig bekannt. Nach wie vor fehlen auf deutsche Akten gestützte Studien zur Beantwortung wichtiger Fragen: Welche Ziele verfolgte die Bundesregierung? Wie hat sie sich zu den außenwirtschaftlichen Grundsatzfragen gestellt? Was wurde unternommen, den Abbruch der Verhandlungen im Regierungsausschuß zu verhindern?

Viele Anzeichen deuten darauf hin, daß aufgrund des komplizierten Geflechts innerstaatlicher wie internationaler Handlungsstränge die Politik der Bundesrepublik nur vor dem Hintergrund vielschichtiger, paralleler Entwicklungen der Jahre 1956 bis 1958/60 zu verstehen ist. Dazu zählen die Diskussionen um die deutsch-französische Rüstungskooperation

Anm. 7), 315–338; *John W. Young,* ‚The Parting of the Ways'?: Britain, the Messina Conference and the Spaak Committee, June–December 1955, in: Michael Dockrill/John W. Young (Eds.), British Foreign Policy, 1945–56. London 1989, 197–224; *Simon Burgess/Geoffrey Edwards,* The Six plus One: British Policy-Making and the Question of European Economic Integration, 1955, in: IA 64, 1988, 393–413.
[12]) Veröffentlichte Quellen: Negotiations for a European Free Trade Area. Documents Relating to the Negotiations from July, 1956, to December, 1958. Cmnd. 641. Ed. by Her Majesty's Stationary Office. London 1959; *Heinrich von Siegler* (Hrsg.), Dokumentation der Europäischen Integration 1946–1961, unter besonderer Beachtung des Verhältnisses EWG–EFTA. Bonn/Wien/Zürich 1961; Europa. Dokumente zur Frage der Europäischen Einigung. Teilbd. 3: Von der Europäischen Atomgemeinschaft und Europäischen Wirtschaftsgemeinschaft bis zum Beginn einer neuen Form der politischen Zusammenarbeit 1961. Hrsg. im Auftrag des Auswärtigen Amtes. Bonn 1962, 1452–1575.
[13]) *Hans von der Groeben,* Aufbaujahre der Europäischen Gemeinschaft. Das Ringen um den Gemeinsamen Markt und die Politische Union 1958–1966. Baden-Baden 1982.
[14]) *Gustav Schmidt,* Die politischen und sicherheitspolitischen Dimensionen der britischen Europa-Politik 1955/56–1963/64, in: *ders.* (Hrsg.), Großbritannien und Europa – Großbritannien in Europa. Sicherheitsbelange und Wirtschaftsfragen in der britischen Europapolitik nach dem Zweiten Weltkrieg. Bochum 1989, 169–252; *Miriam Camps,* Britain and the European Community 1955–1963. Princeton, N. J./London 1964; *Karl Kaiser,* EWG und Freihandelszone. England und der Kontinent in der europäischen Integration. Leiden 1963; *Hans Joachim Heiser,* British Policy with Regard to the Unification Efforts on the European Continent. Leiden 1959.

beim Aufbau der Bundeswehr, die Reform der NATO und ihrer Sicherheitsdoktrin, die Umbrüche bei der Entwicklung der Kernwaffen, von östlicher und westlicher Seite vorgelegte Pläne eines Disengagements bei konventionellen und atomaren Waffen in Mitteleuropa genauso wie Bewegungen der vier für Deutschland als Ganzes verantwortlichen Mächte auf eine weitere Ost-West-Gipfelkonferenz, vorsichtige deutschlandpolitische Sondierungen Adenauers in Richtung Moskau, die Suez-Krise und nicht zuletzt der Krieg in Algerien.

Die folgenden Ausführungen beschränken sich auf vier Handlungsfelder: (1) die Position der Bundesregierung zum Projekt einer Freihandelszone, (2) die Schwierigkeiten, unter den EWG-Mitgliedern gemeinsame Positionen zu erarbeiten, (3) die in den Verhandlungen zwischen den Sechs und den übrigen OEEC-Ländern aufgetretenen Konflikte und (4) die darüber hinaus bilateral verhandelten Fragen, hauptsächlich im Dreieck Bonn – Paris – London.

I.

Seit den frühesten Anfängen herrschte in der Bundesregierung weitgehend Übereinstimmung über den Zweck der europäischen Integration. Die westlichen Demokratien sollten zusammengeführt, ein weiteres Vordringen des Ostblocks abgewehrt, die Prosperität der Mitgliedsländer erhöht und ihr Einfluß auf weltpolitische Entscheidungen gestärkt werden.[15] Eine grundsätzliche Schwierigkeit deutscher Europapolitik bestand in der mangelnden Verständigung unter den Ressorts auf ein schlüssiges Konzept, mit welcher Methode die europäische Einigung erreicht werden und auf welches Ziel sie zusteuern sollte. Die Auseinandersetzungen drehten sich vor der Hand um die Frage, ob dem Primat der Außenpolitik oder der Außenwirtschaftspolitik Vorrang gebühre. Sieht man einmal von dem Gerangel um die Kompetenzverteilungen zwischen Auswärtigem Amt und Bundeswirtschaftsministerium ab, so waren die Diskussionen im wesentlichen von zwei Ansätzen bestimmt: der institutionellen Integration und der funktionalen Integration.[16]

Staatssekretär Hallstein und die Politische Abteilung 2 des Auswärtigen Amtes mit den Professoren Ophüls und Carstens strebten einen durch Institutionen gesicherten politischen Zusammenschluß in Form eines europäischen Bundesstaates an. Die wirtschaftliche Verschmelzung sollte als

---

[15] Schreiben Carstens an Blankenhorn, 20.11.1958, Bundesarchiv Koblenz (= BA), Nachlaß (= NL) Blankenhorn 351/92b.
[16] *Hanns Jürgen Küsters*, Der Streit um Kompetenzen und Konzeptionen deutscher Europapolitik 1949–1958, in: Herbst/Bührer/Sowade (Hrsg.), Marshallplan (wie Anm. 1), 335–370.

Transmissionsriemen zur Schaffung einer Politischen Union dienen. Das Bundeswirtschaftsministerium mit Erhard an der Spitze dagegen verfocht den funktionalen Integrationsansatz.[17]) Über multilaterale Handelsverträge sollte ein System intergouvernementaler Wirtschaftsbeziehungen aufgebaut werden, die langfristig zur Liberalisierung des Welthandels führen. Erhard sah das in Artikel 24 des GATT-Vertrages vorgesehene Instrument der Zollunion als eine verkappte Präferenzzone an, die, von Handelsrestriktionen befreit, gegenüber Drittländern protektionistisch wirkt und globale Handelsbefreiungen und Konvertibilität erschwert.

Nach dem Scheitern der Europäischen Verteidigungsgemeinschaft 1954 erstreckten sich die Kontroversen im wesentlichen auf die Frage, welches Instrument der Fortführung der wirtschaftlichen Integration mehr nutze: eine Zollunion mit straffen Regelungen des Zollabbaus und mengenmäßigen Beschränkungen als Kern eines Gemeinsamen Marktes, auf dem binnenmarktähnliche Verhältnisse herrschen und der von einer Wettbewerbsordnung geprägt ist, oder eine Freihandelszone mit niedrigen Zöllen, die Kontingente abschafft, nach dem Meistbegünstigungsprinzip verfährt und Konvertibilität vorsieht.

Adenauer war nicht auf ein bestimmtes Einigungskonzept festgelegt. Wirtschaftsverhandlungen beurteilte er mehr nach politischen Wirkungen und weniger nach außenwirtschaftlichen Lehrmeinungen. Er entschied pragmatisch, legte vor allem Wert auf gleichberechtigtes und gleichgerichtetes politisches Handeln mit den westeuropäischen Mächten. Mit seiner Richtlinie vom 19. Januar 1956[18]) hoffte er den Streit beizulegen, wie marktwirtschaftliche und freihändlerische Prinzipien in geeigneter Form auf europäischer Ebene zu implementieren wären. Dabei hatte er für die Brüsseler Verhandlungen klare Prioritäten zugunsten des Gemeinsamen Marktes und einer Zollunion gesetzt. Die lockere Kooperation, wie sie die Regierungen in der OEEC praktizierten, genügte ihm nicht. Über alles durfte der politische Charakter des Ansatzes nicht außer acht bleiben. Zu beenden vermochte er die Auseinandersetzungen damit aber nicht. Der Bericht, den die Sachverständigen unter Leitung des belgischen Außenministers Spaak im April 1956 vorlegten[19]), zwang die Bundesregierung und ihre fünf EGKS-Partner, in der Frage Zollunion oder Freihandelszone Farbe zu bekennen. Gegen den Widerstand Erhards stimmte das Bundes-

---

[17]) *Ulrich Lappenküper*, „Ich bin wirklich ein guter Europäer". Ludwig Erhards Europapolitik 1949–1966, in: Francia 18/3, 1991, 85–121.

[18]) Wortlaut in: *Konrad Adenauer*, Erinnerungen 1955–1959. Stuttgart 1967, 253–255.

[19]) Regierungsausschuß eingesetzt von der Messina-Konferenz, Bericht der Delegationsleiter an die Außenminister, Brüssel, 21.4.1956, MAE 120 d/56 (korr.), in: Der Aufbau Europas. Pläne und Dokumente 1945–1980. Hrsg. v. *Jürgen Schwarz* unt. Mitarb. v. *Hildegard Kunz* u. *Madelaine Freifrau von Puttlar*. Bonn 1980, 278–334.

kabinett zu, auf der Grundlage des Spaak-Berichts Regierungsverhandlungen der Sechs zu eröffnen, und befürwortete die Entscheidung der Außenminister-Konferenz Ende Mai 1956 in Venedig.[20]) Damit waren die Weichen in Richtung Zollunion gestellt. Unter Beteiligung der britischen Regierung wäre dieser Beschluß wohl nicht zustande gekommen. In ihren Augen waren Zollunionskonzept und Commonwealth-Präferenzsystem unvereinbar. Gleicher Außenzolltarif und gemeinsame Agrarpolitik könnten den Export beeinträchtigen und die Lebenshaltungskosten erhöhen. Die Labour-Opposition befürchtete überdies, daß Staatsinterventionen erschwert würden. Und das Unterhaus war ohnehin nicht willens, Einschränkungen souveräner Rechte hinzunehmen.[21])

Der Regierung Eden blieb die Wahl zwischen zwei Übeln: Entweder würde Großbritannien im Falle des Zustandekommens des Gemeinsamen Marktes außenwirtschaftlich vom europäischen Kontinent isoliert, oder es müßte sich unter handelspolitischen Opfern zu Lasten des Commonwealths mit ihm arrangieren.[22]) Die Entscheidung fiel schließlich für Plan G, die Schaffung einer industriellen Freihandelszone unter den OEEC-Mitgliedern ohne Einbeziehung landwirtschaftlicher Erzeugnisse[23]), als das zweckmäßigste Instrument zur Verteidigung britischer Interessen. Mit dem Vorschlag, über den Generalsekretär der OEEC am 18./19. Juli 1956 in die internationale Diskussion gebracht[24]), wollte sich die Regierung aus ihrer außenpolitischen Defensivposition herausmanövrieren, die Errichtung des Gemeinsamen Marktes mit einer Zollunion torpedieren und Bestrebungen der Sechs zu einem engeren politischen Verbund in das Fahrwasser intergouvernementaler Kooperation überleiten. Hauptangriffspunkt war Frankreich mit seiner traditionell protektionistisch eingestell-

---

[20]) Konferenz der Außenminister, Entwurf des Protokolls der Konferenz der Außenminister der Mitgliedstaaten der EGKS, Venedig, 29. u. 30. Mai 1956, MAE 126 d/56, 8.6.1956, Politisches Archiv des Auswärtigen Amtes, Bonn (= PA), Abt. 2, Referat 200, Az. 86.00 Bd. 1.

[21]) *Russel F. Bretherton,* The Development of Policy about the Common Market 1955/57: With Special Reference to Board of Trade. 49 S. (Kopie im Besitz des Verf.s).

[22]) The Memoirs of Lord Gladwyn. London 1972, 294f.; *Alistair Horne,* Macmillan 1894–1956. Vol. 1. London 1988, 386.

[23]) Wortlaut in der Fassung v. 29.9.1956 in: *Harold Macmillan,* Riding the Storm 1956–1959. London/Melbourne/Toronto 1971, 753f., zur Entstehung des Plans 70–88.

[24]) Organization for European Economic Co-operation (OEEC). Council, Resolution Concerning the Study of the Relationship between the proposed European Customs Union and Member Countries not Taking Part therein, c(56)196, 21.7.1956, Scale 1, in: Negotiations for a European Free Trade Area (wie Anm. 12), 7. Telegram Pineau aux Représentants Diplomatiques de France à l'Étranger, 28.7.1956, in: Documents Diplomatiques Français (=DDF) 1956. Vol. 2 (1er Juillet – 23 Octobre). Paris 1989, 182–184.

ten Wirtschaft und Beamtenschaft. Eine industrielle Freihandelszone ohne
Berücksichtigung der Agrargüter, so die Überlegung britischerseits, werde
für Frankreich eine reizvolle Alternative und leichter annehmbar sein als
das strenge Regime einer Zollunion. Die Briten setzten auf Wirtschaftsminister Erhard in der Hoffnung, die freihändlerischen Kräfte würden sich
in der Bundesregierung durchsetzen und den Gemeinsamen Markt zu Fall
bringen.

Der Methodenstreit zwischen Auswärtigem Amt und Bundeswirtschaftsministerium hatte sich längst auf die Fragen ausgeweitet, mit welcher Ernsthaftigkeit Großbritannien das Freihandelszonen-Konzept wirklich verfolge und welche Sonderstellung den Briten zum Gemeinsamen
Markt einzuräumen sei. Während Erhard den Freihandelszonen-Vorschlag unterstützte, setzte die Politische Abteilung im Auswärtigen Amt
auf den erfolgreichen Abschluß der Sechser-Verhandlungen und wollte
jede Vermischung der Sechser-Verhandlungen mit Beratungen in der
OEEC tunlichst vermeiden, schon allein, um die sich anbahnende Verständigung mit Frankreich über die Saarfrage nicht zu gefährden. In Arbeitsgruppen der OEEC sollte die britische Haltung zur Frage der
Commonwealth-Präferenzen und der Einbeziehung landwirtschaftlicher
Produkte zunächst abgeklärt werden.[25])

Erhard warnte Adenauer vor einer allzu francophilen Haltung des Auswärtigen Amtes, die angesichts volkswirtschaftlich unsinniger Forderungen der französischen Regierung nach Harmonisierung von Sozialkosten[26]) als Vorbedingung für den Beitritt zur EWG[27]) unerträglich sei. Erhard bezweifelte, ob Frankreich den Gemeinsamen Markt überhaupt
wolle. Seiner Ansicht nach scheuten die Franzosen nur, das Odium eines
erneuten Scheiterns der Integration auf sich zu nehmen. Als am 20./21.
Oktober 1956 die Außenminister über die französische Forderung der
Harmonisierung von Sozialkosten kein Einvernehmen erzielten[28]), glaubte
Erhard, die Verhandlungen in die OEEC verlagern zu können. Auftrieb
hatte ihm die öffentliche Erklärung Adenauers Ende September 1956 in
Brüssel gegeben. Der Kanzler hatte sich dort gegen supranationale Ein-

---

[25]) Aufzeichnung Ophüls, Brüsseler Integrationsverhandlungen. Errichtung einer
Freihandelszone im Rahmen der OEEC, Stiftung Bundeskanzler-Adenauer-Haus,
Bad Honnef-Rhöndorf (= StBKAH) III/108.
[26]) Compte Rendu, Conversation entre Faure et Erhard, 16.9.1956, in: DDF 1956,
Vol. 2, 384–387.
[27]) Schreiben Erhard an Adenauer, 25.9.1956, Ludwig-Erhard-Stiftung, Bonn (=
LES), NL Ludwig Erhard I. 1) 4.
[28]) Entwurf eines Protokolls über die Konferenz der Außenminister der Mitgliedsstaaten der EGKS in Paris am 20. und 21. Oktober 1956, MAE 460 d/56,
13.11.1956, PA, Abt. 2, Referat 200, Az. 86.00 Bd. 2.

richtungen und starren Perfektionismus ausgesprochen.[29]) Das künftige Europa sollte flexibler gestaltet werden, als Staatenbund ohne Vetorecht der einzelnen Mitglieder, jedoch mit Einspruchsrecht einer Minderheit.[30]) Ein deutliches Signal an die auf ihre Souveränität bedachten Engländer.

Im Hinblick auf Überlegungen des amerikanischen Generals Radford, die konventionellen Streitkräfte in Europa zu verringern, durfte in den Augen des Kanzlers den Briten kein zusätzliches Argument serviert werden, ihr Verteidigungsengagement auf dem Kontinent zu reduzieren. Die Türe sollte ihnen offenbleiben.

Ende Oktober verteilte Erhard unter den Kabinettskollegen den „Entwurf eines europäischen Programms".[31]) Ein 30seitiges Konzept, in dem er die Abkehr vom „gefährlichen Hang zum Perfektionismus"[32]) aufzeigte. Ziel blieb zwar die Schaffung eines Gemeinsamen Marktes, doch sollten die Brüsseler Verhandlungen, die den Europagedanken „auf das Niveau kleinlichen Krämergeistes" herabzögen[33]), materiell wie institutionell in der OEEC fortgesetzt werden. Der Ministerrat der EGKS könnte sich zur permanenten Institution erklären. Die Organe der Montanunion würden mit denen der OEEC zusammengelegt.

Die Taktik ging aus verschiedenen Gründen nicht auf. Erstens hatte die Regierung Mollet nach dem deutsch-französischen Kompromiß über die soziale Harmonisierung bei der Stippvisite des Bundeskanzlers am 6. November 1956 in Paris[34]) und dem mißlungenen Suez-Abenteuer am gleichen Tage unerwartet die Flucht in den Gemeinsamen Markt angetreten. Nur ein vertiefter Zusammenschluß in der Sechser-Gemeinschaft konnte die Vierte Republik aus ihrer desolaten wirtschaftlichen Situation retten. Übergangsbestimmungen und Schutzklauseln, Berücksichtigung massiver

---

[29]) Wortlaut der Rede Adenauers vor den Grandes Conférences Catholiques in Brüssel, 25.9.1956 in: *Konrad Adenauer,* Reden 1917–1967. Eine Auswahl. Hrsg. v. Hans-Peter Schwarz. Stuttgart 1975, 327–332, hier 330.

[30]) Aufzeichnung über das Gespräch Adenauers mit dem Führer der britischen Labour-Opposition, Gaitskell, 19.9.1956, StBKAH III/68; *Adenauer,* Erinnerungen 1955–1959 (wie Anm. 18), 219–222, hier 220.

[31]) Bundesminister für Wirtschaft, Entwurf eines europäischen Programms, 30 S., 29.10.1956 (Geheim), BA, NL Franz Etzel 254/84.

[32]) Schreiben Erhard an Adenauer, 29.10.1956, ebd.

[33]) Schreiben Erhard an Etzel, 16.11.1956, Privatarchiv (= PrA) Hans von der Groeben, Rheinbach, Deutsche Unterlagen zu den Integrationsverhandlungen III.

[34]) Procès-Verbal de l'entretien du 6 novembre 1956 entre Mollet et Adenauer, in: DDF 1956. Vol. 3 (24 Octobre – 31 Décembre). Paris 1990, 231–238; Telegram Pineau aux Représentants Diplomatiques de France, 8.11.1956, ebd. 249–251; *Karl Carstens,* Das Eingreifen Adenauers in die Europa-Verhandlungen im November 1956, in: Dieter Blumenwitz/Klaus Gotto/Hans Maier/Konrad Repgen/Hans-Peter Schwarz (Hrsg.), Konrad Adenauer und seine Zeit. Politik und Persönlichkeit des ersten Bundeskanzlers. Beiträge von Weg- und Zeitgenossen. Stuttgart 1976, 591–602.

Interessen der Landwirtschaft, die Möglichkeit, finanzielle Lasten für die Kolonien auf die EWG-Partner abzuwälzen, und die Aussicht auf stärkere Kontrollen über die deutsche Wirtschaft boten der französischen Regierung günstige Voraussetzungen, dringliche Reformen endlich in Gang zu bringen. Die französische Wirtschaft, darüber waren sich die Experten einig, mußte dem harten europäischen Wettbewerb ausgesetzt werden, wenn sich Frankreich zu einem modernen Industriestaat entwickeln sollte.

Zweitens war es dem Freihändler-Flügel um Erhard in dieser Phase nicht gelungen, sich gegen Adenauer und die Befürworter der Weiterentwicklung der Sechser-Gemeinschaft im Auswärtigen Amt durchzusetzen. Außenminister von Brentano wollte beide Projekte verwirklichen – EWG und Freihandelszone.[35]) Er stimmte dem Vizepräsidenten der Hohen Behörde, Franz Etzel, in der Meinung zu, Erhard wolle trotz entgegengesetzten Beteuerungen Zollunion und Gemeinsamen Markt, also *„das Ganze"*, nicht. Sie warfen dem Wirtschaftsminister vor, dem Irrtum zu verfallen, England sei an handelspolitischen Bindungen mit dem Kontinent gelegen. London mache vielmehr aus der Not eine Tugend, betreibe ein taktisches Spiel, suche nur dann eine Assoziierung mit den Sechs, wenn der Gemeinsame Markt zustande komme. Andernfalls bestünde kein Interesse an der Freihandelszone.[36])

Drittens, die britische Regierung stellte sich erst im November 1956 uneingeschränkt hinter den Freihandelszonen-Plan.[37]) Zu einem Zeitpunkt, als das Suez-Unternehmen gescheitert und die Krise in den Brüsseler Regierungsverhandlungen überwunden war.

Viertens stellten die Ratifikation der Saarverträge in der Nationalversammlung Ende des Jahres 1956, die sich dort im Januar 1957 abzeichnende Mehrheit für die Unterzeichnung des EWG- und des Euratom-Vertrages und die Konzessionen Adenauers bei der Finanzierung des Investitionsfonds Frankreichs Ja zum Gemeinsamen Markt sicher.

Schließlich kam ein gewisses Ungeschick der britischen Diplomatie hinzu. Außenminister Lloyd hatte auf der NATO-Konferenz am 14. De-

---

[35]) Schreiben von Brentano an Erhard, MB (Ministerbüro) 996/569 geh., 29. 20. 1956, BA, NL Etzel 254/84.

[36]) Schreiben Etzel an Erhard, 16. 11. 1956, PrA von der Groeben, Deutsche Unterlagen zu den Integrationsverhandlungen III.

[37]) Schatzkanzler Macmillan gab am 3. 10. 1956 zunächst eine positive Erklärung zum Freihandelszonen-Projekt ab. Wortlaut in: Europa (wie Anm. 12), Teilbd. 3, 1454–1458; *Macmillan,* Riding the Storm (wie Anm. 23), 87f. Der Parteitag der Konservativen Mitte Oktober nahm die Erklärung ohne Begeisterung auf; *Alistair Horne,* Macmillan 1957–1986. Vol. 2. London 1989, 31. Macmillan und Handelsminister Thorneycroft erklärten am 26. 11. 1956 vor dem Unterhaus die Bereitschaft der Regierung zur Aufnahme offizieller Verhandlungen. Wortlaut in: House of Commons. Debates, Vol. 561, Col. 35–54, 154–164.

zember 1956 mit vagen institutionellen Reformvorstellungen versucht, Konfusion zu schaffen. Sein *Grand Design*[38]), der die Vernetzung aller europäischen Organisationen beabsichtigte, bezweckte eigentlich nur, dem Aufbau weiterer supranationaler Institutionen der Sechser-Gemeinschaft entgegenzuwirken. Ein durchsichtiges taktisches Manöver, dem allseits keine Erfolgsaussichten vorhergesagt wurden.[39]) Denn es war abzusehen, daß die drei Gemeinschaften EGKS, EWG und EURATOM einen zu starken Kern bilden würden und von WEU und OEEC nicht zu ersetzen waren. Die ursprüngliche Absicht der Briten, den EWG-Vertrag zu verhindern, war damit fehlgeschlagen. Anfang 1957, als die Würfel endgültig zugunsten des Gemeinsamen Marktes fielen, änderten sie sofort ihre Taktik und strebten nun auf dem Wege der Freihandelszone eine möglichst enge Assoziierung mit den EWG-Ländern an.[40])

II.

Die Unterzeichnung der Verträge von Rom am 25. März 1957 veränderte die europapolitischen Geschäftsgrundlagen fundamental. Vorrangiges Ziel der sechs Regierungen war es nun, die Verträge von den Parlamenten ratifiziert zu bekommen und die neuen Gemeinschaften aufzubauen. Wollten sich die EWG-Staaten nicht von den übrigen Partnern der OEEC vorwerfen lassen, lediglich die Schaffung eines exklusiven Handelsraums im Auge zu haben, der die übrigen europäischen Partner diskriminiere, dann konnten sie Verhandlungen über eine Freihandelszone nicht rundweg ablehnen. Immerhin hatte man mit ihnen in der OEEC einen Kodex zur Liberalisierung des Handels vereinbart und gehörte gemeinsam dem GATT, dem Internationalen Währungsfonds und der Europäischen Zahlungsunion an. Im Interesse einer langfristigen politischen Vereinigung Europas schien es außerdem ratsam, Großbritannien weiterhin den Beitritt zu ermöglichen. Denn auch Washington unterstützte jede Form des engeren wirtschaftlichen Zusammenschlusses der Westeuropäer, vorausgesetzt, die Regelungen blieben GATT-konform.[41]) Mollet und Außenmini-

---

[38]) *Camps,* Britain and the European Community (wie Anm. 14), 404.
[39]) Memoirs of Lord Gladwyn (wie Anm. 22), 292.
[40]) Conférence Intergouvernementale pour le Marché Commun et l'EURATOM. Comité des Chefs de Délégation. Mémorandum du Royaume-Uni pour l'O.E.E.C., Ch. Del. 280, 6.2.1957, PrA von der Groeben, Interimsausschuß für den Gemeinsamen Markt und Euratom, Freihandelszone (1) (I.)1; *Macmillan,* Riding the Storm (wie Anm. 23), 432 f.; *Paul Henri Spaak,* Memoiren eines Europäers. Hamburg 1969, 315 f.
[41]) Regierungskonferenz für den Gemeinsamen Markt und Euratom. Ausschuß der Delegationsleiter, Die Haltung der Vereinigten Staaten angesichts der aktuellen

ster Pineau hatten bei einem Besuch in Washington im Februar 1957 ihre zögerliche Haltung überspielt und Präsident Eisenhower versichert, die Freihandelszone bringe England – nicht Großbritannien! – näher an den Kontinent heran.[42]) Zufrieden konnte Spaak am 12. Februar 1957 im Namen der Sechs vor dem OEEC-Ministerrat feststellen, daß es nicht mehr darum gehe, „grundsätzlich einer Freihandelszone zuzustimmen oder sie zu verwerfen". An das Verhandlungsangebot waren freilich harte Bedingungen geknüpft. Die im EWG-Vertrag geregelten Fragen des Zollabbaus und der mengenmäßigen Beschränkungen, der gemeinsame Außentarif, die Einbeziehung der Agrarprodukte, die Bestimmung des Ursprungs der Waren und das Schutzklauselsystem sollten unverändert erhalten bleiben.[43]) Mit anderen Worten: Die Handelsbeziehungen würden sich nicht auf die Prinzipien einer klassischen Freihandelszone beschränken, sondern den Bedingungen des Gemeinsamen Marktes möglichst weit angenähert werden. Nach französischen Vorstellungen mindestens so weit, daß im EWG-Vertrag zugestandene Übergangs- und Sonderregelungen keine Beeinträchtigung erführen. Der Gegensatz zu dem britischen Vorschlag einer allein industriellen Freihandelszone ohne Einbeziehung der Landwirtschaft war eklatant. Von vorneherein kam der Versuch, die Konzeptionen von EWG und Freihandelszone auf einen Nenner zu bringen, der Quadratur des Kreises gleich.

Die internen Auseinandersetzungen zwangen die Bundesregierung zu einem pragmatischen Kurs. Nicht zuletzt, weil die Kompetenzverteilung durch die Schaffung der Europa-Abteilung im Bundeswirtschaftsministerium unter Leitung von Staatssekretär Müller-Armack erst ein Jahr später, im März 1958, einigermaßen geregelt werden konnte. Der leidige Streit um die Federführung in Fragen der Wirtschaftsintegration einschließlich der Freihandelszone war zugunsten Erhards entschieden.[44]) Das Auswärtige Amt beobachtete fortan mit größtem Argwohn die deutsche Verhand-

westeuropäischen Pläne für einen Gemeinsamen Markt und eine Freihandelszone, Ch. Del. 120, MAE 844 d/56, 22.12.1956, PrA von der Groeben, Interimsausschuß für den Gemeinsamen Markt und Euratom, Freihandelszone (1) (I.)l.
[42]) Memorandum of a Conversation Eisenhower – Mollet, 26.2.1957, in: Foreign Relations of the United States (= FRUS), 1955–1957. Vol. 4: Western European Security and Integration. Washington, D.C. 1986, 529 f.
[43]) Interimsausschuß für den Gemeinsamen Markt und EURATOM, Gemeinsame Erklärung von Herrn Spaak im Namen der sechs Mitgliedstaaten vor dem Ministerrat der OEEC am 12. Februar 1957, MAE 946 d/57, 6.5.1957, PrA von der Groeben, Interimsausschuß für den Gemeinsamen Markt und Euratom, Freihandelszone (1) (I.)l.
[44]) *Daniel Koerfer,* Zankapfel Europapolitik: Der Kompetenzstreit zwischen Auswärtigem Amt und Bundeswirtschaftsministerium 1957/58, in: PVS 29, 1988, 553–568; *Küsters,* Streit um Kompetenzen (wie Anm. 16), 358–360.

lungsführung in der Freihandelszonenfrage, die zur Domäne des Wirtschaftsministeriums geworden war. Die Politische Abteilung des Auswärtigen Amtes fürchtete ihrerseits, einzelne EWG-Mitglieder könnten aus handelspolitischen Erwägungen die Freihandelszone den politischen Zielen des Gemeinsamen Marktes vorziehen.[45]) Definitive Entscheidungen über den Gegenstand und die Methode zur Errichtung der Freihandelszone wurden verschoben. Sollte sie ausschließlich Handelshemmnisse abbauen, oder bedurfte sie einer ebenso umfassenden Regelung wie der Gemeinsame Markt? Beide Meinungen fanden in der Bundesregierung ihre Befürworter. Das Bundeskabinett legte am 28. Januar 1957 einige Grundsätze fest.[46]) An den drei Gemeinschaften – Montanunion, EWG und EURATOM – als Grundpfeiler deutscher Außenpolitik war unvermindert festzuhalten. Die Freihandelszone sollte auf den Abbau der Zölle und Kontingentierungen für den Warenverkehr sowie die Beseitigung der Beschränkungen im Dienstleistungsverkehr begrenzt bleiben. Es galt Regelungen zu finden, die keine Gegensätze zum Gemeinsamen Markt produzierten. Eine Woche später beschloß das Kabinett, daß die landwirtschaftlichen Güter einzubeziehen seien.[47]) Damit hatte Bonn fürs erste dem im EWG-Vertrag entwickelten Integrationsansatz Priorität vor dem britischen Plan eingeräumt.

Die Bundesregierung unterstützte damit die Maximalposition der Regierung in Paris, die in der Praxis auf die Identität von EWG und Freihandelszone hinauslief. Im Auswärtigen Amt war der föderalistisch gesinnte Flügel nicht bereit, sich prononciert von Frankreich abzuwenden und den im EWG-Vertrag erzielten Konsens aufzukündigen. War es doch unter den Sechs gerade gelungen, ein ausgewogenes System unterschiedlichster Wirtschaftsinteressen auszuhandeln, das vor allem der französischen Industrie mit Blick auf die soziale Harmonisierung, den Sozialfonds, die Vereinbarungen über die überseeischen Gebiete und die Schutzklauseln notwendige Modernisierungsschritte erleichterte und die Unterwerfung unter die harten Wettbewerbsbedingungen des Gemeinsamen Marktes abfederte – Garantien, die in einer Freihandelszone nicht vorgesehen und nur schwerlich neu zu vereinbaren waren. Zu alledem wollte man die Rati-

[45]) *Müller-Roschach,* Deutsche Europapolitik (wie Anm. 1), 73.

[46]) Kabinettsvorlage der Bundesminister des Auswärtigen, der Finanzen, für Wirtschaft, für Ernährung, Landwirtschaft und Forsten und wirtschaftliche Zusammenarbeit vom 28.1.1957, 401-318-02-777/57, zit. nach: Bundesminister für Wirtschaft, Abt. V A 2a; Arbeitsunterlage Kiesswetter, Die Europäische Freihandelszone, 11.5.1957, 4, PrA von der Groeben, Deutsche Unterlagen zu den Integrationsverhandlungen VIII.

[47]) Ergebnisprotokoll über die Ressortbesprechung im Auswärtigen Amt am 31. August 1957 über Fragen der Freihandelszone, 3.9.1957, 3 S., hier 2, PrA von der Groeben, Deutsche Unterlagen zu den Integrationsverhandlungen VIII.

fizierung des EWG-Vertrages in Frankreich nicht gefährden und die deutsch-französischen Beziehungen in der EWG nicht gleich zu Anfang unnötigen Belastungen aussetzen. Von Brentano hielt auch in der Folgezeit an der These fest, die EWG sei der harte Kern der Gemeinschaft, der zunächst entstehen müsse. Der Freihandelszonen-Vorschlag wäre ohne den Gemeinsamen Markt nicht entstanden. Wenn dieser scheitere, habe auch die Freihandelszone keine Chance.[48]) Jedes Abrücken von Vereinbarungen des EWG-Vertrages schmälere die Substanz der Gemeinschaft. Das Auswärtige Amt war daher geneigt, auf die Forderungen des wirtschaftlich schwachen Frankreich nach gleichem Schutz, gleichen Garantien und gleichen Rechten, wie sie der EWG-Vertrag vorschrieb, einzugehen.

Der deutsche Außenminister setzte zudem wenig Vertrauen in die Kompromißbereitschaft der Briten und zweifelte an dem Zustandekommen der Freihandelszone.[49]) Doch konnte es sich die Bundesregierung wiederum nicht leisten, der Strategie Frankreichs zu folgen und Großbritannien mit unannehmbaren Forderungen zu konfrontieren.[50]) Den Briten sollte die Möglichkeit der Assoziierung bleiben und der Eindruck nicht aufkommen, die liberalen, auf Nichtdiskriminierung beruhenden Grundsätze der deutschen Außenwirtschaftspolitik würden in der Freihandelszone aufgegeben.

Erhard war unentwegt bemüht, die kleineuropäische Lösung zu verhindern. Sein Kampf für die liberale Freihandelskonzeption unterstützte das Interesse der Briten am Absatzmarkt EWG.[51]) Wenige Tage vor Unterzeichnung der Römischen Verträge nannte er den Gemeinsamen Markt einen volkswirtschaftlichen Unsinn und verärgerte damit die französische Regierung.[52]) Staatssekretär Hallstein beeilte sich daraufhin am 21. März 1957 vor dem Deutschen Bundestag zu versichern, die Bundesregierung unterstütze die EWG und werde bei der Verwirklichung der Freihandelszone mithelfen, sprich: An den Deutschen sollte keines der beiden Projekte scheitern.[53])

---

[48]) Wortlaut der Rede von Brentanos, 5.7.1957, in: Verhandlungen des Deutschen Bundestages. 2. Wahlperiode 1953. Stenographische Berichte, Bd. 38, 13331–13334.
[49]) Memorandum of Conversation Dulles – von Brentano, 5.3.1957, in: FRUS, 1955–1957/4, 531–533, hier 532.
[50]) Telegramm Couve de Murville an Pineau, 21.11.1956, in: DDF 1956, Vol. 3, 369 f.
[51]) Wortlaut der Erklärung Erhards vor dem Ministerrat der OEEC, 12.2.1957, in: *Ludwig Erhard. Gedanken aus fünf Jahrzehnten. Reden und Schriften.* Hrsg. v. Karl Hohmann. Düsseldorf/Wien/New York 1988, 486–489.
[52]) Telegramm Adenauer an Erhard, 16.3.1957, StBKAH III/23.
[53]) Wortlaut der Rede Hallsteins, 21.3.1957, in: Verhandlungen des Deutschen Bundestages, Bd. 35, 11327–11334.

Erhards eigentliches Ziel war es, die in seinen Augen wirtschaftspolitischen Fehlentscheidungen im EWG-Vertrag nachträglich zu korrigieren und Tendenzen vorzubeugen, die Zusammenarbeit in der OEEC aufs Spiel zu setzen. Heftig bestritt er die Vorrangstellung der EWG als Nukleus der Integration und wandte sich gegen das Ansinnen Frankreichs, die OEEC-Länder müßten in der Freihandelszone „die Bedingungen des Gemeinsamen Marktes über die soziale Harmonisierung akzeptieren", weil ansonsten die Ratifizierung des EWG-Vertrages gefährdet sei. Das gleiche einem Diktat und stelle die OEEC-Länder vor die Wahl „Vogel friß oder stirb", schrieb er dem Bundesaußenminister.[54]) Schuld an der restriktiven französischen Position gab Erhard vornehmlich dem Auswärtigen Amt, das allzu große Nachgiebigkeit zeige und die von Bundestag[55]) und Bundesrat[56]) auferlegte Verpflichtung, Bindungen zu den Nicht-EWG-Mitgliedern herzustellen, vernachlässige. Alle EWG-Mitglieder seien sich einig gewesen, daß Drittländer nicht die gleichen Rechte und Pflichten anzuerkennen hätten wie die Mitglieder des Gemeinsamen Marktes. Im Zuge der Freihandelszonen-Beratungen sollte deshalb der Charakter des EWG-Vertrages über Artikel 238, der den Abschluß von Verträgen mit anderen Organisationen regelt, geändert werden. Vor dem OEEC-Ministerrat forderte er am 17. Oktober 1957 wiederholt die Koordinierung der Arbeiten von EWG und OEEC.[57])

Die Bundesregierung verfolgte somit eine Doppelstrategie. Die Vereinbarungen des EWG-Vertrages durften nicht substantiell in Frage gestellt werden. Folglich nahm man die mit der Errichtung des Gemeinsamen Marktes verbundenen Ungleichbehandlungen der OEEC-Länder in Kauf. Umgekehrt suchte sie einen Mittelweg in technischen Kompromissen, um von dem Grundsatz der Gleichbehandlung möglichst wenig zu opfern und nur dort Korrekturen des EWG-Vertrages zuzulassen, wo sie zur Verknüpfung von EWG und Freihandelszone unerläßlich waren. So schlitterte sie unversehens in das Dilemma, auf die beiden Hauptkontrahenten, Frankreich und Großbritannien, Rücksicht nehmen zu müssen, ohne es jeder Seite recht machen zu können. Die innere Zerstrittenheit machte sie besonders anfällig, weil sie letztlich keinem Lager unbesehen zuzuordnen

---

[54]) Schreiben Erhard an von Brentano, 12.4.1957, LES, NL Erhard I. 4) 38.

[55]) Entschließungsantrag der Fraktion der SPD und Entschließungsantrag der Fraktionen der CDU/CSU, DP (FVP), 5.7.1958, in: Verhandlungen des Deutschen Bundestages, Bd. 38, 13463f.

[56]) Bundesrats-Drucksache Nr. 343/57 sowie Verhandlungen des Bundesrates. Stenographische Berichte, Jg. 1957/58, 19.7.1957, 742–746.

[57]) Bundesministerium für Wirtschaft. Abteilung III D, Erklärung Erhards bei der Ministerratssitzung des Europäischen Wirtschaftsrates vom 16. Oktober 1957, Tagebuch Nr. 74109/57, PrA von der Groeben, Deutsche Unterlagen zu den Integrationsverhandlungen IX.

war. Jedoch lag darin auch eine gewisse Stärke der deutschen Position, die der einen wie der anderen Seite erheblich mehr politisches Gewicht verleihen konnte. Adenauer wußte das bestens. Er ließ sich einstweilen für keine Seite vereinnahmen.

Die britische Regierung wollte in den Verhandlungen die Schwäche Frankreichs ausnutzen und das Gesetz des Handelns in Westeuropa wieder an sich ziehen.[58]) Offiziell vertrat sie die Meinung, der Gemeinsame Markt müsse auf der Freihandelszone basieren. Zunächst sollte in der OEEC darüber verhandelt werden, bevor die Ratifizierung der Römischen Verträge erfolgte.[59]) In Wirklichkeit wollten die Briten den Deutschen und den Franzosen nicht den Gemeinsamen Markt überlassen, auf dem die Bundesrepublik bald wirtschaftlich die Oberhand gewinnen und die kontinentale Politik bestimmen könnte. Nach britischer Gleichgewichtsphilosophie mußten dazu Gegengewichte geschaffen werden.[60]) London versuchte daher, auf Paris und Bonn gleichermaßen einzuwirken. Mit Argusaugen mußten die Briten zusehen, wie Frankreich es geschafft hatte, seine Überseegebiete der EWG einzuverleiben, und damit Großbritannien in große Schwierigkeiten brachte. „Wenn es nicht um die Frage unserer Streitkräfte in Europa ginge“, schrieb Macmillan nach dem Besuch in Paris am 9. März 1957 auf, „hätte ich die Franzosen wegen ihrer Vorgehensweise in der letzten Phase der Verhandlungen über den Gemeinsamen Markt attackiert.“[61]) Der Premierminister hielt sich aber zurück und bot – so wurde berichtet – für den Fall, daß die Römischen Verträge in der Nationalversammlung scheiterten, der französischen Regierung Unterstützung beim Aufbau der Atomrüstung an.[62])

Von Brentano und Pineau hatten sich jedoch am 4. Mai verständigt, den britischen Verfahrensvorschlag abzubiegen und die Freihandelszonen-Verhandlungen erst aufzunehmen, wenn die Verträge von Rom im Herbst ratifiziert wären. Stimmungsschwankungen und ungünstige psychologische Effekte waren eben bei den instabilen Mehrheitsverhältnissen in der französischen Nationalversammlung nie auszuschließen. Der amerikanische Außenminister Dulles hieß im Gespräch mit Adenauer am gleichen Tag diese Position ausdrücklich gut. „Vollständige Souveränität für viele Nationen Europas“, unterstrich Dulles, „ist ein Luxus, den sich europäi-

---

[58]) Wortlaut der Minute Macmillan an Lloyd (Auszug) in: *Macmillan,* Riding the Storm (wie Anm. 23), 435f., hier 436.
[59]) Circular Telegram Dulles to Certain Diplomatic Missions, 6.3.1957, in: FRUS, 1955–1957/4, 534–536, hier 534.
[60]) *Reginald Maudling,* Memoirs. London 1978, 68.
[61]) Macmillan, Diaries, 9.3.1957 (Auszug), zit. in: *Horne,* Macmillan (wie Anm. 37), Vol. 2, 32, 637.
[62]) Europa-Politik, in: „Der Spiegel“, Nr. 14, 3.4.1957, 36; Macmillan-Besuch. Alibi für Moskau, ebd., Nr. 20, 15.5.1957, 11.

sche Länder nicht länger auf Kosten der USA leisten können." Sollte der EWG-Vertrag ebenso scheitern wie der EVG-Vertrag, sei eine weitere Unterstützung Europas von der amerikanischen Öffentlichkeit kaum zu erwarten. Sicherlich ein schwaches Argument, jedoch ein deutlicher Hinweis darauf, daß Washington das britische Vorgehen nicht billigte. Der Grand Design war gleichfalls vom Tisch. Adenauer versicherte Dulles, die Deutschen würden sich ihm nicht anschließen.[63])

Am 6. Mai 1957 sagte Staatssekretär Maurice Faure vom Quai d'Orsay in London die Unterstützung des Freihandelszonenprojekts zu. Dafür willigte Schatzkanzler Thorneycroft ein, den Beginn der eigentlichen Verhandlungen auf die Zeit nach der Ratifizierung der Römischen Verträge im Herbst hinauszuschieben.[64]) Die Sechs blockten damit britische Angriffe ab, die Verträge weiterhin zu unterminieren. Auch Adenauer erklärte Macmillan am 8. Mai 1957 in Bonn, daß die Inkraftsetzung der Verträge Vorrang habe, verwies außerdem auf die Schwäche Frankreichs und betonte die Notwendigkeit der britischen Beteiligung am Aufbau Europas. Macmillan wollte Adenauer generell auf eine Freihandelszonen-Vereinbarung festlegen.[65]) Dabei schätzte er die Unterstützung durch die Bundesregierung günstiger ein, als sie in Wirklichkeit war. Im Sinne Erhards glaubte Macmillan, die Deutschen sähen es als ein Desaster an, wenn die EWG nicht durch eine Freihandelszone ergänzt würde.[66])

Die innenpolitischen Gegner eines Anschlusses an Europa drängten die Regierung in London, sich mehrere Optionen offenzuhalten. Einerseits spekulierte man im Frühjahr 1957 durchaus noch darauf, daß den EWG-Vertrag das gleiche Schicksal ereilen könnte wie die EVG. Dann böte sich erneut die Gelegenheit, die Fäden aufzunehmen, wie Außenminister Eden es im September 1954 getan hatte.[67]) Andererseits waren die Briten realistisch genug, damit zu rechnen, daß die Freihandelszonen-Verhandlungen nicht zum Erfolg führten. Ein Scheitern war allem Anschein nach von vornherein einkalkuliert. So wurden bereits Mitte 1957 erste Überlegun-

---

[63]) Memorandum of Conversation Adenauer – Dulles, Bonn, 4.5.1957, in: FRUS, 1955–1957. Vol. 26: Central and Southeastern Europe. Washington, D.C. 1992, 230–243, hier 239 f.

[64]) Wortlaut der Erklärung: Report on the course negotiations for a European Free Trade Area, up to December 1958. Cmnd. 648. Ed. by Her Majesty's Stationery Office. London 1959; auch: *Gillian King* (Ed.), Documents on International Affairs 1958. London/New York/Toronto 1962, 465–576, hier 468.

[65]) *Macmillan*, Riding the Storm (wie Anm. 23), 435; Memorandum of a Conversation Adenauer – Dulles, 26.5.1957, in: FRUS, 1955–1957/4, 557 f.; auch in: FRUS, 1955–1957/4, 264 f., hier 265.

[66]) Macmillan, Diaries, 8. u. 12.5.1957 (Auszüge), zit. in: *Horne*, Macmillan (wie Anm. 37), Vol. 2, 33, 637.

[67]) *Macmillan*, Riding the Storm (wie Anm. 23), 436.

gen zur Gründung der EFTA angestellt. Eine Entscheidung, ob die Führung in Europa durch die Erweiterung des Gemeinsamen Marktes durch
die Freihandelszone oder durch die offene Bekämpfung zurückgewonnen
werden sollte[68]), wurde vorerst aufgeschoben. Sie hing nicht zuletzt vom
Erfolg der Ratifizierung der Römischen Verträge ab. Geplante Zugeständnisse in institutionellen Fragen der Freihandelszone, von Macmillan im
Juni 1957 angeregt, vermochte er gegen den europafeindlichen Flügel im
Kabinett nicht durchzusetzen.[69]) So machte Handelsminister Eccles im
September 1957 in Washington deutlich, daß Großbritannien der Freihandelszone nicht folgen könne, wenn die Commonwealth-Beziehungen dadurch beeinträchtigt würden.[70]) Die Regierung habe sich – so hieß es in einer internen Aufzeichnung – auch aus sicherheitspolitischen Erwägungen
auf die Freihandelszone verlegt, weil das Vertrauen der europäischen Alliierten in die gemeinsame Verteidigung nicht geschwächt werden dürfe.[71])

Im Zusammenhang mit Gesprächen über eine deutsch-französische
Nuklearkooperation[72]) überschüttete Staatssekretär Faure Adenauer am
16. November 1957 geradezu mit antibritischen Tiraden. Großbritannien
strebe die zweite Weltmachtstellung an, beabsichtige, die gegenwärtig europäisch gesinnte Regierung Frankreichs zu stürzen, wolle mit der Freihandelszone nur den Gemeinsamen Markt treffen, Meinungsverschiedenheiten zwischen den Sechs schüren und die alte britisch-amerikanische
Führerschaft wiederaufleben lassen. Zudem hege London insgeheim einen
Plan, mit skandinavischen Ländern eine separate wirtschaftliche Einigung
als Gegenstück zur EWG zu gründen. Von Brentano betonte die Schwäche britischer Politik und meinte gar, die Briten hätten nichts dazugelernt,
weil sie immer noch versuchten, den kontinentalen Zusammenschluß abzuwenden. Adenauer warnte, man dürfe sie dennoch nicht übergehen. Er
wollte Bemühungen um Einvernehmen mit ihnen nicht aufgeben. Die
Deutschen konnten schon wegen der Viermächte-Verantwortung in der
Deutschlandpolitik Großbritannien nicht links liegenlassen. Auch war
eine Verständigung zwischen Moskau und Washington über die Köpfe
der Europäer hinweg nie auszuschließen.[73])

---

[68]) Ebd. 437.
[69]) Ebd. 435f.
[70]) Memorandum of Conversation Dillon – Eccles, 26.9.1957, in: FRUS, 1955–
1957/4, 562–564, hier 562f.
[71]) British Policy on Germany and European Security, 26.12.1957, Public Record
Office, London (= PRO), Prime Minister's Office (= PREM) 11 Correspondence/
Papers 1951–64/2347.
[72]) *Colette Barbier,* Les négociations franco-germano-italiennes en vue de l'établis-
sement d'une coopération nucléaire au cours des années 1956–1958, in: RHDipl
104, 1990, 81–113.
[73]) Gespräch Adenauer–Faure, 16.11.1957, BA, NL Blankenhorn 351/81b.

III.

Die Verhandlungen zwischen den Sechs und den übrigen OEEC-Staaten waren durch drei OEEC-Arbeitsgruppen und den Interimsausschuß, der von den sechs Außenministern am 25. März 1957 in Rom bis zum Inkrafttreten der Verträge mit der Koordinierung der Positionen beauftragt war[74]), vorbereitet worden. Der OEEC-Ministerrat setzte am 17. Oktober 1957 ein zwischenstaatliches Komitee unter Vorsitz von Reginald Maudling ein.[75]) Die britische Regierung hoffte somit die Verhandlungen in die Hände zu bekommen. Maudling, Paymaster-General im britischen Kabinett, hatte für seine Verhandlungsführung von Macmillan drei „apostolische" Aufgaben mit auf den Weg bekommen: die 11 OEEC-Staaten zusammenhalten, in die Phalanx der Sechs einbrechen und die Deutschen, deren Verhandlungsposition nach der Bundestagswahl im September 1957 gestärkt war, auf die eigene Seite ziehen.[76])

In der Ministerratssitzung schnitt Schatzkanzler Thorneycroft die beiden für Großbritannien wichtigsten Fragen ziemlich unverblümt an: Soll Westeuropa geeint oder gespalten sein? Und: Werden Großbritannien und die übrigen OEEC-Mitglieder integriert oder isoliert?[77]) Immerhin erhielt er – unterstützt von Erhard – von den Sechs die Zusicherung, daß die erste Stufe der Reduzierung von Zöllen und mengenmäßigen Beschränkungen zum 1. Januar 1959 zeitgleich mit ersten Maßnahmen zur Liberalisierung in der Freihandelszone anzugehen seien.

Während seiner einjährigen Existenz trat der Maudling-Ausschuß, dem 13 Expertenkomitees zuarbeiteten, zu insgesamt 9 Sitzungen an 23 Tagen zusammen.[78]) Ernsthafte Verhandlungen[79]), die eine Gesamtlösung der

---

[74]) Konferenz der Außenminister, Entwurf eines Protokolls über die Konferenz der Außenminister der Mitgliedstaaten der EGKS in Rom am 25. März 1957, MAE 891/d/57, 5.4.1957, 8 S., hier 7, und Anlage VII Entwurf eines Beschlusses über die Einsetzung eines Interimsausschusses, MAE 865 d/57, 25.3.1957, 2 S., PrA von der Groeben, Materialien zum EWG-Vertrag 49 Anhänge (II.).

[75]) OEEC. Council, Resolution Concerning an Inter-Governmental Committee on the Establishment of a European Free Trade Area, C(57)222, 17.10.1957, Scale 1, in: Negotiations for a European Free Trade Area (wie Anm. 12), 49f.; *Siegler* (Hrsg.), Dokumentation der Europäischen Integration (wie Anm. 12), 147f.

[76]) Memorandum Macmillan, 13.7.1957 (Auszug), zit. in: *Horne,* Macmillan (wie Anm. 37), Vol. 2, 34, 637.

[77]) Bundesministerium für Wirtschaft (= BMWi), Abteilung III D, Erklärung des Ratsvorsitzenden Schatzkanzler Thorneycroft auf der Ministerratstagung des Europäischen Wirtschaftsrates vom 16. Oktober 1957, Tagebuch Nr. 74109/57, PrA von der Groeben, Deutsche Unterlagen zu den Integrationsverhandlungen IX; auch: *Peter Thorneycroft,* The European Idea, in: FA 36, 1958, 472–479.

[78]) OEEC. Council, Report to the Chairman of the Council by the Chairman of the Inter-Governmental Committee on the Establishment of a European Free Trade

Freihandelsproblematik hätten erwarten lassen, fanden zu keiner Zeit statt. Vielmehr schwebte von Beginn an der EWG-Vertrag wie ein Damoklesschwert über allen Beratungen.

Als Grundlage diente anfangs eine Denkschrift in Form eines Fragebogens[80]), die der Interimsausschuß entworfen hatte. Maudling legte dem Regierungsausschuß am 30. Oktober 1957 eine Arbeitsunterlage[81]) vor, die den Katalog der zu klärenden Probleme umriß. Bewegung kam in die Verhandlungen aber erst, als die Römischen Verträge am 1. Januar 1958 in Kraft getreten waren und die Gemeinschaftsinstitutionen ihre Arbeit aufgenommen hatten. So lange zögerten die Sechs durch eine geschickte Rollenverteilung untereinander die Behandlung des Maudling-Papiers hinaus.[82])

Im Vordergrund standen dann die technischen Fragen wie die Einbeziehung der Landwirtschaft, die Ursprungskontrolle einzuführender Waren, die Effekte auf die Handelsströme und die Notwendigkeit eines gemeinsamen Außentarifs. Nachdem die Briten im Juli 1957 die Einbeziehung der Landwirtschaft noch strikt zurückgewiesen hatten[83]), suchten sie Anfang Januar 1958 mit dem Vorschlag eines Sonderabkommens über Landwirtschaftsfragen dem Druck der Sechs zu begegnen.[84]) Schwierig gestalteten

Area, C(58)267, Scale 1, 12.12.1958, in: Negotiations for a European Free Trade Area (wie Anm. 12), 1–6.

[79]) Zeitgenössische Abhandlungen: *Günter Keiser,* Die Verhandlungen über die Errichtung einer europäischen Freihandelszone. Eine Zwischenbilanz zur Jahreswende 1957/58, in: EA 13, 1958, 10423–10430; *Wilhelm Cornides,* Die Freihandelszone als Krisenherd der europäischen Integrationspolitik, in: ebd. 10707–10711; *Norbert Kohlhase/Joachim Willmann,* Wirtschaftliche Probleme der Verhandlungen über die Freihandelszone, in: ebd. 10711–10718.

[80]) Interim Committee for the Common Market and EURATOM, Joint Note on Certain Questions Concerning the Free Trade Area, 10.10.1957, in: Negotiations for a European Free Trade Area (wie Anm. 12), 45–49; *Siegler* (Hrsg.), Dokumentation der Europäischen Integration (wie Anm. 12), 143–145.

[81]) OEEC, Letter by the Chairman [Maudling] to all delegates to the Inter-Governmental Committee for the European Free Trade Area, CIG (57)1, 30.10.1957, sowie Annotated Agenda Prepared by the Chairman, in: Negotiations for a European Free Trade Area (wie Anm. 12), 50–59; Europa (wie Anm. 12), Teilbd. 3, 1459–1472.

[82]) BMWi, Abteilung IA1. Gocht, Vorlage an Erhard betr. Regierungsausschuß für die europäische Freihandelszone, 8.11.1957, PrA von der Groeben, Deutsche Unterlagen zu den Integrationsverhandlungen IX.

[83]) Interimsausschuß für den Gemeinsamen Markt und EURATOM, Memorandum betreffend die Landwirtschaft (vorgelegt von der britischen Regierung), MAE 1045 d/57, 8.7.1957, PrA von der Groeben, Interimsausschuß für den Gemeinsamen Markt und Euratom, Freihandelszone (1) (I.)1.

[84]) OEEC. Inter-Governmental Committee on the Establishment of a Free Trade Area. Maudling, Covering Note, Draft Outline of an Agreement on Agriculture

sich vor allem die handelstechnischen Fragen, mögliche Verlagerungen
von Handelsströmen[85]) und die Definition von Rohstoffen in Fertigwa-
ren.[86]) Für das Problem der Ursprungskontrolle bei nicht gemeinsamen
Außentarifen hatte der Italiener Carli im März 1958 Kompromißvor-
schläge unterbreitet[87]), die durchaus praktikabel erschienen.
Die technischen Probleme aber waren im Grunde zweitrangig. Im Kern
ging es um die prinzipielle Frage: Soll die Freihandelszone lediglich Zollschranken und mengenmäßige Beschränkungen abbauen, in lockerer
Form die Mitgliedsstaaten binden und mit notwendigen institutionellen
Befugnissen ausgestattet sein oder soll sie nach den umfassenden und vergleichsweise strengen Regeln des Gemeinsamen Marktes gestaltet werden? Überspitzt formuliert: Die strengen materiellen und institutionellen
Regeln des Gemeinsamen Marktes konnten einerseits dazu führen, daß
das in der OEEC herrschende Prinzip der Gleichbehandlung der Mitgliedsstaaten durchbrochen und der Fortbestand der OEEC langfristig gefährdet würde. Andererseits würden weniger strengere Regelungen in der
Freihandelszone die Vereinbarungen des EWG-Vertrages aufweichen und
die Sechser-Gemeinschaft in Frage stellen.[88]) Politische Grundsatzent-
scheidungen über den Charakter der Freihandelszone waren also erforderlich.

Schon am 15. Januar 1958 startete die französische Delegation den Versuch, die Verhandlungen in andere Bahnen zu lenken. Sie wies auf
Schwierigkeiten hin, dem Freihandelszonen-Konzept zu folgen, und kündigte Alternativvorschläge an. Ohne Einigung der Sechs auf eine gemeinsame Verhandlungsposition hatten die Arbeiten des Maudling-Ausschus-

and Fisheries, CIG(58)4, 6.1.1958, in: Negotiations for a European Free Trade
Area (wie Anm. 12), 190–196.
[85]) OEEC. Inter-Governmental Committee on the Establishment of a European
Free Trade Area. Definition of Origin of Goods in the Free Trade Area, sowie An-
nex I–X, CIG(58)12, 31.1.1958, in: ebd. 104–147.
[86]) OEEC. Inter-Governmental Committee on the Establishment of a European
Free Trade Area. Maudling, Note, Definition of Origins of Goods in the Free
Trade Area, sowie Annex I, CIG(58)29, 13.3.1958, in: ebd. 152f.; Europa (wie
Anm. 12), Teilbd. 3, 1475f.
[87]) OEEC. Inter-Governmental Committee on the Establishment of a European
Free Trade Area, Group of Trade Experts; Carli, Report on the Proposals,
CIG(58)33, 25.3.1958; Carli, Proposals, Report by the Steering Board for Trade,
CIG(58)35, 29.3.1958; Group of Trade Experts; Carli, Examination of the Pro-
posals; Report, SBR(58)6,FTA/WP4(58)29, 5.5.1958, alle in: Negotiations for a
European Free Trade Area (wie Anm. 12), 153–175.
[88]) *Jean François Deniau,* L'Europe interdite. Paris 1977, 96–99; *Jean Charles Snoy
et d'Oppuers,* Les étapes de la Coopération Européenne et les Négociations Relati-
ves à une Zone de Libre-Échange, in: Chronique de Politique Etrangère 12, 1959,
569–623; *Pierre Uri,* La Zone de Libre-Échange, in: Revue d'économie politique. Le
Marché Commun et ses problèmes 1, 1958, 310–323.

ses keine Erfolgsaussichten. Gegenüber den fünf EWG-Partnern machte die französische Regierung dann Mitte Februar 1958 weitere Liberalisierungsschritte in der Freihandelszone von der Harmonisierung der Wettbewerbsbedingungen unter den Industrien und der Ausweitung des Commonwealth-Präferenzsystems auf die übrigen europäischen Staaten abhängig[89] – Forderungen, die für die Briten vollkommen unakzeptabel waren. Ein deutsch-französischer Akkord in der EWG über die wichtigsten konzeptionellen Streitfragen war unumgänglich. Die Verhandlungen des Maudling-Komitees wurden damit praktisch in die EWG verlagert, jedoch erst am 23. Mai 1958 wegen der Verfassungskrise in Frankreich offiziell unterbrochen.

Die Bundesregierung suchte mit der Maßgabe zu vermitteln, zwischen Franzosen und Briten keine allzu großen Lücken klaffen zu lassen. Die Gespräche von Müller-Armack mit Faure, Wormser, Clappier und Donnedieu de Vabre Ende März/Anfang April 1958 in St. Germain erbrachten in einigen technischen Fragen Kompromisse.[90] Doch rückten die Franzosen mit ihrer elastischen Verhandlungstaktik von Grundsatzpositionen nicht ab. Sie erfanden – wie Maudling es ausdrückte – für jede Lösung ein neues Problem.[91] Schon im März 1958 hatte er den Eindruck, daß die französische Regierung im Grunde nicht verhandeln wolle.[92] Das entsprach auch wohl den Tatsachen, denn der französische Unterhändler Deniau hatte den Auftrag, die Regierungsverhandlungen zum Scheitern zu bringen.

Die Zurückhaltung Frankreichs erklärte man sich in London mit der Befürchtung, die Wirtschaft bekäme neben den Deutschen zusätzliche Konkurrenz. Durchaus anerkannt wurde, daß Paris sich gegen den doppelten Handelsvorteil wehrte, der Großbritannien durch die Freihandelszone und im Commonwealth zufiele.[93] Schließlich war Frankreich von der politischen Fortentwicklung Europas überzeugt, die für das Vereinigte Königreich unakzeptabel war.[94]

Macmillan spekulierte auf den großen *Deal* mit Frankreich, dessen Vierte Republik, wirtschaftlich und politisch am Ende, vielleicht zu Kompromissen bereit war. Doch wußte der Premier nur zu gut, daß es in der Hand der Franzosen lag, die Freihandelszone platzen zu lassen. Ihm schien langfristig die Teilung Europas nicht ausgeschlossen, was mög-

---

[89]) Zum Inhalt des Memorandums der französischen Regierung, Februar 1958: *Siegler* (Hrsg.), Dokumentation der Europäischen Integration (wie Anm. 12), 162.
[90]) *Alfred Müller-Armack,* Auf dem Wege nach Europa. Erinnerungen und Ausblicke. Stuttgart 1971, 206–210.
[91]) *Maudling,* Memoirs (wie Anm. 60), 72.
[92]) *Macmillan,* Riding the Storm (wie Anm. 23), 442.
[93]) *Maudling,* Memoirs (wie Anm. 60), 72.
[94]) *Macmillan,* Riding the Storm (wie Anm. 23), 441.

licherweise auch das Aus für die NATO bedeuten könnte und eine Um-
orientierung der britischen Politik erforderlich machte.[95])

In London war nicht verborgen geblieben[96]), daß den Deutschen die
Verständigung auf eine gemeinsame Verhandlungsposition mit Frankreich
große Schwierigkeiten bereitete. So ging man davon aus, die beiden letzten französischen Regierungschefs, Gaillard und Pflimlin, hätten während
ihrer Besuche Adenauer gegen Großbritannien vereinnahmt.[97]) Nun standen die Beziehungen zwischen Bonn und London, nicht zuletzt wegen der
britischen Neigung, auf Disengagementpläne des polnischen Außenministers Rapacki über den Abzug atomarer Waffen in Mitteleuropa[98]) einzugehen, keineswegs zum besten.[99]) Die Briten nahmen vollkommen zu
Recht an, daß in Bonn die britische Europapolitik seit dem Scheitern der
EVG mit Skepsis beobachtet wurde.[100]) Macmillan wollte deshalb Adenauer beim Treffen am 18. April 1958 in London von der Lauterkeit der
eigenen Absichten überzeugen und ihn ermuntern, gegenüber Frankreich
standhaft zu bleiben.[101]) Die Freihandelszone sei keine Sabotage der
EWG, sondern eine notwendige Ergänzung, argumentierte Macmillan,
die technischen Probleme bei entsprechendem politischen Willen leicht zu
lösen, wenn der Kanzler nur seinen entscheidenden Einfluß auf die Franzosen geltend mache. Deren Freihandelszonen-Position sei unannehmbar,
weil damit ungerechtfertigter Druck auf Großbritannien ausgeübt werde.
Macmillan drohte unverhohlen mit verteidigungspolitischen Konsequenzen, falls Großbritannien in eine Wirtschaftsfehde gegen den Kontinent
gezwungen werde – konkret: die EWG mit Zollsenkungen beginne, ohne
daß die Freihandelszone zustande gekommen sei. Westeuropa könne eben
nicht militärisch geeint und wirtschaftlich geteilt sein.

Adenauer betonte das politische Gewicht der Freihandelszonen-Verhandlungen, wollte darüber auch die anderen europäischen Staaten an
den Gemeinsamen Markt heranbringen.[102]) Die außenwirtschafts- und

---

[95]) Mitteilung Macmillan an den britischen Botschafter in Washington, Harold Cac-
cia, 7.4.1958, zit. in: *Horne,* Macmillan (wie Anm. 37), Vol. 2, 35, 637.
[96]) Telegramm Steel an Foreign Office über Gespräch mit Adenauer, 24.3.1958,
PRO, PREM 11/2341.
[97]) Aufzeichnung an Macmillan, 11.4.1958, ebd.
[98]) Wortlaut des Memorandums der Regierung der Volksrepublik Polen zur Frage
der Schaffung einer atomwaffenfreien Zone, 14.2.1958, in: EA 13, 1958, 10602f.
[99]) Mitteilung Lloyd an Steel über Unterredung Lloyd – von Herwarth am
18.2.1958, 21.2.1958, PRO, PREM 11/2341; *Hans von Herwarth,* Von Adenauer zu
Brandt. Erinnerungen. Frankfurt am Main 1990, 226–228.
[100]) Schreiben Steel an Lloyd, 10.4.1958, PRO, PREM 11/2341.
[101]) Aufzeichnung Lloyd an Macmillan, 25.3.1958, ebd.
[102]) Interview mit Herbert Altschull, 14.5.1958, in: *[Konrad] Adenauer,* Teegesprä-

handelspolitischen Differenzen sah er mehr als technische Schwierigkeiten an, die man politisch lösen müßte. Die Wirtschaftler, so bemerkte er mit einem Seitenhieb auf Erhard, sollten das einsehen. Erhard dagegen bekräftigte die Bereitschaft der Deutschen zur Vermittlerrolle, während von Brentano pragmatische Vereinbarungen der Sechs mit den sieben interessierten Ländern Skandinaviens, der Schweiz und Österreichs vorschlug.[103]) Inkonsistenz – das war zugleich Stärke und Schwäche der deutschen Verhandlungsposition.

Die innenpolitische Entwicklung in Frankreich erregte bei der Bundesregierung erhebliche Zweifel, ob das Nachbarland angesichts der katastrophalen wirtschaftlichen und finanziellen Lage die vertraglichen Verpflichtungen beim Aufbau der EWG einhalten würde oder ob die Regierung gezwungen wäre, auf die Ausnahmeregelungen und Ausweichklauseln des EWG-Vertrags zurückzugreifen. Das hätte die Entstehung der EWG belastet und vielleicht ganz in Frage gestellt. Vollkommen ungewiß war, ob die neue Regierung in den Freihandelszonen-Verhandlungen weiterhin ihren restriktiven Kurs beibehalten oder mehr Kompromißbereitschaft zeigen würde.

Adenauer schätzte die Haltung de Gaulles zum europäischen Zusammenschluß völlig negativ ein. Obschon der General sich nach außen zu den geschlossenen Verträgen bekannt habe, so gab der Kanzler Bundespräsident Heuss zu verstehen, lasse doch die ablehnende Haltung Frankreichs zur Freihandelszone die Tendenz erkennen, die wirtschaftliche Einigung hinauszuzögern, wenn nicht gar zu verhindern. Adenauer war sehr wohl darauf bedacht, auch in gewisser Übereinstimmung mit Großbritannien zu handeln, obgleich die Durchführung der britischen Pläne zur Reduzierung ihrer Streitkräfte auf dem Kontinent[104]) in seinen Augen für den Westen unabsehbare Folgen hätte. Dennoch sollten die Bemühungen, zuerst im Rahmen der Sechs mit den Franzosen eine gemeinsame Position abzustimmen, nicht gestört werden.

Der Bundeskanzler unterstütze die Regierung de Gaulle, weil sie die einzige Alternative zwischen einer Volksfront-Regierung und Bürgerkrieg sei, argumentierte von Brentano Anfang Juni 1958 gegenüber Macmillan.[105]) Die Bundesregierung sei bereit, merkte der Bundesaußenminister an, das Aufbautempo des Gemeinsamen Marktes zu drosseln und die

che 1955–1958. Bearb. v. Hanns Jürgen Küsters. (Adenauer. Rhöndorfer Ausgabe.) Berlin 1986, 262–275, hier 265.
[103]) Protokoll der dritten Arbeitssitzung Adenauer–Macmillan, 18.4.1958, 10.30 Uhr, Geheim, BA, NL Blankenhorn 351/87.
[104]) United Kingdom Defence. Outline of Future Policy. Cmnd. 124. Ed. by Her Majesty's Stationery Office. London 1957.
[105]) Record of Conversation Macmillan – von Brentano, 7.6.1958, Washington, 8.6.1958, PRO, PREM 11/2345.

Frage der Freihandelszone etwas langsamer anzugehen, um beide Ideen „neu zu starten". Eine Verlangsamung – deutete der Premierminister an – komme den Briten entgegen und sei besser als ein Verhandlungsabbruch.

Später drängte von Brentano bei Adenauer, auf Frankreich mehr Rücksicht zu nehmen und nicht den Eindruck zu erwecken, als wollten die Deutschen ihre Partner überspielen. Wichtig war ihm, den Impuls des europäischen Konzepts zu erhalten, selbst wenn Konzessionen gemacht werden müßten. Extreme rechte und linke Kräfte in Frankreich könnten die europäische Integration jederzeit zerstören.[106])

Wenn die Briten noch auf eine Wende der französischen Freihandelsposition gehofft hatten, dann wurde Macmillan am 20./30. Juni 1958 in Paris von der unnachgiebigen Haltung de Gaulles enttäuscht. Auch die Drohung des Premiers, der Gemeinsame Markt sei die Fortsetzung der „Kontinentalsperre", die England nicht akzeptiere[107]), beeindruckte de Gaulle wenig. Für Macmillan waren die Argumente der französischen Seite – negative Auswirkungen auf die Landwirtschaft und der Schaden, den die Überseegebiete nehmen könnten – nicht stichhaltig. Er bot zwar an, dafür Lösungen zu finden, schloß aber auch einen Bruch der europäischen Zusammenarbeit nicht aus. Falls Frankreich den Stillstand der Verhandlungen weiter hinziehe, fügte er hinzu, werde Großbritannien in alternativen Gruppierungen die finanziellen und handelspolitischen Probleme lösen.[108]) Es werde dann einen Wirtschaftskrieg geben. Die Aufforderung, den Plan nicht nur wirtschaftlich zu betrachten, überging de Gaulle geflissentlich.[109])

Auch Macmillans Briefe[110]) brachten de Gaulle nicht von der Überzeugung ab, daß die Briten mit der Freihandelszone die EWG von innen her lahmlegen wollten. Am 5. Juli 1958 hatte er Macmillan nochmals versichert, daß Frankreich die Erweiterung der wirtschaftlichen Zusammenarbeit in Europa nicht grundsätzlich ablehne, der Herstellung des Gleichgewichts der französischen Wirtschaft und der Finanzen aber überragende

---

[106]) Schreiben von Brentano an Adenauer, 8.7.1958, BA, NL Heinrich von Brentano 238/157. Abgedruckt in: *Daniel Koerfer,* Kampf ums Kanzleramt. Erhard und Adenauer. Stuttgart 1987, 203 f.
[107]) *Charles de Gaulle,* Memoiren der Hoffnung. Die Wiedergeburt 1958–1962. Wien/München/Zürich 1971, 232; *Jean Lacouture,* De Gaulle. Bd. 2: Le Politique 1944–1959. Paris 1985, 630.
[108]) Wortlaut des Schreibens von Macmillan an de Gaulle, 30.6.1958, in: *Macmillan,* Riding the Storm (wie Anm. 23), 449 f.
[109]) Telegramm Deutsche Botschaft, London, an Auswärtiges Amt, Bonn, 2.7.1958, BA, NL Blankenhorn 351/89.
[110]) Wortlaut des Schreibens von de Gaulle an Macmillan, 5.7.1958, in: *Charles de Gaulle,* Lettres, Notes et Carnets. Juin 1958 – Décembre 1960. Paris 1985, 42 f.; *Macmillan,* Riding the Storm (wie Anm. 23), 450 f. Wortlaut des Antwortschreibens von Macmillan an de Gaulle, in: ebd. 451.

Bedeutung zumesse, die bei einer Zurücksetzung der Sechser-Gemeinschaft nicht zu verwirklichen sei.[111]) Frankreich wehrte sich gegen die Freihandelszone im Prinzip, nicht kategorisch, betonte Außenminister Couve de Murville später.[112])

Im Grunde drehten sich die Verhandlungen nun darum, ob Frankreich bereit wäre, Abstriche von den im EWG-Vertrag eingehandelten Ausweichklauseln zugunsten einer großeuropäischen Lösung zuzulassen und damit die eigene Wirtschaft noch schneller und unter verminderten Garantien dem internationalen Handel und Wettbewerbsdruck auszusetzen. In Anbetracht der Schwäche Frankreichs war das eine existentielle Frage. Oder umgekehrt, ob die Briten gewillt wären, sich in der Freihandelszone praktisch unter Hintanstellung ihrer handelspolitischen Vergünstigungen im Commonwealth dem strengen Regime des Gemeinsamen Marktes und der Zollunion anzuschließen, auf dessen Stufenplan im EWG-Vertrag sie keinen Einfluß genommen hatten.

Es hing eben von den Begleitumständen und unausgesprochenen Zielsetzungen Großbritanniens ab, denen man in Paris nicht traute. De Gaulle wollte der Nation wieder das Gefühl einer Weltmacht geben. Voraussetzung dafür war die innere Stabilität, der Abbau des finanziellen Defizits, die Lösung des Algerienproblems und die Anerkennung der Rolle als Nuklearmacht.

Zusätzlichen Zündstoff für Komplikationen boten die amerikanischen Waffenlieferungen nach Tunesien, wo der FLN für seinen Kampf in Algerien gegen Frankreich die Operationsbasis hatte, was – so die britischen Befürchtungen – Paris als Affront deuten könnte. Macmillan machte den amerikanischen Außenminister Dulles darauf aufmerksam, daß die hypersensiblen Franzosen sich veranlaßt sehen könnten, die Freihandelszonen-Verhandlungen abzubrechen.[113]) Auch Adenauer legte den Amerikanern nahe, nichts zu tun, womit Paris nicht einverstanden sei. Ein Sturz der Regierung über die Algerienfrage könnte einen Militärputsch in Frankreich auslösen und die revolutionären Aufstände von Kommunisten zur Machtergreifung ausgenutzt werden.[114])De Gaulle dürfte allerdings nicht vergessen haben, daß die Bundesregierung trotz französischer Proteste im Som-

[111]) Wortlaut des Schreibens von de Gaulle an Macmillan, 5.7.1958, in: ebd.
[112]) *Maurice Couve de Murville,* Le monde en face. Entretiens avec Maurice Delarue. Paris 1989, 99.
[113]) *Macmillan,* Riding the Storm (wie Anm. 23), 442.
[114]) Zum Gespräch Adenauer – Bruce, 1.4.1958: *Adenauer,* Erinnerungen 1955–1959 (wie Anm. 18), 401f. Informationsgespräch mit Cyrus Sulzberger, 6.8.1957, in: *Adenauer,* Teegespräche (wie Anm. 102), 212–219, hier 212; *Cyrus L. Sulzberger,* The Last of the Giants. New York 1970, 413–417, hier 414. Informationsgespräch mit Joseph Alsop, 13.8.1957, in: *Adenauer,* Teegespräche (wie Anm. 102), 220–226, hier 225f.

mer 1957 stillschweigend zusah, als der FLN im Schutze der Botschaft Tunesiens in Bad Godesberg sein Europa-Hauptquartier aufbaute.[115]) Gegenüber Dulles insistierte der General Anfang Juli 1958 auf eine größere Rolle Frankreichs bei der NATO und ließ Aspirationen eines Triumvirats der drei westlichen Nuklearmächte durchblicken. Über die Freihandelszone, so berichtete der amerikanische Außenminister seinem Kollegen Lloyd, sei kein Arrangement möglich.[116]) Die Briten waren also wiederholt gewarnt. Maudling rechnete täglich mit dem Abbruch der Verhandlungen.[117])

Spätestens im August hatte sich de Gaulle offenbar endgültig entschieden.[118]) Der EWG-Vertrag sollte als Instrument zur Modernisierung der französischen Wirtschaft genutzt und die Politik *Pacta sunt servanda* eingeschlagen werden. Voraussetzung für die Rekonvaleszenz war, die Verwässerung der EWG durch die Freihandelszone zu vereiteln. Strenge Regeln für die Liberalisierung der Außenhandelspolitik waren in der OEEC nicht durchzusetzen und auch schlechter zu kontrollieren. Zudem bescherte die Zusammenarbeit der Sechs der französischen Landwirtschaft erhebliche Vorteile.[119])

Sowohl Briten als auch Franzosen glaubten, mit Unterstützung der Deutschen die besseren Karten für sich zu haben. Adenauer teilte Macmillans Einschätzung, daß de Gaulle lediglich die wirtschaftlichen Gefahren für Frankreich sehe und den politischen Implikationen zu wenig Gewicht gebe, obwohl er Pläne für eine größere wirtschaftliche Zusammenarbeit Europas nicht ablehne.[120]) Die Bundesregierung befand sich angesichts der starren Haltung Frankreichs und der taktisch geschickten Verhaltensweise der britischen Regierung, die Kompromißbereitschaft signalisierte, als die Unnachgiebigkeit der französischen Seite offensichtlich war, in einer schwierigen Lage.

Welche Gedanken Adenauer und de Gaulle beim ersten Zusammentreffen am 14. September 1958 in Colombey-les-deux-Eglises zur Freihandelsfrage austauschten, darüber existieren recht widersprüchliche Darstellungen. Sicher ist, daß der Kanzler mit dem General übereinstimmte, die EWG müsse in der vorgesehenen Form wirksam werden.[121]) Unklar je-

---

[115]) *Klaus-Jürgen Müller,* Die Bundesrepublik Deutschland und der Algerienkrieg, in: VfZG 38, 1990, 609–641, hier 628.
[116]) Message Dulles an Lloyd, 7.7.1958, PRO, PREM 11/2573.
[117]) *Macmillan,* Riding the Storm (wie Anm. 23), 450.
[118]) Wortlaut der Note pour les Affaires Étrangères, 13.8.1958, in: *de Gaulle,* Lettres (wie Anm. 110), 73.
[119]) *Maurice Couve de Murville,* Außenpolitik 1958–1969. München 1973, 287.
[120]) Zum Schreiben von Macmillan an Adenauer: *Macmillan,* Riding the Storm (wie Anm. 23), 452; zum Antwortschreiben von Adenauer an Macmillan, 4.8.1958, ebd.
[121]) *Jean Lacouture,* De Gaulle. Vol. 3: Le Souverain 1959–1970, Paris 1986, 295.

doch ist die Reaktion Adenauers auf die Forderung de Gaulles, die Freihandelszone dürfe nicht die EWG behindern oder die Franzosen erstik-
ken.[122]) Das war die Hintertüre, die er sich offengelassen hatte. Adenauer
übte zwar heftige Kritik an der NATO und der Politik Großbritanniens.[123]) Als de Gaulle ihn aber auf einen antibritischen Kurs festlegen
wollte, weil die Freihandelszone eine Illusion sei[124]), wich Adenauer einer
Antwort aus.[125]) Die Kompromißmöglichkeiten schienen ihm wohl noch
nicht voll ausgeschöpft zu sein. De Gaulle, so berichtete wiederum der
Kanzler dem Premierminister am 8./9. Oktober in Bonn, habe zuge-
stimmt, daß die Freihandelszone am 1. Januar 1959 in Gang sein
müsse.[126])

Bei genauer Analyse der Verhandlungslage im Maudling-Ausschuß
konnten die Vorbehalte de Gaulles jedoch nur bedeuten, daß die Freihandelszone der EWG angenähert würde oder nicht zustande käme. Adenauer und de Gaulle hatten zwar eine politische Verständigung erzielt, die
aber in den Details einen unauflösbaren Widerspruch enthielt.

Auch Adenauer war skeptisch geworden. Bei seinem Besuch im Septem-
ber hatte de Gaulle ihm nichts von dem Plan eines nuklearpolitischen
Dreier-Direktoriums[127]) gesagt, der schon in der Schublade lag und drei
Tage später bekannt wurde, was Adenauer als Brüskierung empfand. Für
Macmillan Beweis genug, daß man de Gaulle nicht vertrauen konnte.[128])

IV.

Neben der Bundesregierung unternahm auch die EWG-Kommission einige Vermittlungsvorstöße. In Brüssel wollte man sowohl mit der vertraglich vereinbarten Zollsenkung zum 1. Januar 1959 beginnen als auch harte
Konfrontationen mit den Nicht-Migliedsländern möglichst verhüten. Die
EWG-Kommission schlug deshalb am 25. Juni 1958 eine zehnprozentige

[122]) *De Gaulle,* Memoiren der Hoffnung (wie Anm. 107), 222.
[123]) *Hans-Peter Schwarz,* Adenauer. Der Staatsmann. Stuttgart 1991, 455.
[124]) *Pierre Maillard,* De Gaulle et l'Allemagne. Le rêve inachevé. Paris 1990, 159 f.
[125]) *Adenauer,* Erinnerungen 1955–1959 (wie Anm. 18), 433; *de Gaulle,* Memoiren
der Hoffnung (wie Anm. 107), 222.
[126]) Record of Visit of the Prime Minister to Bonn, October 8–9, 1958, PRO, PREM
11/2328.
[127]) Wortlaut der Schreiben von de Gaulle an Eisenhower, an Macmillan sowie Memorandum, 17.9.1958, alle in: de Gaulle, Lettres (wie Anm. 110), 82–84, 87; vgl.
auch *Maurice Vaïsse,* Aux origines du mémorandum de septembre 1958, in: Relations internationales, Nr. 58, 1989, 253–268.
[128]) *Macmillan,* Riding the Storm (wie Anm. 23), 453; Macmillan, Diaries,
9.10.1958 (Auszug), zit. in: *Horne,* Macmillan (wie Anm. 37), Vol. 2, 110, 644.

Zollsenkung für alle OEEC-Mitgliedstaaten vor[129]) in der Absicht, den Handlungsdruck zu dämpfen und den Einstieg in eine handelspolitische Zweiklassengesellschaft zu vermeiden, bis endgültige Entscheidungen getroffen waren. Maudling und Erhard verwarfen den Gedanken, weil diese vorläufige Regelung die Mitgliedstaaten von der Grundsatzentscheidung über die Freihandelszone entband.[130]) Nachdem auf der Konferenz der Landwirtschaftsminister in Stresa Anfang Juli 1958 und anschließend im EWG-Ministerrat eine einvernehmliche Position der Sechs über die Behandlung der Landwirtschaftsfragen erzielt worden war[131]), hatte sich der EWG-Ministerrat am 20. September 1958 auf vier Grundthesen für die Freihandelszonenverhandlungen einigen können.[132]) Danach sollten die Etappen zur Entstehung der Freihandelszone synchron mit dem Aufbau der Zollunion verlaufen, das institutionelle System der OEEC angeglichen und Schutzklauseln bei Zahlungsbilanzschwierigkeiten, Verkehrsverlagerungen und bei Dumping vereinbart werden. Über die Ursprungskontrollen war weiterhin zu beraten.

Es handelte sich größtenteils um Formelkompromisse. Hinter ungenauen Formulierungen wurden grundlegende Meinungsverschiedenheiten unter den Sechs kaschiert. Nur mühsam konnte man sich auf ein Memorandum verständigen, das der belgische Botschafter Ockrent am 20. Oktober 1958 als Positionspapier der EWG-Staaten zur Fortsetzung der Verhandlungen dem Maudling-Ausschuß zuleitete.[133]) Von der Errichtung einer Freihandelszone war keine Rede mehr. Angestrebt wurde nun eine Europäische Wirtschaftsassoziation.

Frankreich hatte sich freilich nicht vom Ockrent-Bericht distanziert. Und auch die britische Delegation gab in gewissen Fragen ihr Einverständnis mit Mehrheitsentscheidungen zu erkennen.[134]) Nach Wiederaufnahme der Beratungen im Maudling-Ausschuß am 23. Oktober 1958

[129]) Stellungnahme von Jean Rey im Namen der EWG-Kommission zum Freihandelszonen-Projekt, in: *Siegler* (Hrsg.), Dokumentation der Europäischen Integration (wie Anm. 12), 180–183.
[130]) Wortlaut der Erklärungen, 26. 6. 1958, ebd. 183 f.
[131]) Wortlaut der Entschließung der EWG-Landwirtschaftskonferenz in Stresa, 11. 7. 1958, und des Memorandums des EWG-Ministerrats über die Behandlung der Landwirtschaft im Rahmen der Freihandelszone, 24. 7. 1958, beide ebd. 185–193.
[132]) Wortlaut ebd. 193.
[133]) Der Bericht wurde am 20. 10. 1958 vom Vorsitzenden des Rats der EWG, Müller-Armack, an Maudling weitergeleitet: Inter-Governmental Committee on the Establishment of a European Free Trade Area, Memorandum from the European Economic Community, CIG(58)60, 20. 10. 1958, in: Negotiations for a European Free Trade Area (wie Anm. 12), 96–104; *Siegler* (Hrsg.), Dokumentation der Europäischen Integration (wie Anm. 12), 205–211.
[134]) Britische Stellungnahme zu einigen institutionellen und verwandten Fragen, 23. 10. 1958, in: Europa (wie Anm. 12), Teilbd. 3, 1476–1478.

herrschte dennoch unverändert der Eindruck, Großbritannien sei nicht wirklich *„communautaire"*, suche Vorteile ohne echte Gegenleistungen. Es wolle die Vergünstigungen des Zollabbaus in Anspruch nehmen, ohne die Verpflichtungen, die der EWG-Vertrag den anderen Mitgliedsländern aufbürdete, zu tragen oder ihnen im Gegenzug die Commonwealth-Präferenzen zu gewähren.

Aus der Sicht der Briten und der Freihändler in der Bundesregierung bedeutete eine Annäherung an die Grundprinzipien der EWG den Verlust des liberalen Charakters der Freihandelszone. Ähnlich dachten die übrigen Verhandlungspartner. Die Schweiz vertrat das Konzept einer Freihandelszone im herkömmlichen Sinne, also ohne Regelung des Außentarifs gegenüber Drittländern.[135]) Die skandinavischen Länder lagen mehr auf der Linie Großbritanniens, sperrten sich aber aus guten Gründen nicht gegen die Einbeziehung landwirtschaftlicher Erzeugnisse. Die doppelte Antinomie bestand darin, daß die OEEC-Staaten keine Neigung zeigten, die Freihandelszone an den EWG-Vertrag anzugleichen. Sie wollten die gleiche Behandlung aller OEEC-Mitglieder durchsetzen, was beim Zollabbau weiche Regelungen voraussetzte, um allen den Beitritt zu ermöglichen. Hingegen waren von weichen Regelungen negative Rückwirkungen auf das straffe Regiment des EWG-Vertrages zu befürchten. Die Konsequenz hieß: entweder wird der EWG-Vertrag verändert, oder die Freihandelszone übernimmt die Grundprinzipien des EWG-Vertrags.

Die fortdauernde Verhandlungskrise überraschte niemanden. Es war ein Stadium erreicht, in dem ohne substantielle Konzessionen, die der Freihandelszone ihre Gestalt geben würden, keine Fortschritte zu erzielen waren. Technisch praktikable Lösungen lagen auf dem Tisch. Letztendlich hing alles von der politischen Kompromißbereitschaft der Beteiligten ab.

De Gaulle hatte am 20. Oktober 1958 gegenüber Finanzminister Pinay, der mit seinen Reformplänen im Kabinett als wirtschaftlich liberal galt[136]), den Vorrang des Gemeinsamen Marktes unterstrichen.[137]) Mit der Forderung nach Harmonisierung der Handelspolitik gegenüber Drittstaaten trieb die französische Delegation die Verhandlungen dem Abbruch zu. Damit war nicht nur das wesentliche Unterscheidungskriterium zwischen Zollunion und Freihandelszone angesprochen. Die Forderung implizierte zugleich die wesentliche Veränderung der Freihandelszone in Richtung

---

[135]) Wortlaut der Empfehlungen der Industrieverbände Großbritanniens, Skandinaviens, Österreichs und der Schweiz zum Projekt einer Freihandelszone, 14.4.1958 u. 10.11.1958, beide in: *Siegler* (Hrsg.), Dokumentation der Europäischen Integration (wie Anm. 12), 170–175, 214.
[136]) *Christiane Rimbaud,* Pinay. Paris 1990, 383–404.
[137]) Wortlaut des Schreibens von de Gaulle an Pinay, 20.10.1958, in: *de Gaulle,* Lettres (wie Anm. 110), 117f.

Zollunion. Ein gemeinsamer Außentarif hätte die Zollautonomie der Teilnehmerstaaten und somit deren Souveränität eingeschränkt. Die OEEC-Staaten waren zu einem solchen Verzicht nicht bereit. Die deutsche Seite präsentierte eine Kompromißformel, so daß auch diese Schwierigkeit nicht als unüberwindbar angesehen wurde. Macmillan ging jedoch davon aus, daß de Gaulle in seinem Kampf um die Hegemonie in Europa entschlossen war, die Briten vom Kontinent abzukoppeln.[138]) So waren die maßgeblichen britischen Minister schon am 31. Oktober intern übereingekommen, allenfalls bis Ende November auf eine eindeutige Stellungnahme de Gaulles zur Freihandelszone zu warten. Andernfalls sollten die Verhandlungen abgebrochen werden.[139])

Am 3. November teilte Adenauer Macmillan mit, die EWG-Kommission sollte stärker in die Verhandlungen einbezogen werden.[140]) Couve de Murville hingegen ließ am 6. November in London keinen Zweifel aufkommen, daß Frankreich nicht einem Handelssystem beitrete, das zwar gleiche Risiken wie der Gemeinsame Markt, aber keinerlei Sicherungen biete. Zugleich kündigte er an, die Freihandelszone werde nicht am 1. Januar 1959 in Kraft treten. Es bestünden andere Möglichkeiten der Problemlösung.[141]) Macmillan machte de Gaulle danach prompt zum Vorwurf, wenn dem so wäre, hätte man mit entgegengesetzten Absichten verhandelt. Zudem prophezeite er, in weniger als zwei Monaten werde eine wirtschaftliche Spaltung Europas erfolgen, die in den gegenwärtigen Verhandlungen nicht zu verhindern sei.[142]) Die Freihandelszone sei das beste Mittel, Großbritannien näher an Europa zu bringen.

Die Regierung Macmillan hatte sich bereits darauf eingestellt, den Schwarzen Peter für das Scheitern der Verhandlungen de Gaulle zuzuschieben. Maudling legte noch in letzter Sekunde eine Kompromißformel vor. Jedes Freihandelszonen-Mitglied sollte jederzeit eine Überprüfung der Handelspolitik jedes anderen Mitgliedes verlangen können.[143]) Außerdem schlug er vor, zur Beschleunigung der Verhandlungen einen neuen

---

[138]) Macmillan, Diaries, 31.10.1958 (Auszug), zit. in: *Horne*, Macmillan (wie Anm. 37), Vol. 2, 111, 644.

[139]) Aufzeichnung Macmillan, 31.10.1958, in: *Macmillan*, Riding the Storm (wie Anm. 23), 455. Bestätigend, daß die Freihandelszone keine Chance des Zustandekommens hatte: *Paul Gore-Booth*, With Great Truth and Respect. London 1974, 252.

[140]) *Macmillan*, Riding the Storm (wie Anm. 23), 455.

[141]) Keesing's Archiv der Gegenwart 28, 1958, 7382C.

[142]) Wortlaut des Schreibens von Macmillan an de Gaulle, 6.11.1958, in: *Macmillan*, Riding the Storm (wie Anm. 23), 456f.

[143]) Wortlaut des Schreibens von Maudling mit dem britischen Vorschlag für handelspolitische Konsultationen in: Europa (wie Anm. 12), Teilbd. 3, 1479f.

Ausschuß unter seinem Vorsitz einzurichten, der sich mit diesen Fragen befassen sollte. Doch waren das nur mehr verhandlungstaktische Verfahrenskniffe.

Entgegen bisheriger Gepflogenheit wollte Erhard selbst nach Paris fahren und den Vorsitz im EWG-Ministerrat führen, wo er sich sonst von Müller-Armack hatte vertreten lassen. Um größeren Flurschaden bei de Gaulle zu vermeiden, der ein zweites Treffen mit Adenauer vorgeschlagen hatte, untersagte Adenauer kurzerhand die Reise.[144]) Nachdem der EWG-Ministerrat am Morgen des 14. November 1958 getagt hatte, erklärte anschließend der an den Verhandlungen nicht beteiligte französische Informationsminister Soustelle, daß es nicht möglich sei, zwischen den Sechs und den übrigen OEEC-Mitgliedern eine Freihandelszone zu vereinbaren. Bilaterale Regelungen schloß er nicht aus.[145]) Statt die Sondierungen fortzusetzen und deren Ergebnisse abzuwarten, gab Maudling am gleichen Abend die Einstellung der Verhandlungen des Regierungsausschusses bekannt. Die Briten nutzten ihrerseits die erste beste Gelegenheit, den Verhandlungsbruch zu bestätigen, als die Franzosen sie ihnen boten, ohne daß London dafür verantwortlich zu machen war. Den Briten war unter diesen Umständen ein Ende mit Schrecken lieber, das Handlungsalternativen klärte, als Verhandlungen ohne Ende. London überließ es den Partnern, Druck auf Frankreich auszuüben.[146])

De Gaulle rechtfertigte den Entschluß gegenüber Macmillan mit dem Argument, die Beratungen hätten einen Punkt erreicht, an dem die Existenz des Gemeinsamen Marktes mit der Freihandelszone unvereinbar sei.[147]) Er stritt keineswegs die gegensätzlichen Interessen ab. Unumwunden gab er zu, Frankreich habe schon bei der ersten wirklichen Prüfung des Freihandelszonen-Vorschlags der EWG den Vorzug gegeben.[148]) Couve de Murville bezweifelte späterhin, daß es sich überhaupt um eine wirkliche Krise gehandelt habe. Die Entscheidung sei richtig gewesen, weil sie zum einen den Erhalt der Sechser-Gemeinschaft garantierte. Zum anderen seien die USA mit der Entscheidung nicht unzufrieden gewesen, weil eine Freihandelszone den Amerikanern den Zugang zum europäischen Markt erschwert hätte.[149]) In Wirklichkeit wird de Gaulle ebenso

---

[144]) Schreiben Adenauer an Erhard, 13.11.1958, StBKAH 11.02.
[145]) Wortlaut der Erklärung, 14.11.1958, in: *Siegler* (Hrsg.), Dokumentation der Europäischen Integration (wie Anm. 12), 215.
[146]) Aufzeichnung Macmillan, 17.11.1958, in: *Macmillan, Riding the Storm* (wie Anm. 23), 459.
[147]) Wortlaut des Schreibens von de Gaulle an Macmillan, 15.11.1958, in: *de Gaulle,* Lettres (wie Anm. 110), 131f.
[148]) Wortlaut des Schreibens von de Gaulle an Macmillan, 15.11.1958, in: *Macmillan,* Riding the Storm (wie Anm. 23), 457f.
[149]) *Couve de Murville,* Außenpolitik (wie Anm. 119), 320f.

über die dilatorische Behandlung seines Dreier-Direktoriums-Vorschlags von britischer und amerikanischer Seite verärgert gewesen sein wie sich in seiner ablehnenden Haltung bestätigt gesehen haben. Die Bundesregierung suchte den Schaden zu begrenzen. Über das weitere Vorgehen aber war sie wieder einmal geteilter Meinung. In Erhards Augen war nicht der OEEC-Ministerrat, sondern unzweifelhaft die intransigente Haltung Frankreichs an allem schuld. De Gaulle habe man „wahre Engelsgeduld bezeugt" und „bis zur Selbstentäußerung" zu verhindern versucht, daß mit Sonderwünschen Sand in die Maschine gestreut werde. Alle Beteiligten seien in der Agrarfrage kompromißbereit gewesen. Großbritannien habe selbst bei den Commonwealth-Präferenzen Entgegenkommen signalisiert. „Ehe aber England zu einer letzten Aussage gezwungen wurde, habe Frankreich durch seinen fast sturen Egoismus und Protektionismus England die Chance gegeben, Frankreich mit der Schuld des Zusammenbruchs der Verhandlungen zu belasten." Der EWG-Kommission, in Denkkategorien eines kleinen Europas verhaftet, sprach Erhard den ernsthaften Willen zu einer umfassenden Freihandelslösung ab.[150])

Adenauers Meinung wich davon gar nicht so weit ab. Er fühlte sich von de Gaulle ein weiteres Mal getäuscht. Die Verhandlungstaktik Maudlings hielt er zwar für recht unglücklich, die zweite Unterbrechung aber für zweifellos richtig. Seine Hoffnung richtete sich auf die Bemühungen des Auswärtigen Amtes, den kompletten Bruch der Sechs mit England und der OEEC zu verhüten.[151]) Eine Diskriminierung der OEEC lag auf keinen Fall im deutschen Interesse.

Das französische Vorgehen schreckte auch im Auswärtigen Amt auf. Wer vermochte schon zu sagen, ob de Gaulle nicht doch nur nationalistische Ziele verfolgte und die EWG als Mittel zum Zweck benutzte? Unbedingtes Festhalten an der Gemeinschaftspolitik, befriedigende Regelung des Verhältnisses von EWG, Großbritannien und den übrigen OEEC-Mitgliedern, keine politischen Konflikte fabrizieren, so lautete die Devise von Staatssekretär Carstens.[152]) Die Maximalforderungen Frankreichs, wonach die Freihandelszone ein Abbild der EWG sein sollte, schienen angesichts des britischen Widerstandes unrealistisch. Es stünde nicht zu erwarten, daß die Briten auf ihre Zollautonomie gegenüber dem Commonwealth verzichteten, teilte er Botschafter Blankenhorn mit. Andererseits könnten die Sechs auch aus deutscher Sicht keine Verwässerung des

---

[150]) Nicht abgesandtes Schreiben Erhard an Adenauer, 21.11.1958, LES, NL Erhard I. 1) 6.
[151]) *Theodor Heuss,* Tagebuchbriefe 1955/1963. Eine Auswahl aus Briefen an Toni Stolper. Hrsg. u. eingel. v. Eberhard Pikart. Stuttgart 1970, 369.
[152]) Schreiben Carstens an Blankenhorn, 20.11.1958, BA, NL Blankenhorn 351/92b.

EWG-Vertrages oder Regelungen, die diesen überflüssig machten, zulassen. Das hätte eine nachhaltige Schwächung des politischen Ziels bewirkt.

Carstens befürwortete einen elastischeren Ansatz in Form des Verzichts auf einen vollständigen Zollabbau innerhalb einer bestimmten Frist im Inneren der Freihandelszone und die Beibehaltung eines Zollschutzes nach außen. Das komme den Interessen Frankreichs entgegen. Außerdem sollte kein fester Endzeitpunkt bestimmt, sondern zunächst eine Regelung für die erste Etappe von vier bis sechs Jahren gefunden werden. Sonderregelungen für die Freihandelszone ohne Frankreich oder mit einem Sonderstatus lehnte er ab, weil sie die EWG-Integration in die falsche Richtung lenken würden. Hingegen war eine europäische Politik gegen England nicht durchzuführen, obschon ohne die Briten ein intensiverer Zusammenschluß möglich wäre.

Die französische Regierung fühlte sich in ihrem Widerstand, der doch auch im Interesse Bonns liegen mußte, nur halbherzig unterstützt.[153]) Beim Treffen am 26. November 1958 in Bad Kreuznach wollte de Gaulle den Kanzler auf eine gemeinsame Linie gegen die Briten einschwören.[154]) Als Ergebnis des Vorbereitungsgesprächs am 19. November 1958[155]) hatten Außenminister Couve de Murville und Staatssekretär van Scherpenberg eine „Punktation"[156]) vereinbart, mit der Paris eine Annäherung an die Haltung der Bundesregierung suchte.[157]) Die Beratungen sollten nicht gänzlich abgebrochen, sondern der EWG-Kommission die Verhandlungsführung übertragen werden. Beabsichtigt war, eine Verständigung auf der von der EWG-Kommission vorgeschlagenen Linie der einseitigen provisorischen zehnprozentigen Zollsenkung anzustreben, die Verhandlungen nicht über die Freihandelszone, sondern – wie im Ockrent-Bericht vorgesehen – über die Assoziierung fortzuführen und den Verhandlungsstand von der EWG-Kommission prüfen zu lassen.

Auch die Darstellungen über die Besprechungen von Bad Kreuznach weisen in der Freihandelszonenfrage nicht unerhebliche Nuancen auf.

---

[153]) *François Seydoux,* Beiderseits des Rheins. Erinnerungen eines französischen Botschafters. Frankfurt am Main 1975, 217f.
[154]) Wortlaut des Schreibens von de Gaulle an Adenauer, 21.11.1958, in: *de Gaulle, Lettres* (wie Anm. 110), 135f. De Gaulle hatte zuvor Blankenhorn zu verstehen gegeben, daß ihm daran läge, mit dem Kanzler „die Frage des Gemeinsamen Marktes und der Freihandelszone zu prüfen und neue Lösungen anzustreben"; Tagebuchnotiz Blankenhorn, 24.11.1958, BA, NL Blankenhorn 351/92b.
[155]) Aufzeichnung Gespräch van Scherpenberg – Couve de Murville, 19.11.1958, BA, NL Blankenhorn 351/94.
[156]) Deutsch-französische Punktation, ebd.
[157]) Wortlaut des Berichts von Adenauer vor dem Bundesparteiausschuß der CDU in Bonn, 28.11.1958, in: *Adenauer, Reden* (wie Anm. 29), 385–392, hier 390f.

Unstrittig ist, daß de Gaulle betonte, die Römischen Verträge müßten unter allen Umständen ausgeführt werden, der eingeschlagene Weg sei fortzusetzen und „auch den tieferen politischen Grundgedanken dieser Integrationsform" müsse man im Auge behalten. So jedenfalls notierte es Blankenhorn.[158]) De Gaulle berichtete, es habe Einigkeit darüber geherrscht, den von Maudling geführten Verhandlungen ein Ende zu setzen.[159]) Adenauer hingegen hielt in einer Notiz fest, daß er eine Option gegen England vermieden habe.[160]) Die angenommene Punktation bestätigte diese Argumentation. Allerdings mußte jedermann klar sein, daß Verhandlungen über die Assoziierung keine Aussichten auf ein gütiges Ende verhießen.

Strenggenommen hatte sich Adenauer schließlich doch auf die Seite de Gaulles geschlagen, weil er um die Bedeutung stabiler Verhältnisse in Frankreich wußte. Wenn es in kommunistische Hände geriete, hätte das unabsehbare Folgen für die westliche Welt. Sicherlich wollte auch er nicht den engeren Zusammenschluß im Gemeinsamen Markt gefährden. Zudem sah er mit Skepsis das britische Drängen, auf die Disengagementpläne Rapackis einzugehen, die anhaltenden Diskussionen um eine neue Ost-West-Gipfelkonferenz und die Fehler Großbritanniens im Nahen Osten. Ebenso mißtraute er der amerikanischen Politik. In de Gaulle fand er einen Verbündeten bei der Verteidigung deutschlandpolitischer Rechtspositionen. Denn die Sowjetunion hatte der Bundesregierung in der zweiten September-Hälfte mitgeteilt, daß die Wiedervereinigung Deutschlands eine Angelegenheit der beiden deutschen Staaten sei.[161]) Auch bei der Abwehr von Chruschtschows Berlin-Ultimatum konnte Adenauer auf die französische Unterstützung bauen.[162])

In der Freihandelszonenfrage stellte sich der Kanzler nicht eindeutig gegen Großbritannien. Die deutsch-französische Punktation schloß nämlich die Fortsetzung von Verhandlungen zwischen EWG und OEEC nicht aus, unterstrich aber die gemeinsame Front der EWG-Staaten. Großbritannien blieb aufgrund der Haltung der Deutschen nicht außen vor, obschon in

---

[158]) Tagebuchnotiz Blankenhorn, 26.11.1958, BA, NL Blankenhorn 351/92a.
[159]) De Gaulle, Memoiren der Hoffnung (wie Anm. 117), 224.
[160]) „Treffen in Bad Kreuznach". Memoirenunterlagen sowie Rundtelegramm Carstens, 27.11.1958, beide zit. nach: Schwarz, Adenauer. Der Staatsmann (wie Anm. 123), 466, 1023.
[161]) Wortlaut der Note der Regierung der UdSSR an die Regierung der Bundesrepublik Deutschland, 18.9.1958, in: Dokumente zur Deutschlandpolitik. Reihe 3, Bd. 4: 1. Januar bis 9. November 1958. Teilbd. 3: 1.8.–7.11.1958. Hrsg. v. Bundesministerium für gesamtdeutsche Fragen. Bearb. v. Ernst Deuerlein u. Gisela Biewer. Bonn/Berlin 1969, 1582–1586.
[162]) Wortlaut des Schreibens von de Gaulle an Adenauer, 21.11.1958, in: de Gaulle, Lettres (wie Anm. 110), 135 f.

dem Zusammenspiel die Position der Bundesregierung die Gewichte deutlich zugunsten Frankreichs verlagerte. Letzte Vermittlungsbemühungen Adenauers im Dezember halfen da wenig.[163])

In den Augen Macmillans hatten sich die Deutschen um jeden Preis an die Franzosen verkauft und gegen die britische Insel eine heilige Allianz gebildet.[164]) Der besonders von Erhard unterstützte Beschluß des EWG-Ministerrats vom 4. Dezember 1958, als Akt des guten Willens einseitig die Zölle um 10 Prozent und nichtliberalisierte mengenmäßige Kontingente um 20 Prozent für alle GATT-Mitglieder zum 1. Januar 1959 zu reduzieren,[165]) vermochte diesen Eindruck nicht zu übertünchen.

Von Frankreich ausgebootet, sah sich die Regierung Macmillan gegenüber den anderen OEEC-Staaten im Wort, die EFTA zu gründen, wollte es gegenüber den Sechs und in der OEEC nicht das Gesicht verlieren. Zugleich galt es, der Gefahr zu begegnen, daß die EWG aufgrund ihrer wirtschaftlich stärkeren Stellung für die OEEC-Staaten zum Magnet würde[166]) und Großbritannien seine Führungsrolle in Westeuropa einbüßte. Realisten in der britischen Regierung wußten sehr wohl, daß eine europapolitische Kehrtwende erforderlich war. Die EFTA, wirtschaftlich unattraktiv, zementierte die handelspolitische Sonderstellung Großbritanniens zum Kontinent und beseitigte nicht die Ursachen des Problems. London hatte einen hohen Einsatz gewagt, den entscheidenden Fehler vom Herbst 1955 zu korrigieren, als die Regierung den Brüsseler Verhandlungserfolg – sicher nicht ohne Grund – anzweifelte und sich auf die Bekämpfung des Gemeinsamen Marktes verlegte. So konnte sie die EWG-Gründung lediglich indirekt beeinflussen.[167]) Daß die Geschicke Westeuropas nicht von außen, sondern nur als Mitglied der Gemeinschaft zu steuern waren, diese Erkenntnis setzte sich in London viel zu spät durch.

Die Verschlechterung der Wirtschaftslage Großbritanniens erleichterte es Macmillan, einen proeuropäischen Kurs zu fahren. Das Beitrittsgesuch zur EWG Mitte 1961 war die Folge. Die Freihandels-Verfechter interpretierten den Antrag als Eingeständnis einer falschen Isolierungspolitik gegenüber Großbritannien und einen Sieg der Bemühungen um globale Liberalisierungen. Die Befürworter der EWG-Integration erblickten darin die Bestätigung für die fehlgeschlagene handelspolitische Separationspolitik Großbritanniens.

[163]) Wortlaut des Schreibens von de Gaulle an Adenauer, 20.12.1958, ebd. 155.
[164]) Wortlaut der Mitteilung Macmillans an Lloyd, 28.11.1958, in: *Harold Macmillan*, Pointing the Way 1959–1961. London 1972, 48; *Maudling*, Memoirs (wie Anm. 60), 69.
[165]) Wortlaut in: *Siegler* (Hrsg.), Dokumentation der Europäischen Integration (wie Anm. 12), 217f.
[166]) *Maudling*, Memoirs (wie Anm. 60), 74.
[167]) The Memoirs of Lord Gladwyn (wie Anm. 22), 317.

Als Fazit bleibt festzuhalten:

1. Zwischen 1957 und 1961 hat niemals eine wirkliche Chance für das Zustandekommen der Freihandelszone – sei es als Ersatz oder als Ergänzung des Gemeinsamen Marktes – bestanden. Die Freihandelszonen-Verhandlungen waren ein letzter Versuch, das Unmögliche möglich zu machen, nämlich die europäische Einigung und die traditionellen Interessen britischer Außenpolitik in Einklang zu bringen. Die Briten wollten zunächst den Gemeinsamen Markt zu Fall bringen und nach Unterzeichnung der Römischen Verträge die Schwäche Frankreichs ausnutzen in der Absicht, den westeuropäischen Integrationsprozeß im eigenen Interesse steuern zu können.

2. Innerhalb der Bundesregierung setzte sich der bereits Jahre andauernde Richtungsstreit über die europapolitische Konzeption in der Freihandelszonenfrage unvermindert fort. Die deutsche Europapolitik befand sich in dem Dilemma, einerseits den Aufbau der EWG vorantreiben und andererseits einer handelspolitischen Spaltung Westeuropas entgegenwirken zu wollen. Ihre Politik war doppelgleisig angelegt. Sie wollte sowohl dem wirtschaftlich schwachen Frankreich in der EWG verbunden bleiben, weil die maßgeblichen Kräfte die Fortsetzung der politischen Einigung weiterhin anstrebten, ohne über Gebühr Zugeständnisse machen zu müssen, als auch den Partner Großbritannien nicht verprellen. Die Versuche der Bundesregierung, eine vermittelnde Rolle zu spielen, waren erschöpft, als Frankreich uneingeschränkt den Aufbau der EWG bejahte. Adenauer stellte sich auf die Seite de Gaulles, weil die kleineuropäische Lösung des EWG-Vertrags wirtschaftliche und politische Stabilität in Westeuropa erwarten ließ, die Amerikaner nicht zu einer anderen Politik drängten, die Verbindungen mit Großbritannien in der NATO und in der OEEC weiterhin Bestand hatten und eine spätere wirtschaftliche Assoziation mit der EWG keineswegs ausgeschlossen war. Erhard verfolgte unvermindert seine Freihandelskonzeption, ohne den politischen Absichten des britischen Vorschlags in allen Stadien Rechnung zu tragen. Er suchte die Regelung in der OEEC um jeden Preis. Ein Konflikt, den die Deutschen nicht zu klären vermochten und der letzten Endes nur durch den Beitritt Großbritanniens zur EWG gelöst werden konnte.

3. Die französische Regierung hatte sich frühzeitig auf die Strategie festgelegt, die Freihandelszonen-Initiative der Briten zu vereiteln, weil sie glaubte, daß Großbritannien damit den EWG-Vertrag in seiner Substanz verwässern wolle. De Gaulle hielt diese Linie unverändert bei und entschloß sich, den EWG-Vertrag zum Instrument dringender nationaler Wirtschaftsreformen zu nutzen, die Teil seines Hauptziels waren, innere Ordnung herzustellen und damit der Fünften Republik Stabilität zu verleihen. Hauptsächlich aus nationalen Erwägungen entschied sich de Gaulle

im November 1958, die Freihandelszonen-Verhandlungen abzubrechen. Jedes Abrücken von den im EWG-Vertrag zugesicherten Vorteilen hätte der Umstellung der protektionistisch eingestellten französischen Wirtschaft auf ein marktwirtschaftliches, liberaleres Handelssystem in Europa schlichtweg die Garantien entzogen, diesen Prozeß in Frage gestellt und die Existenz Frankreichs gefährdet.

4. Die Frage, wem letztlich die Schuld für das Scheitern der Verhandlungen zuzuschreiben ist, scheint von sekundärer Bedeutung. Der Abbruch der Freihandelszonen-Verhandlungen brachte für die Hauptbeteiligten Vorteile. Frankreich konnte bei den Wirtschaftsreformen ungehindert auf den EWG-Vertrag bauen. Großbritannien blieben die Commonwealth-Beziehungen erhalten. Und die Deutschen waren sich ihrer führenden Stellung in der EWG sicher. Aus der Sicht der EWG-Kommission wurde der Angriff auf die Substanz des europäischen Integrationsprozesses abgewehrt und der Weg für den Aufbau der Gemeinschaft freigemacht. Wirklich bedauert haben den Abbruch nur die freihändlerischen Kräfte.

Die Freihandelszonen-Verhandlungen, zerrieben im Kalkül wirtschaftlicher Existenzfragen und machtpolitischer Ambitionen der westeuropäischen Staaten, stellten den mißlungenen Versuch dar, die Englandfrage zu lösen. Im Ergebnis wurde sie jedoch nur *sine die* verschoben.

Von der Wirtschaftsgemeinschaft zur Politischen Union

Probleme der politischen Einigung Europas*

Von

Hans Boldt

I.

Schon immer ging es bei der Europäischen Gemeinschaft nicht nur um einen wirtschaftlichen Zusammenschluß, sondern auch um die Bildung einer Politischen Union. Das zeigen bereits zu Beginn der fünfziger Jahre die Bemühungen der sog. Ad-hoc-Versammlung im Rahmen der Europäischen Verteidigungsgemeinschaft, in der die Satzung für eine „Europäische Politische Gemeinschaft" beraten wurde. Das machen aber auch die beiden Fouchet-Pläne zur Gründung einer „Union der europäischen Völker" anfang der sechziger Jahre deutlich sowie die Vorstellungen von einer Europäischen Union, die seit den siebziger Jahren entwickelt wurden und eine erste Präzision im Bericht des belgischen Ministerpräsidenten Tindemans an den Europäischen Rat im Jahre 1975 erfuhren. Vor allem aber zeigen dies der Vertragsentwurf für die Gründung einer Europäischen Union, den das Europäische Parlament 1984 verabschiedet hat, sowie die Einheitliche Europäische Akte der europäischen Regierungen von 1987 und schließlich das Vertragswerk von Maastricht vom Beginn 1992, durch das – wie es dort im Art. A heißt – die bis dahin in vielfältiger Weise avisierte Europäische Union tatsächlich gegründet werden soll.[1]

Zwar konzentrierten sich die Bemühungen der europäischen Staaten zunächst auf die Entwicklung des wirtschaftlichen Zusammenschlusses –

* Erweiterte Fassung eines Vortrags auf dem 39. Deutschen Historikertag am 24. September 1992. Abschluß des Manuskriptes Ende 1992. Für wertvolle Hilfe bei der Abfassung des Manuskriptes danke ich meinem Mitarbeiter, Herrn Wolfgang Herzig M.A.

[1] Zur politischen Entwicklung der Europäischen Gemeinschaft s. *Werner Weidenfeld*, Europäische Einigung im historischen Überblick, in: ders./Wolfgang Wessels (Hrsg.), Europa von A–Z. Bonn 1991, 9–59; *Bengt Beutler/Roland Bieber/Jörn Pipkorn/Jochen Streil*, Die Europäische Gemeinschaft. Rechtsordnung und Politik. 3. Aufl. Baden-Baden 1987; *Rudolf Hrbek*, 30 Jahre Römische Verträge. Eine Bilanz der EG-Integration, in: PolZG B 18, 1987, 18–33.

ausgehend von den drei Verträgen für eine Montanunion, eine Atomgemeinschaft und eine Wirtschaftsgemeinschaft im allgemeineren Sinne[2]), was verständlich war nach dem frühen Scheitern der Europäischen Verteidigungsgemeinschaft und der mit ihr verbundenen politischen Unionspläne[3]) sowie angesichts der unterschiedlichen politischen Vorstellungen, die bei der Vorlage der Fouchet-Pläne 1961 und 1962 aufeinanderprallten.[4]) Doch blieb es bis weit in die sechziger Jahre hinein eine gängige Annahme, daß die Entwicklung der Gemeinschaft auf ein bundesstaatliches Gebilde hinauslaufen werde. Die 1969 erschienene Darstellung des ersten Kommissionspräsidenten der Europäischen Wirtschaftsgemeinschaft, Walter Hallstein, „Der unvollendete Bundesstaat" zeugt davon.[5]) Strittig war eigentlich nur der Weg dahin – ob über eine planvolle Einrichtung europäischer Institutionen und einen verfassunggebenden Akt, wie es die sog. „Institutionalisten" wollten, oder durch allmähliche Anreicherung der wirtschaftlichen Kompetenzen der Europäischen Gemeinschaft und einen dadurch gleichsam automatisch erzeugten Übergang zur politischen Vereinigung, hervorgerufen durch spill-over-Effekte, wie ihn sich die „Funktionalisten" erhofften.[6])

[2]) Vertrag über die Gründung der Europäischen Gemeinschaft für Kohle und Stahl vom 18. April 1951, Bundesgesetzblatt (= BGBl.) 1952/2, 447 ff.; Vertrag zur Gründung der Europäischen Wirtschaftsgemeinschaft vom 25. März 1957, BGBl. 1957/2, 766 ff.; Vertrag zur Gründung der Europäischen Atomgemeinschaft vom 25. März 1957, ebd. 1014 ff.
[3]) Zum „Drama der EVG" *Wilfried Loth,* Der Weg nach Europa. Geschichte der Europäischen Integration 1939–1957. Göttingen 1990; *Rita Cardozo,* The Project for a Political Community (1952–1954), in: Roy Pryce (Ed.), The Dynamics of European Union. London/New York 1987.
[4]) Damals standen die intergouvernemental orientierten Vorstellungen Frankreichs gegen die eher supranationalen Intentionen der anderen Mitgliedstaaten der Gemeinschaft. Die Entwürfe für einen Vertrag über die Gründung einer Union der Europäischen Völker vom 2. November 1961 (Fouchet-Plan I) und vom 18. Januar 1962 (Fouchet-Plan II) finden sich mit einer Gegenüberstellung der abweichenden Vorschläge der anderen fünf Staaten bei: *Werner Weidenfeld* (Hrsg.), Wie Europa verfaßt sein soll – Materialien zur Politischen Union. Gütersloh 1991, 283–309.
[5]) *Walter Hallstein,* Der unvollendete Bundesstaat. Europäische Erfahrungen und Erkenntnisse. Düsseldorf 1969.
[6]) Gegenüberstellung der unterschiedlichen Konzepte bei *Heinrich Schneider,* Rückblick für die Zukunft. Konzeptionelle Weichenstellungen für die Europäische Einigung. Bonn 1986. Für die funktionalistischen Vorstellungen des spill-over-Effekts sind grundlegend die Arbeiten von *Ernst B. Haas,* The Uniting of Europe. Stanford 1958, und *Leon N. Lindberg,* The Political Dynamics of European Economic Integration. Stanford 1963; s. jetzt auch *Robert O. Keohane/Stanley Hoffmann* (Eds.), The New European Community. Decisionmaking and Institutional Change. London 1991, sowie die Aufsätze von *Schneider, Zellentin* und *Wessels* in: Michael Kreile (Hrsg.), Die Integration Europas. (PVS, Sonderh. 23.) Opladen 1992, 3–35, 62–77 u. 36–61.

All diesen Überlegungen setzte de Gaulle, kaum Staatspräsident in Frankreich geworden, jedoch seine Idee von einem „Europa der Vaterländer" entgegen. Die wenig später um die Agrar- und Haushaltspolitik entbrannte Krise der Europäischen Gemeinschaft von 1965, in der Frankreich mit der „Politik des leeren Stuhls" operierte, trug das Ihre dazu bei, politische Unionspläne zunächst in den Hintergrund treten zu lassen.[7]) So kam es in den sechziger Jahren lediglich zur vollständigen Fusion der Organe der drei Gemeinschaften.[8]) Die Europäische Gemeinschaft ist bis heute ein Gebilde geblieben, das getragen wird von einer ausgesprochen staatenbündischen Institution, dem Rat der Minister der Mitgliedstaaten, der trotz einer nach Staatengröße erfolgten Stimmenverteilung das Konsensprinzip bevorzugt und neben dem in zentraler Position die Europäische Kommission, ein mit dem Initiativmonopol versehener, von den Mitgliedstaaten beschickter „Regierungsapparat" der Gemeinschaft steht. Komplettiert wird dieses Arrangement durch das Europäische Parlament, das zunächst nur beratende Befugnisse besaß und aus Abgeordneten der Volksvertretungen der Mitgliedstaaten bestand, sowie durch den Europäischen Gerichtshof mit Zuständigkeit für Streitigkeiten über das Gemeinschaftsrecht.[9])

Erst nachdem de Gaulle von der politischen Bühne abgetreten und die erste Etappe der Wirtschaftsgemeinschaft, die Zollunion, erreicht worden war, kam es zu einer weiteren Entwicklung der politischen Kooperation mit der anfangs neben den drei Europäischen Vertragsgemeinschaften herlaufenden Europäischen Politischen Zusammenarbeit (EPZ) der EG-Außenminister und dem regelmäßigen Gipfeltreffen der Staats- und Regierungschefs, dem sog. Europäischen Rat.[10]) Seit der Pariser Gipfelkonfe-

[7]) Mit dem sog. Luxemburger Kompromiß der EWG-Außenminister vom 29. 1. 1966 wurde die französische Obstruktionspolitik beendet. In der entscheidenden Frage der Einführung von Mehrheitsbeschlüssen im Ministerrat kam es jedoch nur zu einem „agreement to disagree". In der Folgezeit wurde das Vetorecht eines Mitgliedstaates akzeptiert, sofern dieser seine „vitalen Interessen" berührt sah; s. *Rolf Lahr,* Die Legende vom „Luxemburger Kompromiß", in: EA 38, 1983, 223–232.
[8]) Vertrag zur Einsetzung eines gemeinsamen Rates und einer gemeinsamen Kommission der Europäischen Gemeinschaften („Fusionsvertrag") vom 8. April 1965, BGBl. 1965/2, 1454ff.
[9]) Zu dieser Organisationsstruktur s. *Hans Peter Ipsen,* Europäisches Gemeinschaftsrecht. Tübingen 1972; *Meinhard Hilf,* Die Organisationsstruktur der Europäischen Gemeinschaften. Berlin/New York 1982; *Léontin-Jean Constantinesco,* Die Institutionen der Gemeinschaft an der Schwelle der 80er Jahre. Auf der Suche nach einem neuen Gleichgewicht, in: EuR 16, 1981, 209–239.
[10]) *Elfriede Regelsberger,* Die EPZ in den achtziger Jahren: Ein qualitativer Sprung?, in: Alfred Pijpers/Elfriede Regelsberger/Wolfgang Wessels (Hrsg.), Die Europäische Politische Zusammenarbeit in den 80er Jahren. Eine gemeinsame Außenpolitik für Westeuropa? Bonn 1989, 21–70; *Philippe de Schoutheete,* La coopéra-

renz vom Oktober 1972 war dann auch offiziell die Rede von einer Europäischen Union, die die Mitgliedstaaten anstrebten – der schon genannte Tindemans-Bericht schlug 1975 einen Weg dahin vor.[11]) Aber ungeachtet auch anderer, z. B. im Bereich der Währung und Finanzen gemachter Fortschritte[12]) blieb das politische Ziel der Entwicklung nebulös, und mußte es angesichts der Erweiterung der EG in jener Zeit wohl auch bleiben.[13]) Die „Europäische Union", das war ein vager Begriff, und er ist es im Grunde bis heute – eine Formel, auf die sich alle Mitgliedstaaten einigen können, weil sich darunter ganz Verschiedenes verstehen läßt, mithin auch das, wofür man selbst in der Europapolitik optiert.[14])

Ein neuer Anlauf zur Entwicklung der Gemeinschaft wurde erst unternommen, als das seit 1979 direkt gewählte Europäische Parlament die Initiative ergriff und 1984 einen am bundesstaatlichen Modell orientierten Verfassungsentwurf zur Gründung einer Europäischen Union vorlegte.[15])

tion politique européenne. 2. Aufl. Paris 1986; *Simon Bulmer/Wolfgang Wessels,* The European Council. Decision-Making in European Politics. Houndmills 1987.

[11]) S. das Kommuniqué der Gipfelkonferenz der Staats- und Regierungschefs in Den Haag vom 2.12.1972, in: Bulletin der EG (= Bull. EG) 1/1970, 12–17; Bericht des belgischen Ministerpräsidenten, Leo Tindemans, über die Europäische Union vom 29. Dezember 1975, in: Bull. EG 1979, Beilage 1; Der Tindemans-Bericht machte das Konzept der sog. abgestuften Integration „salonfähig" und griff damit Überlegungen auf, die Willy Brandt in einem Vortrag vor der Organisation Française du Mouvement Européen in Paris am 19.11.1974 entwickelt hatte. Auszüge der Rede in: EA 30, 1975, D 33 ff.

[12]) S. hier vor allem zur Gründung des Europäischen Währungssystems 1979; dazu *Hans-Eckart Scharrer/Wolfgang Wessels* (Hrsg.), Das Europäische Währungssystem. Bilanz und Perspektiven eines Experiments. Bonn 1983; *Thomas Oppermann,* Europarecht. München 1991, 334–338.

[13]) Zum 1.1.1973 wurden Großbritannien, Irland und Dänemark Mitglieder der Europäischen Gemeinschaften. 1981 erfolgte der Beitritt Griechenlands, 1986 von Spanien und Portugal; s. a. *Werner Meng,* Kommentar zu Art. 237 (Beitritt dritter Staaten), in: Hans von der Groeben/Jochen Thiesing/Claus-Dieter Ehlermann (Hrsg.), Kommentar zum EWG-Vertrag. Bd. 4. 4. Aufl. Baden-Baden 1991, 5862–5902.

[14]) Zu den unterschiedlichen Vorstellungen vgl. *Hans von der Groeben/Hans Moeller* (Hrsg.), Die Europäische Union als Prozeß. Baden-Baden 1980; *Rudolf Hrbek,* Die „Europäische Union" als unerfüllbare integrationspolitische Daueraufgabe?, in: Ernst-Joachim Mestmäcker u.a. (Hrsg.), Eine Ordnungspolitik für Europa. Festschrift für Hans von der Groeben. Baden-Baden 1987, 167–200; *Siegfried Magiera,* Die Einheitliche Europäische Akte und die Fortentwicklung der Europäischen Gemeinschaft zur Politischen Union, in: Wilfried Fiedler/Georg Ress (Hrsg.), Verfassungsrecht und Völkerrecht. Gedächtnisschrift für W. K. Geck. Köln/Berlin/Bonn/München 1989, 507–530.

[15]) Entwurf eines Vertrages zur Gründung der Europäischen Union, in: Amtsblatt der EG (= ABl. EG) 1984, C77, 33–52; dazu der Kommentar der juristischen Bearbeiter des Vertragstextes *Francesco Capotorti/Meinhard Hilf/Francis Jacobs/Jean-Paul Jacqué,* Der Vertrag zur Gründung der Europäischen Union. Baden-Baden

Die Regierungen der Mitgliedstaaten reagierten auf die parlamentarische Initiative mit eigenen Deklarationen, die schließlich in die Einheitliche Europäische Akte von 1987 mündeten[16]) – in ein Vertragswerk, das man vollkommen zu Recht als „Reform der kleinen Schritte" (Hrbek) bezeichnet hat.[17]) An dieser Akte ist indessen nicht nur interessant, daß sie alles andere als einen großen Wurf darstellt, sondern auch, daß in ihr überhaupt kein Versuch gemacht wird, dem Verfassungsplan der Europäischen Volksvertretung etwas Vergleichbares, wenn auch in den politischen Dimensionen weniger Kühnes, entgegenzusetzen. Die Einheitliche Akte ist ein komplexes Vertragswerk, durch das viele Vorschriften der drei Gemeinschaftsverträge geändert und Kompetenzen der europäischen Institutionen, z. B. um eine Zuständigkeit für Umweltpolitik sowie für Forschung und technologische Entwicklung, erweitert wurden. Man kündete die Vollendung des Binnenmarkts für das Jahr 1992 an und brachte die bisher gänzlich außerhalb der Gemeinschaftsverträge stattfindende politische Zusammenarbeit der EG-Außenminister sowie den immer mehr an Bedeutung gewinnenden Europäischen Rat in einen engeren Zusammenhang mit der Wirtschaftsgemeinschaft. Der Akte ist deutlich das Zögern der Regierungen anzumerken, einen Weg zu beschreiten, den viele zwar gehen wollten, dessen Ziel sie aber nicht genau kannten und den sie daher

1986. Aus der umfangreichen Literatur zum Vertragsentwurf s. *Jürgen Schwarze/ Roland Bieber* (Hrsg.), Eine Verfassung für Europa. Baden-Baden 1984; *Ingolf Pernice,* Verfassungsentwurf für eine Europäische Union, in: EuR 19, 1984, 126–142; *Hans-Joachim Seeler,* Vertrag zur Gründung der Europäischen Union, in: ebd. 41–53; *Wolfgang Wessels,* Der Vertragsentwurf des Europäischen Parlaments für eine Europäische Union. Kristallisationspunkt einer neuen Europa-Debatte, in: EA 39, 1984, 239–248; *Michael Garthe,* Weichenstellung zur Europäischen Union? Der Verfassungsentwurf des Europäischen Parlaments und sein Beitrag zur Überwindung der EG-Krise. Bonn 1989.
[16]) S. den Genscher-Colombo-Plan vom 6.11.1981, in: EA 37, 1982, D50–D55, sowie die Feierliche Deklaration von Stuttgart vom 20.6.1983, in: Bull. EG 6/1983, 26–32. Die Einheitliche Europäische Akte vom 28. Februar 1986, in: ABl. EG 1987, L 169, 1ff.; Zur Entwicklung zwischen 1979 und 1986 s. neben *Hrbek,* Europäische Union (wie Anm. 14) noch *Roland Bieber/Jürgen Schwarze,* Verfassungsentwicklung in der Europäischen Gemeinschaft. Baden-Baden 1984.
[17]) *Rudolf Hrbek,* EG-Reform in kleinen Schritten, in: Wirtschaftsdienst 66, 1986, 172–178; s. auch *ders./Thomas Läufer,* Die Einheitliche Europäische Akte. Das Luxemburger Reformpaket: eine neue Etappe im Integrationsprozeß, in: EA 41, 1986, 173–184; *Hans-Joachim Glaesner,* Die Einheitliche Europäische Akte, in: EuR 21, 1986, 119–152; *Wolfgang Wessels,* Die Einheitliche Europäische Akte – Zementierung des Status quo oder Einstieg in die Europäische Union?, in: Integration 1986, 65–79; *Pierre Pescatore,* Die „Einheitliche Europäische Akte". Eine ernste Gefahr für den Gemeinsamen Markt, in: EuR 21, 1986, 153–169; *Thomas Oppermann,* Europäischer Rat und EPZ nach der Einheitlichen Europäischen Akte, in: Francesco Capotorti u.a. (Eds.), Du droit international au droit de l'integration – Liber amicorum Pierre Pescatore. Baden-Baden 1987, 537–544.

nur Schritt für Schritt auszukundschaften versuchten, mit vorsichtigen
Fortschritten dort, wo es notwendig erschien und soweit man sich über ein
gemeinsames Vorgehen einigen konnte. Es ist dies bis heute die Strategie
der Gemeinschaft geblieben. Auch der Gründungsvertrag über eine Europäische Union in Maastricht zeigt diese Vorgehensweise; er besitzt eine
der Einheitlichen Europäischen Akte vergleichbare Struktur.

II.

Der Maastrichter Vertrag vom 7. Februar 1992 bringt, obwohl er aus der
Europäischen Gemeinschaft eine Europäische Union zu machen vorgibt,
keine entscheidenden Änderungen ihres institutionellen Gefüges, sieht
man von der künftigen Errichtung einer europäischen Zentralbank ab.[18]
Daneben nehmen sich die Einfügung einer „Unionsbürgerschaft", eines
Ausschusses der Regionen sowie eines europäischen Bürgerbeauftragten
eher bescheiden aus.[19] Die bisherigen Organe der Europäischen Gemein-
schaft sind bestehen geblieben. Auch an der Stellung des Europäischen
Parlaments hat sich nichts Grundsätzliches geändert, obwohl seine Posi-
tion schon seit langem als zu schwach angesehen wird. Nichtsdestotrotz
sind seine Mitentscheidungsbefugnisse kaum mehr als um ein verstärktes
Vetorecht erweitert worden. Dazu wird gleich noch etwas zu sagen sein.
Zuvor jedoch folgendes:
Des näheren besehen, steht die Europäische Union des Maastrichter
Vertrages auf „drei Säulen"[20]): auf den alten, vielfach veränderten Ge-

[18]) Vertrag über die Europäische Union, in: Bulletin des Presse- und Informationsamtes der Bundesregierung, Nr. 16, 12.2.1992, 113–184: Im EWG-, jetzt EG-Vertrag sehen Artikel 105–109m die Schaffung einer Europäischen Währungsunion mit
einer Europäischen Zentralbank (EZB), einem Europäischen System der Zentral-
banken (ESZB) und der Einführung einer gemeinsamen Währung vor. Die geldpo-
litische Autonomie von ESZB und EZB wird zu restringierenden Effekten für die
Wirtschaftspolitik der Mitgliedstaaten führen; dazu *Jürgen Ensthaler*, Die Maastrichter Beschlüsse zur Wirtschafts- und Währungsunion, in: ZRP 25, 1992, 426–
430; *Ulrich Häde*, Die Europäische Wirtschafts- und Währungsunion, in: EuZW 3,
1992, 171–178. Zu den damit verbundenen verfassungspolitischen Problemen s. die
unterschiedliche Einschätzung etwa bei *Martin Seidel*, Verfassungsrechtliche Probleme der Wirtschafts- und Währungsunion, in: Listforum für Wirtschafts- und Finanzpolitik 18, 1992, 219–231, und *Hans-Peter Fröhlich*, Europäische Währungsunion ohne Politische Union, in: ebd. 232–245.
[19]) Art. 8–8e („Die Unionsbürgerschaft"), Art. 198a–198c („Der Ausschuß der Regionen") und Art. 138e des Vertrags zur Gründung der Europäischen Gemeinschaft
[EGV] (Bürgerbeauftragter).
[20]) *Otto Schmuck*, Der Maastrichter Vertrag zur Europäischen Union, in: EA 47,
1992, 97–106; *Wolfgang Wessels*, Maastricht. Ergebnisse, Bewertungen und Lang-
zeittrends, in: Integration 1992, 2–16; *Rudolf Hrbek*, Das Vertragswerk von Maas-

meinschaftsverträgen, auf „Bestimmungen über die gemeinsame Außen-
und Sicherheitspolitik" und auf einer neuartigen „Zusammenarbeit in den
Bereichen Justiz und Inneres". Besonders der letztere Bereich weist auf
eine inzwischen eingetretene bemerkenswerte Erweiterung des Tätigkeits-
feldes der sich nunmehr Union nennenden Gemeinschaft hin.[21]) Das darf
jedoch nicht darüber hinwegtäuschen, daß den von den Regierungsvertre-
tern der beteiligten Staaten in mühseliger Kleinarbeit ausgehandelten Änderungen der alten Verträge eine überzeugende Konzeption fehlt. Sie stellen ein instruktives Beispiel für das dar, was man in der Theorie oft als
inkrementales Vorgehen im Gegensatz zum Versuch, utopische Vorstellungen auf einen Schlag in die Praxis umzusetzen, gepriesen hat.[22]) Es wurde
hier Schritt für Schritt auf Vorangegangenem, auf der Einheitlichen Europäischen Akte, aufgebaut. Dabei beschränkte man sich offensichtlich auf
das, was nach gegenseitiger Einschätzung der Gegebenheiten als unab-
dingbar erschien und konsensfähig war. Manches Regelungsbedürftige
blieb ausgespart, weil man sich in der betreffenden Frage nicht einigen
konnte, während anderes per Kompromiß, gelegentlich auch im Paket-
lösungsverfahren nach dem Do-ut-des-Prinzip, geregelt wurde.

Eine derartige vorsichtige Vorgehensweise erscheint auf den ersten
Blick vernünftig, weil häufig ja nur so für alle Beteiligten akzeptierbare
Fortschritte erzielt werden können. Es ist dies in der Tat in vielen Fällen
ein rationales Verfahren, das nachträgliche Änderungen von sich nicht Be-
währendem erleichtert und größere Fehlentscheidungen vermeidet. Problematisch wird es allerdings, wenn bei einer solchen, auf den Interessen-

tricht. Die EG auf dem Weg zur Europäischen Union, in: Wirtschaftsdienst 72,
1992, 131–137; *Martin Seidel,* Zur Verfassung der Europäischen Gemeinschaft
nach Maastricht, in: EuR 27, 1992, 125–144; *Hans Schauer,* Wir brauchen eine
neue Europapolitik. Zu einer notwendigen Debatte über Struktur und Ziele der
Europäischen Gemeinschaft, in: PolZG B 42, 1992, 3–15.
[21]) Zur Außen- und Sicherheitspolitik s. Titel V, Art. J–J.11 des Maastrichter Vertrags über die Europäische Union, zur justiz- und innenpolitischen Zusammenarbeit Titel VI, Art. K–K.9. Die Erweiterung der Tätigkeitsbereiche der Europäischen
Wirtschaftsgemeinschaft findet sich im geänderten Artikel 3 des EG-Vertrages und
umfaßt jetzt auch Maßnahmen hinsichtlich der Einreise und des Personenverkehrs
im Binnenmarkt, die Förderung des Auf- und Ausbaus transeuropäischer Netze,
einen Beitrag zur Erreichung eines hohen Gesundheitsschutzniveaus, bildungs- und
kulturpolitische Maßnahmen, Verbraucherschutz sowie Entwicklungszusammenarbeit und Maßnahmen in den Bereichen Energie, Katastrophenschutz und Frem-
denverkehr. Nach Ansicht des Kommissionspräsidenten Jacques Delors werden bis
Ende des Jahrhunderts 80% der wirtschafts- und sozialpolitischen Gesetzgebung
auf EG-Ebene angesiedelt sein; s. seine Rede vor dem Europäischen Parlament
(EP) v. 6.7.1988 (Verhandlungen des EP, Nr. 2-367/157).
[22]) So vor allem *Karl Popper,* Das Elend des Historizismus. Tübingen 1965; allg.
dazu *Helmut Klages,* Planungspolitik. Probleme und Perspektiven der umfassenden
Zukunftsgestaltung. Stuttgart/Berlin/Köln/Mainz 1971.

ausgleich abgestellten Prozedur die Zielvorstellungen, denen man sich allmählich nähern will, unklar bleiben bzw. von den beteiligten Akteuren
unterschiedlich definiert werden, so daß Kompromisse die jeweiligen Zielsetzungen nur halb ansteuern und das Resultat letztlich darin besteht, daß
in einer regellosen Addition von Machbarem eine von keiner Partei inten-
dierte Richtung eingeschlagen wird. Unter solchen Umständen bringt ein
inkrementales Verfahren lediglich eine kaum überschaubare Komplexität
hervor, die zufällig und inkohärent ist. Der Maastrichter Vertrag zeigt
diese Gefahr an verschiedenen Stellen:
- mit seinem den anderen Partnern von Spanien abgetrotzten Kohäsions-
fonds zur Förderung Irlands und der südeuropäischen Mitglieder[23]);
- mit dem sog. Entscheidungsverfahren nach Art. 189b, in dem man dem
Europäischen Parlament entgegenkam, aber nur soweit, daß sich das
Machtgefüge zwischen den Organen der Gemeinschaft nicht wirklich
veränderte, was komplizierte Verfahrensanordnungen für unterschiedliche Entscheidungen notwendig machte[24]);
- schließlich mit Ausnahmeregelungen für Großbritannien im Bereich der
Sozialpolitik und mit Möglichkeiten, aus bestimmten Regelungsberei-
chen zumindest vorübergehend auszusteigen.[25])

Alles in allem präsentiert sich das Vertragswerk als ein nur für Experten durchschaubarer, höchst komplizierter juristischer Text in der Art
einer „Verordnung zur Änderung einer vorangegangenen Verordnung"
(der EEA), durch die wiederum ältere „Verordnungen" (die drei Gemeinschaftsverträge) geändert wurden. Das Ganze ist durchseelt von einer bür-
gerfernen, bürokratischen Logik, und man kann es den Dänen sowie fast
der Hälfte der französischen Wähler nicht verdenken, daß sie gegen diesen Vertrag stimmten, dessen Lektüre ihnen, wie anderen EG-Bürgern
auch, ein Buch mit sieben Siegeln bleiben mußte. Eine konkrete Antwort
auf die vielen Fragen, die EG-Bürger gerade heute, konfrontiert mit einem
immer perfekter werdenden europäischen Zusammenschluß, hinsichtlich

---

[23]) S. Art. 130d EG-Vertrag in Verbindung mit dem „Protokoll über den wirtschaftlichen und sozialen Zusammenhalt".
[24]) S. *Reinhard Boest*, Ein langer Weg zur Demokratie in Europa. Die Beteiligungsrechte des Europäischen Parlaments bei der Rechtsetzung nach dem Vertrag über
die Europäische Union, in: EuR 27, 1992, 182–199.
[25]) S. das „Protokoll über die Sozialpolitik" mit dem „Abkommen zwischen den
Mitgliedstaaten der Europäischen Gemeinschaft mit Ausnahme des Vereinigten
Königreichs Großbritannien und Nordirland" in der Schlußakte des Maastrichter
Vertrags; dazu *Gunnar Schuster*, Rechtsfragen der Maastrichter Vereinbarungen
zur Sozialpolitik, in: EuZW 3, 1992, 178–187. Ferner das „Protokoll über einige Bestimmungen betreffend das Vereinigte Königreich Großbritannien und Nordirland", das die „opting out"-Möglichkeit bezüglich der dritten Stufe der Währungsunion, der Einführung einer gemeinsamen europäischen Währung, festlegt.

des Nutzens einer solchen Union haben, gibt das Maastrichter Abkommen nicht. Ob die Vertragspartner ihm und seinen Versprechungen treu bleiben werden, erscheint ebenfalls als zweifelhaft; man muß das abwarten. Es ist daher schwierig zu sagen, wie sich die Dinge entwickeln werden. Offenbar funktioniert der viel beschworene spill-over-Mechanismus, funktioniert die automatische Integration, jedenfalls im politischen Bereich, nicht. Andererseits bleiben auch entschiedene Neuerungen aus. Auf sie zu hoffen, ist nach wie vor utopisch. Weder das vorsichtige Vorgehen „step by step" noch der „große Sprung" scheinen zur Zeit Erfolg zu versprechen. Angesichts der unterschiedlichen Integrationsbereitschaft der Mitgliedstaaten und ihrer unterschiedlichen Integrationsfähigkeit, aber auch angesichts der unterschiedlichen Zielvorstellungen der zu einer stärkeren Integration Bereiten, ist das wohl auch kaum verwunderlich.[26] Hinzu kommt eine auffällige Konzeptionslosigkeit der Europäischen Gemeinschaft in einer stark veränderten Weltsituation, die ihr zwar die Möglichkeit, ein größeres als nur ein westliches Europa zu schaffen, bietet, sie aber damit zugleich in Schwierigkeiten stürzt, die kaum überwindbar zu sein scheinen.[27]

[26] Zu diesen Diskrepanzen s. *Michael Kreile,* Politische Dimensionen des europäischen Binnenmarktes, in: PolZG B 24–25, 1989, 25–35; *Christa Randzio-Plath,* Deutschland und Frankreich zwischen Maastricht und dem Binnenmarkt, in: PolZG B 42, 1992, 28–35; *Heinrich Schneider,* Europäische Integration: Die Leitbilder und die Politik, in: Kreile (Hrsg.), Integration (wie Anm. 6), 3–35. Zur Erfolglosigkeit des bisherigen Vorgehens bes. *Wolfgang Wessels,* Staat und (westeuropäische) Integration. Die Fusionsthese, in: ebd. 36–61. Eine grundsätzliche Diskussion der Problematik findet sich bei *Fritz Scharpf,* Die Politikverflechtungs-Falle: Europäische Integration und deutscher Föderalismus im Vergleich, in: PVS 26, 1985, 323–356.
[27] Das spiegelt die Debatte über die „Erweiterung" oder „Vertiefung" der Gemeinschaft und darüber, was zuerst kommen sollte, wider. Seit einigen Jahren sieht sich die Gemeinschaft mit einer zunehmenden Zahl von Beitrittsanträgen und entsprechenden Sondierungen weiterer Staaten konfrontiert. Formelle Beitrittsanträge haben 1987 die Türkei, 1989 Österreich, 1990 Zypern und Malta, 1991 Schweden, 1992 Finnland, die Schweiz und Norwegen gestellt. Auch die Tschechische und Slowakische Republik, Ungarn, Polen und andere wünschen mittelfristig einen Beitritt zur EG; s. dazu das Themenheft des EG-Magazins 1–2/1992, 17–39; *Werner Weidenfeld,* Die Bilanz der Europäischen Integration 1991/92, in: Jahrbuch der Europäischen Integration 1991/92, 13–28; *Barbara Lippert,* Mittel- und osteuropäische Staaten, in: ebd. 379– 389. Als mögliche Konzeption für die Stellung der EG in der neuen internationalen Konstellation vgl. den „Bericht des Institutionellen Ausschusses über die Gestaltung und die Strategie der Europäischen Union im Hinblick auf ihre Erweiterung und die Schaffung einer gesamteuropäischen Ordnung" (Bericht Hänsch), der vom Europäischen Parlament am 20.1.1993 verabschiedet wurde; außerdem *Urs Leimbacher,* Westeuropäische Integration und gesamteuropäische Kooperation, in: PolZG B 45, 1991, 3–12.

III.

In dieser Situation, die durch eine fortwährende Aggregierung von Zuständigkeiten und Ausweitung der Tätigkeitsfelder der Europäischen Gemeinschaft sowie durch zunehmende Komplexität und Undurchsichtigkeit ihrer Entscheidungsabläufe gekennzeichnet ist, wird immer vehementer eine Beseitigung des „demokratischen Defizits", eine Stärkung des Europäischen Parlaments gefordert, so, als ob dadurch ohne weiteres bürokratische Vielregiererei und außenpolitische Handlungsschwäche behoben, mehr Transparenz und weniger Komplexität erreicht, die Integrationsprobleme glatter bewältigt und die Akzeptanz der Europapolitik durch die Bürger erhöht werden könnten. Dem Verlangen zugrunde liegt der Eindruck von einer Inkongruenz zwischen den Aufgaben, die die Europäische Gemeinschaft zu lösen hat, und den institutionellen Mechanismen, die dafür zu Gebote stehen. Nun wird man in der Tat nicht leugnen können, daß der Vertrag von Maastricht mit seiner Zurückhaltung, was die institutionellen Neuerungen anlangt[28]), eine Lage verschärft hat, die schon seit längerem Veränderungen auf europäischer Ebene erfordert – und zwar auch solche, die nicht einfach dem Arsenal herkömmlicher Staatseinrichtungen zu entnehmen sind. Wir stehen hier vor einer Problematik, die erst allmählich der Wissenschaft und Praxis bewußt wird.[29]) Eine Inkongruenz von Aufgaben und Einrichtungen zu ihrer Erfüllung kann verschiedene Dimensionen haben. Sie kann in einer mangelnden Kapazität oder Kompetenzausstattung der Institutionen oder in einer

---

[28]) *Fritz Scharpf* weist im 24. Cappenberger Gespräch der Freiherr-vom-Stein-Gesellschaft darauf hin, daß schon die erfolgreiche Durchsetzung der Einheitlichen Europäischen Akte auf einer Zurückhaltung gegenüber institutionellen Änderungen beruhte; s. Regionalisierung des europäischen Raums – Die Zukunft der Bundesländer im Spannungsfeld zwischen EG, Bund und Kommunen, 1988, 12. Immerhin haben der Maastrichter Vertrag und die sich daran anschließenden Ratifikations-Verhandlungen im Bundesrat sogar einige Änderungen des Grundgesetzes, u.a. wegen der geplanten Einrichtung einer Europäischen Zentralbank und der Einführung des Kommunalwahlrechts für Unionsbürger in allen Mitgliedstaaten der EG, zur Folge gehabt; im einzelnen s. BGBl. 21.12.1992/1, 2086.
[29]) S. *Wolfgang Wessels,* Europapolitik in der wissenschaftlichen Debatte, in: Jahrbuch der Europäischen Integration 1991/92, 44–54. Während die „Arbeitsgruppe Europäische Verfassung" in: *Weidenfeld* (Hrsg.), Europa (wie Anm. 4), 11–37, noch traditonellen europapolitischen Leitbildern verhaftet ist, finden sich, vor dem Hintergrund einer etatistischen Interpretation der EG, neue Ansätze bei *Rudolf Wildenmann* (Hrsg.), Staatswerdung Europas? Optionen für eine Europäische Union. Baden-Baden 1991. S. ferner *Günther F. Schäfer,* Die institutionelle Weiterentwicklung der Europäischen Gemeinschaft: Überlegungen zu neuen Strukturen der EG-Institutionen, in: DÖV 44, 1991, 261–271, und *Hans Heinrich Rupp,* Verfassungsprobleme auf dem Weg zur Europäischen Union, in: ZRP 23, 1990, 1–4.

unzweckmäßigen Kompetenzverteilung liegen, aber auch in einer sich allmählich herausbildenden Legitimationslücke.[30])

Im folgenden möchte ich einige dieser Probleme und die dafür gedachten Abhilfemaßnahmen wie das „Subsidiaritätsprinzip" und das „Europa der Regionen" sowie Überlegungen zum Richtlinienprinzip und zum Konzept der „abgestuften Integration" diskutieren. Vorab aber etwas zum „demokratischen Defizit". Es ist offensichtlich dadurch entstanden, daß die Maßnahmen einer überstaatlichen Wirtschaftsgemeinschaft bisher durch ihre bloße ökonomische Effizienz gerechtfertigt waren; für die Entscheidungen einer Politischen Union ist dieser Maßstab allein jedoch offensichtlich nicht hinreichend.

Angesichts dessen wird oft angeregt, das zentrale Exekutivorgan der Europäischen Gemeinschaft, die Kommission, nicht mehr wie bisher durch die Regierungen der Mitgliedstaaten, sondern durch die demokratisch gewählte Institution der Gemeinschaft, das Parlament, zu bestellen.[31]) Auf diese Weise könnte die europäische Bürokratie einer durchgehenden demokratischen Kontrolle unterworfen werden, und das Europäische Parlament würde als zentrales Gesetzgebungs- und Elektionsorgan alle Rechte einer parlamentarischen Vertretung erlangen. Aus der Kommission würde eine politisch verantwortliche Regierung. Der Ministerrat müßte sich dagegen mit der Rolle einer zweiten Kammer in Form einer Staatenvertretung bescheiden. Offensichtlich steht bei derartigen Überle-

---

[30]) *Schäfer,* Weiterentwicklung (wie Anm. 29), hier 262–266, unterscheidet als institutionelle Defizite der EG Kapazitäts-, Policy-, Implementations- und Demokratiedefizit. Speziell zum Demokratiedefizit *Jospeh H. H. Weiler,* Europäisches Parlament, europäische Integration, Demokratie und Legitimität, in: Otto Schmuck/ Wolfgang Wessels (Hrsg.), Das Europäische Parlament im dynamischen Integrationsprozeß: Auf der Suche nach einem zeitgemäßen Leitbild. Bonn 1989, 73–94; *Karlheinz Reif,* Wahlen, Wähler und Demokratie in der EG. Die Dimensionen des demokratischen Defizits, in: PolZG B 19, 1992, 43–52; *Albert Bleckmann,* Chancen und Gefahren der europäischen Integration. Zum Demokratieprinzip in der EG, in: JZ 45, 1990, 301–306. Dagegen verweist die britische Regierung auf die demokratische Legitimation der Regierungen der Mitgliedstaaten; ähnlich schon *Hans-Peter Schwarz,* Europas frustriertes Scheinparlament, in: Rheinischer Merkur v. 26.11.1986.
[31]) Bisher verfügte das Europäische Parlament gegenüber der Kommission über ein Fragerecht (Art. 140 EWG-Vertrag [EWGV]), es erteilte der Kommission die Entlastung bezüglich der Haushaltsführung (Art. 206b EWGV) und diskutierte den jährlichen Gesamtbericht der Kommission (Art. 143 EWGV). Neben weiteren, nicht vertraglich festgelegten Rechten konnte das EP v.a. die Kommission durch einen erfolgreichen Mißtrauensantrag zum Rücktritt zwingen (Art. 144 EWGV). Der Maastrichter Vertrag macht nun insbesondere die Ernennung der Kommission von einer Zustimmung durch das EP abhängig (Art. 158 EGV). Zu Arbeitsweise und Kompetenzen des EP s. EGV Art. 137ff. sowie *Francis Jacobs/Richard Corbett,* The European Parliament. Harlow 1990.

gungen das bundesstaatliche Modell Deutschlands Pate.[32]) In der Tat ließen sich auf diese Weise mehr Transparenz und eine verstärkte Kontrolle der Entscheidungen der Europäischen Gemeinschaft herstellen. Ob dadurch die so häufig beklagte Vielregiererei und die immer stärker um sich greifenden Zentralisierungstendenzen beseitigt würden, bleibt indessen zweifelhaft; denn auch das Europäische Parlament ist eine integrationsfreudige und auf die Wahrnehmung umfassender Gesetzgebungsrechte bedachte europäische Institution.[33]) Auch mag man Bedenken haben, ob die hier anvisierte bundesstaatliche Lösung bei einer erheblichen Erweiterung der Zahl der Mitgliedstaaten und damit der europäischen Bevölkerung noch sinnvoll ist. Zuallererst aber ist eins zu überlegen: Kann eine solche europäische Regierung überhaupt eine parlamentarische im herkömmlichen Sinne sein? Ihr Auswahlkriterium wäre im Gegensatz zur jetzigen Kommission nicht mehr die Zugehörigkeit ihrer Mitglieder zu verschiedenen EG-Staaten, sondern zu Parteien. Vermag aber ein Europa, das sich aus verschiedenen Staaten zusammensetzt und kein einheitliches Volk bildet, auf eine Regierungsbildung unter Teilhabe der einzelnen Mitgliedstaaten zu verzichten? Es scheint, daß hier ähnliche Bedingungen vorliegen, wie man sie in der Schweizer Eidgenossenschaft antrifft, wo die Regierungsbildung vielfältigen Rücksichtnahmen unterliegt und konsequenterweise keine rein parlamentarisch-mehrheitliche ist. Das wirft die Frage auf, ob ein parlamentarisches Regierungssystem nach dem Westminster-Modell mit klarer Mehrheitsregel für ein so heterogenes Gebilde wie die Europäische Union überhaupt angemessen ist oder ob für eine solche Union die Übernahme eines Konkordanzsystems Schweizer Art nicht naheliegender wäre.[34]) Reine Mehrheitsdemokratien, das zeigt das Schweizer

---

[32]) Gelegentlich wird dem Europäischen Rat, der schon jetzt die Richtung der EG-Politik grundsätzlich bestimmt, die Funktion eines kollektiven „Präsidiums der Union" zugedacht; vgl. *Weidenfeld* (Hrsg.), Europa (wie Anm. 4), 29.
[33]) Vgl. *Albert Bleckmann,* Politische Aspekte der europäischen Integration unter dem Vorzeichen des Binnenmarktes 1992, in: ZRP 23, 1990, 265–268.
[34]) Zum Schweizer Modell vgl. *Hanspeter Kriesi,* Entscheidungsstrukturen und Entscheidungsprozesse in der Schweizer Politik. Frankfurt am Main 1980. Zur Anwendbarkeit des Modells auf die Europäische Union vgl. *Hansjörg Blöchliger/René L. Frey,* Der schweizerische Föderalismus: Ein Modell für den institutionellen Aufbau der Europäischen Union?, in: Außenwirtschaft 1991, 515–548. Zur Konkordanzdemokratie allg. s. *Arnd Lijphart,* Typologies of Democratic Systems, in: Comparative Political Studies 1, 1968, 3–44. (Der sich dort und auch bei *Schneider,* Rückblick [wie Anm. 6], 60–73, findende Hinweis auf die consociative Struktur dieser Systeme geht über die Tatsache konkordanter Entscheidungsfindung hinaus und zielt auf eine Veränderung des gesamten Aufbaus der EG und ihrer Mitgliedstaaten im Sinne eines nicht mehr nur staatlichen, sondern gesellschaftlich durchorganisierten Föderalismus, wie ihn klassisch Johann Althusius in seiner „politica methodice digesta", 1603, formuliert hat.) – Zu beachten ist auch, daß die Um-

Beispiel, eignen sich für heterogene politische Gebilde offenbar nicht so gut. Hinzu kommt, daß es in der Europäischen Gemeinschaft bis auf wenige Ausnahmen an einem die einzelnen Staaten übergreifenden Parteiensystem fehlt, was die Voraussetzung für eine parlamentarische Regierung wäre. Dieses Manko wird auch durch eine überstaatliche Fraktionsbildung im Europäischen Parlament nicht wettgemacht.[35])

Damit stellt sich aber zugleich die Frage nach der demokratischen Qualität des Legitimationsspenders für eine europäische Regierung, nach der demokratischen Qualität des Europäischen Parlamentes, selbst. Offensichtlich gibt es nicht nur ein „demokratisches Defizit" bei der Bestellung der Kommission, sondern auch bei dessen Wahl. Bislang werden die Abgeordneten in verschiedenen Wahlverfahren und von unterschiedlich vielen Wählern gewählt, was offensichtlich dem Postulat der Wahlgleichheit widerspricht. Wenn auf einen Abgeordneten in Luxemburg 36000 Wahlberechtigte kommen, in Belgien 290000, in Frankreich 455000 und in Deutschland vor der Wiedervereinigung 550000[36]), dann differiert der Erfolgswert der Wählerstimmen in einem Maße, daß das Prinzip der Gleich-

wandlung der Kommission in eine parteipolitisch ausgerichtete EG-Regierung eine Erschwerung der Mehrheitsbildung im EP zur Folge hätte aufgrund der häufigen Notwendigkeit, mit absoluter Mehrheit abstimmen zu müssen. Auf die neuere amerikanische Entwicklung weisen hin *Detlef Fechtner/Matthias Hannes,* „Lessons from American Federalism": Länder und Regionen in der Europäischen Gemeinschaft, in: ZParl 24, 1993, 133–152.
[35]) Zu den Parteien und Fraktionen auf europäischer Ebene vgl. *Oskar Niedermayer,* Europäische Parteien? Zur grenzüberschreitenden Interaktion politischer Parteien im Rahmen der Europäischen Gemeinschaft. Frankfurt am Main/New York 1983; *Thomas R. Hentschel,* Die europäischen Parteienzusammenschlüsse, in: Jahrbuch der Europäischen Integration 1991/92, 259–266; *Thomas Jansen,* Zur Entwicklung supranationaler Europäischer Parteien, in: Oscar W. Gabriel/Ulrich Sarcinelli/Bernhard Sutor/Bernhard Vogel (Hrsg.), Der demokratische Verfassungsstaat. Theorie, Geschichte, Probleme. Festschrift für Hans Buchheim zum 70. Geburtstag. München 1992, 241–256. Schon aufgrund der Sprachbarrieren ist in der EG keine „europäische" öffentliche Meinung entstanden. Damit fehlt die Grundlage sowohl für eine demokratische Meinungsbildung als auch für die Bildung wirklich „europäischer" Parteien; dazu *Bleckmann,* Chancen (wie Anm. 30), hier 303–305, sowie *Alexander von Brünneck,* Die öffentliche Meinung in der EG als Verfassungsproblem, in: EuR 24, 1989, 249–261.
[36]) Nach *Michael Borchmann,* Das Europäische Parlament – „Scheinparlament" ohne ausreichende demokratische Legitimation?, in: EuZW 3, 1992, 97. Der Europäische Rat hat am 11./12.12.1992 eine neue Mandatsverteilung im Europäischen Parlament festgelegt. Die Zahl der deutschen Abgeordneten wird von 81 auf 99 erhöht. Auch die Abgeordnetenzahl der anderen größeren Mitgliedstaaten steigt, während die der kleineren Staaten gleich bleibt; s. Schlußfolgerungen der Tagung des Europäischen Rates der Staats- und Regierungschefs in Edinburgh am 11. und 12. Dezember 1992, in: EA 48, 1993, D2–D26, hier D6f. An der grundsätzlichen Problematik ändert sich damit freilich nichts.

heit der Wahl massiv verletzt ist. Darf man das so einfach hinnehmen? Insbesondere dann, wenn das Parlament tatsächlich zum Zentrum der politischen Entscheidungstätigkeit wird?

Nun kann man natürlich einwenden, daß die Einhaltung absoluter Stimmengleichheit bei einem Parlament wie dem europäischen sich nicht praktizieren läßt, denn ohne eine die kleinen Mitgliedstaaten begünstigende Stimmenverteilung würden diese verschwindend wenige Abgeordnete stellen, Luxemburg möglicherweise gar keinen. Das aber wäre eine ganz unsinnige Konsequenz, und sie wäre nicht einmal rechtlich haltbar, weil nach Art. 137 EWGV das Europäische Parlament eine Versammlung ist, die „aus Vertretern der Völker (!) der in der Gemeinschaft zusammengeschlossenen Staaten" besteht. Andererseits: Rechtfertigt die Rücksichtnahme auf die Völker der Europäischen Gemeinschaft künftige zentrale Entscheidungen des Parlaments, die möglicherweise von Abgeordneten gefällt werden, welche nur eine Minderheit der Gesamtbevölkerung repräsentieren? Wäre es dann nicht sinnvoller, auf die mehrheitsverzerrende Zusammensetzung des Europäischen Parlaments zu verzichten und im Gegenzug einzelnen Völkern in für sie wichtigen Fragen ein Vetorecht einzuräumen? Der gegenwärtige Elektionsmodus ist eine Halbheit. Er ermöglicht zwar allen Völkern der Gemeinschaft eine parlamentarische Teilhabe, wird aber dem Umstand, daß jedes einzelne sich in der Situation einer strukturellen Minderheit befindet, nicht gerecht. Einen Minderheitenschutz sollte es deshalb geben. Es würde sich dabei in unserem Fall nicht nur um eine rechtsstaatliche Begrenzung der demokratischen Mehrheitsregel handeln, sondern er wäre schon um des Demokratieprinzips willen einzuführen, denn „Demokratie" steht ja nicht nur für ein Bekenntnis zur Mehrheit, sondern meint auch Selbstbestimmung eines Volkes. Daher ließe sich z. B. eine künftig denkbare Überstimmung des dänischen Volkes durch eine Mehrheit des Europäischen Parlamentes durchaus als „undemokratisch" bezeichnen, denn eine solche Mehrheit würde den Dänen ihr Selbstbestimmungsrecht nehmen.[37] Ein Verzicht darauf ließe sich

---

[37] Zur Kritik an einer vermehrten Anwendung des Mehrheitsprinzips im Ministerrat aus diesem Grunde vgl. *Michael Kreile*, Einleitung, in: ders. (Hrsg.), Integration Europas (wie Anm. 6). Grundsätzlich dazu auch *Werner von Simson*, Was heißt in einer europäischen Verfassung „Das Volk"?, in: EuR 26, 1991, 1–18. – Aus nationaler Sicht ergibt sich in dem Zusammenhang die Frage, wie weit eine Übertragung von Hoheitsrechten auf eine supranationale Organisation überhaupt stattfinden darf. Das Bundesverfassungsgericht hat nur die verfassungsrechtliche Zulässigkeit der bisherigen Kompetenzübertragungen auf die EG, unter Betonung der ausreichenden Sicherung der Grundrechte durch die Rechtsprechung des Europäischen Gerichtshofs, bestätigt; vgl. v. a. BVerfGE 73, 339 ff. („Solange II"). Zu dieser Problematik s. *Siegfried Magiera*, Kompetenzgrenzen und Strukturprinzipien der Europäischen Gemeinschaften, in: Karl Dietrich Bracher u. a. (Hrsg.), Staat und Par-

zwar solange rechtfertigen, als man eine allgemeine Einwilligung des Volkes in supranationale Entscheidungen beschränkter Reichweite, etwa wirtschaftlicher Art, unterstellen kann, wohl aber kaum bei wirklich grundlegenden, existentiellen Fragen. Es zeigt sich, daß schon aus diesem Grunde eine nicht lediglich partielle, sondern globale politische Zuständigkeit der Europäischen Gemeinschaft fragwürdig ist.[38])

Freilich müßte man ein derartiges nationales Vetorecht nicht unbedingt im Europäischen Parlament verankern. Man könnte es auch im Ministerrat – als einer Art Staatenhaus – ansiedeln, um auf diese Weise das Problem der ungleichen Stimmverteilung im Parlament zu umgehen. Das Parlament könnte möglicherweise „normal" gewählt werden, wenn der Ministerrat alle Staatsvölker der Europäischen Gemeinschaft mit gleicher Stimmenzahl und bestimmten Vetorechten repräsentiert. Tendenzen, die in diese Richtung zielen, gibt es, wie die Einführung des Wahlrechts zum Europäischen Parlament für Unionsbürger auch in fremden Mitgliedsländern – neben einem allgemeinen Kommunalwahlrecht – zeigt.[39]) Die Einführung eines einheitlichen Wahlrechts für das Parlament ist dann der nächste logische Schritt. Vorgesehen ist ein solches Wahlrecht im EWG-Vertrag schon seit längerem.[40]) Seine Einführung scheiterte bisher daran,

teilen. Festschrift für Rudolf Morsey zum 65. Geburtstag. Berlin 1992, 211–236, sowie *Matthias Herdegen,* Europäisches Gemeinschaftsrecht und die Bindung deutscher Verfassungsorgane an das Grundgesetz. Bemerkungen zu neueren Entwicklungen nach dem „Solange II"-Beschluß, in: EuGRZ 16, 1989, 309–314. Im neuen Art. 23 GG (BGBl. I 2086 vom 21. 12. 1992) ist die Übertragung von Hoheitsrechten ausdrücklich an die Grenze des Art. 79 Abs. 3 GG gebunden worden. Allgemein zu Art. 23 GG vgl. *Rupert Scholz,* Grundgesetz und europäische Einigung, in: NJW 45, 1992, 2593–2601, und *Fritz Ossenbühl,* Maastricht und das Grundgesetz – eine verfassungsrechtliche Wende?, in: DVBl. 108, 1993, 629–637. Ein Urteil des Bundesverfassungsgerichts über die Vereinbarkeit des Vertrags von Maastricht mit dem Grundgesetz ist demnächst zu erwarten.

[38]) So auch *M. Rainer Lepsius,* Nationalstaat oder Nationalitätenstaat als Modell für die Weiterentwicklung der Europäischen Gemeinschaft, in: Wildenmann (Hrsg.), Staatswerdung (wie Anm. 29), 19–44, bes. 33 f. Außen- und Sicherheitspolitik sowie Justiz- und Innenpolitik sind im Dreisäulen-System der Europäischen Union mit der EG bislang nur lose verbunden. Verteidigungspolitisch sind nicht alle Mitgliedstaaten der Gemeinschaft in die NATO integriert. Eine eigene verteidigungspolitische Organisation wird über die WEU angestrebt, vgl. die „Erklärung zur Westeuropäischen Union" im Maastrichter Vertrag. Zum Ganzen s. auch *Leimbacher,* Westeuropäische Integration (wie Anm. 27), und die Beiträge im Sammelband von *Beate Kohler-Koch* (Hrsg.), Staat und Demokratie in Deutschland. Opladen 1992.

[39]) Art. 8b EGV nach dem Maastrichter Vertrag.

[40]) Art. 138 (3) EWGV sieht seit der Gründung der EWG 1957 vor, daß die Versammlung „Entwürfe für allgemeine unmittelbare Wahlen nach einem einheitlichen Verfahren in allen Mitgliedstaaten" ausarbeitet. Die entsprechenden Bestim-

daß man sich nicht darauf einigen konnte, welches Wahlrecht auf europäischer Ebene anzuwenden sei.

Eine Einigung darüber wäre vermutlich leichter, wenn sich in dem Zusammenhang nicht eine ganz andere Frage stellte, nämlich die nach der Rückwirkung europäischer institutioneller Maßnahmen auf die gliedstaatliche Ebene. Welche Folgen könnte, so muß man fragen, ein einheitliches europäisches Wahlrecht für die Mitgliedstaaten haben, deren Wahlrecht dem europäischen nicht entspricht? Ließe sich, um ein Beispiel zu geben, in Großbritannien am relativen Mehrheitswàhlrecht festhalten, wenn die europäischen Wahlen nach Verhältniswahlrecht stattfänden? Welche Konsequenzen hätte das für das britische Parteiensystem? Welche Ansprüche würden von den bei der Mehrheitswahl schlechter abschneidenden Parteien im Hinblick auf das nationale Wahlrecht erhoben werden? Mit anderen Worten: Wieviel Homogenisierung der politischen Institutionen verlangt ein konsequent ausgebautes europäisches politisches System? – Eine Frage, die sich, wie das Beispiel zeigt, stellt, ob man nun spezielle Homogenitätsvorschriften einführt, wie in föderativen Staaten üblich (vgl. Art. 28 GG), oder nicht.[41])

IV.

Daß der Ausbau der Europäischen Gemeinschaft für die Mitgliedstaaten nicht nur einen Verlust von Zuständigkeiten bedeutet, sondern daß er auch ihre innere Organisation in Mitleidenschaft zieht, ist nicht eine erst heute feststellbare Tatsache. Wie beides zusammenspielt, läßt sich an einem einfachen Beispiel demonstrieren: Bei einer Kompetenzübertragung auf die EG steht dem Verlust der Gesetzgebungsmöglichkeiten der Staatsparlamente ein Kompensationsgewinn der einzelstaatlichen Regierungen gegenüber, denn sie sind es, welche nun die den Parlamenten entzogenen Regelungen im Ministerrat auf europäischer Ebene allein treffen. Das

---

mungen sollen vom Rat einstimmig beschlossen und von den Mitgliedstaaten ratifiziert werden.

[41]) Mit den Unterschieden in den Verfassungssystemen der EG-Mitgliedstaaten und der erforderlichen Homogenität setzen sich insbesondere Autoren des Sammelbandes von *Jürgen Schwarze/Roland Bieber* (Hrsg.), Eine Verfassung für Europa. Baden-Baden 1984, auseinander. S. auch *Hans-Peter Ipsen,* Über Verfassungshomogenität in der Europäischen Gemeinschaft, in: Hartmut Maurer u.a. (Hrsg.), Das akzeptierte Grundgesetz. Festschrift für Günter Dürig zum 70. Geburtstag. München 1990, 159–182; *Roland Bieber,* Über das Verhältnis zwischen europäischer und deutscher Verfassungsentwicklung, in: Recht und Politik 27, 1991, 204–214. Der Versuch, die Europäische Union auf „demokratische, rechtsstaatliche, soziale und föderative Grundsätze" sowie den „Grundsatz der Subsidiarität" zu verpflichten, wird jetzt im neuen Artikel 23 des Grundgesetzes unternommen, vgl. BGBl. 21.12.1992/1, 2086.

Verhältnis von Parlament und Regierung in den Mitgliedstaaten hat sich damit verändert. Anders als die einzelstaatliche Politik ist die EG-Politik der Kontrolle der Staatsparlamente weitgehend entzogen[42] – eine Entwicklung, die ähnlich der in der Bundesrepublik beobachtbaren verlief: Auch hier ist der Verlust der Gesetzgebungszuständigkeit der Landesparlamente zu Gunsten des Bundes durch ein Mitspracherecht der Landesregierungen über den Bundesrat „kompensiert" worden. Das macht zugleich deutlich, daß jeder Versuch, diese Entwicklung umzukehren, mit dem Widerstand der Regierungen rechnen muß. Angesichts des ungebrochenen Trends zur Kompetenzaggregierung auf der europäischen Ebene erscheint eine solche Umkehr, ja selbst nur die Verteidigung des Prinzips der begrenzten Ermächtigung, wie es den europäischen Verträgen zugrunde gelegt wird, als illusorisch.[43] In dieser Situation macht ein weiteres Zauberwort die Runde, das „Subsidiaritätsprinzip".[44] Mit seiner Hilfe

[42] Während die meisten Parlamente seit langem – so der Bundesrat seit 1957 – über spezielle Ausschüsse zur Behandlung von EG-Fragen verfügen, hat der Bundestag erst im September 1991 einen Europa-Ausschuß eingerichtet. Die intensivste Behandlung der EG-Politik findet sich bezeichnenderweise im „Marktausschuß" des dänischen Folketing und im britischen Oberhaus, vgl. *Klaus Pöhle,* Parlamente der EG – Formen der praktischen Beteiligung, in: Integration 1992, 72–82. Um auch die nationalen Parlamente stärker an der Europapolitik zu beteiligen, finden sog. Assises, Treffen von Abgeordneten der nationalen Parlamente mit Abgeordneten des Europäischen Parlaments, statt. Durch Erklärungen in der Schlußakte zum Maastrichter Vertrag soll die Beteiligung der nationalen Parlamente gefördert werden („Erklärung zur Rolle der einzelstaatlichen Parlamente in der Europäischen Union" sowie „Erklärung zur Konferenz der Parlamente"). *Lepsius,* Nationalstaat (wie Anm. 38), 39 f., hält darüber hinausgehend eine „Europäisierung der nationalen Parlamente" für den geeigneten Weg zur Demokratisierung der EG. *Schauer,* Europapolitik (wie Anm. 20), 8, zieht „die Schaffung einer ‚Dritten Kammer' aus delegierten Vertretern der nationalen Parlamente neben Rat und Europäischem Parlament" in Betracht.

[43] S. aber Art. E. des Unionsvertrages von Maastricht und *Ernst Steindorff,* Grenzen der EG-Kompetenzen. Heidelberg 1990; vgl. auch *Joseph Gilchrist,* Immanente Grenzen des Gemeinschaftsrechts, in: Bernhard Vogel/Günther H. Oettinger (Hrsg.), Föderalismus in der Bewährung. Die deutschen Länder vor der Herausforderung fortschreitender EG-Integration. Berlin 1992, 45–63. Zu der auf Art. 235 EGV gestützten Idee einer umfassenden Integration gegenüber der Vorstellung von „enumerativen Einzelermächtigungen" vgl. *Beutler* u. a., Europäische Gemeinschaft (wie Anm. 1), 75–78; *Ivo E. Schwartz,* Kommentar zu Artikel 235 (Allgemeine Ermächtigungsklausel), in: von der Groeben/Thiesing/Ehlermann (Hrsg.), Kommentar (wie Anm. 13), Bd. 4, 5754–5834, sowie unter speziellem Blickwinkel *Ingo Hochbaum,* Kohäsion und Subsidiarität. Maastricht und die Länderkulturhoheit, in: DÖV 45, 1992, 285–292.

[44] *Vlad Constantinesco,* „Subsidiarität": Magisches Wort oder Handlungsprinzip der Europäischen Union?, in: EuZW 3, 1992, 561–563; vgl. auch *ders.,* Subsidiarität. Zentrales Verfassungsprinzip für die Politische Union, in: Integration 1990, 164–178. Zur Herkunft des Prinzips aus der katholischen Soziallehre und zu seiner

will man eine den Mitgliedstaaten günstige Kompetenzregelung erreichen, obwohl seine Wirkungsweise ambivalent ist. Einerseits ist es geeignet, der Europäischen Gemeinschaft den Zugriff auf grundsätzlich alle staatlichen Kompetenzen zu öffnen, denn es ist rein formal und trägt keine inhaltliche Begrenzung in sich. Auf der anderen Seite will es diesen Zugriff zügeln, indem ihm nur unter bestimmten Bedingungen stattgegeben werden soll. Indessen ist nicht sicher, ob dieser Effekt eintreten wird. Das hängt u. a. davon ab, ob die Übernahme einer Kompetenz schon dann erfolgen darf, wenn die höhere Ebene – in unserem Fall die Gemeinschaft – eine Regelung „besser" oder „wirksamer" treffen kann als die niedere, oder erst dann, wenn sich die unteren Instanzen überhaupt nicht mehr in der Lage sehen, eine Aufgabe sinnvoll zu erfüllen, z. B. weil sie grenzüberschreitend geregelt werden muß. Auf europäischer Ebene scheint man einer weiten Auslegung des Prinzips den Vorzug zu geben, entspricht sie doch der herkömmlichen Integrationslogik der Gemeinschaft. Von einer Rückgabe einmal europäisch gewordener Kompetenzen, einem Antasten des acquis communautaire, ist ohnehin kaum die Rede.[45])

Es ist hier nicht der Platz, auf Einzelheiten der inzwischen um das Subsidiaritätsprinzip entbrannten Debatte einzugehen, nur ein Wort noch: Auch ob man das Subsidiaritätsprinzip so formulieren kann, daß es den Staaten, denen eine Zuständigkeit gegen ihren Willen entzogen wurde, eine Klagemöglichkeit vor dem Europäischen Gerichtshof einräumt, erscheint fraglich; das Beispiel der nur im äußersten Fall justiziablen Bedürfnisklausel des Art. 72 GG und die damit verbundene Praxis sprechen eher dagegen.[46]) Auch ist auf der unteren Ebene häufig gar kein Interesse an einer Besitzstandswahrung zu erkennen. Problematische Fälle werden gern nach oben abgegeben, um sich der Verantwortung für sie zu entledi-

---

Bedeutung vgl. *Oswald von Nell-Breuning,* Baugesetze der Gesellschaft. Solidarität und Subsidiarität. Freiburg 1968.

[45]) Zur Formulierung des Subsidiaritätsprinzips im Maastrichter Vertrag über die Europäische Union, Art. 3b EGV, und insbes. zur Justitiabilität dieser Fassung *Jörn Pipkorn,* Das Subsidiaritätsprinzip im Vertrag über die Europäische Union – rechtliche Bedeutung und gerichtliche Überprüfbarkeit, in: EuZW 3, 1992, 697–700; vgl. auch *Markus Jachtenfuchs,* Die EG nach Maastricht. Das Subsidiaritätsprinzip und die Zukunft der Integration, in: EA 47, 1992, 279–287. Zur Diskussion in der EG selbst s. Subsidiarity. The Challenge of Change. Proceedings of the Jacques Delors Colloquium. Organized by the European Institute of Public Administration. Maastricht, 21–22 March, 1991. Maastricht 1991. Um eine Spezifizierung der Anwendung des Art. 3b EGV bemühte sich der Europäische Rat auf seiner Tagung in Edinburgh am 11./12.12.1992 (wie Anm. 36).

[46]) S. dazu BVerfGE 26, 338 (382f.), sowie *Diemut Majer,* Ist die verfassungsgerichtliche Prüfung der Voraussetzungen der konkurrierenden Gesetzgebung des Bundes sinnvoll und möglich?, in: EuGRZ 7, 1980, 98ff., 158ff.

gen.[47]) Schließlich wird man auch berücksichtigen müssen, daß das Subsidiaritätsprinzip sowohl nach oben als auch nach unten offen ist. Es handelt sich bei ihm keineswegs um eine Regelung der Verteilung von Zuständigkeiten nur zwischen zwei Instanzen, sondern es begründet Ansprüche auch unterhalb der mitgliedstaatlichen Ebene. Das gilt besonders in Deutschland für die Bundesländer, die deshalb auch entsprechende Forderungen stellen. Aber auch sie sind von der Logik des Subsidiaritätsprinzips her gesehen nicht die unterste Ebene.[48])

V.

Die letzte Bemerkung führt zu einem weiteren, in der Bundesrepublik viel diskutierten Problem, nämlich zur Frage nach der Zukunft des deutschen Föderalismus in einer immer stärker zusammenwachsenden Europäischen Gemeinschaft.[49]) Man darf sich hier nicht täuschen lassen: Die gern be-

[47]) Bezeichnenderweise ist eine beträchtliche Zahl der Regelungen auf europäischer Ebene weniger auf die Bestrebungen der Kommission als auf den Druck des Ministerrats zurückzuführen. Die nationalen Regierungen benutzen die EG vielfach als Möglichkeit, die eigene – unpopulär erscheinende – Politik zu rechtfertigen; so auch *Bleckmann, Politische Aspekte* (wie Anm. 32), 265. Ähnliches gilt im Verhältnis von Ländern und Bund in der Bundesrepublik. Das schließt nicht aus, daß Regelungen auf höherer Ebene oft sinnvoller sind, so etwa in der Asyl- und Einwanderungspolitik; vgl. Art. K.1 des Maastrichter Vertrages sowie *Klaus Sieveking, Bestimmungsfaktoren und Bezugspunkte europäischer Sozialpolitik,* in: Wildenmann (Hrsg.), Staatswerdung (wie Anm. 29), 285–320, hier 294ff.

[48]) Darauf weist schon die Zusammensetzung des neuen „Ausschusses der Regionen" der Europäischen Gemeinschaft (Art. 198a–198c EGV) hin, der „aus Vertretern der regionalen und lokalen Gebietskörperschaften" (Art. 198a, Abs. 1) bestehen soll. Interessanterweise sind die Bundesländer nicht gewillt, von den auf Deutschland entfallenden 24 der insgesamt 189 Sitze einen Teil an die Kommunalverbände abzugeben; vgl. *Rudolf Hrbek, Der Ertrag der „Verfassungsdebatte"* von Maastricht: Ein Erfolg für den Föderalismus und die deutschen Länder?, in: Jürgen F. Baur/Peter-Christian Müller-Graff/Manfred Zuleeg (Hrsg.), Europarecht – Energierecht – Wirtschaftsrecht. Festschrift für Bodo Börner zum 70. Geburtstag. Köln 1992, 125–149, hier 139. Hier ergibt sich offensichtlich ein neues Spannungsverhältnis zwischen den Bundesländern und den Gemeinden, für die die Logik des Subsidiaritätsprinzips spricht; vgl. *Ulrich Petersen, Zur Rolle der Regionen im* künftigen Europa, in: DÖV 44, 1991, 278–285.

[49]) Darauf, daß die Bundesländer auch bei einer Abgabe von Bundeskompetenzen an die EG Mitsprache-Einbußen erleiden, weil ihre Mitwirkung über den Bundesrat entfällt, macht *Wolfgang Graf Vitzthum, Der Föderalismus in der europäischen* und internationalen Einbindung der Staaten, in: AöR 115, 1990, 279–304, aufmerksam; s. allgemein auch *Peter Bohley, Europäische Einheit, föderatives Prinzip und* Währungsunion: Wurde in Maastricht der richtige Weg beschritten?, in: PolZG B 1, 1993, 34–45; *Siegfried Magiera/Detlef Merten* (Hrsg.), Bundesländer und Europäische Gemeinschaft. Berlin 1988; *Detlef Merten* (Hrsg.), Föderalismus und euro-

schworene Vision eines europäischen Bundesstaats nach deutschem Muster: mit einem bundesratsähnlichen Ministerrat als zweiter Kammer und einem mitgliedstaatlichen Verwaltungsunterbau, stellt keine Garantie für eine Fortdauer dieses Föderalismus in Deutschland selbst dar. Außer Deutschland verfügt unter den EG-Staaten nur noch Belgien über eine föderative Ordnung. Ob sie sich auch in den anderen Mitgliedstaaten durchsetzen wird, steht – ungeachtet dort zu beobachtender vielfältiger Regionalisierungsansätze – dahin.[50]) Wie ein dreistufiger Bundesstaat – um so etwas würde es sich ja künftig handeln – konstruiert werden kann, ist bislang unbekannt.[51])

Vielfach ist in dem Zusammenhang von einem „Europa der Regionen" die Rede. Das zielt zum einen auf den eben erwähnten „Mehrebenen"-Föderalismus. Dahinter verbirgt sich aber auch die Vorstellung, daß die jetzigen Mitglieder der Europäischen Gemeinschaft, die Nationalstaaten, wegfallen und die Regionen an ihre Stelle treten könnten.[52]) Doch abgesehen davon, daß es über den Begriff der „Region" und ihre Abgrenzung die

päische Gemeinschaften. Unter besonderer Berücksichtigung von Umwelt und Gesundheit, Kultur und Bildung. Berlin 1991; *Gisela Müller-Brandeck-Bocquet,* Ein föderalistisches Europa? Zur Debatte über die Föderalisierung und Regionalisierung der zukünftigen Europäischen Politischen Union, in: PolZG B 45, 1991, 13–25; *Hrbek,* Ertrag (wie Anm. 48). Zur Mitwirkung der Bundesländer bei der Übertragung von Hoheitsrechten auf die Europäische Union s. jetzt den neuen Art. 23 GG und die Literatur dazu (wie Anm. 37).

[50]) *Fritz Ossenbühl* (Hrsg.), Föderalismus und Regionalismus in Europa. Baden-Baden 1990; *Rudolf Hrbek,* Die Regionen in Europa, in: Jahrbuch der Europäischen Integration 1991/92, 282–289. Für Belgien s. *Patrick Vanhülle,* Belgien auf dem Weg zum föderalen Staat, in: EA 44, 1989, 457–464.

[51]) Auf die ältere Literatur zu dieser Frage verweist *Markus Heintzen,* Subsidiaritätsprinzip und Europäische Gemeinschaft, in: JZ 46, 1991, 317–323, hier 322f. In der letzten Zeit haben die Bundesländer eine Reihe von Forderungen im Hinblick auf ihre Beteiligung in der Europäischen Gemeinschaft gestellt; vgl. *Joachim Bauer* (Hrsg.), Europa der Regionen. Aktuelle Dokumente zur Rolle und Zukunft der deutschen Länder im europäischen Integrationsprozeß. Berlin 1991. Zur Beteiligung des Bundesrates an den europapolitischen Entscheidungen des Bundes s. *Georg-Berndt Oschatz/Horst Risse,* Bundesrat und Europäische Gemeinschaften. Neue Verfahrensregeln der Bundesrats-Geschäftsordnung für EG-Vorlagen, in: DÖV 45, 1992, 509–519.

[52]) Vgl. *Daniel Bell,* The World in 2013, in: Dialogue 1988, 2–9, der die Nationalstaaten für manche Problemlösungen zu klein und für andere zu groß hält; s. auch *Claus Eiselstein,* Europäische Verfassungsgebung, in: ZRP 24, 1991, 18–23; *Franz H. U. Borkenhagen,* Vom kooperativen Föderalismus zum „Europa der Regionen", in: PolZG B 42, 1992, 36–44, und *Lothar Späth* im 24. Cappenberger Gespräch (wie Anm. 28), 1–4; *Siegbert Alber,* Subsidiaritätsprinzip und Europäische Union. Zur Verfassungsdebatte in der EG, in: Vogel/Oettinger (Hrsg.), Föderalismus (wie Anm. 43), 131–138.

verschiedensten Vorstellungen gibt[53]) – welchen erneuten und verstärkten Schub an Zentralisierung hätte man bei einer solchen Konstruktion Europas zu gewärtigen? Was könnten – nach welchem Kriterium auch immer gebildete – Regionen selbständig leisten? Wie lassen sich bereits heute weit über hundert solcher Gebilde in einen sinnvollen Zusammenhang mit der Brüsseler Zentrale bringen, ohne die Beibehaltung vermittelnder und eine effektive Kontrolle gewährleistender Zwischeninstanzen?[54]) Wie steht es überhaupt mit der Legitimation solcher Einheiten, in denen allenfalls eine zweifelhafte „landsmannschaftliche Verbundenheit" o. ä. das nationale Band als Integrationsmittel ersetzt? Auf jeden Fall stünde am Ende einer solchen Operation das Ergebnis, das ursprünglich vermieden werden sollte: Der Untergang der deutschen föderativen Ordnung, jetzt nicht durch Auszehrung der Länder, sondern durch Wegfall der sie zu einer Einheit integrierenden nationalen Ebene.

VI.

In der Debatte um einen föderativen Aufbau Europas geht es in erster Linie um die Frage der Ansiedlung der Entscheidungen auf den verschiedenen Ebenen. Zu beachten ist aber auch, wie diese Entscheidungen aussehen, ob sie eine Materie bis in alle Einzelheiten regeln oder lediglich Richtliniencharakter haben und einen Rahmen setzen, der den unteren Einheiten Spielräume zur Konkretisierung der Anweisungen der Zentrale beläßt. Die Vorgehensweise nach dem Richtlinienprinzip ist offenbar mit dem Subsidiaritätsgrundsatz gut vereinbar: Wenn schon eine Zuständigkeit an die höhere Ebene übertragen werden muß, dann soll – so kann man argumentieren – dies nur soweit gelten, wie es unbedingt notwendig ist. So zu verfahren empfiehlt sich schon deswegen, weil der Europäischen Gemeinschaft ein eigener, ihre Anordnungen vollziehender Verwaltungsunterbau fehlt.[55])

[53]) *Christian Engel/Wolfgang Wessels*, Die Regionen in der EG – Rechtliche Vielfalt und integrationspolitische Rollensuche. Gutachten im Auftrag der Staats- und Senatskanzleien der Länder. Endbericht. Bonn 1991; *Winfried Haneklaus*, Zur Frage der funktionsgerechten Regionalisierung in einer föderal verfaßten Europäischen Union, in: DVBl. 106, 1991, 295–299.
[54]) Vgl. *Petersen*, Zur Rolle der Regionen (wie Anm. 48). Die Darstellung der Regionalstruktur der EG-Mitgliedstaaten bei *Christian Engel*, Regionen in der Europäischeb Gemeinschaft: Eine integrationspolitische Rollensuche, in: Integration 1991, 9–20, hier 10f., verzeichnet insgesamt 247 „Regionen" mit unterschiedlichsten Erscheinungsformen und rechtlichem Status. Die Unverzichtbarkeit der Nationalstaaten in der EG macht *Lepsius*, Nationalstaat (wie Anm. 38), bes. 27ff., deutlich.
[55]) Das hat zu einer intensiven Verflechtung der Bürokratie der EG mit den Bürokratien ihrer Mitgliedstaaten geführt. Zu diesem der „Politikverflechtung" in der Bundesrepublik entsprechenden System vgl. etwa *Wolfgang Wessels*, Entwicklungs-

Außerdem kann es sinnvoll sein, dort, wo es die Gemeinschaft nur zu Har-
monisierungen der mitgliedstaatlichen Rechtsordnungen „auf den kleinsten gemeinsamen Nenner" bringt, den Einzelstaaten Gestaltungsspielräume, z. B. im Bereich des Umweltschutzes, zu überlassen.[56])
Auch die Beachtung des Richtlinienprinzips verbürgt – ähnlich wie das
Subsidiaritätsprinzip – mehr „Bürgernähe" und insofern mehr „Demokratie" – ungeachtet der problematischen Erfahrungen, die man mit diesem
Prinzip in der Praxis der Europäischen Gemeinschaft gemacht hat: Offenbar neigen die höheren Einheiten nicht nur dazu, Kompetenzen an sich zu
ziehen (und den unteren Instanzen Lasten aufzubürden), sondern sie ver-
wechseln gern auch Richtlinien mit detaillierten Regelungen.[57]) Im übrigen darf die Ambivalenz auch des Richtlinienprinzips nicht übersehen
werden: Es kann eine föderative Ordnung stärken, indem es den Grundsatz der Subsidiarität ergänzt; es kann aber auch an die Stelle des Subsidiaritätsprinzips und einer föderativen Ordnung treten, weil es selbst nur
eine Dezentralisierung des staatlichen Aufbaus voraussetzt; Föderalismus
wird von ihm nicht verlangt. Mehr „Bürgernähe" und mehr „Demokratie" lassen sich nicht nur mit Hilfe des Subsidiaritätsprinzips und der föderativen Idee erreichen.

tendenzen der Europäischen Gemeinschaft, in: Projekt Europa. Hrsg. v. d. Landes-
zentrale für Politische Bildung Nordrhein-Westfalen. Düsseldorf 1989, 87–99;
Maurizio Bach, Eine leise Revolution durch Verwaltungsverfahren. Bürokratische
Integrationsprozesse in der Europäischen Gemeinschaft, in: ZfSoz 21, 1992, 16–30
sowie pointiert *Stefan von Senger und Etterlin,* Das Europa der Eurokraten. Zentralismus, Partikularismus und die Rolle des Nationalstaates, in: PolZG B 42, 1992,
16–27. Allgemein auch *Heinrich Siedentopf/Christoph Hauschild,* Europäische Integration und die öffentlichen Verwaltungen der Mitgliedstaaten, in: DÖV 43, 1990,
445–455.
[56]) Seit der Aufnahme der Umweltpolitik in den EWG-Vertrag durch die Einheitliche Europäische Akte 1986/87 besteht für die Mitgliedstaaten die Möglichkeit
„verstärkte Schutzmaßnahmen beizubehalten oder zu ergreifen, die mit diesem Vertrag vereinbar sind" (Art. 130t EWG-Vertrag). Ebenso ist bei der Rechtsharmonisierung im Binnenmarkt-Bereich die Aufrechterhaltung bzw. Schaffung von abweichenden einzelstaatlichen Regelungen aus Gründen des Umweltschutzes zulässig
(Art. 100a (4) EWVG). Dazu *Hans-Joachim Glaesner,* Umwelt als Gegenstand einer
Gemeinschaftspolitik, in: Hans-Werner Rengeling (Hrsg.), Europäisches Umwelt-
recht und europäische Umweltpolitik. Köln/Berlin/Bonn/München 1988, 1–11; *J.
Örström Möller,* Binnenmarkt und Umweltschutz. Artikel 100a der Einheitlichen
Europäischen Akte, in: EA 42, 1987, 497–504.
[57]) Im Gegensatz zur ursprünglichen Intention der Gemeinschaftsverträge, die den
Mitgliedstaaten bei der Umsetzung der Richtlinien einen merklichen Spielraum be-
lassen wollten, hat sich eine zunehmende Detailliertheit der Richtlinien, besonders
für die Rechtsangleichung in „technischen" Bereichen herausgebildet, die so weit
geht, daß der Europäische Gerichtshof unter bestimmten Bedingungen eine Direkt-
wirkung der Richtlinien gegenüber dem Gemeinschaftsbürger konstatiert; vgl. *Thomas Oppermann,* Europarecht. München 1991, 176–180.

VII.

Lassen Sie mich in dem Zusammenhang noch auf ein letztes hinweisen: Subsidiaritätsgrundsatz und Richtlinienprinzip sollen unteren Einheiten Entscheidungsspielräume offen halten, zum Nutzen jener Vielfalt, die ein Kennzeichen europäischer Kultur ist. Diese Gestaltungsspielräume werden in der Regel einheitlich bemessen. Sie stehen jeder Einheit in gleicher Weise zu. Indessen kann es Fälle geben, in denen die Spielräume unterschiedlich groß sind, bestimmten Regionen mehr Autonomie eingeräumt wird als anderen, einige Länder besondere Rechte haben und andere sich zu einer engeren Gemeinschaft zusammenschließen.[58]) Auf europäischer Ebene spricht man in diesem Kontext von „abgestufter Integration", versteht darunter aber in der Regel lediglich eine zeitliche Differenzierung. Es handelt sich dabei um das bekannte „Europa der zwei Geschwindigkeiten": Staaten, die bei der Integration größere Schwierigkeiten haben, sollen langsamer nachkommen, andere vorangehen. Wir finden dieses Konzept auch im Maastrichter Vertrag.[59]) Inzwischen scheint es jedoch über die zeitliche Dimension hinauszureichen, wenn man die Einräumung von Ausnahmetatbeständen für Mitgliedstaaten, zuletzt vor allem für Dänemark[60]), und die Möglichkeit des „opting out", des Ausscherens aus

---

[58]) Das ist z. B. bei einer Anwendung des Subsidiaritätsprinzips denkbar, wenn nur einige der unteren Einheiten in der Lage sind, bestimmte Aufgaben selbst zu erfüllen, andere dagegen eine Kompetenzabtretung „nach oben" wünschen. Zur unterschiedlichen Rechtsstellung von Ländern im Bundesstaat vgl. *Dietrich Schindler,* Differenzierter Föderalismus, in: Walter Haller/Alfred Kölz/Georg Müller/Daniel Thürer (Hrsg.), Festschrift für Ulrich Häfelin zum 65. Geburtstag. Zürich 1989, 371–391. Für die EG ist darauf hinzuweisen, daß die Regionen südeuropäischer Mitgliedstaaten ebenfalls z. T. einen unterschiedlichen Status besitzen; s. etwa *Willi Blümel* (Hrsg.), Spezielle Aspekte der Autonomen Gemeinschaften in Spanien. Speyer 1992, sowie *Dieter Nohlen/José Juan Gonzáles Encinar* (Hrsg.), Der Staat der autonomen Gemeinschaften in Spanien. Opladen 1992.
[59]) V. a. bezüglich der Währungsunion, Art. 109k EGV. Zur abgestuften Integration s. oben Anm. 11 sowie *Claus Dieter Ehlermann,* Rechtliche Überlegungen zum Konzept der abgestuften Integration. Saarbrücken 1985; *Eberhard Grabitz* (Hrsg.), Abgestufte Integration. Eine Alternative zum herkömmlichen Integrationskonzept? Kehl/Straßburg 1984; *Bernd Langeheine/Ulrich Weinstock,* Abgestufte Integration: weder Königspfad noch Irrweg. Zur Auseinandersetzung über die Weiterentwicklung der Europäischen Gemeinschaft, in: EA 39, 1984, 261–270.
[60]) Ein Beschluß des Europäischen Rates auf dem EG-Gipfel in Edinburgh (11./12.12.1992) sieht vor, daß sich Dänemark nicht an der verteidigungspolitischen Dimension der Europäischen Union und an der 3. Stufe der Wirtschafts- und Währungsunion beteiligt. Außerdem wird der prinzipielle Unterschied zwischen der Unionsbürgerschaft und der nationalen Staatsbürgerschaft betont. Souveränitätsübertragungen hinsichtlich des Unionsbürgerrechts und der Zusammenarbeit in den Bereichen Inneres und Justiz macht Dänemark von der Einholung einer

einem gemeinschaftlichen Vorgehen, betrachtet.⁶¹) Hier zeichnet sich eine
Vielfältigkeit ab, die mehr Aufmerksamkeit verdient als bisher, wo sie nur
als ein notwendiges, zeitlich befristetes Übel angesehen wurde. Diese Vielfältigkeit könnte eine Möglichkeit darstellen, nicht nur die heterogenen
Interessen bisheriger EG-Mitgliedstaaten angemessen zu berücksichtigen,
sondern auch mit den Problemen einer Erweiterung der Gemeinschaft,
insbesondere durch die Staaten Osteuropas, fertig zu werden. Im Grunde
haben wir ja schon jetzt etwas ähnliches, wenn wir an das Verhältnis von
Europäischer Gemeinschaft zum europäischen Wirtschaftsraum und zu
den assoziierten Staaten denken.⁶²)

Für viele ist ein solches „Europa à la carte" oder einer „géométrie
variable", wie sie sich inzwischen in der Tat abzeichnet, ein Horrorge-
mälde. Aber warum eigentlich? Der Individualität und dem Freiheitsbe-
wußtsein der Europäer käme eine solche Ordnung sehr entgegen.⁶³) ·Dis-
kutiert werden müßte, in welchem Rahmen und in welchem Maße Abstufungen sinnvoll und handhabbar sind.⁶⁴) Vielleicht spricht keine prakti-

⅚-Mehrheit im Folketing oder einer Mehrheit im Folketing und in einer Volksabstimmung abhängig; Schlußfolgerungen der Tagung des Europäischen Rates (s. wie
Anm. 36), hier D23–D26 („Teil B: Dänemark und der Vertrag über die Europäische
Union").
⁶¹) Das opting-out-Verfahren wurde zunächst im föderalen System Kanadas entwik-
kelt; vgl. *Donald V. Smiley,* The Federal Condition in Canada. Toronto 1987. –
Auch die bestehenden Ausnahmeregelungen bei der Rechtsharmonisierung (Art.
100a (4) EWGV) und in der Umweltpolitik (Art. 130 t EWGV) können als Opting-
out-Möglichkeit bezeichnet werden, s. oben Anm. 56. Die opting-out-Möglichkei-
ten, die Großbritannien und Dänemark im Maastrichter Vertrag und auf dem Edin-
burgher Gipfel zugestanden wurden, weisen einen grundsätzlich unbefristeten Charakter auf, s. oben Anm. 25 und 60; allg. dazu *Norbert Wimmer/Wolfgang Mederer,*
Das Subsidiaritätsprinzip und seine Entdeckung durch die Europäische Gemeinschaft, in: ÖJZ 46, 1991, 586–592, bes. 590–592.
⁶²) Vgl. *Hans Mayrzedt,* EG und EWR: Verschiedene Intensitäten des Binnenmarktes nach innen und außen, in: Economy (Wien) 1992, 98–101; *Waldemar Hummer,*
Der EWR und seine Auswirkungen auf Österreich, in: EuZW 3, 1992, 361–373;
Helen Wallace (Hrsg.), The Wider Western Europe: Reshaping the EC-EFTA Relationship. London 1991; *Peter Gilsdorf,* Kommentar zu Artikel 238 (Assoziierungsabkommen), in: von der Groeben/Thiesing/Ehlermann (Hrsg.), Kommentar (wie
Anm. 13), Bd. 4, 5902–5944; *Leimbacher,* Westeuropäische Integration (wie
Anm. 27).
⁶³) Positiv zu einem „Europa à la carte" äußerte sich *Ralf Dahrendorf,* Third Jean
Monnet Lecture. A Third Europe? Florenz 1979.
⁶⁴) Vgl. *Gianni de Michelis,* Die EG als Gravitationszentrum: Für ein Europa der
vier Kreise, in: Integration 1990, 143–149; *Richard Body,* Europe of Many Circles:
Constructing a Wider Europe. London 1991; *Michael Mertes/Norbert J. Prill,* Der
verhängnisvolle Irrtum eines Entweder-Oder. Eine Vision für Europa, in: Michael
Mertens u. a., Europa ohne Kommunismus. Zusammenhänge, Aufgaben, Perspektiven. Bonn 1990, 39–52. Zu beachten ist, daß es sich bei der europäischen Integra-

sche Unmöglichkeit dagegen, sondern nur unsere moderne Auffassungsweise, für die der Gedanke der Gleichheit und der Vorzug einfacher, allgemeiner Regeln selbstverständlich ist. Aber das Europa der Zukunft wird möglicherweise nicht mehr ein in dem Sinne modernes sein können.[65] Für Historiker wäre das nichts Neues. Man darf daran erinnern, daß es schon einmal ein europäisches Gebilde gegeben hat, das man als ein „gothisches Gebäude" bezeichnet hat, an dem viele Generationen gearbeitet haben, die es mit „Türmchen" und „Erkern" versehen haben, so daß es mit der Zeit recht unübersichtlich wurde, doch fand in ihm lange Zeit jeder seine Gerechtsame, sein Privilegium, jeder kam in ihm zu seinem Recht. Ich meine das Heilige Römische Reich seligen Angedenkens. Der gleichmacherische Rationalismus des aufgeklärten 18. Jahrhunderts konnte in ihm keine Vernünftigkeit mehr erkennen; im Lichte einer starren Souveränitätslehre erschien ein solches Gebilde gar „monstro simile".[66] Aber hat es nicht auch seinen Sinn gehabt, eine zumindest für Historiker nachvollziehbare Rationalität besessen? Vielleicht würde ein Bekenntnis zu ihr befreiend wirken und am Ende gar zu weniger undurchschaubarer Komplexität führen als eine in dieser Hinsicht kaum mehr überbietbare Europäische Union à la Maastricht! Überlegenswert scheint mir das zu sein – und nicht nur reizvoll für Historiker.

tion nicht nur um Abstufungen in räumlicher (und zeitlicher) Hinsicht handelt, sondern auch um unterschiedlich integrierte Sachbereiche, wenn man an die Wirtschaftspolitik der Wirtschaftsgemeinschaft einerseits, den Verteidigungsbereich der NATO andererseits denkt und auch die Existenz des Europarates und der KSZE berücksichtigt (s. oben Anm. 38). Für die Benelux-Länder gilt seit jeher die besondere Zusammenschluß-Klausel des Art. 233 EWGV.
[65] „Postmoderne" Anklänge macht *von Senger und Etterlin,* Europa der Eurokraten (wie Anm. 55), 19f. , aus. Die Kommission sei „der erste wirklich postmoderne Regierungsapparat auf europäischem Boden".
[66] So *Samuel von Pufendorf (Severinus de Mozambano), De Statu Imperii Germanici.* 1667, Cap. VI. § 9.

Abkürzungen

ABl.EG	= Amtsblatt der EG
ADM	= Archives départementales de la Moselle, Metz
ANL	= Archives Nationales, Luxembourg
ANP	= Archives Nationales, Paris
AOFAA	= Archives de l'Occupation française en Allemagne et en Autriche, Colmar
AÖR	= Archiv des öffentlichen Rechts
APSR	= American Political Science Review
b.	= box
BA	= Bundesarchiv Koblenz
BGBl.	= Bundesgesetzblatt
BMWi	= Bundesministerium für Wirtschaft
Bull. EG	= Bulletin der EG
BVerf.GE	= Bundesverfassungsgerichtsentscheidung
CEH	= Central European History
CVP	= Christliche Volkspartei
DDF	= Documents diplomatiques français
DÖV	= Die Öffentliche Verwaltung
DVBl.	= Deutsches Verwaltungsblatt
EA	= Europa-Archiv
ECA	= Economic Cooperation Administration
ECE	= Economic Commission for Europe
ECSC	= European Coal and Steel Community
EEA	= Einheitliche Europäische Akte
EFTA	= European Free Trade Area
EG	= Europäische Gemeinschaft
EGKS	= Europäische Gemeinschaft für Kohle und Stahl
EMGDN	= Etat-Major Général de la Défense Nationale
EP	= Europäisches Parlament
EPG	= Europäische Politische Gemeinschaft
EPZ	= Europäische Politische Zusammenarbeit
ERP	= European Recovery Program
ESZB	= Europäisches System der Zentralbanken
EU	= Europäische Union
EUGH	= Europäischer Gerichtshof
EuGRZ	= Europäische Grundrechte Zeitschrift
EuR	= Europarecht
EURATOM	= Europäische Atomgemeinschaft

EuZW	=	Europäische Zeitschrift für Wissenschaftsrecht
EVG	=	Europäische Verteidigungsgemeinschaft
EWG	=	Europäische Wirtschaftsgemeinschaft
EWGV	=	EWG-Vertrag
EWR	=	Europäischer Wirtschaftsraum
EZB	=	Europäische Zentralbank
FA	=	Foreign Affairs
FAO	=	Food and Agriculture Organization
FLN	=	Front de Libération Nationale
FRUS	=	Foreign Relations of the United States
GASP	=	Gemeinsame Außen- und Sicherheitspolitik
GATT	=	General Agreement on Tariffs and Trade
GG	=	Geschichte und Gesellschaft
GWU	=	Geschichte in Wissenschaft und Unterricht
HessJbLG	=	Hessisches Jahrbuch für Landesgeschichte
HZ	=	Historische Zeitschrift
IA	=	International Affairs
ILO	=	International Labour Office, Genf
JAmH	=	Journal of American History
JEEH	=	Journal of European Economic History
JZ	=	Juristenzeitung
KSZE	=	Konferenz für Sicherheit und Zusammenarbeit in Europa
LASB	=	Landesarchiv Saarbrücken
LES	=	Ludwig-Erhard-Stiftung, Bonn
MAE	=	Archives du Ministère des Affaires étrangères, Paris
MEF	=	Archives du Ministère de l'Economie et des Finances
MB	=	Ministerbüro
MIC	=	Ministère de l'Industrie et du Commerce
NA	=	National Archives, Washington D. C.
NJW	=	Neue Juristische Wochenschrift
NL	=	Nachlaß
OECD	=	Organization for European Cooperation and Development
OEEC	=	Organization for European Economic Cooperation
ÖJZ	=	Österreichische Juristenzeitung
PA	=	Politisches Archiv des Auswärtigen Amts, Bonn
PolZG	=	Aus Politik und Zeitgeschichte
PPS	=	Policy Planning Staff
PrA	=	Privatarchiv
PREM	=	Prime Minister's Office
PRO	=	Public Record Office, London
PVS	=	Politische Vierteljahresschrift
r.g.	=	record group

RGW	= Rat für Gegenseitige Wirtschaftshilfe
RHDipl	= Revue d'Histoire Diplomatique
SFIO	= Sektion Française de l'Internationale Ouvrière
StBKAH	= Stiftung Bundeskanzler-Adenauer-Haus, Bad Honnef-Rhöndorf
VfZG	= Vierteljahrshefte für Zeitgeschichte
WEU	= Westeuropäische Union
WIMI	= Wirtschaftsministerium
ZfP	= Zeitschrift für Politik
ZfSoz	= Zeitschrift für Soziologie
ZParl	= Zeitschrift für Parlamentsfragen
ZRP	= Zeitschrift für Rechtspolitik

Personenregister

Acheson, Dean 186 f.
Adenauer, Konrad 105, 117, 120, 141, 163–165, 198, 203, 206 f., 209, 211, 217–219, 224–238
Andriessen, Frans H. J. J. 161
Althusius, Johann 252
Auriol, Vincent 195

Bahr, Hermann 38
Baker, James A. 155
Beauvoir, Simone de 9
Bech, Joseph 105
Beethoven, Ludwig van 78
Beust, Friedrich Ferdinand 35
Beyen, Johan Willem 105, 198 f.
Bidault, Georges 114
Bismarck, Otto von 35
Blankenhorn, Herbert 234 f.
Blum, Léon 78
Boggs, Hale 170
Bohlen, Charles 167, 186
Boldt, Hans 99
Bonen, Hubert 85
Boussac, Marcel 85
Bouvier, Jean 85
Bowie, Robert 153
Brandt, Willy 244
Brentano, Heinrich von 211, 215–217, 219, 225 f.
Briand, Aristide 88, 106, 119
Bruce, Howard 187
Bull, John 63
Bush, George 155 f.
Byron, George 56

Carli, Guido 222
Carstens, Karl 206, 235
Chartier, Roger 65
Chruschtschow, Nikita 236
Churchill, Winston 105
Clappier, Bernard 223
Connally, John 153
Coudenhove-Kalergie, Richard Nikolaus 106, 119
Couve de Murville, Maurice 227, 232 f., 235

Debré, Michel 195
Delors, Jacques 149, 154, 247
Deniau, Jacques 223
Descartes, René 31
Dirks, Walter 49
Donnedieu de Vabre, Jacques 223
Dulles, John Foster 153, 169–172, 181, 217, 227 f.
Dupront, Alphonse 65

Eccles, David 219
Eden, Anthony 208, 218
Eisenhower, Dwight D. 213
Erhard, Ludwig 49, 164, 207–210, 213, 215 f., 218, 220, 225, 230, 233, 237
Erich IX. 58
Etzel, Franz 211
Etzler, Ewald 135 f.

Faure, Maurice 218 f., 223
Febvre, Lucien 61, 65
Foch, Ferdinand 114
Fontaine, François 105
Foucher, Michel 61
Fouchet, Christian 242
Franco, Francisco 66, 70
Fulbright, William J. 170

Gaillard, Félix 224
Gascuel, Jacques 119
Gasperi, Alcide de 105
Gaulle, Charles de 114, 127, 153, 194, 225–229, 232–236, 238, 243
Gimbel, John 177
Girault, René 11, 28 f.
Giscard d'Estaing, Valéry 107
Goethe, Johann Wolfgang von 31, 78
Gombrowicz, Witold 72
Gorbatschow, Michail 67, 72
Grandval, Gilbert 133, 140

Hallstein, Walter 105, 121, 206, 215, 242
Heine, Heinrich 78
Heinen, Armin 100–102
Heinrich IV. 62
Herbst, Ludolf 117

Heuss, Theodor 225
Hirsch, Etienne 108, 124
Hitler, Adolf 46f., 66, 169, 171
Hoffman, Paul 187
Hoffmann, Johannes 136
Hugo, Victor 56, 64f., 77

Jebb, Gladwyn 183
Jelzin, Boris 74

Kaelble, Hartmut 67f., 89, 99, 101f.
Kafka, Franz 72
Karl d. Gr. 58
Kennan, George F. 167, 177–181, 183–187
Kennedy, John F. 154f.
Kindleberger, Charles 167, 172
Kingsbury-Smith, Joseph 120
Kissinger, Henry Alfred 153f., 155
Kondratieva, Tamara 67
Krüger, Peter 6, 11, 29, 101f.
Kundera, Milan 72
Küsters, Hanns Jürgen 100
Kyrillos 78

Lapie, Pierre-Olivier 195
Lenin, Wladimir Iljitsch 73
Leo III. 58
Leroy-Beaulieu, Anatole 31
Lippmann, Walter 170f., 177
Lloyd, Selwyn 211f., 228
Loth, Wilfried 99
Luns, Joseph 105

Macmillan, Harold 205, 211, 217–220, 223–229, 232f., 237
Mahler, Gustav 72
Marshall, George 109, 154, 167, 169, 171f., 176, 179, 186f.
Massigli, René 108
Matutes, Abel 161
Maudling, Reginald 220–223, 228–230, 232–234
Mayer, Daniel 195
Mayer, René 194
Mayrisch, Emil 85, 118f.
McCloy, John 153
Mélandri, Pierre 188
Mendès France, Pierre 200
Methodios 58
Michel, Bernard 71

Mickiewicz, Adam Bernard 72
Milward, Alan 168
Milza, Pierre 69, 86
Mitterrand, François 105, 108f., 127
Mitterauer, Michael 28
Moch, Jules 195
Mollet, Guy 195, 210, 212
Molotow, Wjatscheslaw 177
Monnet, Jean 74, 84, 88, 100, 105–127, 153, 175, 179, 192, 197
Morgenthau, Hans 183
Mozart, Wolfgang Amadeus 72
Müller, Erwin 140
Müller-Armack, Alfred 213, 223, 233

Napoléon 64, 78
Naumann, Friedrich 36
Niebuhr, Reinhold 183
Nietzsche, Friedrich 78, 90
Nixon, Richard 153

Ockrent, Roger 230, 235
Olaf d. Hl. 58
Ophüls, Carl Friedrich 206
Oppenheimer, Robert 183

Peter d. Gr. 72
Pflimlin, Pierre 224
Philip, André 119, 124
Pinay, Antoine 194, 231
Pineau, Christian 213, 217
Pleven, René 106, 193
Plowden, Edwin 111
Poincaré, Raymond 114
Ponty, Janine 69, 86
Prost, Antoine 82
Pückler, Carl von 113

Rade, Martin 35f.
Radford, Arthur W. 210
Rapacki, Adam 224, 236
Renan, Joseph Ernest 78
Reuter, Paul 108
Rioux, Jean-Pierre 196
Rolland, Romain 82
Roosevelt, Franklin D. 171, 176, 189
Rubarth, Edgar 118
Rybakow, Anatolij 74

Scherpenberg, Albert Hilger van 235
Schmoller, Gustav 9

Schopenhauer, Arthur 78
Schor, Ralph 86
Schuman, Robert 100, 105–108, 112–114, 116 f., 120, 125, 128, 153, 197–199
Schwabe, Klaus 99 f.
Sergent, René 208
Sombart, Werner 9
Soustelle, Jacques 233
Spaak, Paul Henri 105 f., 207, 213
Spierenburg, Dirk P. 123 f.
Spinelli, Altiero 105
Stalin, Joseph W. 73, 191
Steinert, Marlies 100, 102
Stendhal 78
Stikker, Dirk 105
Stresemann, Gustav 7

Thatcher, Margaret 112
Thiers, Adolphe 35
Thorneycroft, Peter 211, 220
Tindemans, Leo 241

Tocqueville, Alexis de 9
Tolstoi, Leo 63
Trausch, Gilbert 99 f., 102
Trotzki, Leo Dawidowitsch 73
Truman, Harry S. 172
Tschernyschewski, Nicolai 73

Uri, Pierre 108

Vaisse, Maurice 82

Waltershausen, Sartorius von 20
Weber, Alfred 38
Wehrer, Albert 122
Weiss, Louise 119
Wolfers, Arnold 183
Wormser, Oliver 223

Younger, Kenneth 116

Zweig, Stefan 82